Die Kontrolle der Europäischen Kommission
durch das Europäische Parlament

Europäische Hochschulschriften

Publications Universitaires Européennes
European University Studies

Reihe II
Rechtswissenschaft

Série II Series II
Droit
Law

Bd./Vol. 4020

PETER LANG
Frankfurt am Main · Berlin · Bern · Bruxelles · New York · Oxford · Wien

Ute Seibold

Die Kontrolle der Europäischen Kommission durch das Europäische Parlament

– Inhalt und Umfang –

PETER LANG
Europäischer Verlag der Wissenschaften

Bibliografische Information Der Deutschen Bibliothek
Die Deutsche Bibliothek verzeichnet diese Publikation in der Deutschen Nationalbibliografie; detaillierte bibliografische Daten sind im Internet über <http://dnb.ddb.de> abrufbar.

Zugl.: Bonn, Univ., Diss., 2004

D 5
ISSN 0531-7312
ISBN 3-631-52818-3

www.peterlang.de

Im Andenken
an
Katja Becker

Vorwort

Zu guter letzt gebe ich dieses Buch mit zwei lachenden Augen auf den Weg. Seine Veröffentlichung markiert das vorläufige Ende einer erlebnisreichen Studienzeit, die ich im Wintersemester 1995/96 unter glücklichen Bedingungen zusammen mit meiner Schwester Katja begann. Ich bin froh und erleichtert, ein hartes Stück Arbeit bewältigt und ein gemeinsames Studienziel gleichsam für uns beide erreicht zu haben.

Es ist mir ein Anliegen, all jenen von Herzen zu danken, die mich auf dem Weg hierher unterstützt haben, sei es durch Rat und Tat, durch gute Wünsche oder jedes andere Zeichen der Verbundenheit.

Allen voran seien hier meine Eltern erwähnt, die mir nicht nur die Studienzeit auf jede erdenkliche Weise leicht gemacht haben. Es ist mir eine große Freude, ihnen bald eine Ausgabe dieses Buches als Zeichen dafür überreichen zu können, wozu ein liebevolles Elternhaus befähigen kann.

Besonderer Dank gilt meinem Doktorvater, Herrn Professor Dr. Dr. h. c. Ulrich Everling, für die Betreuung der Arbeit. Er hatte stets ein offenes Ohr für alle Fragen im Zusammenhang mit der Dissertation, und in zahlreichen Gesprächen gab er mir wertvolle Impulse und Hinweise für meine weitere Arbeit. Herrn Professor Dr. Jost Pietzcker danke ich für die Zweitkorrektur der Dissertation.

Der Konrad-Adenauer-Stiftung gebührt Dank für die Aufnahme in die Graduiertenförderung und für die in diesem Rahmen gewährte finanzielle und ideelle Förderung.

Ein ganz besonderes Dankeschön sei Dr. Grischka Petri gesagt, der auf vielfältige Weise die Produktion dieses Buches unterstützt hat.

Meinem Mann Michael Seibold danke ich, weil er überaus geduldig die einjährige Endphase meiner Dissertation ertragen und mich fürsorglich begleitet hat.

Bonn, im Juni 2004 *Ute Seibold*

Inhaltsübersicht

Inhaltsverzeichnis

Abkürzungsverzeichnis

a. A.	anderer Ansicht
a. F.	alte Fassung
ABl.	Amtsblatt der Europäischen Gemeinschaften bzw. seit Inkrafttreten des Vertrags von Nizza Amtsblatt der Europäischen Union
Abs.	Absatz
Alt.	Alternative
Anm.	Anmerkung
Art.	Artikel
AWD BB	Außenwirtschaftsdienst des Betriebsberaters
BSE	Bovine Spongiform Encephalopathy (»Rinderwahnsinn«)
bzw.	beziehungsweise
BVerfGE	amtliche Entscheidungssammlung des Bundesverfassungsgerichts
CMLR	Common Market Law Review
d. h.	das heißt
ders.	derselbe
dies.	dieselbe(n)
Diss.	Dissertation
Dok. EP	Dokument des Europäischen Parlaments
DÖV	Die öffentliche Verwaltung (Zeitschrift)
DVBl.	Deutsche Verwaltungsblätter
EA	Europa-Archiv (Zeitschrift) in Verbindung mit einer Artikel-Nummer: Vertrag zur Gründung der Europäischen Atomgemeinschaft seit Inkrafttreten des Vertrags von Amsterdam
EAG	Europäische Atomgemeinschaft
ECHO	European Community Humanitarian Office
EG	Europäische Gemeinschaft in Verbindung mit einer Artikel-Nummer: Vertrag zur Gründung der Europäischen Gemeinschaft seit Inkrafttreten des Vertrags von Amsterdam
EGKS	Europäische Gemeinschaft für Kohle und Stahl
EGV	Vertrag zur Gründung der Europäischen Gemeinschaft in der Fassung nach Inkrafttreten des Vertrags über die Europäische Union bis zum Inkrafttreten des Vertrags von Amsterdam
ELDR	European Liberal and Democratic Reform Party
ELJ	European Law Journal
ELR	European Law Review
EP	Europäisches Parlament
ERA	Europäische Rechtsakademie Trier

EU	Europäische Union in Verbindung mit einer Artikel-Nummer: Vertrag über die Europäische Union seit Inkrafttreten des Vertrags von Amsterdam
EuGH	Europäischer Gerichtshof
EuGRZ	Europäische Grundrechte-Zeitschrift
EuR	Europarecht (Zeitschrift)
Euratom	Europäische Atomgemeinschaft
EUV	Vertrag über die Europäische Union
EuZW	Europäische Zeitschrift für Wirtschaftsrecht
EVP	Europäische Volkspartei
EWG	Europäische Wirtschaftsgemeinschaft
EWGV	Vertrag zur Gründung der Europäischen Wirtschaftsgemeinschaft
EWS	Europäisches Wirtschafts- und Steuerrecht
f.; ff.	folgende
Fn.	Fußnote
GAP	Gemeinsame Agrarpolitik
GASP	Gemeinsame Außen- und Sicherheitspolitik
GATT	General Agreement on Tariffs and Trade (Allgemeines Zoll- und Handelsabkommen)
GeschO EP	Geschäftsordnung des Europäischen Parlaments
GG	Grundgesetz
ggf.	gegebenenfalls
HO	Haushaltsordnung
Hrsg.	Herausgeber
Hs.	Halbsatz
HWWA	Hamburgisches Welt-Wirtschafts-Archiv
i. E.	im Ergebnis
insb.	insbesondere
i. V. m.	in Verbindung mit
JA	Juristische Arbeitsblätter
JZ	Juristenzeitung
JIR	Jahrbuch des Internationalen Rechts
lit.	Buchstabe
m. N.	mit Nachweisen
m. w. N.	mit weiteren Nachweisen
MED Programm	Euro-Mediterranean Program
MLR	Modern Law Review
n. F.	neue Fassung
NJW	Neue Juristische Wochenschrift

Nr.	Nummer
o. g.	oben genannte(n/r)
OLAF	Office pour la Lutte Anti-Fraude
Pkt.	Punkt
RabelsZ	Rabels Zeitschrift für ausländisches und internationales Privatrecht
RIW	Recht der internationalen Wirtschaft
RMC	Revue du Marché Commun
Rn.	Randnummer
Rs.	Rechtssache
RuP	Recht und Politik
S.	Seite(n) in Verbindung mit einer Artikel-Nummer: Satz
Slg.	Sammlung der Rechtsprechung des Europäischen Gerichtshofs
sog.	sogenannte(n/r/s)
Sp.	Spalte
u. U.	unter Umständen
u. a.	unter anderem / und andere
UA	Unterabsatz
UCLAF	Unité de Coordination de la Lutte Anti-Fraude
Urt.	Urteil
vgl.	vergleiche
Vol.	Volume (Band)
vorl.	vorläufig(e/er/es)
VVDStRL	Veröffentlichungen der Vereinigungen der Deutschen Staatsrechtslehrer
YEL	Yearbook of European Law
z. B.	zum Beispiel
ZBJI	Zusammenarbeit in den Bereichen Justiz und Inneres
ZEuS	Zeitschrift für europäisches Steuerrecht
ZfZ	Zeitschrift für Zölle und Verbrauchersteuern
ZHR	Zeitschrift für das gesamte Handelsrecht und Wirtschaftsrecht
Ziff.	Ziffer
zit.	zitiert
ZParl	Zeitschrift für Parlamentsfragen
ZPol	Zeitschrift für Politikwissenschaft
ZRP	Zeitschrift für Rechtspolitik
zugl.	zugleich

Teil 1: Einleitung

Die immer wieder geübte Kritik am sogenannten Demokratiedefizit[1] der Europäischen Gemeinschaft zielte insbesondere auf die jeweilige Stellung des EP[2] innerhalb des institutionellen Gefüges der Gemeinschaft ab. Im Verlauf der Jahrzehnte sind die Befugnisse des EP jedoch kontinuierlich gestärkt worden[3]:

In den Gründungsverträgen wurde das Parlament zunächst als »Versammlung« bezeichnet, welche die ihr übertragenen Beratungs- und Kontrollbefugnisse ausübte. Nach anfänglich uneinheitlicher Übersetzung der bereits im Jahre 1958 beschlossenen Parlamentsbezeichnung stellte das EP durch die Entschließung vom 30. März 1962 klar, daß die amtliche Bezeichnung in allen vier damals bestehenden Amtssprachen »Europäisches Parlament« lauten sollte[4]. Hiermit brachte es zugleich den politischen Anspruch auf Ausbau seiner Befugnisse zum Ausdruck. Die Erweiterung der Zuständigkeiten und Befugnisse erfolgte – auch insofern ist der Akt der Umbenennung charakteristisch – insbesondere durch ständiges Betreiben des EP selbst.

Die Gründungsverträge der Europäischen Gemeinschaften sahen als Kontrollinstrumente ein Fragerecht der Versammlung gegenüber der Hohen Behörde sowie einen Bericht der Kommission über die Tätigkeit der jeweiligen Gemeinschaft und die Möglichkeit eines Mißtrauensantrags gegen die Kommission vor. Entscheidungsbefugnisse enthielten die Gründungsverträge aber weder für den legislativen Bereich noch für das Haushaltsverfahren und die Haushaltskontrolle.

---

[1] Mit dem Demokratiedefizit beschäftigen sich u. a. folgende Abhandlungen: *v. Werthern*, RuP 2002, S. 204 ff.; *Bleckmann*, JZ 2001, S. 53 ff.; *Schieren*, ZParl 2001, S. 339 ff.; *Pöhle*, ZParl 1998, S. 77 ff.; *Doehring*, DVBl. 1997, 1133 ff.; *Götz*, JA 1997, S. 990 ff.; *Schäfer*, DÖV 1991, S. 261 ff.; *Bleckmann*, ZRP 1990, S. 265 ff.; *Carstens*, NJW 1978, S. 1723 ff.

[2] Hier und im folgenden wird die Abkürzung EP für Europäisches Parlament verwendet.

[3] Zur Entwicklung des Europäischen Parlaments vgl. *Haag/Bieber* in: Groeben/Thiesing/Ehlermann, Vorbemerkung zu Art. 137 bis 144 EGV, Rn. 5 ff; *Jacobs/Corbett/Shackleton*, The European Parliament, S. 7 ff. Auf die historische Entwicklung einzelner Kontrollinstrumente wird an gegebener Stelle eingegangen.

[4] Vgl. *Hölscheidt* in: Grabitz/Hilf, Art. 189 EG Rn. 2.

Als Meilensteine der Erweiterung der Befugnisse des EP sind deshalb die Verträge von Luxemburg (1970) und Brüssel (1975) zu nennen, durch welche die Funktion der Haushaltsbehörde der Gemeinschaften dem EP und dem Rat gemeinsam übertragen wurde. Neben der maßgeblichen Beteiligung bei der Aufstellung des Gesamthaushaltsplans gewann das EP die Letztentscheidungsbefugnis über die Entlastung der Kommission für die Ausführung des Haushalts (heute Art. 276 EG).

Im Jahre 1981 baute das EP seine Kontrolle gegenüber der Europäischen Kommission aus, indem es in seiner Geschäftsordnung die Einsetzung nichtständiger Untersuchungsausschüsse regelte und diese Regelung auch praktisch anwendete. Vertraglich verankert wurde das Untersuchungsrecht des EP erst 1992 durch den Vertrag von Maastricht (Art. 138 c EGV), womit die Vertragsparteien der bereits geübten Praxis des Europäischen Parlaments folgten.

Nachdem das EP durch die erste Direktwahl im Jahre 1979 unmittelbare demokratische Legitimation erlangt hatte, wandte es sich der Ausarbeitung eines Verfassungsentwurfes zu, den es am 14.2.1984 verabschiedete und der wesentliche institutionelle Änderungen, insbesondere die Einführung eines Zwei-Kammer-Systems für die Legislative, vorsah. Damit leitete das EP die Diskussion um eine Erneuerung der Verträge ein, welche im Februar 1986 in den Abschluß der Einheitlichen Europäischen Akte (EEA) mündete. Aufgrund der Einführung des »Verfahrens der Zusammenarbeit« durch die EEA erhielt das EP erstmalig Mitwirkungsrechte im Bereich der Gesetzgebung. Ferner erhielt es das Recht der Zustimmung zu Erweiterungs- und Assoziierungsabkommen der Gemeinschaft.

Die Erweiterung der Befugnisse des EP wurde durch den Vertrag von Maastricht (1992) fortgesetzt. Das »Verfahren der Zusammenarbeit« (Art. 189 c EGV) wurde auf neue Bereiche ausgeweitet und zusätzlich das »Verfahren der Mitentscheidung« eingeführt (Art. 189 b EGV). Hierdurch bekam das EP die Befugnis, Rechtsakte, auf die das Verfahren Anwendung fand, endgültig abzulehnen. Gerade das Verhältnis zwischen EP und Kommission, welches im folgenden detailliert betrachtet werden soll, wurde durch den Vertrag von Maastricht auf eine neue Grundlage gestellt, wobei die Vertragsparteien Impulse aus der institutionellen Praxis und aus der Rechtsprechung aufgriffen. So erhielt das EP das lange geforderte Zustimmungsrecht bei der Ernennung der Kommission (Art. 158 EGV). Neben der Übernahme des Untersuchungsrechts in die Gemeinschaftsverträge wurde die Einrichtung des Bürgerbeauftragten (Art. 138 e EGV) geschaffen und das Petitionsrecht (Art. 138 d EGV) eingeführt. Durch die Anpassung der entsprechenden vertraglichen Vorschriften wurde die Rechtsprechung zur Stellung des EP in Verfahren vor dem Europäischen Gerichtshof nachvollzogen.

Durch den Vertrag von Amsterdam wurde das »Verfahren der Zusammenarbeit« (Art. 252 EG) weitgehend durch das »Mitentscheidungsverfahren« ersetzt. Letzteres wurde zudem gestrafft (Art. 251 EG). Eine weitere wesentliche Änderung besteht darin, daß die Benennung des von den Mitgliedstaaten gewünschten Kommissionspräsidenten seither der Zustimmung des EP bedarf (Art. 214 EG).
Der Vertrag von Nizza stellt den vorerst letzten Schritt auf dem Weg der Entwicklung des institutionellen Systems der Gemeinschaften dar. Was das Verhältnis zwischen EP und Kommission betrifft, so haben die Vertragsparteien insbesondere durch die Neufassung des Art. 217 Abs. 4 EG und durch die Erklärung der Regierungskonferenz zu Art. 10 EG auf den Konflikt zwischen beiden Organen reagiert, welcher sich am Entlastungsverfahren für das Haushaltsjahr 1996 entzündet hatte.

Bemerkenswert ist, daß der Prozeß der Erweiterung der Befugnisse des EP sich zum einen auf der Ebene der förmlichen Vertragsänderung durch die Vertragsparteien vollzogen hat, zum anderen aber auch auf einer vorgeschalteten Ebene der Organ- und Interorganpraxis, insbesondere mittels Interorganvereinbarungen. Dabei war das EP selbst der Motor für diese Entwicklung und hat den Wandel des materiellen Gehalts der Gemeinschaftsverfassung im Wege der Umsetzung, Interpretation und Fortbildung vorangetrieben[5]. Diese Dynamik des institutionellen Systems der Gemeinschaften ist in den Verträgen angelegt[6] und

---

[5] Vgl. dazu *Grabitz/Läufer*, Das Europäische Parlament, S. 378 ff. (381).
[6] So ist etwa die Möglichkeit zum Abschluß von Interorganvereinbarungen seit dem Vertrag von Maastricht ausdrücklich vorgesehen (vgl. Art. 138 c) Abs. 3 EGV), nachdem sie sich in >

politisch durchaus erwünscht, was sich insbesondere daran zeigt, daß die Mitgliedstaaten als Vertragsparteien die Impulse der Organe aufgegriffen und vertraglich verankert haben.

Die Stärkung des EP und der damit verbundene Abbau des Demokratiedefizits der Europäischen Gemeinschaft ist also begrüßenswert. Dennoch unterliegen auch die Handlungen des EP den Grenzen, welche die jeweils geltende primärrechtliche Funktionenordnung enthält. Insbesondere setzt das Funktionieren der Europäischen Gemeinschaft die Wahrung des Rechts- und Funktionskreises jedes einzelnen Organs voraus. Dies ist der Ansatzpunkt für die vorliegende Betrachtung über den Umfang parlamentarischer Kontrolle. Konkret geht es darum herauszuarbeiten, inwiefern das EP bei der Ausübung seiner Kontrollmacht gegenüber der Kommission bestimmten rechtlichen Grenzen unterworfen ist, um den Rechtskreis der Kommission zu wahren und das Organ als solches nicht zu schädigen.

Daß der Zweck der Demokratisierung und der Weiterentwicklung der Gemeinschaftsverfassung auch das EP nicht von der Einhaltung der jeweiligen primärrechtlichen Vorgaben befreit, zeigt sich auch daran, daß die Verträge ein Verfahren der förmlichen Verfassungsänderung durch die Mitgliedstaaten als Vertragsparteien vorsehen. Gewichtige institutionelle Veränderungen sind diesem Verfahren vorbehalten. Ferner haben die Mitgliedstaaten durch die Erklärung zu Artikel 10 EG, welche Teil der Schlußakte der Regierungskonferenz von Nizza ist, gewisse Bedingungen für den Abschluß von Interorganvereinbarungen formuliert und damit diesem wichtigen Instrument des Verfassungswandels auf der Ebene der Organe Grenzen aufgezeigt.

A. Anlaß der Untersuchungen

Das Entlastungsverfahren für das Haushaltsjahr 1996 stürzte die EG in eine schwere Krise. Diese gipfelte am 16.3.1999 in dem geschlossenen Rücktritt der Kommission, welcher einen Präzedenzfall in der Geschichte der EG darstellt.

---

der Praxis bereits als effiziente Form des Dialogs und der Koordinierung bewährt hatte. Ferner ist auf die Präambel zum EU-Vertrag hinzuweisen (insbesondere Erwägungsgrund 1, 6,13).

Das erste relevante Datum in der Reihe von Ereignissen[7] vor dem Rücktritt war der 17.12.1998, als das EP der Kommission die Entlastung für das Haushaltsjahr 1996 verweigerte[8]. Bereits am 31.3.1998 hatte es dieselbe aufgeschoben[9], nachdem der Rechnungshof es abgelehnt hatte, eine allgemeine Bestätigung der Rechtmäßigkeit der Vorgänge zu geben, die den Zahlungen für das Haushaltsjahr 1996 zugrunde lagen. Im Anschluß daran wurden zwei Mißtrauensvoten mit unterschiedlicher Zielsetzung eingebracht, welche aber zurückgezogen wurden bzw. keine Mehrheit fanden[10]. In der Sitzung des EP am 14.1.1999 wurde nach mehrheitlicher Ablehnung des fraktionsübergreifenden Mißtrauensantrags ein Entschließungsantrag zur Verbesserung der Haushaltsführung der Kommission angenommen. In ihm forderte das Parlament die Einsetzung eines Ausschusses unabhängiger Sachverständiger, welcher unter der Leitung von Parlament und Kommission untersuchen sollte, »auf welche Weise die Kommission Betrug, Mißmanagement und Günstlingswirtschaft aufdeckt und damit umgeht«[11]. Der erste Bericht dieses Gremiums über »Anschuldigungen betreffend Betrug, Mißmanagement und Nepotismus in der Europäischen Kommission«[12] stellte fest, daß die Kommissionsmitglieder »die Kontrolle über die Verwaltung (...) verloren haben«[13]. Einen Tag nach der Veröffentlichung des Berichts, am 16.3.1999, teilte der Kommissionspräsident den Entschluß der Kommission zum geschlossenen Rücktritt mit[14].

---

[7] Vgl. zur Darstellung der Chronologie der Ereignisse *Hummer/Obwexer*, EWS 1999, S. 161 (161 f.); *dies.*, Integration 1999, S. 77; *Lautz*, ZPol 1999, S. 439 (441 ff.); *Ott*, ZeuS 1999, S. 231 (233 ff.).

[8] Entgegen dem Beschlußvorschlag des Ausschusses für Haushaltskontrolle, Bericht *Elles*, A4-0502/98 Punkt 23. Deshalb handelte es sich formal gesehen um einen Aufschub der Entlastung. Es erfolgte die Rücküberweisung an den Ausschuß für Haushaltskontrolle. Zur Parlamentsdebatte vgl. EP, Strasbourg, ausführlicher Sitzungsbericht vom 17.12.1998, S. 8 bis 12; EP 1998/99, Protokoll der Sitzung vom 17.12.1998, Teil 1 (vorl. Ausgabe), S. 12 f.

[9] ABl. C 138 vom 4.5.1998, S. 43 ff.

[10] Der von *Pauline Green* (SPE) eingebrachte Antrag (B4-1165/98) wurde am 14.1.1999 zurückgezogen; der fraktionsübergreifende Antrag von Anfang Januar 1999 (B4-0053/99) wurde mit 293 gegen 232 Stimmen bei 27 Enthaltungen abgelehnt.

[11] B4-0065/99, 0109 und 0110/99, ABl. C 104 vom 14.4.1999, S. 106.

[12] Vgl. Bulletin Quotidien Europe – Europe Dokumente Nr. 2128 vom 19.3.1999, S. 1 ff.

[13] Erster Bericht des Ausschusses unabhängiger Sachverständiger, Punkt 9.2.2.

[14] Bulletin Quotidien Europe Nr. 7426 vom 17.3.1999, S. 3 f.

Die Einsetzung der neuen Kommission unter der Präsidentschaft von Romano Prodi war wesentlich geprägt durch die gerade beschriebene schwerste institutionelle Krise der EG seit ihrem Bestehen. Bereits vor dem Zustimmungsvotum des EP am 15.9.1999 unterstrich der designierte Kommissionspräsident die Bedeutung der Verbesserung der interinstitutionellen Beziehungen und der Wiederherstellung des Vertrauens zwischen EP und Kommission. Anläßlich eines Treffens mit der Präsidentin sowie den Gruppen- und Ausschußvorsitzenden des EP am 7.9.1999 machte Prodi diesbezügliche Zusicherungen[15]. Unter anderem wolle die Kommission zukünftig alle Aufforderungen des EP gemäß Art. 192 EG zur Vorlage legislativer Vorschläge so weit wie möglich berücksichtigen. Wesentlich war auch die Ankündigung Prodis, daß er in Zukunft ein Mißtrauensvotum der Mehrheit des EP gegen ein einzelnes Kommissionsmitglied zum Anlaß nehmen wolle, um zu prüfen, ob er das betreffende Kommissionsmitglied zum Rücktritt auffordern solle. Die durch den Vertrag von Nizza eingeführte Regelung des Art. 217 Abs. 4 EG steht im Zusammenhang mit dieser Zusicherung. Ferner haben EP und Kommission unter Hinweis auf die Erklärungen Prodis im Juli 2000 eine interinstitutionelle Rahmenvereinbarung geschlossen[16].

B. Bestimmung des Themas und Gang der Untersuchung

Das soeben kurz umrissene Geschehen hat im Schrifttum unter verschiedenen Aspekten Beachtung gefunden[17], und die Schlußfolgerungen sind durchaus unterschiedlich. Einerseits wurde wieder der Ruf nach einem Ausbau der parla-

---

[15] Die Rede des designierten Präsidenten ist im Internet veröffentlicht unter http://europa.eu.int/comm/commissioners/prodi/speeches/designate/070999_de.htm (Stand 23.8.2002); die 5 Punkte sind wiederholt in der Entschließung des EP vom 15.9.1999, ABl. C 54 vom 25.2.2000, S. 49.

[16] C5-0349/2000; der 15. Auflage der GeschO EP ist die Vereinbarung als Anlage XIII beigefügt.

[17] Vgl. nur *Dauses*, EuZW 1999, S. 97; *Hummer/Obwexer*, EWS 1999, S. 161; *dies.*, Integration, 1999, S. 77; *Lautz*, ZPol 1999, S. 349.

mentarischen Rechte laut[18], andererseits wurde moniert, daß das EP seine bestehenden Kontrollrechte zu uncouragiert wahrgenommen und so seine Chance verpaßt habe[19]. Sicherlich könnte man das EP angesichts der Zugeständnisse der Kommission auch als den eigentlichen Gewinner der Krise bezeichnen. Es erscheint aber schließlich möglich, daß das EP im Zusammenhang mit dem Rücktritt der Kommission die rechtlichen Grenzen seiner Kontrollaufgabe überschritten hat.
Die folgenden Untersuchungen sollen eine rechtliche Bewertung des dargestellten Sachverhalts ermöglichen, wobei eine Eingrenzung auf bestimmte, im Anschluß zu erörternde Aspekte vonnöten ist.

I. Das Kontrollverhältnis zwischen EP und Kommission

Im Kern handelt es sich bei der geschilderten Krise um eine Auseinandersetzung zwischen EP und Kommission, die im Bereich parlamentarischer Kontrolle gegenüber der Kommission in der EG angesiedelt ist. Das Verhalten der Organe im Zusammenhang mit der Krise stellt sich als Ausgestaltung des im EG-Vertrag explizit angelegten Kontrollverhältnisses zwischen beiden Organen dar.

Die rechtliche Bewertung des Organverhaltens im oben dargestellten Zusammenhang setzt eine abstrakte Betrachtung von Inhalt und Umfang parlamentarischer Kontrolle gegenüber der Kommission voraus. Besondere Bedeutung kommt dabei den Fragen zu, wo die rechtlichen Grenzen dieser Kontrolle liegen und ob sich die Organe bei der Ausgestaltung und Ausübung parlamentarischer Kontrolle an diese Grenzen halten. Damit reihen sich die folgenden Überlegungen ein in das allumfassende Problem der Ausbalancierung von Effizienz der ausführenden Organe einerseits und Kontrolle andererseits[20].

---

[18] Vgl. *Lautz*, ZPol 1999, S. 349 ff. (458); ebenso das EP selbst, Entschließung EP vom 15.9.1999, ABl. C 54 vom 25.2.2000, S. 49, indem es auf die Zusagen Prodis hinweist, die eine institutionelle Stärkung des EP vorsehen.

[19] *Dauses*, EuZW 1999, S. 97.

[20] Vgl. *Lorz*, Interorganrespekt im Verfassungsrecht, S. 529 ff.

Aus den folgenden Untersuchungen werden die mit dem kollektiven Rücktritt der Kommission und der Einsetzung der neuen Kommission verbundenen rechtlichen Einzelheiten[21] ausgeklammert.

Ferner soll es nicht darum gehen eine komplette Funktionenlehre für die EG zu entwickeln. Die Untersuchungen fokussieren vielmehr das Verhältnis zwischen EP und Kommission. Aus diesem komplexen Verhältnis wird nur der Bereich parlamentarischer Kontrolle herausgegriffen, der Bereich also, in welchem sich EP und Kommission als »Rivalen«[22] gegenüber stehen, und in dem die Rechtskreise der Organe folglich aneinander grenzen.
Diese Rivalität ist freilich nicht von derselben Art wie diejenige zwischen Regierung und Parlament auf der Ebene der mitgliedstaatlichen Verfassungen[23]. Zwar ist die Einsetzung der Kommission an die vorherige Zustimmung des EP gebunden, jedoch gibt es innerhalb des EP weder eine geschlossene politische Mehrheit, die mit der Regierungsfraktion etwa des deutschen Bundestages vergleichbar wäre, noch eine Opposition. Ferner ist das Verhältnis zwischen EP und Kommission grundlegend geprägt von einer vertrauensvollen Partnerschaft; die Kommission kann durch Eintracht mit dem EP als direkt gewähltem und legitimiertem Vertretungsorgan der europäischen Bürger erreichen, daß sich die Bürger mit ihren Rechtsakten identifizieren, während das EP in der Kommission einen Verbündeten gegenüber dem Rat hat, welcher – mit Mitgliedern der nationalen Regierungen beschickt – von Natur aus eher nationale als gesamteuropäische Interessen verfolgt[24].

---

[21] Insofern kann auf die detailreichen Untersuchungen von *Hummer/Obwexer*, EWS 1999, S. 161 ff.; *dies.*, Integration, 1999, S. 77 ff. verwiesen werden.

[22] Zum Verhältnis zwischen EP und Kommission und zu dem Begriff »Partner und Rivalen« vgl. *Westlake*, The Commission and the Parliament – Partners and Rivals in the European Policy-making Process, London u. a. 1994.

[23] Vgl. Interview mit *Jean-Louis Bourlanges*, Commentaire n° 90, eté 2000, S. 249 (252); Zum Verhältnis beider Organe vgl. auch *Sutherland* in: Louis/Waelbroeck (Hrsg.), Le Parlement Européen dans l'évolution institutionnelle, S. 131 ff.

[24] Vgl. *Westlake* in: Edwards/Spence (Hrsg.), The European Commission, S. 239.

II. Zum Begriff der parlamentarischen Kontrolle – Eingrenzung des Themas

Für die folgende Untersuchung des Kontrollverhältnisses zwischen EP und Kommission ist zunächst der im weiteren zugrundegelegte Kontrollbegriff zu erläutern.

Im Staatsrecht der Bundesrepublik Deutschland wird der Begriff der parlamentarischen Kontrolle unterschiedlich weit gefaßt. Die Charakterisierung als »prüfendes Nachvollziehen« wird inzwischen als zu eng abgelehnt[25]. Stattdessen wird vertreten, daß parlamentarische Kontrolle gar nicht als eigenständige Parlamentsfunktion zu verstehen sei, sondern vielmehr uno actu mit anderen Parlamentsfunktionen wahrgenommen werde und damit den parlamentarischen Entscheidungsprozeß kontinuierlich begleite[26]. Ein solcher Kontrollbegriff erstreckt sich insbesondere auch auf die Einflußnahme des Parlaments im Wege der Gesetzgebung. Grundlage dieser Ansicht ist die Annahme, daß die Staatsleitung im parlamentarischen Regierungssystem Parlament und Regierung zur gesamten Hand zustehe[27], und folglich die Unterscheidung zwischen parlamentseigenen und parlamentsfremden Kompetenzen nicht möglich sei.

Soll mit der vorliegenden Arbeit der Charakter der Kontrolle des EP gegenüber der Kommission analysiert werden, so verbietet es sich einerseits, den Untersuchungsgegenstand durch Zugrundelegung eines engen Kontrollbegriffs von vornherein einzuschränken. Denn eine Umschreibung parlamentarischer Kontrolle als reine Kontrolle *a posteriori*[28] – also als eine Prüfung von Rechtsakten oder Politiken, welche das zu kontrollierende Organ bereits vollendet oder verwirklicht hat, mit der Möglichkeit eines anschließenden Werturteils – wird der Ausgestaltung des Kontrollverhältnisses möglicherweise nicht gerecht. Es ist vielmehr zu ergründen, inwiefern die Kontrolle des EP gegenüber der Kommission nach dem EG-Vertrag und in der Praxis »begleitender« Art ist, sich also

---

[25] *Klein* in: Isensee/Kirchhof (Hrsg.), Handbuch des Staatsrechts der Bundesrepublik Deutschland, Band II, § 40 Rn. 30 (»Parlamentarische Kontrolle ist weit mehr und anderes als bloße Reaktion auf das Verhalten der Regierung«).

[26] Vgl. ausführlich *Krebs*, Kontrolle in staatlichen Entscheidungsprozessen, S. 122 bis 128.

[27] Vgl. *Friesenhahn*, VVDStRL 16 (1958), S. 9 (37 f.).

[28] Vgl. zu den beiden Möglichkeiten der Beschaffenheit parlamentarischer Kontrolle *Chauchat*, Le contrôle politique du Parlement européen sur les exécutifs communautaires, S. 10.

schon auf die Entstehungsphase von Akten und Politiken der Kommission bezieht und folglich den Zweck einer größeren Einflußnahme des EP verfolgt.

Andererseits kann auch der oben angegebene weite Kontrollbegriff keine Verwendung finden. Vielmehr wird im folgenden davon ausgegangen, daß die Kontrollfunktion des EP eine eigenständige Parlamentsfunktion ist, die im Verhältnis zu der Gesamtaufgabe des EP eine unter mehreren Funktionen darstellt[29]. Die Kontrollfunktion des EP zeichnet sich dadurch aus, daß sie bezogen ist auf fremde Kompetenzen, hier konkret auf die Kompetenzen der Kommission. Die Kontrolltätigkeit des EP besteht in der Verschaffung von Information über die Kommissionstätigkeit, in der Bewertung und Sanktionierung der Kommissionstätigkeit sowie – im Fall begleitender Kontrolle – in der Beeinflussung der Kommissionstätigkeit und der Gemeinschaftspolitiken. Eine Unterscheidung zwischen parlamentseigenen und parlamentsfremden Kompetenzen ist auf Gemeinschaftsebene durchaus möglich. Die auf das parlamentarische Regierungssystem zugeschnittene These, daß die Staatsleitung Parlament und Regierung zur gesamten Hand zustehe, ist auf das institutionelle System der EG nicht übertragbar. Abgesehen davon, daß die Kommission nicht mit einer Regierung gleichgesetzt werden kann, besteht hier insbesondere nicht die das parlamentarische Regierungssystem prägende enge Verbindung von Regierung und sie tragender Parlamentsmehrheit. Die Kommission wird von den Mitgliedstaaten beschickt und nicht etwa von der politischen Mehrheit des EP gewählt[30].

---

[29] Von einer abtrennbaren Kontrollfunktion des EP kann auch deshalb gesprochen werden, weil der EWG-Vertrag ursprünglich ausdrücklich auf die »Kontrollbefugnisse« des EP einging (Art. 137 EWGV, ebenso noch Art. 137 EGV). Originär war das EP also als Beratungs- und Kontrollorgan konzipiert. Der heutige Art. 189 S. 1 EG verwendet zwar den Begriff »Kontrollbefugnisse« nicht mehr. Dies ist Ausdruck der Tatsache, daß die Kompetenzen des EP insbesondere im Bereich der Gesetzgebung ausgeweitet wurden, was aber nicht bedeutet, daß der Kontrollfunktion keine eigenständige Bedeutung mehr zukommt.

[30] An dieser Struktur ändert auch das Zustimmungsvotum des Art. 214 Abs. 2 UA 3 EG nichts.

Da also die Kontrollfunktion Eigenständigkeit gegenüber der Rechtsetzungsfunktion besitzt, erstreckt sich die folgende Darstellung grundsätzlich nicht auch auf die Mitwirkung des EP bei der Gemeinschaftsrechtsetzung[31].

Mitunter wird in der Literatur allgemein von einer traditionellen Kontrollfunktion europäischer Parlamente gesprochen[32]. Die hierbei zugrundeliegende Einteilung parlamentarischer Tätigkeit in einen mehr oder weniger gleichlautenden Kanon von Funktionen stützt sich auf eine zum Idealtypus abstrahierte Analyse der europäischen Rechtslehre. Die Verwendung des Begriffs »Kontrollfunktion« in Bezug auf das EP könnte somit eine gewisse Kongruenz zwischen EP und mitgliedstaatlichen Parlamenten nahelegen. Richtigerweise kann aber nur von der Kontrollfunktion eines bestimmten Parlaments im Rahmen der jeweils konkreten Funktionenordnung gesprochen werden. Es dürfen mit dem Begriff »Kontrollfunktion« weder inhaltliche Vorgaben verbunden werden noch darf gar aus ihm voreilig auf einzelne Kontrollrechte des EP geschlossen werden. Unter der Kontrollfunktion des EP kann also nur die sich aus dem Primärrecht ergebende, spezifische Kontrollaufgabe des EP verstanden werden[33]

Bei der Darstellung der Kontrollbefugnisse des EP gegenüber der Kommission wird nach dem Zweck der Kontrollhandlung zwischen informativer und sanktionierender Kontrolle unterschieden. Informative Kontrollrechte dienen in erster Linie der Verschaffung der Tatsachenkenntnisse, die zur Ausübung der übrigen Befugnisse des Parlaments erforderlich sind. Sanktionierende Kontrollrechte bestehen in der Befugnis, Rechtsfolgen gegenüber anderen Organen oder

---

[31] Auch auf die Beteiligung des Parlaments bei der Rechtsetzung beziehen den Kontrollbegriff *Achterberg*, DVBl. 1972, S. 841 (843 f.); *Zuleeg*, EuR 1972, S. 1 (9).

[32] *Schoo* in: Rengeling/v. Borries (Hrsg.), Aktuelle Entwicklungen in der Europäischen Gemeinschaft, S. 1 ff.; *Suski*, Das Europäische Parlament: Volksvertretung ohne Volk und Macht?, S. 100; *Zuleeg*, EuR 1972 S. 1 (3); *Oppermann*, Europarecht, Rn. 264 ff. Die Einteilung der Parlamentsfunktionen geht zurück auf *Bagehot*, Die Englische Verfassung, S. 136 ff.

[33] Auf Einschränkungen und Nuancen, welche sich aus den verschiedenen Realtypen des Parlamentarismus in den Mitgliedstaaten der Union ergeben, weisen hin: *Grabitz/Läufer*, Das Europäische Parlament, S. 361.

Dritten herbeizuführen[34]. Daneben wird die Haushaltskontrolle als »demonstrierende« Kontrolle bezeichnet[35]. Es sei angemerkt, daß diese Unterscheidung eine systematische Darstellung der Kontrollinstrumente ermöglicht und deren Wesensverschiedenheit in Bezug auf die Möglichkeit der Herbeiführung von Rechtsfolgen gerecht wird. In Bezug auf die informativen Kontrollrechte stellt sie aber kein inhaltlich abschließendes Unterscheidungskriterium dar, denn gerade die informativen Kontrollrechte dienen nicht selten in erster Linie dazu, das befragte Organ zu tadeln, anzuprangern und zum Handeln zu veranlassen. Insofern dienen sie nur bei sehr formaler Betrachtungsweise der Information.

III. Gang der Untersuchung

Hauptanliegen der folgenden Untersuchung ist es, die primärrechtlichen Grenzen der Kontrolle des EP gegenüber der Kommission zu ermitteln und die Ausgestaltung und Ausübung des Kontrollverhältnisses durch die Organe an diesen Grenzen zu messen.

1) Umfang parlamentarischer Kontrolle gegenüber der Kommission

In Teil 2 der vorliegenden Arbeit wird zunächst klargestellt, welche Ausgestaltungen des Kontrollverhältnisses auf die Einhaltung der primärrechtlichen Grenzen der Kontrollfunktion hin zu überprüfen sind (A.). Sodann werden die primärrechtlichen Grenzen parlamentarischer Kontrolle gegenüber der Kommission ermittelt (B.). Dabei werden neben dem EG-Vertrag auch allgemeine Rechtsgrundsätze herangezogen. Für die jeweilige primärrechtliche Quelle ist die Bindung der Organe an dieselbe zu untersuchen. Schließlich wird ein Ar-

---

[34] Vgl. *Haag/Bieber* in: Groeben/Thiesing/Ehlermann, Art. 137 EGV Rn. 18 ff. (18, 19, 28); zum Begriff der parlamentarischen Kontrolle ausführlich *Bieber*, Die Organe der erweiterten Europäischen Gemeinschaften: Das Parlament, S. 26 ff.

[35] So für das deutsche Recht *Pietzner* in: Evangelisches Staatslexikon, Stichwort »Bundestag«, Sp. 336; Ebenfalls diese Terminologie greifen auf: *Rossi*, Europäisches Parlament und Haushaltsverfassungsrecht, S. 166. Die demonstrierende Kontrolle beschränkt sich nicht auf die Gewinnung von Informationen. Andererseits sind an die Entlastung der Kommission bzw. an deren Verweigerung anders als beim Mißtrauensvotum keine Rechtsfolgen geknüpft. Ausführlich dazu unten ab S. 148.

gumentationsschema entwickelt, um im Einzelfall überprüfen zu können, ob sich eine bestimmte Ausgestaltung des Kontrollverhältnisses im Rahmen der primärrechtlichen Vorgaben bewegt (C.). In diesem Zusammenhang ist der Frage nachzugehen, inwiefern die ermittelten Grenzen absolut sind bzw. ob und wodurch sie relativiert werden und nach welchen Regeln gegebenenfalls abzuwägen ist, ob das im Einzelfall in Frage stehende Organverhalten die primärrechtlichen Grenzen der parlamentarischen Kontrollfunktion beachtet.
Damit dient Teil 2 – grob gesprochen – der Gewinnung von Argumentationsmaterial, welches in den darauf folgenden Abschnitten auf Einzelfälle Anwendung finden wird.

2) Kontrolle des EP gegenüber der Kommission gemäß EG-Vertrag; Einhaltung der primärrechtlichen Grenzen bei der Ausgestaltung des Kontrollverhältnisses durch die Organe

Während in Teil 2 der Frage nach dem Umfang der Kontrollfunktion nachgegangen wird, befaßt sich Teil 3 mit der materiellen Ausgestaltung des Kontrollverhältnisses. Dabei sind zunächst die explizit im Vertrag geregelten Kontrollinstrumente zu erläutern (A.). Sie werden seitens der Organe durch deren geübte Praxis oder durch autonome Funktionsregeln[36] ausgestaltet. Diese Ausgestaltungen werden im Zusammenhang mit dem jeweiligen vertraglich fixierten Kontrollinstrument behandelt und anhand des in Teil 2 entwickelten Schemas daraufhin überprüft, ob sie sich im Rahmen der primärrechtlichen Grenzen der Kontrollfunktion bewegen.
Durch autonome Funktionsregeln können die Organe aber auch Kontrollverfahren festlegen, welche nicht im Zusammenhang mit den expliziten vertraglichen Kontrollinstituten stehen und deren Ausgestaltung dienen (B.). Rechtliche Zulässigkeit, Rechtswirkungen und Inhalt solcher Regelungen sollen betrachtet werden. Ferner ist zu untersuchen, inwiefern auch die Interorganpraxis Ausgestaltungen des Kontrollverhältnisses aufweist, die nicht im Zusammenhang mit expliziten Kontrollinstrumenten stehen. In Bezug auf die einzelnen Ausgestaltungen des Kontrollverhältnisses zwischen EP und Kommission ist auch hier je-

[36] Geschäftsordnungsregeln bzw. Interorganvereinbarungen.

weils zu prüfen, ob die aus dem Primärrecht hergeleiteten Grenzen parlamentarischer Kontrolle gegenüber der Kommission eingehalten werden. Dazu wird ebenfalls das in Teil 2 entwickelte Schema herangezogen.

3) Ausübung parlamentarischer Kontrolle im Zusammenhang mit dem Entlastungsverfahren für das Haushaltsjahr 1996

Schließlich soll in Teil 4 konkret das Entlastungsverfahren für das Haushaltsjahr 1996 untersucht werden, das den Anlaß zu der vorliegenden Arbeit gegeben hat. Es wird hinterfragt, welche Kontrollmittel das EP vor dem Rücktritt der Kommission angewandt und ob es damit seine Kontrollaufgabe ausgeschöpft oder sogar die Grenzen der Kontrolle überschritten hat (A., B.). Des weiteren sollen die Folgen der institutionellen Krise betrachtet werden (C.). Zum einen werden nachträglich getroffene Interorganvereinbarungen zwischen EP und Kommission ebenfalls auf die Einhaltung der primärrechtlichen Grenzen der Kontrolle untersucht. Zum anderen wird dargestellt, inwiefern mit der Krise zusammenhängende, in der Folgezeit erlassene primärrechtliche Regelungen Inhalt und Umfang der parlamentarischen Kontrolle verändert haben.

Teil 2: Umfang parlamentarischer Kontrolle gegenüber der Kommission

Der Gesamtbereich der parlamentarischen Kontrollaufgabe ist nach außen hin begrenzt. Die rechtlichen Grenzen der parlamentarischen Kontrolle gegenüber der Kommission ergeben sich mangels übergeordneter Funktionsnormen aus dem Primärrecht[37]. Es steht in der Hierarchie des Gemeinschaftsrechts auf höchster Stufe. Damit sind Ausgestaltung und Wahrnehmung der Kontrolle dem Primärrecht unterworfen.
Das Primärrecht steckt die Rechtskreise der Organe ab. Es zieht auch die Grenze zwischen den Rechtskreisen von Kommission und EP. Diese Grenze ist dekkungsgleich mit der Grenze parlamentarischer Kontrolle gegenüber der Kommission. Die einzelnen Grenzpfeiler können, da sie im Innenverhältnis zwischen EP und Kommission angesiedelt sind, als »innere Grenzen« bezeichnet werden.

Ziel dieses Abschnitts ist es, zu untersuchen, welche primärrechtlichen Grenzen den Organen bei der Ausgestaltung und Wahrnehmung des im EG-Vertrag angelegten Kontrollverhältnisses gezogen sind.
Bevor diese Grenzen benannt (B.) und – um sie für die juristische Argumentation brauchbar zu machen – in ein Schema eingeordnet werden (C.), ist zu klären, wodurch die primärrechtlichen Grenzen parlamentarischer Kontrolle überhaupt überschritten werden können, also welches Verhalten der Organe in Ausübung oder Ausgestaltung des Kontrollverhältnisses auf die Einhaltung der Grenzen parlamentarischer Kontrolle hin überprüft werden soll (A.).

---

[37] Rückschlüsse aus den nationalen Systemen und deren Instrumentarien zur Kontrolle der Regierung sind aufgrund der strukturellen Verschiedenheit der Gemeinschaft im Vergleich zu nationalen Regierungssystemen nicht zwingend, vgl. *Lenaerts/Verhoeven* in: Alston/de Búrca (Hrsg.), Good Governance in Europe's Integrated Market, S. 35 (57). Auch aus verschiedenen Modellvorstellungen von der Rolle der Kommission (vgl. dazu ebenda S. 51 ff.) sind keine Rückschlüsse auf Inhalt und Umfang parlamentarischer Kontrolle möglich, da es sich dabei weniger um rechtsverbindliche Regeln, als vielmehr um politische Visionen handelt, die mehr oder weniger durch den jeweils verwirklichten institutionellen Zustand geprägt sind. Rechtsverbindliche Grenzen für das Organhandeln können nur aus den Verträgen selbst in ihrer jeweils geltenden Form hergeleitet werden.

A. Ausgestaltungen des Kontrollverhältnisses als Gegenstand der Prüfung

Der Bereich parlamentarischer Kontrolle gegenüber der Kommission ist geprägt durch das Verhalten von kontrollierendem und kontrolliertem Organ. Zu unterscheiden ist zwischen Handlungen des EP, welche die Kontrolle ermöglichen oder durchführen und Mitwirkungshandlungen der Kommission, welche zur Durchführung der Kontrolle, insbesondere zur Informationsgewinnung, notwendig sind.

Solcherlei Handlungen beider Organe sind im EG-Vertrag in Form von Rechten des EP und Verpflichtungen der Kommission explizit enthalten, und zwar in den Vorschriften über die Organe und in den Haushaltsvorschriften[38]. Handlungen des EP, zu denen der Vertrag explizit ermächtigt, und die der Kommission durch den Vertrag explizit auferlegten Pflichten sind nicht auf ihre Vereinbarkeit mit den Grenzen parlamentarischer Kontrolle zu untersuchen, denn es gibt keinen übergeordneten Maßstab, an dem sich die Regelungen des EG-Vertrags messen lassen müßten und aus dem Grenzen der Kontrollfunktion herleitbar wären. Die Organe sind insofern selbstverständlich an die sie konstituierende Ordnung gebunden[39]. In der Tat ergeben sich aus der systematischen Zusammenschau der vertraglichen Regelungen erst Inhalt, Umfang und Grenzen des Kontrollverhältnisses. Die Regelungen des EG-Vertrags sind also nicht Gegenstand der Prüfung, sondern Prüfungsmaßstab.

Untersuchungsgegenstand ist vielmehr das Verhalten beider Organe – bzw. eine Verfahrensmodalität –, welches der Ausübung parlamentarischer Kontrolle gegenüber der Kommission dient, ohne im Vertrag ausdrücklich genannt zu sein.

Dieses Verhalten – bzw. die Verfahrensmodalität – kann im Zusammenhang mit einem expliziten vertraglichen Kontrollinstitut stehen und dessen Durchführung

---

[38] Z. B. das Recht des EP, einen Untersuchungsausschuß einzusetzen (Art. 193 EG), die Pflicht der Kommission zur Beantwortung von Fragen des EP bzw. seiner Mitglieder (Art. 197 Abs. 3 EG); im Bereich des Haushalts das Recht des EP auf Auskunft und die Pflicht der Kommission zur Vorlage von Informationen (Art. 276 Abs. 2 EG).

[39] Vgl. auch *Hahn*, Funktionenteilung im Verfassungsrecht europäischer Organisationen, S. 28.

dienen[40]. Denkbar ist aber auch ein Kontrollverhalten, welches nicht im Zusammenhang mit einem expliziten vertraglichen Kontrollinstitut steht[41].

Solche Handlungen beider Organe tauchen nicht nur in der institutionellen Praxis, also bei der tatsächlichen Wahrnehmung der Kontrollfunktion auf. Eine Fülle solcher Verhaltensweisen ist darüber hinaus in der GeschO EP und in Interorganvereinbarungen fixiert. Dabei handelt es sich um die Niederschrift einer beabsichtigten Organpraxis, ganz unabhängig davon, ob die jeweilige Regelung Rechtsqualität aufweist. Die Frage nach der Einhaltung der Grenzen der Kontrollfunktion des EP bezieht sich deshalb immer auf die durch die jeweilige Norm konkret beschriebene Handlung oder Einzelheit des Verfahrens. Diese muß mit den im folgenden zu erörternden primärrechtlichen Grenzen der Kontrollfunktion vereinbar sein. Nicht entscheidend ist insofern die Frage, ob die jeweils normerlassenden Organe zum Erlaß der Norm befugt waren, bzw. ob die jeweilige Regelung Rechtsverbindlichkeit aufweist. Wesentlich ist, daß die Regeln über das Interorganverfahren unabhängig von ihrer Rechtsverbindlichkeit von den Organen befolgt werden, bzw. daß ihre Befolgung durch die Organe naheliegt. Die Organpraxis muß aber den primärrechtlichen Vorgaben entsprechen.

B. Umfang parlamentarischer Kontrolle

Die Frage nach dem Umfang parlamentarischer Kontrolle gegenüber der Kommission ist auf dem Wege der Auslegung des Primärrechts zu beantworten.
An das Primärrecht wird die Frage gestellt, ob eine von den Organen getroffene konkrete Ausgestaltung des Kontrollverhältnisses sich im Rahmen der primärrechtlichen Vorgaben bewegt. Wie die Auslegungspraxis des EuGH muß sich die Suche nach den Grenzen der Kontrollfunktion auf geschriebenes und unge-

[40] Z. B. ist in der GeschO EP das Verfahren und Organverhalten im Zusammenhang mit dem Fragerecht (Art. 197 Abs. 3 EG) festgeschrieben (Art. 42-44 GeschO EP).

[41] Beispiel: Verpflichtung zur Ausarbeitung eines Jahresgesetzgebungsprogramms (Art. 57 GeschO EP_{14}, vgl. unten ab S. 183); Einsetzung des Ausschusses unabhängiger Sachverständiger (näher unten ab S. 229).

schriebenes Primärrecht erstrecken[42]. Ungeschriebene Gehalte des Primärrechts werden unter Anwendung bestimmter Methoden[43] hergeleitet. Zum einen sind die Grenzen in den Gründungsverträgen zu suchen, zum anderen sind allgemeine Rechtsgrundsätze in Betracht zu ziehen. Gemessen an diesen Gehalten kann die in Frage stehende Ausgestaltung als primärrechtskonform oder als primärrechtswidrig eingestuft werden.

Abstrakt gesehen werden die Grenzen der parlamentarischen Kontrolle durch Gehalte des Primärrechts markiert, die gegen die in Frage stehende Ausgestaltung des Kontrollverhältnisses durch die Organe sprechen. Bei der rechtlichen Beurteilung von Kontrollverhalten fließen sie als begrenzende Argumente in die Auslegung des Vertrags ein.

I. Vertragliche Grenzen[44]

Es liegt nahe, die Grenzen des Organverhaltens im EG-Vertrag selbst zu suchen, da er die Organe konstituiert[45]. Die Bindung des Organhandelns an den Vertrag kommt darüber hinaus in Art. 7 Abs. 1 S. 2 EG (Art. 4 Abs. 1 S. EGV) zum Ausdruck. Seine Aussage über die Bindung der Organe an den Vertrag (1) wird der Beschreibung der aus dem Vertrag im einzelnen herleitbaren Grenzen vorangestellt. Bei dieser Beschreibung wird zunächst die begrenzende Wirkung ausdrücklicher Kontrollnormen untersucht (2), bevor »Strukturprinzipien« als vertragliche Grenzen parlamentarischer Kontrolle betrachtet werden (3).

---

[42] Vgl. zum Gegenstand der Auslegung des EuGH *Anweiler*, Die Auslegungsmethoden des Gerichtshofs der Europäischen Gemeinschaften, S. 41 ff. (42).

[43] Zur Methode der Herleitung von Strukturprinzipien siehe unten S. 27 ff. Zur Methode der Herleitung allgemeiner Rechtsgrundsätze siehe unten Fn. 217.

[44] Hier und im folgenden ist von den Gemeinschaftsverträgen nur der EG-Vertrag gemeint. Ausführungen zu den anderen Gemeinschaftsverträgen werden lediglich ergänzend herangezogen. Aufgrund des einheitlichen institutionellen Rahmens ist aber auch der EU-Vertrag neben dem EG-Vertrag auf Grenzen zu untersuchen.

[45] Die Bindung der Organe an den Vertag besteht auch ohne die Anordnung derselben im Vertrag. Vgl. *Hahn*, Funktionenteilung im Verfassungsrecht europäischer Institutionen, S. 28 m. w. N.

1) Bedeutung des Art. 7 Abs. 1 S. 2 EG

Art. 7 Abs. 1 S. 1 EG (Art. 4 Abs. 1 S. 2 EGV) überweist die Aufgaben der Gemeinschaft an die dort genannten fünf Organe. Art. 7 Abs. 1 S. 2 EG lautet: »Jedes Organ handelt nach Maßgabe der ihm in diesem Vertrag zugewiesenen Befugnisse«. Art. 7 Abs. 1 S. 2 EG trifft also eine Aussage darüber, wie die Organe handeln sollen. Maßstäbe für das Organverhalten zu ermitteln ist aber gerade Gegenstand dieser Untersuchung, weshalb der Gehalt dieses Satzes genauer zu bestimmen ist. Dabei ist zunächst zu untersuchen, ob der Regelungsbereich des Art. 7 Abs. 1 S. 2 EG auch das Verhalten der Organe in Ausübung des Kontrollverhältnisses zwischen EP und Kommission erfaßt (a). Sodann ist darauf einzugehen, ob und welche Maßstäbe er für das erfaßte Organhandeln aufstellt (b).

a) Von Art. 7 Abs. 1 S. 2 EG erfaßtes Handeln

Ob auch Handeln in Ausgestaltung des Kontrollverhältnisses zwischen EP und Kommission nach Maßgabe der jedem Organ im Vertrag zugewiesenen Befugnisse zu erfolgen hat, ist eine Frage des Geltungsbereichs von Art. 7 Abs. 1 S. 2 EG.

Der Wortlaut »Jedes Organ handelt« ist dabei ganz offen; eine Beschränkung des Geltungsbereichs auf das Handeln nur einiger Organe[46] oder auf Organhandeln einer bestimmten Qualität läßt sich am Wortlaut nicht festmachen. Deshalb

---

[46] *v. Hippel*, La séparation des pouvoirs dans les Communautés Européennes, S. 5, unterscheidet zwischen »organes d'action« (Rat und Kommission) und »organes de contrôle« (EP und EuGH). Diese Unterscheidung zwischen handelnden und kontrollierenden Organen legt er dem gesamten ersten Kapitel seiner Arbeit zugrunde. Aus diesem Blickwinkel könnte unter Handeln im Sinne von Art. 7 Abs. 1 S. 2 EG nur Handeln des Rates und der Kommission zur Verwirklichung der Ziele der Gemeinschaft verstanden werden. Die Regelung erfaßt aber »jedes« Organ, also auch das EP. Daß nur Verhalten in Verfolgung der Ziele der Gemeinschaft eine Handlung sei, ist Art. 7 Abs. 1 S. 2 EG ebenfalls nicht zu entnehmen. Auch Handlungen in Ausgestaltung der Interorganbeziehungen sind erfaßt. Davon abgesehen trifft die Unterscheidung *v. Hippels* auf die heutige Vertragslage nicht mehr zu, da auch das EP durch das Verfahren der Mitentscheidung die Gemeinschaftsakte stark beeinflussen kann. Ebenfalls besteht die Tendenz zu begleitender Kontrolle. Das EP befindet sich längst auf dem Weg vom kontrollierenden Organ zum »organe d'action«.

greift es zu kurz, bei der Bestimmung des Regelungsgehaltes des Art. 7 Abs. 1 S. 2 EG das Prinzip der begrenzten Einzelermächtigung in Bezug auf die einzelnen Organe zu fokussieren[47] und somit nur rechtsverbindliches Handeln oder Handeln beim Erlaß von verbindlichen Rechtsakten als vom Geltungsbereich erfaßt anzusehen[48]. Eine solche Terminologie wäre auf die Ausübung informativer Kontrolle nicht anwendbar. Der Regelungsbereich umfaßt dem Wortlaut nach aber das gesamte Handeln der Organe, also auch das Kontrollverhalten[49].
Im Vertrag sind Rechtsbeziehungen zwischen Gemeinschaft und Bürgern bzw. Mitgliedstaaten sowie zwischen mehreren Organen der Gemeinschaft geregelt. Art. 7 Abs. 1 S. 2 EG bindet jedes Organhandeln, welches diese Rechtsbeziehungen betrifft, an die Befugnisse des Vertrags[50].
Jedes Organhandeln im Bereich parlamentarischer Kontrolle gegenüber der Kommission ist also an den Regeln des Vertrages zu messen, da es die Rechtsbeziehungen zwischen beiden Organen betrifft und Auswirkungen auf den Rechtskreis der Kommission als kontrolliertem Organ hat.

---

[47] *Herdegen*, Europarecht, Rn 189; *Hatje* in: Schwarze, Art. 7 EG Rn. 43; *Calliess* in: Calliess/Ruffert, Art. 7 EG Rn. 17.

[48] *Hatje* in: Schwarze, Art. 7 EG Rn. 43 f.; *Nettesheim* in: Grabitz/Hilf, Art. 4 EGV Rn. 41 f. spricht von »Rechtshandlungen« bzw. »Rechtsakten«. Zwar wird von letzterem nicht behauptet, daß sich Art. 7 EG nur auf rechtsverbindliches Handeln beziehe, jedoch wird im Zusammenhang mit dem Organhandeln der Erlaß von Rechtsakten bzw. rechtsverbindlichen Handlungen fokussiert. Was genau der Begriff rechtsverbindlich bedeutet, bleibt offen. Es könnte bedeuten, daß der mit dem Handeln verfolgte Rechtsakt Rechtsverbindlichkeit für Dritte erzeugt oder, daß die Handlung selbst mit Rechtsfolgen verbunden ist.

[49] Vgl. ähnlich *Kraußer*, Das Prinzip der begrenzten Ermächtigung im Gemeinschaftsrecht als Strukturprinzip des EWG-Vertrags, S. 92, der betont, daß das Prinzip der begrenzten Ermächtigung auch für rein tatsächliche Akte – wie etwa Interpellationen – gelte, die Verpflichtungen bei anderen Organen begründen.

[50] Zwar sind die Beziehungen zwischen den Organen Rechtsbeziehungen. Damit ist aber nicht gesagt, daß die Absprachen und Regelungen über das Interorganverhältnis stets Rechtsqualität haben. Unabhängig von der Rechtsqualität und der äußeren Form – Ausgestaltungen des Interorganverhältnisses können, wie oben (S. 17) beschrieben, auch ohne schriftlichen Niederschlag durch die Organpraxis geschehen – unterliegen die Interorganbeziehungen dem Vorbehalt der Rechtmäßigkeit. Art. 7 Abs. 1 S. 2 EG bindet sie an die vertraglichen Befugnisse. Vgl. dazu *Nettesheim* in Grabitz/Hilf, Art. 4 EGV Rn. 33.

b) Handeln »...nach Maßgabe der ihm in diesem Vertrag zugewiesenen Befugnisse«

Da auch das Handeln der Organe in Ausübung der parlamentarischen Kontrolle vom Regelungsbereich des Art. 7 Abs. 1 S. 2 EG erfaßt ist, ist die Formulierung daraufhin zu untersuchen, welche Rechtmäßigkeitsmaßstäbe sie für die Ausgestaltung des Kontrollverhältnisses aufstellt.

Handeln nach Maßgabe der in diesem Vertrag zugewiesenen Befugnisse bedeutet aber nichts anderes, als daß jedes Organ gehalten ist, sich bei all seinen Handlungen gegenüber Dritten und im Verhältnis zu den anderen Organen vertragsgemäß zu verhalten[51]. Dies bedeutet, daß sein Verhalten materiell mit dem Vertrag vereinbar sein muß. Dies ist der Fall, wenn sich jedes Organverhalten als Konkretisierung der vertraglichen Regelungen darstellt.
Art. 7 Abs. 1 S. 2 EG verlangt daher zum einen, daß sich jedes Organhandeln auf eine vertragliche Befugnis zurückführen lassen muß, daß – mit anderen Worten – eine Kompetenz für die jeweilige Handlung vorliegen muß. Ferner müssen die normimmanenten und vertragsimmanenten Grenzen dieser Befugnis eingehalten werden, was sich aus der Formulierung »nach Maßgabe« ergibt[52]. Die Organe dürfen handeln, soweit die Befugnis reicht.
Dabei verlangt Art. 7 Abs.1 S. 2 EG keine ausdrückliche Befugnis. Jedes Reglungswerk ist notwendig lückenhaft[53] und nicht jede Situation, welche in der Organpraxis auftritt, kann Gegenstand expliziter vertraglicher Regelung sein. Vielmehr ist eine gewisse Flexibilität notwendig, damit die Organe in jeder Situation handlungsfähig bleiben. Befugnisse und Grenzen des Organhandelns können sich also auch aus einer Zusammenschau mehrerer Befugnisse oder der Gesamtschau des Vertrags herleiten lassen. Bei der Überprüfung eines Organ-

---

[51] Vgl. auch *Calliess* in: Calliess/Ruffert, Art. 7 EG Rn. 16.

[52] Allerdings läßt er dabei die Geltung gleichgeordneten Primärrechts, welches Verhaltensmaßstäbe für die Organe enthält, also insbesondere die Geltung allgemeiner Rechtsgrundsätze, unberührt.

[53] *Everling*, RabelsZ 50 (1986), S. 193 (206 ff.) verweist auf die gesteigerte Problematik im Gemeinschaftsrecht und auf die Folgen für die Bedeutung des Richterrechts.

verhaltens auf seine Vereinbarkeit mit dem Vertrag ist also auch auf ungeschriebene vertragsimmanente Verhaltensmaßstäbe zurückzugreifen[54].
Insofern entspricht Art. 7 Abs. 1 S. 2 EG dem Art. 5 EU (Art. E EUV), welcher bestimmt, daß die Organe ihre Befugnisse »...nach Maßgabe und im Sinne der Verträge...« ausüben sollen.
Ausübung der Befugnisse im »Sinne« der Verträge kann aber nur bedeuten, daß bei der Beurteilung von Organhandeln nicht am Wortlaut der Verträge gehaftet, sondern auch der gegebenenfalls ungeschriebene, über eine konkrete Norm hinausgehende Sinn der Verträge ergründet werden soll.

2) Begrenzende Wirkung ausdrücklicher vertraglicher Kontrollnormen

Zunächst wird der rechtliche Rahmen parlamentarischer Kontrolle gegenüber der Kommission durch ausdrückliche vertragliche Kontrollnormen abgesteckt.

Explizite vertragliche Regelungen, welche Kontrollinstitute im Verhältnis zwischen EP und Kommission schaffen, erweitern grundsätzlich den Rechtskreis des EP zu Lasten desjenigen der Kommission. Bezogen auf einzelne Kontrollinstitute[55] werden bestimmte Handlungen des EP vom Vertrag ausdrücklich erlaubt bzw. wird die Kommission zu einigen Handlungen ausdrücklich verpflichtet.

Ob solches Organverhalten – bzw. eine Verfahrensmodalität –, welches im Zusammenhang mit einem ausdrücklichen vertraglichen Kontrollinstitut steht und dieses ausgestaltet, sich im rechtlichen Rahmen der Kontrollmacht des EP bewegt oder ob es diesen überschreitet, ist durch Auslegung der jeweiligen vertraglichen Kontrollnorm zu ermitteln, in deren Zusammenhang das zu prüfende Verhalten fällt. Im sachlichen Geltungsbereich der expliziten Kontrollnorm hat

---

[54] Vgl. auch *Hatje* in: Schwarze, Art. 7 EG Rn. 21.
Zur Schwierigkeit und Methode der Ermittlung ungeschriebener Vertragsinhalte vgl. S. 27 ff.
Da die Praxis vielfältigere Handlungen verlangt als der Vertrag explizit regelt, ist klar, daß es sich immer um eine negative Prüfung handelt. Aus den geschriebenen und ungeschriebenen Regelungen des Vertrags ist nicht positiv ableitbar, welches Verhalten der Vertrag erlaubt. Ein vollzogenes oder beabsichtigtes Verhalten kann nur anhand des Vertrags verifiziert werden.

[55] Z. B. das Untersuchungsrecht, Art. 193 EG; das Fragerecht, Art. 197 Abs. 3 EG und die Entlastung, Art. 276 EG.

der Vertrag nämlich schon eine grundsätzliche Aussage über das Verhältnis der Organe zueinander getroffen, die allgemeinen Erwägungen über Organstellung und Organbefugnisse vorgeht.

Die Auslegungsgrenze der expliziten vertraglichen (Kontroll-)Normen ist in diesem Bereich zugleich Grenze der parlamentarischen Kontrolle gegenüber der Kommission.
Begrenzende Wirkung für die parlamentarische Kontrolle haben insbesondere auch normimmanente Sicherungen wie z. B. Mehrheitserfordernisse.

Eine ausführliche Darstellung der Auslegungspraxis des EuGH unterbleibt an dieser Stelle; insofern kann auf eine Vielzahl von Arbeiten verwiesen werden[56]. Für die folgenden Untersuchungen sei lediglich zweierlei festgehalten: Zum einen steht im Vordergrund der Auslegung die teleologische Methode[57]. Sie ist mit der systematischen Methode eng verbunden; beide greifen ineinander. Wenn der EuGH bei der teleologischen Auslegung auf Ziele zurückgreift, welche ihrerseits in den Verträgen zum Ausdruck kommen – sei es in expliziter Form, etwa im Rahmen eines Vertragsartikels, sei es in Form von besonderen Prinzipien –, so fallen beide Methoden zwangsläufig zusammen[58].
Zweitens werden im Rahmen der (systematisch-)teleologischen Auslegung allgemeine Prinzipien herangezogen[59].

---

[56] Stellvertretend seinen nur zwei Monographien genannt: *Anweiler*, Die Auslegungsmethoden des Gerichtshofs der Europäischen Gemeinschaften; *Buck*, Über die Auslegungsmethoden des Gerichtshofs der Europäischen Gemeinschaft.
[57] Vgl. *Streinz* in: FS Everling, S. 1491 (1495).
[58] *Anweiler*, Die Auslegungsmethoden des Gerichtshofs der Europäischen Gemeinschaften, S. 200; *Sander*, Der Europäische Gerichtshof als Förderer und Hüter der Integration, S. 41; *Oppermann*, Europarecht, Rn. 685.
[59] So etwa der »effet utile« und das Prinzip der »Funktionsfähigkeit der Gemeinschaft«; ausführlich dazu *Anweiler*, Die Auslegungsmethoden des Gerichtshofs der Europäischen Gemeinschaften, S. 219 ff. mit Rechtsprechungs- und Literaturnachweisen; ferner *Everling* in: Kruse (Hrsg.), Zölle Verbrauchersteuern, europäisches Marktordnungsrecht, S. 51 (62); *Sander*, Der Europäische Gerichtshof als Förderer und Hüter der Integration, S. 41; vgl. *Streinz* in: FS Everling, S. 1491 (1495 f.). Vertreten wird auch, den Rückgriff auf solche Prinzipien als Auslegungsmethode besonderer Art einzuordnen, vgl. *Bleckmann*, NJW 1982, S. 1177 (1179 f.).
Diese allgemeinen Grundsätze beziehen sich auf Probleme, die sich ausschließlich aus Geist und System der Verträge lösen lassen. Es handelt sich um gemeinschaftsinterne Grundsätze,

>

Sofern aus solchen Prinzipien Aussagen über den Umfang parlamentarischer Kontrolle gegenüber der Kommission herleitbar sind, fließen diese als – die in Frage stehende Ausgestaltung unterstützende oder dieselbe ausschließende – Argumente in die systematisch-teleologische Auslegung expliziter (Kontroll-) Normen ein[60].

Die Auslegungsgrenze expliziter Kontrollnormen ist nicht abstrakt benennbar, sondern sie besteht aus Argumenten, die im Einzelfall zu ermitteln sind und die, entsprechend den Auslegungsmethoden, z. B. grammatikalischer, systematischer, teleologischer oder – seltener – historischer Art[61] sein können. Sofern sie gegen die jeweilige Ausgestaltung durch die Organe sprechen, markieren sie im Geltungsbereich der vertraglichen Kontrollnorm die Grenze parlamentarischer Kontrolle.

Es ist jedoch nicht möglich, durch Auslegung der expliziten vertraglichen Normen einen Katalog von Verhaltensweisen – seien es Handlungen des EP oder Mitwirkungspflichten der Kommission – aufzustellen, die von der jeweiligen Norm gedeckt oder verlangt sind und sich somit im Rahmen der primärrechtlichen Grenzen parlamentarischer Kontrolle bewegen. Ein Grund dafür ist, daß die Möglichkeiten des EP zu kontrollieren und diejenigen der Kommission an dieser Kontrolle mitzuwirken, faktisch gesehen unbegrenzt sind. Eine abstrakte Erfassung könnte also nie den Anspruch auf Vollständigkeit erheben. Ferner er-

> ———

die im Gemeinschaftsrecht normativ verkörpert sind, vgl. *Hoffmann-Becking*, Normaufbau und Methode, S. 353. Sie lassen sich mehr oder weniger eindeutig den Bestimmungen der Gründungsverträge entnehmen, vgl. *Anweiler*, Die Auslegungsmethoden des Gerichtshofs der Europäischen Gemeinschaften, S.43.

[60] Zur Herleitung begrenzender Argumente für die parlamentarische Kontrolle aus Strukturprinzipien vgl. S. 25 ff.

[61] Zu den Methoden des EuGH bei der Auslegung des Gemeinschaftsrechts vgl. *Anweiler*, Die Auslegungsmethoden des Gerichtshofs der Europäischen Gemeinschaften, S. 143 ff. Die vier genannten Auslegungsmethoden gehen auf die Lehre Savignys zurück und sind von deutschen Beobachtern an die Rechtsprechung des EuGH angelegt worden. Der EuGH selbst hat sich in der Sache »Van Gent & Loos« folgendermaßen geäußert: »...Ob die Vorschriften eines völkerrechtlichen Vertrages eine solche Tragweite haben, ist vom Geist dieser Vorschriften, von ihrer Systematik und von ihrem Wortlaut her zu entscheiden...«, EuGH, Urt. vom 5.2.1963, Rs. 26/62 (van Gent & Loos./.Niederländische Finanzverwaltung), Slg. 1963, 1 (24).

geben sich Anlaß und Notwendigkeit zur Überprüfung der Primärrechtskonformität eines bestimmten Verhaltens erst, wenn dieses Verhalten in der Praxis auftaucht oder in Regelungen der Organe über das Kontrollverhältnis beschrieben wird[62].

3) »Strukturprinzipien«[63] als Quelle vertraglicher Grenzen

Es ist davon auszugehen, daß die Gemeinschaftsverfassung[64] ebenso wie die nationalen Verfassungen Prinzipien enthalten, welche den Zusammenhang von

---

[62] Eine andere Frage und sehr umstritten ist, ob die Auslegung der Weg der Entscheidungsfindung oder nur die Art und Weise der Begründung der für richtig gehaltenen Entscheidung ist. *Nettesheim* in Grabitz/Hilf, Art. 4 EGV Rn. 46 betont unter Verweis auf neuere wissenschaftstheoretische Erkenntnisse, daß die Aufgabe einer Methodenlehre nicht die Ermöglichung der Entscheidungsfindung, sondern die Ermöglichung der Begründung derselben sei. Den Auslegungskriterien kommt bei dieser Sichtweise nur die Funktion von »Begründungskriterien« zu. Vgl. zum Vorverständnis *Esser*, Vorverständnis und Methodenwahl in der Rechtsfindung, S. 133 ff.; *Everling* in: Kruse (Hrsg.), Zölle, Verbrauchersteuern, europäisches Marktordnungsrecht, S. 51 (60) mißt ebenfalls dem Vorverständnis und dem richterlichen Judiz eine wichtige Rolle bei der Urteilsfindung zu. Das Vorverständnis müsse aber der Kontrolle und Revision durch die Rationalität des juristisch geschulten Denkens unterliegen. *Ehmke*, Beiträge zur Verfassungstheorie und Verfassungspolitik, S. 329 ff. bezeichnet die Auslegungsmethoden als verabsolutierte partielle Interpretationsgesichtspunkte (S. 369). Aus dem Blickwinkel der materialen Verfassungsinterpretation gebe es keine logisch zwingenden Schlüsse. Die Methoden seinen nur ein Weg, ein Vor-Urteil hinter scheinlogischen Argumenten zu verbergen (S. 345). Zum materialen Verfassungsverständnis auch *Wimmer*, Materiales Verfassungsverständnis, Wien, New York 1971. Selbst wenn man aber die Entscheidungsfindung durch Ableitung aus dem gesetzten Recht für unmöglich hält, so sichern die Auslegungsmethoden doch die Rationalität der Urteilsfindung und der Begründung und vermeiden Willkür und Ungleichheit im Recht.

Ob es sich bei den Auslegungsmethoden um Begründungskriterien oder Kriterien zur Entscheidungsfindung handelt, soll hier nicht näher untersucht werden, denn jedenfalls sind sie die Kategorien, aus welchen sich Grenzen der parlamentarischen Kontrolle ergeben können.

[63] Sie werden auch als »Verfassungsprinzipien« bezeichnet, vgl. *Bernhardt*, Verfassungsprinzipien – Verfassungsgerichtsfunktionen – Verfassungsprozeßrecht im EWG-Vertrag, S. 62 ff.; differenziert zum Begriff »Strukturprinzip« und verwandten Begrifflichkeiten *Reimer*, Verfassungsprinzipien: Ein Normtyp im Grundgesetz, S. 62. Hier wird der Begriff Strukturprinzipien verwendet. Damit sind die nach Reimers Terminologie als »induzierte Prinzipien« bezeichneten Prinzipien gemeint, vgl. S. 212, 404 ff.

Einzelbestimmungen offenbaren, diese erklären und die Auslegung beeinflussen[65]. Es handelt sich um Grundsätze, die der Gemeinschaftsrechtsordnung als Mindestgehalt zugrunde liegen müssen, ohne positivrechtliche Regelung in den Gründungsverträgen erfahren zu haben[66]. Solche Grundsätze sind dem positiven Vertragsrecht mehr oder weniger eindeutig zu entnehmen[67]. Die Annahme der Herleitbarkeit solcher gemeinschaftsinternen Grundsätze wurzelt kurz gesprochen in der Vorstellung, daß die Gemeinschaftsrechtsordnung mehr sei als die Summe der geschriebenen Einzelvorschriften.

Solche gemeinschaftsinternen Grundsätze werden im folgenden als Strukturprinzipien bezeichnet. Die Problematik ihrer Herleitung anhand des EG-Vertrags sowie ihre Funktion werden in den folgenden Abschnitten behandelt. Im Anschluß wird untersucht, welche Prinzipien dem EG-Vertrag zugrunde liegen. Dabei werden zunächst nur solche Prinzipien in Betracht gezogen, welche möglicherweise für das Innenverhältnis zwischen EP und Kommission bedeut-

---

[64] Der Verfassungscharakter ist nicht unumstritten, was aber zumindest auch von der Unbestimmtheit des Begriffs »Verfassung« zusammen hängt. Ein weiter Verfassungsbegriff versteht unter Verfassung schon jede Grundnormierung eines Verbandes; enger ist die Sichtweise, die unter Verfassung eine »Staatsverfassung« versteht und den Verfassungscharakter parallel zu der Frage nach der Staatlichkeit der Gemeinschaften untersucht (hiergegen *Ipsen*, Europäisches Gemeinschaftsrecht, S. 64).
Für den Verfassungscharakter: EuGH, Urt. vom 15.7.1964, Rs. 6/64 (Costa./E.N.E.L.), Slg. 1964, S. 1251 (1279 ff., 1289) (Generalanwalt Lagrange); EuGH, Urt. vom 23.4.1986, Rs. 294/83 (Les Verts./.Parlement), Slg. 1986, 1339 (1365); *Hahn*, Die Funktionenteilung im Verfassungsrecht europäischer Organisationen, S. 28 ff.; *Ipsen* in: Schwarze (Hrsg.), Der Europäische Gerichtshof als Verfassungsgericht und Rechtsschutzinstanz, S. 29 (32).
Differenzierend: *Häberle* in: FS von Simson, S. 41 (55); *ders.*, DVBl. 2000, 840 (841 ff.).
Zusammenfassender Überblick über den Stand der Diskussion bei *Lorz*, Interorganrespekt im Verfassungsrecht, S. 128 ff.
Entscheidend ist für die vorliegenden Untersuchungen, daß es sich bei den Gemeinschaftsverträgen um eine institutionelle Grundregelung handelt, welche in (norm)struktureller Hinsicht den nationalen Verfassungen vergleichbar ist.

[65] Vgl. *Bernhardt*, Verfassungsprinzipien – Verfassungsgerichtsfunktionen – Verfassungsprozeßrecht im EWG-Vertrag, S. 63 m. w. N.

[66] Vgl. *Borchardt* in: GS Grabitz, S. 29 (31).

[67] *Anweiler*, Die Auslegungsmethoden des Gerichtshofs der Europäischen Gemeinschaften, S. 43.

sam sind und aus denen sich Grenzen für die Ausgestaltung des Kontrollverhältnisses entnehmen lassen könnten[68].

a) Die Herleitung von »Strukturprinzipien«

Strukturprinzipien ergeben sich aus einer Gesamtbetrachtung des Vertrages und seiner verschiedenen Organe und Ziele. Wegen ihrer Ableitung aus den Verträgen sind sie nicht gleichzusetzen mit den allgemeinen Rechtsgrundsätzen[69], welche sich nicht nur aus vergleichender Betrachtung, sondern aus höheren Strukturen des Rechts ergeben. Letztere sind im Wege des Vergleichs der Rechtsordnungen der Mitgliedstaaten zu ermitteln[70]. Zwischen beiden Arten von Rechtssätzen bestehen jedoch vielfache Überschneidungen.

Bei der Ermittlung vertragsimmanenter Prinzipien kann auf eine Einzelvorschrift oder auf die Zusammenschau mehrerer positiver Normen abgestellt werden[71]. Bildlich gesprochen sind die Strukturprinzipien mit einer tragenden Wand

---

[68] Grundsätzlich können die hier zu behandelnden Strukturprinzipien aber ganz unterschiedlicher Tragweite sein. Sie können die Grundstrukturen der Gemeinschaft beschreiben (z. B. Rechtsstaatsprinzip oder Demokratieprinzip). Oder sie können partikulärer Art sein und nur einer kleinen sachbezogenen Normgruppe zurunde liegen (z. B. Prinzip der Freiheit der Verkehrsströme, dazu *Bleckmann*, Europarecht, Rn. 735 oder das Prinzip der Funktionsfähigkeit eines Organs, vgl. dazu S. 54 ff.).

[69] Vgl. *Bieber*, Das Verfahrensrecht von Verfassungsorganen, S. 101. *Bernhardt*, Verfassungsprinzipien – Verfassungsgerichtsfunktionen – Verfassungsprozeßrecht im EWG-Vertrag, S. 62, 67 meint, die »Verfassungsprinzipien« seien noch enger an die Vertragsziele zurückgebunden und sie seien aus dem Gemeinschaftsvertragswerk herauszufiltern. *Bleckmann*, Europarecht, Rn. 734 spricht von einer Ableitung aus den konkreten Einzelregelungen des Vertrags.

[70] Zur Herleitung allgemeiner Rechtsgrundsätze siehe Fn. 217; vgl. *Anweiler*, Die Auslegungsmethoden des Gerichtshofs der Europäischen Gemeinschaften, S. 333 ff., 347 ff.; *Bleckmann*, Europarecht, Rn. 572 ff. mit Literaturnachweisen.

[71] *Bieber*, Das Verfahrensrecht von Verfassungsorganen, betont einerseits die Möglichkeit der Herleitung aus einer einzelnen Vertragsbestimmung (S. 102), stellt aber dann auf die Bündelung konkreter Vertragsbestimmungen, also auf mehrere positive Regelungen ab (S. 105 sowie 106 f.). *Bernhardt*, Verfassungsprinzipien – Verfassungsgerichtsfunktionen – Verfassungsprozeßrecht im EWG-Vertrag, S. 64 erwähnt, daß der EuGH Prinzipien aus der Zusammenschau verschiedener vertraglich normierter Einzelbestimmungen finde. *Esser*, Grundsatz und Norm in der richterlichen Fortbildung des Privatrechts, S. 70 Fn. 216 spricht von einem »analytischen Urteil«, das über den ursprünglichen Ordnungszusammenhang positiv geltender Einzel- >

des Verfassungsgebäudes vergleichbar. Explizite vertragliche Normen sind sozusagen die durch Kodifikation gehärteten Stahlgerüste in dieser Wand. Sie sind Ausformungen des übergeordneten Strukturprinzips und gleichzeitig dessen Erkenntnisquelle.

Im Rahmen der nationalen Verfassungen ist grundsätzlich denkbar, daß grundlegende Verfassungsprinzipien in einzelnen positiven Normen benannt sind[72]. Teilweise sind sie der Verfassung immanent und können durch eine Analyse der positiven Verfassungs- bzw. Vertragsregelungen erkannt werden[73]. Der EG-Vertrag enthält allerdings keine dem Art. 20 Abs. 1 GG entsprechenden Normen, welche die Charakteristika, die »Baugesetze« der Gemeinschaft benennen. Dies hängt mit dem integrierenden Charakter der Gemeinschaft zusammen; über Natur und Struktur der Gemeinschaft besteht Streit[74]. Das Vertragswerk kann als Prozeß begriffen werden[75]. Ein erster Anhaltspunkt, welcher die Suche nach Verfassungsprinzipien im nationalen Bereich determiniert, fällt für die Gemeinschaftsverfassung also weg.

Das Problem bei der Herleitung besteht nun darin, daß die Suche nach einem Prinzip zwangsläufig vom Vorverständnis des Interpreten geprägt ist. Dieser trägt eine Idee an den Vertragstext heran, welche er dann anhand der geschrie-

---

wertungen und -einrichtungen abgegeben werde. *Bleckmann*, Europarecht, Rn. 744 betont, daß insbesondere in den Art. 1-7 EG allgemeine Grundsätze bzw. Prinzipien enthalten seien.

[72] Z. B. Art. 20 Abs. 1 GG, der das republikanische, demokratische, sozialstaatliche und bundesstaatliche Prinzip nennt. Ähnlich Art. 1 und 2 des österreichischen Bundesverfassungsgesetzes.

[73] *Merkl*, Die ständisch-autoritäre Verfassung Österreichs, S. 143 spricht von »Baugesetzen« der Verfassung und unterscheidet zwischen programmatischen und verfassungsimmanenten Baugesetzen.

[74] *Bernhardt*, Verfassungsprinzipien – Verfassungsgerichtsfunktionen – Verfassungsprozeßrecht im EWG-Vertrag, S. 55 m. w. N.; *Everling* in: FS Kutscher, S. 155 (180 ff.) meint, die Gemeinschaft könne nur als politischer Vorgang begriffen werden; vgl. *dens.* in: FS Ipsen, S. 595 ff., wo er sich insbesondere gegen die Qualifizierung der Gemeinschaft als »Zweckverband funktionaler Integration« wendet.

[75] Nachweise bei *Bernhardt*, Verfassungsprinzipien – Verfassungsgerichtsfunktionen – Verfassungsprozeßrecht im EWG-Vertrag, S. 57. Wesentliche Änderungen der Gemeinschaftsverträge obliegen allerdings den Vertragsparteien, weshalb eine Analyse des jetzigen institutionellen Systems unter Beachtung des integrierenden Charakters dennoch möglich ist.

benen Normen nachzuweisen sucht. Der Anstoß, ein bestimmtes Prinzip anhand des Textes nachzuweisen, kann aus einer sich in der Praxis stellenden Rechtsfrage kommen, welche sich mittels der geschriebenen Einzelbestimmungen nicht eindeutig beantworten läßt. Ein weiterer Anstoß kann aus den mitgliedstaatlichen Verfassungen kommen. Ist ein Verfassungsprinzip dort nachweisbar, liegt es nahe, dieses Prinzip auch in den Gemeinschaftsverträgen zu suchen. Je nach dem Vorverständnis des Interpreten kann das eine oder das andere Prinzip bzw. der eine oder andere bestimmte Inhalt eines Prinzips durch positive Vertragsnormen verifiziert werden. Eine Entwicklung von Prinzipien, welche allein von den positiven Normen ausgeht, ist ehrlicherweise nicht möglich[76]. Weder sind die Prinzipien des EG-Vertrags losgelöst von einem der genannten Anstöße enumerativ ableitbar, noch ist der Interpret unabhängig von der Vorstellung, die er von dem zu verifizierenden Prinzip hat[77].
Ist man der Auffassung, daß die Art. 1-7 EGV (Art. 1-16 EG) grundlegende Prinzipien benennen[78], so liefern diese Artikel den Anlaß, die genannten Prinzipien anhand der Einzelbestimmungen des Vertrags zu verifizieren und auf ihren konkreten Gehalt hin zu untersuchen. Zwar kommt in diesem Fall der Anstoß aus dem Vertrag selbst, jedoch ist es auch hier dem Interpreten überlassen, herauszulesen, welche Prinzipien in den Anfangsartikeln benannt sind und durch welche positiven Vertragsregeln diese konkretisiert werden. Deshalb hängt die inhaltliche Bestimmung auch hier von der Vorstellung des Interpreten ab.

Dieses Dilemma ist nicht endgültig zu lösen. Es kann aber zugunsten einer möglichst treffenden Erfassung der Struktur der Gemeinschaftsverfassung minimiert werden. Der Interpret muß, nachdem er z. B. aus dem nationalen Recht einen Anstoß zur Suche bekommen hat, eine möglichst offene Frage formulieren und sich möglichst weit von den konkreten Inhalten des nationalen Prinzips lösen. Je mehr er in a priori gefaßten, aus dem nationalen Rechtsinstitut bekann-

---

[76] Insofern ist *Wimmer*, Materiales Verfassungsverständnis, S. 45 ff., 49 recht zu geben.

[77] Das entsprechende Problem besteht bei der Auslegung expliziter Vertragsnormen, vgl. oben Fn. 62. Zu dem erkenntnistheoretischen Problem des »Vor-Urteils« insbesondere im Zusammenhang mit der Verfassungsinterpretation vgl. auch *Ehmke*, Beiträge zur Verfassungstheorie und Verfassungspolitik, S. 329 (345 f.).

[78] *Bleckmann*, Europarecht, Rn. 744.

ten Begriffen und Strukturen verharrt und seine Untersuchung danach ausrichtet, desto weniger kann er der tatsächlichen Struktur der Gemeinschaftsverfassung gerecht werden. Die an den Vertrag herangetragene Idee von einem Prinzip erhält ihre konkrete Form und ihren spezifischen Inhalt erst durch die Analyse der expliziten Funktionsnormen[79].
Um solche Prinzipien zu erkennen, die das Verhältnis zwischen den Organen der Gemeinschaft bestimmen, erscheint es außerdem sinnvoll, bei den Normen über Struktur und Kompetenzen der Gemeinschaftsorgane anzusetzen, statt die Untersuchung nach Kriterien zu gliedern, welche das durch eine Abstraktion der nationalen Verfassungsbestimmungen gewonnene Prinzip vorgibt.

b) Funktionsweise und Normativität von Strukturprinzipien

Da die Suche nach den Prinzipien der Gemeinschaftsverfassung ganz unterschiedlich motiviert sein kann, sind auch die Prinzipien von unterschiedlicher Reichweite und Natur. Sie können der Lösung spezifisch gemeinschaftsrechtlicher Probleme oder Streitfälle dienen[80]. Ferner können sie die grundlegende rechtliche oder institutionelle Struktur der Gemeinschaft betreffen[81]. Allgemein läßt sich aber sagen, daß die Strukturprinzipien auf drei Weisen Wirkung entfal-

---

[79] Zur notwendigen Anknüpfung an explizite Normen zur Beschreibung von Strukturprinzipien vgl. *Lorz*, Interorganrespekt im Verfassungsrecht, S. 556, 558 (bezogen auf das Prinzip des Interorganrespekts).

[80] Vgl. *Anweiler*, Die Auslegungsmethoden des Gerichtshofs der Europäischen Gemeinschaften, S. 42; Hierzu gehört das vom EuGH entwickelte Prinzip der unmittelbaren Anwendbarkeit von Gemeinschaftsnormen, vgl. EuGH, Urt. vom 5.2.1963, Rs. 26/62 (van Gent & Loos./.Niederländische Finanzverwaltung), Slg. 1963, 1 (6), dazu *Schwarze*, Die Befugnis zur Abstraktion im Europäischen Gemeinschaftsrecht, S. 190 ff.; ferner das Prinzip des »effet utile« und der Funktionsfähigkeit der Gemeinschaft, vgl. dazu *Anweiler*, Die Auslegungsmethoden des Gerichtshofs der Europäischen Gemeinschaften, S. 219 ff., 227 ff. Zu sach- oder fallbezogenen Prinzipien der Verfassungsinterpretation in Deutschland vgl. *Ehmke*, Beiträge zur Verfassungstheorie und Verfassungspolitik, S. 329 (346 ff.).

[81] In diesen Zusammenhang fallen Bemühungen des Nachweises des Gewaltenteilungsprinzips und die Diskussion um das institutionelle Gleichgewicht. Beiden Themenbereichen wird im folgenden ein eigener Abschnitt gewidmet.

ten, nämlich als Auslegungsprinzipien, als Quelle ungeschriebener Rechte und Pflichten und schließlich als Kompetenzausübungsschranken[82].

Als Auslegungsprinzipien[83] werden die Strukturprinzipien im Rahmen der systematisch-teleologischen Auslegung expliziter Vertragsnormen herangezogen[84]. Dies läßt sich auch dadurch erklären, daß sie Ziele formulieren, die vom Gemeinschaftsrecht und bei dessen Auslegung verfolgt werden, also z. B. die Funktionsfähigkeit der Gemeinschaft. Ferner wird in methodischer Hinsicht immer wieder auf die Bedeutung der Strukturprinzipien bei der Ausfüllung von Regelungslücken des geschriebenen Vertragsrechts hingewiesen[85].

Bei der Überprüfung von Ausgestaltungen des Kontrollverhältnisses zwischen EP und Kommission durch die Organe ist der Rückgriff auf Strukturprinzipien darüber hinaus in besonderer Weise erforderlich. Wie bereits erwähnt ist es denkbar, daß die Organe Kontrollhandlungen ausführen oder Einzelheiten des Interorganverfahrens niederschreiben, welche nicht der Ausgestaltung eines expliziten vertraglichen Kontrollinstituts dienen[86]. Soll überprüft werden, ob sich

---

[82] Vgl. für das Strukturprinzip der Organtreue bzw. des Interorganrespekts *Gauweiler*, Die rechtliche Qualifikation interorganschaftlicher Absprachen im Europarecht, S. 117 f.; *Lorz*, Interorganrespekt im Verfassungsrecht, S. 563 ff. Beide gehen zurück auf *Schenke*, Die Verfassungsorgantreue, S. 41 ff., der sich jedoch auf das Grundgesetz bezieht.

[83] Vgl. zu der Funktionsweise als Auslegungsprinzipien: *Bieber*, Das Verfahrensrecht von Verfassungsorganen, S. 104. *Bleckmann*, Europarecht, Rn. 734 erwähnt ausdrücklich die Bedeutung der Prinzipien »bei der Auslegung und Lückenfüllung«. *Wimmer*, Materiales Verfassungsverständnis, S. 50 mißt den Verfassungsprinzipien einen »sichernde(n) Einfluß auf die Rationalität der Verfassungsinterpretation« zu.

[84] Vgl. *Bleckmann*, Europarecht, Rn. 744;

[85] *Bleckmann*, Europarecht, Rn. 734; für *Lorz*, Interorganrespekt im Verfassungsrecht, S. 544 f., belegt die Lückenhaftigkeit der Verfassungstexte die Notwendigkeit des Interorganrespekts als Strukturprinzip. Zur Lückenhaftigkeit des Vertrags und zur Methode des EuGH bei der Lückenfüllung *Schwarze*, Die Befugnis zur Abstraktion im Europäischen Gemeinschaftsrecht, S. 16 f. bzw. 182 ff. (188) (quasinormative Festlegungen); *Everling*, RabelsZ 50 (1986), S. 193 (202, 206).

[86] Solche Ausgestaltungen des Kontrollverhältnisses ohne sachlichen Zusammenhang mit den expliziten Kontrollinstituten können nicht von vornherein als vertragswidrig eingestuft werden, denn wie schon erwähnt ist der Vertrag lückenhaft. Die expliziten Normen über das Kontrollverhältnis bilden ferner eine Gesamtaufgabe des EP, welche dieses auszufüllen und optimal wahrzunehmen hat, im Zweifel auch durch Kontrollverhalten, welches nicht im Zusam- >

solches Verhalten im Rahmen der primärrechtlichen Grenzen der parlamentarischen Kontrollfunktion bewegt, so sind die expliziten Normen nicht einschlägig. Die Prüfung kann dann nur unter Rückgriff auf die Strukturprinzipien erfolgen, welche das Verhältnis zwischen EP und Kommission bestimmen, und aus denen heraus sich u. a. Argumente gegen ein bestimmtes Verhalten, also Grenzen der Kontrollfunktion formulieren lassen. In diesem Zusammenhang übernehmen die Strukturprinzipien eine doppelte Funktion, nämlich einerseits als Rechtsgrundlage für diese ungeschriebenen Ausgestaltungen des Kontrollverhältnisses, andererseits als Grenze derselben. Sie wirken also anstelle einer positiven Norm, denn diese stellt, sofern sie einschlägig ist, ebenfalls Grundlage und – durch Auslegung zu ermittelnde – Grenze für das sie konkretisierende Kontrollverhalten dar.

Als Quelle von (primärrechtlich) ungeschriebenen Rechten und Pflichten wirken sich die Strukturprinzipien im Rahmen des hier in Frage stehenden Kontrollverhältnisses zugunsten des kontrollierenden Organs, des EP aus. Aus den Strukturprinzipien können ungeschriebene Kontrollrechte und entsprechende Mitwirkungspflichten der Kommission herleitbar sein. Dabei erfolgt die Herleitung bzw. Konkretisierung durch die Organe im Wege der Ausgestaltung des Kontrollverhältnisses[87]. Jedoch ist diese Funktionsweise nicht unbeschränkt[88]. So

---

menhang mit den vertraglichen Kontrollinstrumenten steht. Ein Beispiel für solches Verhalten war das Untersuchungsrecht vor dem Vertrag von Maastricht, welches nur in der GeschO EP niedergelegt war. Allerdings sind bei solchem Organverhalten auch Grenzen zu beachten, welche nicht dem Innenverhältnis zwischen EP und Kommission angesiedelt sind und z. B. den Willen der Vertragsparteien schützen. Dazu unten S. 83.

[87] Es ist nicht möglich, aus einem bestimmten Strukturprinzip eine Liste von Rechten und Pflichten positiv herzuleiten. Lediglich kann überprüft werden, ob die von den Organen getroffenen Ausgestaltungen des Kontrollverhältnisses ihre materielle Grundlage in einem Strukturprinzip finden.

[88] *Bieber*, Das Verfahrensrecht von Verfassungsorganen, S. 104 spricht den Strukturprinzipien eine Funktion als selbständige Handlungsermächtigungen gänzlich ab mit dem Argument, daß die Prinzipien erst aus dem positiven Recht gewonnen werden. In der Tat ist das positive Recht zwar die Grundlage der Erkenntnis von Strukturprinzipien. Dies bedeutet aber keineswegs, daß ihnen keine über das positive Recht hinausgehende normative Bedeutung zukäme. Die Prinzipien sind den positiven Normen vorgelagert. Sie entspringen dem Willen der Vertragsparteien und finden Ausdruck im positiven Recht. Dieses dient der Transformation des

können aus einem Strukturprinzip keine gänzlich neuen Kontrollinstitute hergeleitet werden, die aus der vertraglich vorgegebenen Gesamtrolle des EP herausfallen, weil dadurch das den Mitgliedstaaten als Vertragsparteien zukommende ausschließliche Recht zur Bestimmung des Verhältnisses der Organe zueinander verletzt würde. Die wesentlichen Züge der institutionellen Struktur der Gemeinschaften können ausschließlich die Mitgliedstaaten bestimmen (Art. 48 EU; Art. N EUV). Ferner könnten Erschwernisse bei der Anwendung eines bestimmten Kontrollinstrumentes, z. B. das Erfordernis qualifizierter Mehrheiten im Rahmen des Art. 201 EG (Art. 144 EGV), umgangen werden, wenn eine unbeschränkte Herleitung von Kontrollrechten aus Strukturprinzipien möglich wäre.

Deshalb ist die Herleitung von ungeschriebenen Rechten und Pflichten aus Strukturprinzipien nur zulässig, wenn die Gesamtbetrachtung aller geschriebenen Kontrollkompetenzen des EP ergibt, daß das betreffende Recht oder die betreffende Pflicht sich im Rahmen der dem EP vertraglich zugedachten Gesamtrolle bewegt und die Erfüllung der vertraglichen Kontrollfunktion insgesamt erleichtert oder erst ermöglicht.

Jedenfalls darf aber der vom EP verfolgte Kontrollzweck, der in der Gewinnung einer bestimmten Information oder in der Herbeiführung einer bestimmten Sanktion bestehen kann, nicht durch vertraglich positivierte Kontrollinstrumente verfolgbar sein. Dabei ist unerheblich, ob das EP die formellen Voraussetzungen des Kontrollinstituts erfüllen kann. Sieht der Vertrag ein Verfahren für die Gewinnung einer bestimmten Art von Information oder für die Herbeiführung einer bestimmten Rechtsfolge vor, so ist der Rahmen für die Ausgestaltung des Kontrollverhältnisses verbindlich vorgegeben und die Herleitung von Kontroll-

>

vorgelagerten Prinzips. Z. B. das Prinzip der Funktionsfähigkeit des Parlaments und der Wahrung seiner Organidentität kann das EP ermächtigen, bestimmte Kontrollhandlungen gegenüber der Kommission auch ohne geschriebene Kompetenzgrundlage durchzuführen.

Schenke, Die Verfassungsorgantreue, S. 45, erwägt, ob eventuell nur »Nebenpflichten« aus einem Strukturprinzip (dort geht es speziell um das Prinzip der Organtreue) herleitbar seien. Er hält die Unterscheidung zwischen verfassungsgesetzlichen Hauptpflichten und durch das Strukturprinzip an sie geketteten Nebenpflichten nicht zuletzt aufgrund der unscharfen Fassung vieler Verfassungsbestimmungen für kaum möglich.

instrumenten zu demselben Zweck unter Umgehung des entsprechenden Verfahrens ist versagt.

Schließlich wirken die Strukturprinzipien als Kompetenzausübungsschranken. Diese Funktionsweise betrifft die zentrale Fragestellung nach den Grenzen der Kontrollkompetenzen des Europäischen Parlaments. Sofern eine bestimmte Kontrollkompetenz dem EP bei formaler Betrachtung vertraglich zusteht, so kann die konkrete Art der Wahrnehmung dieser Kompetenz im Lichte eines Strukturprinzips dennoch rechtswidrig erscheinen[89].

Die genannten Funktionsweisen lassen sich aber nicht immer voneinander trennen[90]: Insbesondere die Auslegungsfunktion und die Wirkungsweise als Kompetenzausübungsschranke sind miteinander verknüpft. Die kompetenzbeschränkende Wirkung eines Strukturprinzips wird im Rahmen der systematisch-teleologischen Auslegung beachtet, sofern das zu prüfende Verhalten in den Anwendungsbereich einer ausdrücklichen vertraglichen Kontrollkompetenz fällt. Allerdings kann ein Strukturprinzip im Rahmen der Auslegung nicht nur zu begrenzenden, sondern auch zu solchen Argumenten führen, die eine weitergehende Kontrollmacht des EP zu Lasten der Kommission unterstützen.

Geht man davon aus, daß den Strukturprinzipien die geschilderten Funktionsweisen zukommen, so drückt sich darin ein generelles Verständnis vom Wesen der Strukturprinzipien und die Antwort auf die allgemeine Frage aus, inwiefern sie an sich normative Wirkung entfalten. Denkbar ist, daß ihnen eine über die Einzelnorm hinausführende und von diesen unabhängige normative Bedeutung zukommt. Denkbar ist aber auch, daß sie nur im Wege der Anwendung der Einzelvorschriften, in denen bzw. durch die sie verwirklicht werden, normative Wirkung entfalten[91]. Allerdings erfolgt die Anwendung der Einzelvorschriften

---

[89] Auf die verschiedenen Wirkungsweisen wird bei den einzelnen Strukturprinzipien näher einzugehen sein.

[90] Vgl. auch *Lorz*, Interorganrespekt im Verfassungsrecht, S. 568.

[91] Für die österreichische Verfassung *Kelsen*, VVDStRL 5 (1929), S. 30 (68); *Esser*, Grundsatz und Norm in der richterlichen Fortbildung des Privatrechts, S. 132 meint, die Rechtsprinzipien entfalteten den Charakter positiven Rechts, sobald und soweit sie durch rechtsbildende Akte der Legislative oder der Jurisprudenz institutionell verkörpert worden seien.

des Gemeinschaftsrechts gerade unter Rückgriff auf allgemeine vertragliche Ziele und Prinzipien im Rahmen der systematisch-teleologischen Auslegung[92]. Hieran wird bereits deutlich, daß das über die Einzelvorschrift hinausgehende Prinzip sozusagen *vor* der Einzelnorm steht, welche es trägt.
Deutlich wird die Unterscheidung bei der Lückenfüllung. Zu dieser sieht sich der EuGH aufgrund des selbst auferlegten Verbots der Rechtsverweigerung verpflichtet[93]. Käme den Prinzipien, welche zur Schließung der Lücken herangezogen werden, keine von den Einzelvorschriften unabhängige Normativität zu, so könnten die Lücken nicht mit Rechtssätzen geschlossen werden[94]. Bei der Lükkenfüllung wird also deutlich, daß den Prinzipien normative Wirkung außerhalb der Anwendung ausdrücklicher Normen zukommt[95]. Und um das Bild noch einmal zu gebrauchen: Die Strukturprinzipien sind die tragenden Wände des Verfassungsgebäudes, welche durch die Stahlgerüste der positiven primärrechtlichen Normen getragen werden.

Die Organe der Gemeinschaft sind bei der Ausgestaltung des Kontrollverhältnisses an die Strukturprinzipien gebunden, da es sich um normative Gehalte des Vertrags handelt[96].

c) Einzelne Prinzipien

Fraglich ist nun, welche Prinzipien den positiven Regelungen des EG-Vertrags zugrunde liegen. Dabei werden solche Prinzipien fokussiert, welche das Innen-

---

[92] Vgl. oben S. 31.
[93] Vgl. *Schwarze*, Die Befugnis zur Abstraktion im Europäischen Gemeinschaftsrecht, S. 185.
[94] *Schwarze*, Die Befugnis zur Abstraktion im Europäischen Gemeinschaftsrecht, S. 190 spricht davon, daß der Gerichtshof nach eigener Ansicht zur Schließung von Regelungslücken abstrakte rechtliche Regelungen aufgestellt habe, die nach Auffassung des Gerichtshofs von den Vertragsparteien mitgewollt sein mußten. Mit Blick auf die oben (S. 29) geschilderten erkenntnistheoretischen Probleme muß wohl davon ausgegangen werden, daß der EuGH vielmehr selbständig Recht entsprechend seinem Vorverständnis von der Gemeinschaftsverfassung schöpft.
[95] *Wimmer*, Materiales Verfassungsverständnis, S. 43 betont, daß es gerade Sinn der Abstraktion »natürlicher Rechtsregeln« aus dem positiven Recht sei, über dessen expliziten Inhalt hinaus der in ihm eingeschlossenen Rechtsregel zur allgemeinen Geltung zu verhelfen.
[96] Zur Bindung der Organe an den Vertrag vgl. oben S. 19 ff.

verhältnis zwischen EP und Kommission betreffen und somit Grenzen für die Kontrollfunktion des EP darstellen oder enthalten könnten.
Zunächst werden Prinzipien betrachtet, die in der Literatur als grundlegende institutionelle Ordnung, insbesondere als Funktionszuordnungsprinzipien, des EG-Vertrags diskutiert werden. Diese sind eher grobe Ordnungsprinzipien, die im Falle ihrer Nachweisbarkeit am positiven Vertragsrecht der Konkretisierung bedürften. Es müßten also Verhaltensmaßstäbe oder Unterprinzipien für das Verhältnis zwischen EP und Kommission aus diesem Prinzip abgeleitet werden. Als solche grundlegenden institutionellen Ordnungsprinzipien sind neben der Gewaltenteilung das »institutionelle Gleichgewicht« und die Funktionsteilung zu erörtern.
Danach wird versucht, Prinzipien nachzuweisen, welche auf der Grundlage der gegebenen Funktionenordnung speziell für den Bereich des Interorganverhältnisses strukturierende Wirkung haben. Neben dem Prinzip der Funktionsfähigkeit der Gemeinschaft und ihrer Organe wird in diesem Kontext das Prinzip der Organtreue untersucht.

aa) Zum »Prinzip« der Gewaltenteilung

Als grundlegendes institutionelles Ordnungsprinzip kommt das Prinzip der Gewaltenteilung in Betracht. Es müßte für den Fall seiner Geltung im Gemeinschaftsrecht auf normative Schlußfolgerungen für das Verhalten der Organe untereinander – insbesondere auf seine begrenzende Wirkung auf die parlamentarische Kontrolle gegenüber der Kommission hin – untersucht werden.

- **Frühere Untersuchungen zur Gewaltenteilung in den Gemeinschaftsverträgen**

Die Verankerung des Prinzips der Gewaltenteilung in den Gemeinschaftsverträgen ist in den vergangnen Jahrzehnten wiederholt untersucht worden, und zwar insbesondere von deutschen Autoren[97]. Dabei legen die Untersuchungen einen

[97] *Heising*, Die Gewaltenteilung nach dem Bonner Grundgesetz und nach dem Vertrag zur Gründung der Europäischen Wirtschaftsgemeinschaft, insb. S. 69 ff.; *Petzold*, Die Gewaltenteilung in den Europäischen Gemeinschaften, insb. S. 37 ff.; *Sachsse*, Die Kompetenzen des >

durch die staatsrechtliche, europäische Literatur der letzten Jahrhunderte entwickelten und abstrahierten Gewaltenteilungsbegriff zugrunde[98], welcher im wesentlichen in Gestalt der Funktionenlehre *Jellineks* zusammengefaßt wurde[99]. Danach ist von der Existenz dreier materiell zu bestimmender Funktionen, nämlich Rechtsetzung, Verwaltung und Rechtsprechung auszugehen. Diese Funktionen werden drei verschiedenen Trägern zugeordnet. Die gesetzgebende Tätigkeit liegt in der Zuständigkeit des Parlaments, die Regierungs- und Verwaltungstätigkeit bei den Verwaltungsbehörden und Regierungskörpern und die Rechtsprechung bei den Gerichten. Schließlich werden die beiden Komponenten der Gewaltentrennung und der Gewaltenverschränkung bzw. Gewaltenhemmung unterschieden.

Ein anderer Ansatz analysiert die jahrhundertelange Entwicklung der Gewaltenteilung und geht davon aus, daß sich bei ihr vier unterschiedliche Komponenten

---

Europäischen Parlaments und die Gewaltenteilung in den Europäischen Gemeinschaften, insb. S. 129 ff.; *Seeler*, Die Europäische Einigung und das Problem der Gewaltenteilung.

Anlaß für die Auseinandersetzung mit der Gewaltenteilung war der Vorlagebeschluß des Finanzgerichts Rheinland-Pfalz an das Bundesverfassungsgericht, in dem das Gericht die Überzeugung vertritt, das deutsche Zustimmungsgesetz zum EWG-Vertrag, insbesondere Art. 189 EWGV, sei mit den Art. 20 und 129 Abs. 3 GG nicht vereinbar, welche die Ermächtigung von Exekutivorganen zum Erlaß gesetzesändernder Rechtsverordnungen enthielten, Beschluß vom 14.11.1963, RML Nr. III 77/63, Entscheidungen der Finanzgerichte 1964, S. 22 ff., abgedruckt in Außenwirtschaftsdienst des Betriebsberaters 1964, 26 ff.; dazu *Ophüls*, AWD BB 1964, 65 ff.; *Chauchat*, Le contrôle politique du Parlement européen sur les exécutifs communautaires, S. 5; auch *Constantinesco*, Recht der Europäischen Gemeinschaften, S. 357 f. weist darauf hin, daß und warum die Frage der Übertragbarkeit des verabsolutierten staatsrechtlichen Prinzips auf die Europäischen Gemeinschaften fast ausschließlich von deutschen Autoren gestellt wurde. Er hält die Fragestellung für fehlerhaft.

Die Notwendigkeit der Geltung des Gewaltenteilungsgrundsatzes in den Gemeinschaften wurde aus den Normen des Grundgesetzes abgeleitet. Diese Sichtweise kann als überholt gelten und muß hier nicht näher erörtert werden, vgl. schon *Ophüls*, AWD BB 1964, 65 (65, 67 f.); vgl. *Bernhardt*, Verfassungsprinzipien – Verfassungsgerichtsfunktionen – Verfassungsprozeßrecht im EWG-Vertrag, S. 91 m. w. N.

[98] *Petzold*, Die Gewaltenteilung in den Europäischen Gemeinschaften, S. 17 ff.; *Heising*, Die Gewaltenteilung nach dem Bonner Grundgesetz und nach dem Vertrag zur Gründung der Europäischen Wirtschaftsgemeinschaft, S. 19 ff.

[99] *Jellinek*, Allgemeine Staatslehre, S. 606 ff.

unterscheiden ließen, nämlich die der Trennung, der Balance, der sozialen Teilung und die demokratische Komponente[100].
Die Frage, ob das jeweils a priori umrissene, von einer konkreten Verfassung abstrahierte Prinzip der Gewaltenteilung in den Europäischen Gemeinschaften in reiner Form verwirklicht sei, wird von den Autoren durchgehend verneint[101]. Teils wird festgestellt, daß eine Trennung von gesetzgebender und vollziehender Gewalt[102] in der EWG nicht bestehe[103], teils wird die Existenz einer Rechtsetzungsfunktion innerhalb der Gemeinschaften verneint[104].

Nun ließe sich folgern, daß die Gewaltenteilung eben nicht zu den Strukturprinzipien des EG-Vertrags gehöre, daß sie eben nicht die grundlegende institutionelle Ordnung des EG-Vertrags darstelle und aus ihr – insbesondere aus der Komponente der Gewaltenhemmung – folglich auch keine Grenzen für das Kontrollverhältnis zwischen EP und Kommission ableitbar wären.

Jedoch wäre diese Aussage unvollständig. Der Ansatz der erwähnten Arbeiten ist für die hier zu beantwortende Frage nach normativ wirkenden Strukturprin-

---

[100] *Sachsse*, Die Kompetenzen des europäischen Parlaments und die Gewaltenteilung in den Europäischen Gemeinschaften, S. 102 ff. (120).

[101] Vgl. auch *Hahn*, Funktionenteilung im Verfassungsrecht Europäischer Organisationen, S. 37, 43.

[102] Besser wäre der Begriff »Funktion«. Vgl. dazu *Petzold*, Die Gewaltenteilung in den Europäischen Gemeinschaften, S. 17 bis 22; *v. Hippel*, La Séparation des pouvoirs dans les Communautés Européennes, S. 1. Es soll aber hier nicht von der in den zitierten Arbeiten selbst verwandten Terminologie abgewichen werden. Die Verwendung des Begriffs Gewalten bei *Petzold* kritisiert *Achterberg*, EuR 1968, S. 240 (241).

[103] *Heising*, Die Gewaltenteilung nach dem Bonner Grundgesetz und nach dem Vertrag zur Gründung der Europäischen Wirtschaftsgemeinschaft, S. 146, bewertet diese Feststellung nicht negativ, sondern zeigt Gründe für diesen Unterschied zum Grundgesetz auf (S. 148 f.); *Sachsse*, Die Kompetenzen des europäischen Parlaments und die Gewaltenteilung in den Europäischen Gemeinschaften, S. 140, 155.

[104] *Seeler*, Die Europäische Einigung und das Problem der Gewaltenteilung, S. 62 f.; *Petzold*, Die Gewaltenteilung in den Europäischen Gemeinschaften, S. 38, 39, 47-53 (51 f.) m. w. N. Die Frage zielt ab auf die Klassifizierung von Verordnungen. Stichhaltige Argumente, die den Gesetzescharakter von Verordnungen unterstreichen liefert *v. Hippel*, La séparation des pouvoirs dans les Communautés Européennes, S. 62-67 m. w. N.

zipien für das Interorganverhältnis nicht fruchtbar zu machen[105]. Einerseits wird in den genannten Bearbeitungen nämlich von einem mehr oder weniger fest umrissenen abstrakten Prinzip der Gewaltenteilung ausgegangen. Dieses Prinzip wird dann gleich einer Schablone an die Gemeinschaftsverträge angelegt, mit dem Ergebnis, daß sie nicht passe, bzw. daß sie nur passe, wenn man den Begriff der Gewaltenteilung modifiziere[106]. Entscheidend ist aber, daß *die* Gewaltenteilung als solche, nur eine idealisierte Ordnungsidee sein kann, nicht aber ein Prinzip aus dem sich normative Schlußfolgerungen für ein konkretes institutionelles System herleiten ließen. Normative Prinzipien können nur durch die Analyse der geschriebenen Normen eines konkreten Systems erkannt werden.

Die Ermittlung von Strukturprinzipien, anhand derer sich das Organverhalten überprüfen läßt, ist nur auf folgendem Weg möglich: Ist in einer nationalen Verfassung eine Funktionenordnung im positiven Verfassungsrecht verankert, die dem klassischen, abstrahierten Begriff der Gewaltenteilung nahe kommt, so liefert dies den Anstoß, die Funktionenordnung der EG, die wegen der Existenz mehrerer Organe offenbar auch arbeitsteilige Züge hat, zu untersuchen. Ausgehend von den ausdrücklichen Regelungen der Organstruktur und Organkompetenzen ist eine spezifisch gemeinschaftsrechtliche Funktionenordnung zu gewinnen[107]. Dabei ist nicht zwingend davon auszugehen, daß die drei Funktionen – Rechtsetzung, Vollzug und Rechtsprechung – in der aus den Nationalstaaten bekannten Beschaffenheit bestehen, noch daß sie gänzlich oder jedenfalls

---

[105] *Petzold*, Die Gewaltenteilung in den Europäischen Gemeinschaften, S. 237, kritisiert das Anlegen des aus dem Grundgesetz entlehnten Gewaltenteilungsbegriffs. Er hält sich allerdings im Laufe seiner Untersuchungen selbst an die aus den staatlichen Verfassungen überlieferten Begrifflichkeiten. Mit weiterer Kritik an Petzold vgl. *Bernhardt*, Verfassungsprinzipien – Verfassungsgerichtsfunktionen – Verfassungsprozeßrecht im EWG-Vertrag, S. 95. Freilich soll hier nicht bestritten werden, daß die genannten Arbeiten in sich schlüssig sind. Jedoch ist ihr Ansatz zur Beantwortung der hier zu untersuchenden Frage nach den normativen Strukturprinzipien des EG-Vertrags nicht hilfreich.

[106] *Petzold*, Die Gewaltenteilung in den Europäischen Gemeinschaften, S. 16, 238; *Sachsse*, Die Kompetenzen des europäischen Parlaments und die Gewaltenteilung in den Europäischen Gemeinschaften, S. 156, beantwortet die Frage nach der Gewaltenteilung differenziert und betont, daß es eine Frage der Begrifflichkeiten sei, ob man die rechtsstaatlichen Sicherungen der Gemeinschaften noch als »Gewaltenteilung« ansehen wolle.

[107] Diesen Weg deutet schon an: *Ipsen*, Europäisches Gemeinschaftsrecht, S. 321.

schwerpunktmäßig von einem einzigen Organ wahrgenommen werden, und erst recht nicht davon, daß die Zuteilung etwa der Rechtsetzungsfunktion an ein Parlament erfolgen muß[108]. Diese vorgefaßten, vom nationalen Recht bekannten oder dem abstrakten Gewaltenteilungsbegriff entlehnten Vorstellungen dürfen schon nicht die Struktur der Untersuchung des Gemeinschaftssystems festlegen.

Das Anlegen eines von vornherein feststehenden Schemas an ein konkretes System führt in der Regel zu »Negativbefunden«. Die Aussage, daß ein Prinzip oder eine Komponente desselben nicht verwirklicht sei, liefert aber wenig Erkenntnis über die tatsächliche Struktur des Systems, aus der allein normative Grundsätze ableitbar sind[109].

Schon auf der Ebene nationaler Verfassungen begegnet die Übertragung des abstrahierten Dogmas der Gewaltenteilung immer wieder Problemen[110]. Dies bestätigt, daß zur Ermittlung von Strukturprinzipien auf einen a priori mit Inhalt gefüllten Begriff verzichtet werden muß, und statt dessen der spezifischen institutionellen Ordnung des jeweiligen Systems Rechnung zu tragen ist.

Konsequenterweise sollte dann aber auch der Begriff »Gewaltenteilung« zur Beschreibung eines konkreten institutionellen Systems vermieden werden, da die Assoziation mit der klassischen Dreiteilung und Verschränkung der Funktionen

---

108 Vgl. in diese Richtung auch die Ausführungen von *Hahn*, Funktionenteilung im Verfassungsrecht europäischer Organisationen, S. 37, 43, 54.

109 *Chauchat*, Le contrôle politique du Parlement européen sur les exécutifs communautaires, S. 4 ff., begreift die Ergebnisse der deutschen Literatur nicht als Negativbefunde, sondern als ein zweiteiliges Gewaltenteilungsmodell, welches zwischen handelnden und kontrollierenden Organen unterscheidet. Dennoch besteht die Gefahr, in der staatlichen Terminologie verhaftet zu bleiben, wenn man die klassische Dreiteilung zum Ausgangspunkt der Untersuchungen macht. Insbesondere ist es für den vorliegenden Untersuchungsgegenstand vorzugswürdig, die Organe der Gemeinschaft zum Ausgangspunkt der Beschreibug der institutionellen Struktur der Gemeinschaft zu machen.

110 Das Bundesverfassungsgericht urteilte, daß »...dieses Prinzip nirgends rein verwirklicht sei.«, BVerfGE 3, 225 (247); 7, 183 (188). Die vergebliche Forderung nach einer Neuinterpretation der Gewaltenteilung beschreibt auch *Rausch* in: Rausch (Hrsg.), Die heutige Problematik der Gewaltenteilung, Vorwort, S. VII ff. (IX, XI); für die französische Verfassung ebenso *v. Hippel*, La séparation des pouvoirs dans les Communautés Européennes, S. 3 ff. m. w. N.

zu nahe liegt. Deswegen sollte »Gewaltenteilung« nicht als Synonym für »Funktionenlehre« oder »arbeitsteilige Funktionenordnung« verwandt werden.

Gilt dies schon für den zeitgenössischen staatlichen Bereich, so sprechen auf Gemeinschaftsebene zusätzliche Gründe für einen Neuansatz[111]: Die Einsetzung der Organe und die Verteilung der Zuständigkeiten an die Organe ist geprägt von der Verteilung der Hoheitsgewalt zwischen der Gemeinschaft und den Mitgliedstaaten. Die Zusammensetzung der Organe und die damit zusammenhängende Möglichkeit der Einflußnahme der Staaten auf ihre Mitglieder bestimmt die Zuständigkeitsverteilung. Je mehr die Mitgliedstaaten zur Integration bereit sind, um so geringer wird das Gewicht des die Staaten repräsentierenden Organs, des Rats sein[112]. Der Schutz des Bürgers vor der Willkür der Hoheitsgewalt, das klassische Ziel der Gewaltenteilung, ist damit zumindest nicht mehr der Angelpunkt der Überlegungen[113]. Zumindest auch diese Prämissen müssen Ausgangspunkt für die Beschreibung der Funktionenordnung der Gemeinschaft sein.

Jedem Organ der Gemeinschaft kommt nach dem EG-Vertrag eine spezifische Rolle zu, die nicht zuletzt der politischen Realität Rechnung trägt. Normative Regeln für das Organverhalten, also auch die Grenzen der Kontrolle des EP gegenüber der Kommission, sind u. a. in der Struktur eines jeden Organs verwurzelt, nicht aber in einem abstrahierten dreiteiligen Grundsatz.

---

[111] Vgl. auch *Constantinesco*, Recht der Europäischen Gemeinschaften, S. 359; *Chauchat*, Le contrôle politique du Parlement européen sur les exécutifs communautaires, S. 4 m. w. N.; *Lenaerts/Verhoeven* in: Alston/de Búrca (Hrsg.) Good Governance in Europe's Integrated Market, S. 35 (38) betonen den strukturellen Unterschied zwischen dem »institutionellen Gleichgewicht« und der Gewaltenteilung.

[112] Vgl. zu diesem Gedanken *Hahn*, Funktionenteilung im Verfassungsrecht europäischer Organisationen, S. 43 f.

[113] Die Tendenz, sich stärker an den Organen und deren Struktur zu orientieren, und dies zum Ausgangspunkt für die Erforschung der Struktur des institutionellen Systems der Gemeinschaft zu machen, zeigt sich auch in den Ausführungen von *Bernhardt*, Verfassungsprinzipien – Verfassungsgerichtsfunktionen – Verfassungsprozeßrecht im EWG-Vertrag, S. 102 ff. und *Bieber*, Das Verfahrensrecht von Verfassungsorganen, S. 101 ff. , *ders.*, EuR 1983, S. 83 (85, Fn. 1). Diese Ansätze betonen insbesondere die Funktionsfähigkeit der Gemeinschaften und ihrer Organe und können damit auch auf die Rechtsprechung des EuGH verweisen. Zum Prinzip der Funktionsfähigkeit vgl. S. 54 ff.

Während die Bindung der Organe der Gemeinschaft an einen abstrahierten Grundsatz der Gewaltenteilung – und an dessen normative Schlußfolgerungen – nicht zu begründen wäre[114], da er weder ein Strukturprinzip darstellt noch, mangels einheitlicher Verwirklichung in den Mitgliedstaaten, als allgemeiner Rechtsgrundsatz zu begreifen ist, drückt sich in solchen Prinzipien, welche anhand der Normen des EG-Vertrags entwickelt werden, der Wille der Mitgliedstaaten als Vertragsparteien aus. Als vertragliche Prinzipien entfalten sie normative Wirkung[115].

Unabhängig davon, welchen vorgeprägten Begriff von der Gewaltenteilung die zitierten Arbeiten der Untersuchung des Gemeinschaftssystems zugrunde legen, verkennen sie, daß es *die* Gewaltenteilung als Strukturprinzip nicht gibt[116], sondern daß eben immer nur eine konkrete Funktionenordnung zu betrachten ist, aus der alleine spezifische normative Inhalte abgeleitet werden können. Wie schon gesagt, muß sich der Interpret bei der Untersuchung der Gemeinschaftsverträge von den Strukturen lösen, welche das auf nationaler Ebene erkannte Prinzip vorgibt. Nicht die Frage, ob die Gewaltenteilung im EG-Vertrag verwirklicht ist, ist bei der Interpretation des Vertrags zu beantworten, sondern wie die Funktionenordnung der Gemeinschaft aussieht und welche Prinzipien zum Inhalt dieser Funktionenordnung gehören.

Zusammenfassend ist festzuhalten, daß die Gewaltenteilung als abstrakte Idealvorstellung keinerlei normative Schlußfolgerungen für das institutionelle System der EG ermöglicht. Das tatsächliche, konkrete System der EG ist schon allein aufgrund seiner Viergliedrigkeit nicht auf der Grundlage der Idee der Gewaltenteilung zu beschreiben. Deshalb sollte nicht von der (spezifischen) »Gewaltenteilung der Gemeinschaft« gesprochen werden, sondern von der Funktionenordnung. Ist demnach die Gewaltenteilung als Kriterium zur Beschreibung der EG ungeeignet, so erübrigt sich an dieser Stelle auch die Ableitung normativer Verhaltensmaßstäbe für das Interorganverhältnis. Diese sind in anderen Parametern

---

[114] Vgl. *Constantinesco*, Das Recht der Europäischen Gemeinschaften, S. 361.
[115] Zur Normativität von Strukturprinzipien vgl. oben S. 30 ff.
[116] Ausführlich und mit heftiger Kritik: *Achterberg*, EuR 1968, S. 240 (240, 245).

verwurzelt, welche der spezifischen Struktur der Organe und ihren Kompetenzen besser Rechnung tragen.

• Kern der Gewaltenteilung als normativer Grundsatz

Steht fest, daß das abstrakte, idealisierte Modell der Gewaltenteilung in keiner Verfassung im Sinne einer strikten Trennung der drei Gewalten verwirklicht ist, so stellt doch der Kern des Gewaltenteilungsprinzips – die Trennung von Funktionen, um die Konzentration der Macht bei einem Organ auszuschließen – wohl einen allgemeinen Rechtsgrundsatz dar, der den Verfassungen der westlichen Welt gemeinsam ist.

Darüber hinaus wird man kaum in Abrede stellen können, daß ein Prinzip dieses Inhalts dem EG-Vertrag zugrunde liege. Allerdings ist mit dieser Überlegung noch nicht beantwortet, wie die Funktionen verteilt sind, wie weit die Rechtskreise der einzelnen Organe gehen und nach welchen Grundsätzen sie voneinander abgegrenzt sind. Insbesondere läßt sich hieraus nicht auf den Umfang parlamentarischer Kontrolle gegenüber der Kommission schließen. In diesem Zusammenhang sei auch auf die Ausführungen zur »Funktionsteilung« verwiesen[117].

Diesen Fragen kann nur durch eine Betrachtung der konkreten Ausformungen der Funktionenordnung durch die Gemeinschaftsverträge nachgegangen werden. In diesem Zusammenhang von der »gemeinschaftsspezifischen Form der Gewaltenteilung« zu sprechen, erscheint aber aus den oben genannten Gründen[118] nicht ratsam.

Inwiefern das »institutionelle Gleichgewicht« geeignet ist, die Struktur bzw. die spezielle Funktionenordnung der Gemeinschaft zu beschreiben, wird im folgenden Abschnitt untersucht.

---

[117] Ab S. 51.

[118] S. 40, 42.

bb) Gehalt und normative Bedeutung des »institutionellen Gleichgewichts«

Auf der Suche nach den Strukturprinzipien des Vertrags muß auch das »institutionelle Gleichgewicht« in Betracht gezogen werden. Dabei besteht Uneinigkeit über den Gehalt des Ausdrucks »institutionelles Gleichgewicht«.

• Das »institutionelle Gleichgewicht« in der Rechtsprechung des EuGH
Schon seit den frühen Tagen der Europäischen Gemeinschaften hat der Gerichtshof den Begriff, welcher inzwischen im Protokoll über die Anwendung der Grundsätze der Subsidiarität und der Verhältnismäßigkeit explizit genannt wird[119], als Argumentationsstütze herangezogen. So wird z. B. im Zusammenhang mit der Übertragung von Kompetenzen und Entscheidungsbefugnissen auf nachgeordnete oder vertragsfremde Einrichtungen auf das institutionelle Gleichgewicht Bezug genommen[120]. Im Kontext mit dem Verhalten der Organe hat der EuGH bezüglich der in den Vertragsbestimmungen vorgesehenen Anhörungen des EP ausgeführt: »Diese Befugnis ist für das vom Vertrag gewollte institutionelle Gleichgewicht wesentlich...«[121]. Die Befugnisse des Parlaments seien »...Bestandteil des von den Verträgen gewollten institutionellen Gleichgewichts. Die Verträge haben nämlich ein System der Zuständigkeiten zwischen den Organen der Gemeinschaft geschaffen, das jedem Organ seinen eigenen Auftrag innerhalb des institutionellen Gefüges der Gemeinschaft und bei der Erfüllung der dieser übertragenen Aufgaben zuweist. Die Wahrung des institutionellen Gleichgewichts gebietet es, daß jedes Organ seine Befugnisse unter Beachtung der Befugnisse anderer Organe ausübt. Sie verlangt auch, daß eventuelle Verstöße gegen diesen Grundsatz geahndet werden können«[122]. Schließ-

---

[119] Protokoll zum Vertrag zur Gründung der Europäischen Gemeinschaft (EG) von 1997, genannt unter Nr. 2.

[120] EuGH, Urt. vom 13.6.1958, Rs. 9/56, (Meroni & Co../. Hohe Behörde), Slg. 1958, 1 (36 ff., 44 »Gleichgewicht der Gewalten«); Urt. vom 13.6.1958, Rs. 10/56, (Meroni & Co../.Hohe Behörde), Slg. 1958, 51 (75 ff., 82); dazu ausführlich *Hummer* in: FS Verdross, S. 459 (462 ff.).

[121] EuGH, Urt. vom 29.10.1980, Rs. 138/79 (SA Roquette Frères./.Rat der EG), Slg. 1980, 3333, Rn. 33; Urt. vom 29.10.1980, Rs. 139/79 (Maizena GmbH./.Rat der EG), Slg. 1980, 3393 (3424, Rn. 34).

[122] EuGH, Urt. vom 22.5.1990, Rs. C-70/88 (EP./.Rat der EG), Slg. 1990, I-2041 (2072, Rn. 21 f.).

lich stelle die wirksame Beteiligung des Parlaments am Gesetzgebungsverfahren der Gemeinschaft gemäß den im Vertrag vorgesehenen Verfahren »...ein wesentliches Element des vom Vertrag gewollten institutionellen Gleichgewichts dar«[123].

• Bedeutungsarmut des »institutionellen Gleichgewichts«

Eine weit verbreitete Ansicht in der Literatur betont, daß es sich beim institutionellen Gleichgewicht nicht um ein a priori vorgegebenes normatives Postulat, sondern um den faktischen Reflex der jeweils geltenden Kompetenzverteilung, also um eine Momentaufnahme handele[124]. Sofern der Begriff mit eigenständigem Inhalt versehen und neben oder über den ausdrücklichen Vertragsregelungen angesiedelt werde, fehle dafür jede Anknüpfungsmöglichkeit im positiven Recht[125]. Der Begriff als solcher könne keine Rechtsfolgen nach sich ziehen[126], es handele sich um eine Leerformel[127]. Zu Recht wird insbesondere betont, welch weitreichenden Folgen die Anerkennung des institutionellen Gleichgewichts als normatives Prinzip bei der autonomen Ausgestaltung des Funktionenrechts hätte[128].

In der Literatur wurde darauf hingewiesen, daß der Begriff »institutionelles Gleichgewicht« selbst dann irreführend sei, wenn man ihm nur beschreibende Funktion beimesse, da das Gewicht der Organe im jeweiligen System kaum qualifizierbar und selten gleich verteilt sei[129].

Bisweilen wird in dieser Diskussion betont, daß der EuGH dem institutionellen Gleichgewicht normative Wirkung und Justitiabilität bescheinige[130]. So entsteht

---

[123] EuGH, Urt. vom 5.7.1995, Rs. C-21/94 (EP./.Rat der EU), Slg. 1995, I-1827 (1851 f., Rn. 17).

[124] Vgl. *Hummer* in: FS Verdross, S. 459 (461, 484 f.).

[125] Vgl. *Bieber* in: Groeben/Thiesing/Ehlermann, Art. 4 EGV Rn. 66; *ders.*, Das Verfahrensrecht von Verfassungsorganen, S. 102.

[126] *Nettesheim* in: Grabitz/Hilf, Art. 4 EGV Rn. 6.

[127] Vgl. *Beutler*, EuR 1984, S. 143 (154).

[128] *Bieber*, Das Verfahrensrecht von Verfassungsorganen, S. 102 f.

[129] Vgl. *Bieber*, Das Verfahrensrecht von Verfassungsorganen, S. 103.

[130] *Hummer* in: FS Verdross, S. 459 (461); *Calliess* in: Calliess/Ruffert, Art. 7 EG Rn. 8; *Bernhardt*, Verfassungsprinzipien – Verfassungsgerichtsfunktionen – Verfassungsprozeßrecht im EWG-Vertrag, S. 88.

der Eindruck einer gegensätzlichen Auffassung zwischen EuGH und weiten Teilen der Literatur. Tatsächlich ist jedoch den Urteilen des EuGH kein eigenständiger normativer Gehalt des institutionellen Gleichgewichts zu entnehmen. Daraus muß richtigerweise geschlossen werden, daß der EuGH dem Begriff selbst keine eigenständige normative Bedeutung beimißt. Vielmehr bringt er zum Ausdruck, daß er unter dem institutionellen Gleichgewicht das durch die Verträge geschaffene System der Zuständigkeiten zwischen den Organen versteht[131]. Damit formuliert der Gerichtshof aber dem Sinne nach nichts anderes als die Bindung der Organe an die vertragliche Zuständigkeitsordnung. Der Begriff institutionelles Gleichgewicht ist also lediglich ein Name für die Summe aller normativen vertraglichen Regelungen über das Organverhalten, welche ausdrücklicher Art sein können oder, wie oben bereits erwähnt, als Strukturprinzipien aus einer Zusammenschau expliziter vertraglicher Regelungen herleitbar sind[132]. Es handelt sich gleichsam um eine Überschrift zu Art. 7 EG (Art. 4 EGV). Wenn der EuGH im Anschluß an die Verwendung des Begriffs »institutionelles Gleichgewicht« auf das Prinzip der Demokratie eingeht[133], bzw. von dem Grundsatz spricht, daß ein Organ seine Befugnisse unter Beachtung der Befugnisse anderer Organe auszuüben habe[134], so sieht er hierin Prinzipien, die Teil der vertraglichen Ordnung sind, welche er institutionelles Gleichgewicht nennt. Einen über die vertraglichen Regelungen und Prinzipien hinausgehenden oder neben diesem stehenden Inhalt mißt der EuGH dem institutionellen Gleichgewicht nicht zu.

Mit dem Begriff »institutionelles Gleichgewicht« hat der EuGH einen Namen für die spezifische Funktionenordnung der Gemeinschaft gefunden. Dieser Na-

---

[131] EuGH, Urt. vom 22.5.1990, Rs. C-70/88 (EP./.Rat der EG), Slg. 1990, I-2041 (2072, Rn. 21 f.).

[132] Wenn der EuGH von dem Grundsatz spricht, daß jedes Organ seine Befugnisse unter Beachtung der Befugnisse der anderen Organe ausüben soll, so formuliert er damit nicht den normativen Gehalt des institutionellen Gleichgewichts selbst, sondern erkennt in diesem Grundsatz einen Teil der vertraglichen Kompetenzordnung.

[133] EuGH, Urt. vom 29.10.1980, Rs. 138/79 (SA Roquette Frères./.Rat der EG), Slg. 1980, 3333, Rn 33.

[134] EuGH, Urt. vom 22.5.1990, Rs. C-70/88 (EP./.Rat der EG),Slg. 1990, I-2041 (2072, Rn. 21 f.).

me ist jedenfalls nicht mit Assoziationen an eine bestimmte nationale Funktionenordnung verknüpft und somit – im Gegensatz zu den Namen »Gewaltenteilung« oder »checks and balances« – unvorbelastet.

Gegen die oben geschilderten Einwände der Literatur ist also inhaltlich nichts einzuwenden – die von ihr präsentierten Argumente verdienen vielmehr Zustimmung –, sofern klar ist, daß damit Türen eingerannt werden, die der EuGH nie geschlossen hat. Von einem Prinzip hat der EuGH im Zusammenhang mit dem institutionellen Gleichgewicht nie gesprochen, sondern die Literatur hat es als solches deklariert[135]. Selbst auf dieser Grundlage ist aber der Vorwurf zu erheben, daß die Bezugnahme auf das institutionelle Gleichgewicht nur eine sehr oberflächliche, schlagwortartige Argumentation erlaubt. Die Rechtmäßigkeit von Organverhalten hängt von der Vereinbarkeit des Verhaltens mit konkreten Vertragsnormen oder Strukturprinzipien ab[136], und diese sollten dann auch zur Grundlage der Argumentation gemacht werden.

• Versuche, das »institutionelle Gleichgewicht« mit Inhalten zu belegen

Einige Autoren messen dem institutionellen Gleichgewicht dennoch eine gewisse normative Bedeutung zu. Als Auslegungsprinzip könne es in gewisser Weise der Konzentration der Macht in der Hand eines einzigen Organs entgegen wirken und die autonome Position jedes einzelnen Organs sicherstellen[137]. Indes wird von derselben Seite eingeräumt, daß die Ausbalancierung der Organe durch die vertraglichen Regelungen selbst erfolgen müsse[138]. Somit ist das Gleichgewicht der Organe letztlich eine reine Wunschvorstellung und bewegt sich folglich außerhalb des normativen Bereichs, soweit die Verträge selbst dieses Gleichgewicht nicht zum Ausdruck bringen und herstellen.

Hilf nimmt an, daß sich aus dem Grundsatz des institutionellen Gleichgewichts Grenzen für die Fortentwicklung der Organisationsstruktur der Gemeinschaft

---

135 Darauf weist zu Recht hin *Prechal* in: Heukels/Blokker/Brus (Hrsg.), The European Union after Amsterdam, S. 273 (277).

136 Vgl. *Nettesheim* in: Grabitz/Hilf, Art. 4 EGV Rn. 6.

137 Vgl. *Prechal* in: Heukels/Blokker/Brus (Hrsg.), The European Union after Amsterdam, S. 273 (279 ff., 293).

138 *Prechal* in: Heukels/Blokker/Brus (Hrsg.), The European Union after Amsterdam, S. 273 (280).

herleiten ließen. Das institutionelle Gleichgewicht werde verletzt, wenn innerhalb eines Organs organisatorische Veränderungen einträten, welche von den Organisationsprinzipien abwichen, die der Vertrag für das betreffende Organ vorsehe[139]. Ferner solle der Grundsatz des institutionellen Gleichgewichts die Organe hindern, wesentliche Gewichtsverschiebungen zu bewirken[140]. Wiederum liefert der Autor selbst ein Argument gegen einen normativen Gehalt des institutionellen Gleichgewichts. Das Prinzip sei für sich genommen nicht aussagekräftig, sondern setze eine Detailuntersuchung der institutionellen Einbindung des jeweiligen Organs voraus[141]. Bei einem Verstoß gegen vertraglich niedergelegte Organisationsprinzipien ist unterdessen die Rechtswidrigkeit – durch die Vertragswidrigkeit – des betreffenden Aktes indiziert, ohne daß es zusätzlich der Feststellung eines Verstoßes gegen das »Prinzip« des institutionellen Gleichgewichts bedürfte. Wesentliche Gewichtsverschiebungen zwischen den Organen vermögen nur die Mitgliedstaaten als Vertragsparteien selbst zu bewirken. Auch hier ist ein Rückgriff auf das institutionelle Gleichgewicht überflüssig.

Neuerdings wurde der Begriff »institutionelles Gleichgewicht« seitens der Literatur[142] als institutioneller Rahmen bezeichnet, innerhalb dessen die durch die Institutionen jeweils repräsentierten Interessen gegenüber gestellt und in Ausgleich gebracht werden könnten, um für jedermann akzeptable Lösungen zu finden[143]. Das so verstandene institutionelle Gleichgewicht habe seine historischen und geistigen Wurzeln in der Gewaltenteilungslehre Montesquieus, welchem ebenfalls der tiefere Zweck der Ausbalancierung von Interessen zugrunde liege[144]. Als mit Art. 7 EG verbundenes Rechtsprinzip erfordere das institutionelle Gleichgewicht von den Organen einerseits, die ihnen von den Verträgen übertragenen Verantwortungsbereiche voll wahrzunehmen, andererseits sich ei-

[139] Vgl. *Hilf*, Die Organisationsstruktur der Europäischen Gemeinschaften, S. 312.
[140] Vgl. ebenda, S. 314.
[141] Vgl. ebenda, S. 310.
[142] *Lenaerts/Verhoeven* in: Alston/de Búrca (Hrsg.), Good Governance in Europe's Integrated Market, S. 35 ff.
[143] Ebenda S. 42 f.
[144] Ebenda S. 41.

nes Mißbrauchs ihrer Befugnisse zu enthalten um nicht die Zuständigkeiten anderer Organe zu besetzen[145].

Damit leiten die Autoren aber Prinzipien aus Art. 7 EG, also aus dem Vertrag her, so daß ein Rückgriff auf das institutionelle Gleichgewicht nicht erforderlich ist. Vielmehr drängt sich der Eindruck auf, daß nicht das institutionelle Gleichgewicht ein Prinzip des Vertrags ist, sondern der Begriff nur den Rahmen beschreibt, innerhalb dessen Prinzipien wie »Wahrung der Organidentität« oder »Interorganrespekt« angesiedelt sind, die ihrerseits der inneren Struktur der Verträge zu entnehmen sind. Damit bestätigt sich, daß der Begriff »institutionelles Gleichgewicht« nur Name für die spezifische Funktionenordnung der Gemeinschaft sein kann, aus ihm allein aber keine normativen Aussagen herleitbar sind.

An dieser Sichtweise vermag auch der Verweis auf das Hauptziel der Gemeinschaft, den Ausgleich von Interessen, nichts zu ändern. Das dem institutionellen System zugrundeliegende Prinzip ist der Interessenausgleich selbst, wobei man auch von Interessenintegration sprechen könnte. Der Rückgriff auf das »Prinzip« des institutionellen Gleichgewichts ist unnötig. Dies zeigt: Muß der Ausdruck »institutionelles Gleichgewicht« zunächst mit Inhalten belegt oder durch Prinzipien konkretisiert werden, so ist er für sich genommen austauschbar, ohne normativen Gehalt und nur ein Name für das institutionelle Gefüge der Gemeinschaft. Auch die Formulierungen der Autoren selbst weisen auf diese eingeschränkte Bedeutung des institutionellen Gleichgewichts hin.[146]

Folglich belegt auch dieser neueste Versuch der Konturierung des Ausdrucks »institutionelles Gleichgewicht«, obwohl sehr aufschlußreich, nicht dessen Bedeutung als Strukturprinzip.

• Schlußfolgerung

Es ist festzuhalten, daß das »institutionelle Gleichgewicht« nicht zu den Strukturprinzipien des EG-Vertrags gehört, welche als Kompetenzausübungsschranken oder Auslegungsmaßstab der Ausgestaltung des Kontrollverhältnisses durch

---

[145] Ebenda S. 44.

[146] Ebenda S. 38, stellen die Autoren fest, daß das institutionelle Gleichgewicht »nicht statisch« sei, sondern sich im Laufe der Zeit entwickle. Diese Formulierung legt nahe, daß mit dem Ausdruck »institutionelles Gleichgewicht« nur die jeweils gültige vertragliche Ordnung gemeint sein kann. Diese ist aber nicht selbst Prinzip, sondern umfaßt Prinzipien.

die Organe Grenzen ziehen[147]. Vielmehr umfaßt das institutionelle Gleichgewicht als Oberbegriff diese noch näher zu untersuchenden Prinzipien. Der Ausdruck ist ein Synonym für »die durch die Verträge geschaffene institutionelle Ordnung«, also ein Name für die spezifische Funktionenordnung der Gemeinschaft. Damit wird die Bezeichnung allerdings reduziert auf die Bindung der Organe an die Verträge. Hiergegen ist nichts einzuwenden, zumal die Sichtweise auch mit der Judikatur des EuGH vereinbar ist.

Eine andere, einfachere Frage zielt unabhängig vom normativen Gehalt auf die Wahl des Begriffs ab, genauer auf dessen Zweckmäßigkeit zur Bezeichnung eines *un*gleichgewichtigen vertraglichen Zustandes. Gegen die Zweckmäßigkeit lassen sich zwar gute Gründe anführen, jedoch ist der Begriff aus der Gemeinschaftspraxis nicht mehr wegzudenken.
Die Organe greifen ihrerseits auf diesen Begriff zurück, um Forderungen nach institutionellen Veränderungen zu untermauern[148], wobei auch Kritik am Begriff und an dem dahinter stehenden vertraglichen Kompetenzgefüge durchscheint; häufig verwendet insbesondere das EP den Ausdruck »institutionelles Ungleichgewicht«. Die Mitgliedstaaten hingegen verfolgen mit der Verwendung des Begriffs den entgegengesetzten Zweck, nämlich Veränderungsprozesse im institutionellen System zu blockieren[149]. Dieser ambivalente Gebrauch des Begriffs unterstreicht, abgesehen von seiner Bedeutung für den politischen Diskurs, seine rechtliche Inhaltslosigkeit.

cc) Die »Funktionsteilung« als regulatives Prinzip

In der Literatur findet sich die Aussage, dem EG-Vertrag liege als eigene regulative Idee das »Prinzip der Funktionsteilung« zugrunde. Es besage, daß sich die

---

[147] Ebenfalls zu dem Ergebnis der Unbrauchbarkeit als Kriterium für die Bewertung von Organverhalten kommt: *Läufer*, Die Organe der EG, S. 221 f.

[148] Mitteilung der Kommission vom 14.10.1981: Die Beziehungen zwischen den Gemeinschaftsorganen, Bulletin EG, Beil. 3/82, S. 5 (7 f.); Mitteilung der Kommission vom 3./4.12.1982: Erweiterungsprobleme, Bulletin EG, Beil. 8/92, S. 5 (9); Entschließung EP vom 8.10.1986, ABl. C 283 vom 10.11.1986, S. 37 (Ziffer 4 ff.).

[149] Vgl. nur Vorbehalte einiger Mitgliedstaaten gegen Bericht des Ad-hoc-Ausschusses für institutionelle Fragen, in: EA 1985, S. D 240 (248 ff.).

Funktionen der Gemeinschaft nicht bei einem einzigen Organ konzentrieren, sondern daß sie von verschiedenen Organen ausgeübt werden, die bei der Erfüllung ihrer Aufgaben zusammenwirken. Dadurch werde jede Machtkonzentration durch die Anhäufung aller Funktionen in der Kompetenz eines einzigen Gemeinschaftsorgans verhindert[150]. Die Funktionsteilung diene hauptsächlich der Sicherung einer optimalen Funktionsfähigkeit der Gemeinschaft[151]. Ein solches Verbot der Machtkonzentration bei einem Organ könnte auch die Ausübung der Kontrolle des EP gegenüber der Kommission begrenzen.

Für die vorliegende Untersuchung ist entscheidend, ob die so verstandene Funktionsteilung ein Strukturprinzip des EG-Vertrags ist. Wie gerade dargestellt, besagt das »Prinzip der Funktionsteilung« nur, *daß* die Funktionen der Gemeinschaft – zunächst einmal verstanden als Tätigkeiten der Gemeinschaft – unter den Organen aufzuteilen sind, nicht aber, nach welchem Prinzip sie verteilt werden, nach welchen Zwecken sich diese Aufteilung richtet, und welches Organ demnach welche Funktion und welche konkrete Handlung ausüben darf. Damit beschreibt der Ausdruck Funktionsteilung nur den arbeitsteiligen Zustand, den der Vertrag etabliert.

Es ist allerdings nicht zu leugnen, daß den Regelungen über die Einrichtung und Kompetenzen der Gemeinschafsorgane diese Aussage als Prinzip zugrunde liegt. Insofern kann tatsächlich von einem Prinzip gesprochen werden. Es müssen demnach mehrere Organe bestehen bleiben, und jedem Organ müssen tatsächlich Funktionen zukommen.

Wegen der begrenzten inhaltlichen Aussage des Prinzips der Funktionsteilung kann es aber nicht als Maßstab für die Beurteilung der Vertragsmäßigkeit von Organverhalten dienen. Eine Kontrollhandlung des EP könnte nicht mit dem pauschalen Verweis auf »das Prinzip der Funktionsteilung« als vertragswidrig eingestuft werden, außer in dem wohl unmöglichen Fall, daß durch das Verhalten eines Organs dem anderen Organ de facto gar keine Funktion mehr verbliebe. Ein solcher Verweis ließe die genauen Grenzen des Organhandelns im Dunklen. Ein Maßstab für das Verhalten der Organe kann nur durch die detaillierte Analyse der Kompetenzzuweisungen an die Organe ermittelt werden.

---

[150] Vgl. *Constantinesco*, Das Recht der Europäischen Gemeinschaften, S. 360.
[151] Vgl. *Läufer*, Die Organe der EG, S. 216 f.

Darüber hinaus bleibt auch im Unklaren, was der Begriff »Funktion« bezogen auf die Gemeinschaft bedeutet[152]. Richtigerweise wird angeführt, daß die Gemeinschaftsverfassung nicht die Dreiteilung der hergebrachten Staatsfunktionen (Rechtsetzung, Exekutive und Rechtsprechung) übernommen habe[153].
Da die Gemeinschaft über vier Organe verfügt, kann jedenfalls nicht das nationalstaatliche Dogma der grundsätzlichen Zuordnung einer der hergebrachten drei Funktionen zu einem einzigen Organ gelten. Selbst wenn also die drei hergebrachten staatlichen Funktionen in der Gemeinschaft bestünden – auch in diesem Fall wären sie schon aufgrund der Andersartigkeit der von den EG-Organen erlassenen Normen abweichend zu definieren – so wäre nicht jede von ihnen grundsätzlich einem einzigen Organ zugeordnet[154]. Deshalb kann auch

---

[152] In der innerstaatlichen, deutschen Diskussion steht der Begriff Funktion für eine Klasse von Staatstätigkeiten. Die drei Funktionen, über deren Inhalt seit Jahrhunderten diskutiert wird, sind im staatlichen Bereich die Rechtsetzungsfunktion, die Exekutivfunktion und die Rechtsprechungsfunktion. Nachdem sich allgemein die Erkenntnis durchgesetzt hatte, daß hinter den Organen keine realen Mächte mehr stehen, wurde der Begriff »Gewalt« durch den der Funktion, bzw. in Bezug auf die Organe durch den Begriff »Funktionsträger« ersetzt. (Der EuGH hingegen verwendet den Begriff »Gewalt«, EuGH, Urt. vom 13.6.1958, Rs. 9/56, (Meroni & Co../. Hohe Behörde), Slg. 1958, 1 (36 ff., 44 »Gleichgewicht der Gewalten«). Da jedes der Organe ein Interesse verkörpert (EP – Interesse der Bürger der Mitgliedstaaten; Rat – Interesse der Mitgliedstaaten; Kommission – Gemeinschaftsinteresse; Gerichtshof – Rechtsinteresse), kann dies hingenommen werden.).
In der innerstaatlichen Diskussion wurde versucht, die jeweilige (deutsche) Verfassung einer Funktionenlehre zuzuführen. Da im staatlichen Bereich drei Organe und drei Funktionen bestehen, wurde dabei der Weg beschritten, die Funktion einerseits materiell zu bestimmen und von ihr auf die Organe zu schließen. Andererseits wurde bei den Organen angesetzt und von den Organen auf die Funktion geschlossen (dazu ausführlich Zimmer, Funktion – Kompetenz – Legitimation, insbesondere S. 45 ff. m. N.). Jedenfalls liegt allen Untersuchungen das Dogma zugrunde, daß jede der drei Funktionen einem Organtypus, also etwa die Normsetzungsfunktion grundsätzlich dem Parlament, zuzuordnen sei. Die staatlichen Verfassungen mögen Anlaß zu dieser Interpretation geben, der EG-Vertrag durchbricht diese Vorstellung jedoch durch die Schaffung von vier Organen, ohne dementsprechend vier Funktionen zu definieren.

[153] *Läufer*, Die Organe der EG, S. 216.

[154] Dies belegen nicht zuletzt die im Zusammenhang mit dem »Prinzip der Gewaltenteilung« zitierten Untersuchungen. Vgl. nur *Heising*, Die Gewaltenteilung nach dem Bonner Grundgesetz und nach dem Vertrag zur Gründung der Europäischen Wirtschaftsgemeinschaft, S. 111 ff., 146.

nicht eine a priori definierte Funktion Grenze des Organverhaltens sein, sondern nur der spezifisch zu bestimmende Funktionsbereich eines anderen Organs.
Ist aber nicht klar, wie viele und welche Funktionen der Gemeinschaft zukommen, noch wie diese Funktionen materiell zu bestimmen seien, erscheint es nicht sinnvoll, das institutionelle System der Gemeinschaft überhaupt ausgehend von Funktionen erklären zu wollen. Dafür spricht auch, daß der Vertrag anders als das Grundgesetz in Art. 20 Abs. 3 keine Funktionen aufzählt, sondern eben nur Organe schafft und diesen einzelne Aufgaben zuweist, die materiell ganz unterschiedlich sind[155]. Ausgangspunkt für eine Funktionenordnung der Gemeinschaft muß die Tatsache sein, daß jedes der vier Organe ein spezifisches Interesse verkörpert und vertreten soll[156].
Allerdings ist es nicht Gegenstand dieser Arbeit, die Funktionenordnung der Gemeinschaft umfassend zu beschreiben. Jedoch zeigen die vorangegangenen Überlegungen, daß der Begriff Funktionsteilung von unsicherem Inhalt und für den Gegenstand dieser Untersuchung wenig aussagekräftig ist. Darüber hinaus muß die Beschreibung der Funktionenordnung der Gemeinschaft und damit auch die Suche nach den aus ihren Prinzipien ableitbaren Grenzen für das Handeln einzelner Organe bei den Organen selbst, ihrer Struktur und den ihnen zugewiesenen Aufgaben ansetzen und nicht bei a priori bestimmten Funktionen.

Denkbar wäre noch, »Funktionsteilung« als Prinzip der Zerteilung der einzelnen Funktionen der Gemeinschaft zu verstehen. Auch die Aussage, daß dem institutionellen System der Gemeinschaft eine Zerteilung der einzelnen Funktionen zugrunde liege, daß also z. B. die Normsetzungsfunktion in den Händen von Rat und Kommission und – schwächer – auch beim EP liege, ginge entweder von der Übertragbarkeit der aus den staatlichen Verfassungen bekannten Funktionen aus oder würde durch die mangelnde Bestimmtheit der Funktion inhaltlos. Für

---

[155] Wollte man in der staatlichen Terminologie verharren, so hätte etwa die Kommission normsetzende und ausführende Funktion.

[156] Vgl. *Pescatore*, Cahiers de droit européen, 1978, S. 387 (387, 389 ff.). *Lenaerts/Verhoeven* in: Alston/de Búrca (Hrsg.), Good Governance in Europe's Integrated Market, S. 35 (42) sehen in der Repräsentation von Interessen den Grundstein des »institutionellen Gleichgewichts« der EU.

die rechtliche Beurteilung von Ausgestaltungen des Interorganverhältnisses wäre aber auch ein so verstandenes Prinzip nicht hilfreich.

Und schließlich könnte der Begriff »Funktionsteilung« ein Name für die Funktionenordnung der Gemeinschaft sein, welcher die hier zu ermittelnden Strukturprinzipien umfaßte. Er wäre dann wie der Begriff »institutionelles Gleichgewicht« ohne eigenen normativen Gehalt. Da Ziel der vorliegenden Untersuchungen aber nicht die vollständige Beschreibung der Funktionenordnung der Gemeinschaft ist, da ferner der Begriff »Funktionsteilung« zu leicht den Eindruck vermittelt, es werde von a priori feststehenden Funktionen ausgegangen und weil die Assoziation mit dem Begriff der Gewaltenteilung zu nahe liegt, soll hier nicht der Versuch der näheren Konkretisierung gemacht werden. Stattdessen soll im folgenden auf Prinzipien eingegangen werden, denen sich unmittelbar Verhaltensmaßstäbe für die Gemeinschaftsorgane entnehmen lassen.

dd) Das Prinzip der Funktionsfähigkeit der Gemeinschaft und ihrer Organe

Die Eignung der Organe, die ihnen zugewiesenen Aufgaben unter Wahrung der vertraglichen Vorgaben zu erfüllen, wird Funktionsfähigkeit genannt[157]. Hier umschreibt der Begriff »Funktion« also den spezifischen Aufgabenkreis eines Organs und nicht eine a priori zu klassifizierende Tätigkeit. Unter der Funktionsfähigkeit der Gemeinschaft ist dementsprechend die Eignung der Gemeinschaft zur Erfüllung ihrer Aufgaben zu verstehen. Damit handelt es sich bei der Funktionsfähigkeit nicht wie etwa bei der Gewaltenteilung um eine umfassende Ordnungsidee, welche auch die Art der Verteilung der Aufgaben an die Organe umfaßt. Vielmehr geht sie von dem gegebenen institutionellen Zustand aus und dient auf dieser Basis der Optimierung des Vertragszwecks. Somit erhält sie – gespeist durch die positiven Funktionsnormen des Vertrages – ihre Gestalt und ihren konkreten normativen Inhalt.

Die Funktionsfähigkeit ist nicht nur Grundlage jeder auf Dauer angelegten Organisation, sondern der EG-Vertrag bringt durch die Definition von Aufgaben (Art. 2 EG; Art. 2 EGV) und durch die Einsetzung von Organen zur Erfüllung

---

[157] Ausführlich: *Bieber*, Das Verfahrensrecht von Verfassungsorganen, S. 104 ff.

dieser Aufgaben (Art. 7 Abs. 1 S. 1, 202, 211 EG; Art. 4 Abs. 1 S. 1, 145, 155 EGV) den Willen zur Sicherung der Funktionsfähigkeit zum Ausdruck. Die Funktionsfähigkeit der Gemeinschaft ist also ein grundlegendes Prinzip des EG-Vertrags[158].

Der EuGH benutzt in seiner Rechtsprechung ebenfalls das Kriterium der Funktionsfähigkeit[159]. Er bezieht es auf die gesamte Gemeinschaft und benutzt es als Argument im Verhältnis zwischen der Gemeinschaft und den Mitgliedstaaten[160]. Insbesondere zieht er es heran, um den Anwendungsvorrang des Gemeinschaftsrechts gegenüber dem nationalen Recht der Mitgliedstaaten zu begründen[161]. Ferner nimmt der EuGH in seiner Rechtsprechung Bezug auf die Funktionsfähigkeit einzelner Organe[162]. Die Funktionsfähigkeit der Organe, welche zur Erfüllung der Aufgaben der Gemeinschaft eingesetzt sind, ist notwendige Voraussetzung der Funktionsfähigkeit der gesamten Gemeinschaft. Sie kann aber nicht nur als Argument im Verhältnis der Organe zu den Mitgliedstaaten gelten, sondern auch im Verhältnis zwischen den Organen muß die Erhaltung der Funktionsfähigkeit Maxime der Ausgestaltung sein. Behinderten sich die Organe gegenseitig bei der Aufgabenerfüllung, so könnten die Aufgaben der Gemeinschaft nicht bestmöglich verfolgt werden.

---

[158] Auch die Ansicht, welche die Funktionsteilung als grundlegendes Prinzip des EG-Vertrags anführt, stellt diese in den Dienst der Funktionsfähigkeit, vgl. *Läufer*, Die Organe der EG, S. 216 f. Letztlich hält also auch diese Ansicht das Prinzip der Funktionsfähigkeit für das eigentlich regulative Prinzip, und die Aufteilung der Aufgaben der Gemeinschaft auf die Funktionsträger ist (nur) ein Element, ein Mittel zur Erreichung der Funktionsfähigkeit der Gemeinschaft.

[159] Vgl. *Everling* in: Kruse (Hrsg.), Zölle, Verbrauchersteuern, europäisches Marktordnungsrecht, S. 51 (62 f.); *Sander*, Der Europäische Gerichtshof als Förderer und Hüter der Integration, S. 41, meint, das Prinzip der Sicherung der Funktionsfähigkeit der Gemeinschaft bilde den Ausgangspunkt für die Überlegungen des EuGH bei der teleologischen Auslegung.

[160] Vgl. *Anweiler*, Die Auslegungsmethoden des Gerichtshofs der Europäischen Gemeinschaften, S. 227 (231).

[161] Vgl. EuGH, Urt. vom 15.7.1964, Rs. 6/64 (Costa./.E.N.E.L.), Slg. 1964, S. 1251 (1269 f.) und dazu die Erläuterung von *Anweiler*, Die Auslegungsmethoden des Gerichtshofs der Europäischen Gemeinschaften, S. 228.

[162] EuGH, Urt. vom 23.9.1986, Rs. 5/85 (AKZO./.Kommission), Slg. 1986, S. 2607 (2615); Urt. vom 22.9.1988, Rs. 358/85 und 51/86 (Frankreich./.EP), Slg. 1988, S. 4821 (4856 f.); Urt. vom 10.2.1983, Rs. 230/81 (Luxemburg./.EP), Slg. 1983, S. 255 (287, 290).

Nach den bisherigen Ausführungen könnte man festhalten, daß dem EG-Vertrag das Prinzip der Funktionsfähigkeit zugrunde liege und daß folglich die Ausgestaltung der Interorganbeziehungen durch die Organe diesem Prinzip nicht zuwider laufen dürfe. Eine solche Aussage wäre aber äußerst unbestimmt, weil die Funktionsfähigkeit an sich zwar eine selbstverständliche Voraussetzung für den Bestand jeder auf Dauer angelegten Organisation, im übrigen aber eine Leerformel ist. Einen konkreten Inhalt und damit einen Maßstab für die Ausrichtung des Organverhaltens kann die Funktionsfähigkeit erst erlangen, wenn die Aufgaben der jeweiligen Organisation und die Vorkehrungen zur Erfüllung dieser Aufgaben aus den geschriebenen konstituierenden Normen der Organisation heraus ermittelt werden. Bezogen auf die EG muß die Frage gestellt werden, was ihre Hauptaufgabe ist und welche vertraglichen Vorkehrungen getroffen wurden, um diese zu erfüllen. Dadurch erst wird das Postulat der Funktionsfähigkeit durch die konkreten Funktionsnormen des EG-Vertrags gespeist und mit einem gemeinschaftsspezifischen Inhalt gefüllt, so daß es infolgedessen als echtes Strukturprinzip bezeichnet werden kann.

Was die Hauptaufgabe der Gemeinschaft angeht, so ist dies die Schaffung einer politischen, wirtschaftlichen, rechtlichen, sozialen und militärischen Einheit. Dieser Prozeß kann mit dem Begriff »Integration« umschrieben werden. Allgemein versteht man unter Integration die Herstellung eines Ganzen, bzw. einen Prozeß oder Zustand, der im Vergleich zum vorherigen einen höheren Grad an Einheit bringt bzw. darstellt[163]. Die Integration findet explizite Erwähnung in der Präambel des EU-Vertrags (Erwägungsgrund 1 und 8)[164]. Die Integrationsaufgabe wird durch den EG-Vertrag für die verschiedenen Anwendungsbereiche konkretisiert. So stellen die Regeln über die Schaffung des gemeinsamen Binnenmarktes Konkretisierungen der Aufgabe der Integration auf wirtschaftlicher Ebene da; die Möglichkeiten zur Angleichung und Vereinheitlichung des Rechts der Mitgliedstaaten durch den Erlaß von Richtlinien und Verordnungen (Art. 249 Abs. 1 bis 3 EG; Art. 189 Abs. 1 bis 3 EGV) in den verschiedensten Bereichen konkretisieren die Integrationsaufgabe in rechtlicher Hinsicht.

[163] Vgl. *Fischer/Köck*, Europarecht, S. 47; *Lorz*, Interorganrespekt im Verfassungsrecht, S. 81. Jeweils mit Verweis auf *Schneider*, Leitbilder der Europapolitik, S. 277.
[164] Dasselbe ist mit der abweichenden Formulierung des Art. 1 Abs. 2 EU gemeint.

Schließlich dient die Verpflichtung der Mitgliedstaaten zu gemeinschaftsfreundlichem Verhalten (Art. 10 EG; Art. 5 EGV), für die sich der Begriff »Gemeinschaftstreue« eingebürgert hat[165], und die Durchführung der Gemeinschaftspolitiken (Art. 23 ff. EG; Art. 9 ff. EGV) der politischen Integration.

Der Prozeß der Integration ist also komplex und erstreckt sich auf alle Anwendungsbereiche des EG-Vertrages. Deshalb erscheint es gerechtfertigt, von der Integration als einem Prinzip des EG-Vertrags zu sprechen[166].

Wie schon erwähnt repräsentieren die Organe verschiedene Interessen – Mitgliedstaaten, Bürger, Gemeinschaftsinteresse und Recht –[167], die ihrerseits der Integration im Sinne einer Vergemeinschaftung des Entscheidungsfindungsprozesses bedürfen[168].

---

[165] Vgl. dazu *Lück*, Die Gemeinschaftstreue als allgemeines Rechtsprinzip im Recht der Europäischen Gemeinschaften, 1992; *Söllner*, Art. 5 EWG-Vertrag in der Rechtsprechung des Europäischen Gerichtshofs, 1985; *Wuermeling*, Kooperatives Gemeinschaftsrecht, 1988; Hiergegen mit anderer Terminologie *Hatje*, Loyalität als Rechtsprinzip in der Europäischen Union, S. 17 f.

[166] Näher dazu *Bernhardt*, Verfassungsprinzipien – Verfassungsgerichtsfunktionen – Verfassungsprozeßrecht im EWG-Vertrag, S. 174 ff.
Wirklichkeitsfern ist hingegen – bei dem inzwischen erreichten Entwicklungsstand –, die Gemeinschaft ausschließlich als »Zweckverband funktionaler Integration« zu begreifen, dem die Staaten lediglich sachlich begrenzte Funktionen zur gemeinschaftlichen Wahrnehmung übertragen haben. Die Gemeinschaft und der ihr zugrunde liegende Gedanke der Integration erfassen die Staaten in ihrer Gesamtheit und lassen sie nicht unberührt. Integration im Rahmen der Europäischen Gemeinschaft ist demnach nicht auf klar abgrenzbare Sachfunktionen beschränkt, sondern führt auch zu einer Zusammenordnung der Staaten als originäre Träger der übertragenen Funktionen. Vgl. zu diesem Aspekt *Everling* in: FS Ipsen, S. 595 ff., der damit eine kritische Position gegenüber Ipsens Auffassung der Gemeinschaft als »Zweckverband funktionaler Integration« bezieht (*Ipsen*, Europäisches Gemeinschaftsrecht, S. 196 ff.; *ders.* in: Schwarze (Hrsg.), Der Europäische Gerichtshof, S. 29 (32) bezeichnet die Integration als »absoluten Hauptzweck der Vergemeinschaftung«) und dabei auf die Ausführungen Smends verweist (vgl. *Smend*, Die politische Gewalt im Verfassungsstaat und das Problem der Staatsform, in: ders., Staatsrechtliche Abhandlungen und andere Aufsätze, S. 68 (85 ff.); *ders.*, Verfassung und Verfassungsrecht, in: ders., Staatsrechtliche Abhandlungen und andere Aufsätze, S. 119 (223 ff.)). Vgl. ferner *Everling* in: FS Kutscher, S. 155 (181).

[167] Vgl. oben Fn. 152, 156.

[168] Vgl. auch *Lenaerts/Verhoeven* in: Alston/de Búrca, Good Governance in Europe's Integrated Market, S. 35 (42 f.).

Funktionsfähigkeit der Organisation und ihrer Organe ist also bezogen auf die EG die Fähigkeit zur Integration der durch die Organe repräsentierten Interessen in den verschiedenen Geltungsbereichen des EG-Vertrags. Diese wird garantiert durch die Ausrichtung des Organverhaltens an bestimmten Kriterien, nämlich einerseits an der Wahrung der spezifischen Eigenart und Struktur eines jeden Organs, andererseits an der Zusammenordnung der Organe im Wege der Kooperation und gegenseitigen Rücksichtnahme[169]. Diese beiden Eckpfeiler der Funktionsfähigkeit bzw. Integrationsfähigkeit sind im EG-Vertrag an keiner Stelle ausdrücklich genannt. Verbindliche primärrechtliche Maßstäbe für die Ausgestaltung des Interorganverhältnisses zwischen EP und Kommission könnten sie also nur dann darstellen, wenn sie als Strukturprinzipien anhand des Vertrages nachweisbar wären. Beide Kriterien werden im Anschluß näher dargestellt und es wird ihre Bedeutung als Grenzen der Kontrollmacht des EP gegenüber der Kommission erläutert.

aaa) Wahrung der Organidentität

Die Funktionsfähigkeit der Gemeinschaft als ganzer und der einzelnen Organe wird durch die Wahrung der Identität eines jeden Gemeinschaftsorgans gesichert.

Aus der Zusammenschau der expliziten vertraglichen Regelungen, welche ein Organ betreffen – also Regeln über die Zusammensetzung, das Verfahren und die Aufgaben –, läßt sich ein Gesamtbild des Organs entnehmen. Aus dieser Zusammenschau ergibt sich der Kern der Identität eines Organs[170]. Die spezifische Eigenart eines jeden Gemeinschaftsorgans läßt sich nicht aus allgemeinen Grundsätzen ableiten. Insbesondere kann z. B. nicht ohne weiteres von Struktur und Befugnissen nationaler Parlamente auf das EP geschlossen werden, sondern einzig die Bündelung der Vertragsbestimmungen ist Grundlage für die Ermitt-

---

[169] Ganz ähnlich: *Bieber*, Das Verfahrensrecht von Verfassungsorganen, S. 105 ff., der die Funktionsfähigkeit durch die Prinzipien der Wahrung der Organidentität, der Effizienz und der Kooperation garantiert sieht. Näher dazu in den folgenden Abschnitten aaa) bzw. ccc).

[170] Zu diesem Begriff und seiner Bedeutung für die Konkretisierung der Funktionsfähigkeit vgl. *Bieber*, Das Verfahrensrecht von Verfassungsorganen, S. 105.

lung der Organidentität[171]. Ausgestaltungen des Interorganverhältnisses durch die Organe dürfen deren spezifische Eigenart, deren Gesamtcharakter, nicht verändern oder beschädigen. Bei der Auslegung und Lückenfüllung kann die Wahrung der spezifischen Organidentität herangezogen werden.
Letztlich kommt schon in Art. 7 Abs. 1 EG zum Ausdruck, daß die Organe in der Beschaffenheit, die der Vertrag ihnen verleiht, bestehen bleiben müssen. Die Wahrung der Organidentität kann aufgrund dieser Herleitbarkeit aus Art. 7 Abs. 1 S. 1 EG i. V. m. den organspezifischen Funktionsnormen als Strukturprinzip bezeichnet werden, als Unterprinzip und Stütze der Funktionsfähigkeit. Sie dient der Erhaltung der Fähigkeit jedes einzelnen Organs, das von ihm repräsentierte Interesse im Rahmen der vertraglichen Vorgaben optimal zur Geltung zu bringen. Diese Funktionsfähigkeit der einzelnen Organe ist Voraussetzung für das Funktionieren der ganzen Gemeinschaft.

Ist die Wahrung der Organidentität Garantie für die Funktionsfähigkeit der Gemeinschaft, so findet die Ausgestaltung des Kontrollverhältnisses zwischen EP und Kommission ihre (innere) Grenze an der spezifischen Identität der Kommission. Die wesentlichen Charakteristika der Kommission – sie werden hier als Funktionsmerkmale bezeichnet – sollen im folgenden benannt werden[172].

• Die Unabhängigkeit der Kommission

Einerseits kommt der Kommission die allen Gemeinschaftsorganen zustehende Autonomie zur Regelung eigener Angelegenheiten zu, die sich insbesondere in dem Auftrag zum Erlaß einer Geschäftsordnung (Art. 218 Abs. 2 EG; Art. 162 Abs. 2 EGV) ausdrückt.
Die Unabhängigkeit der Kommissionsmitglieder wird darüber hinaus aber in Art. 213 Abs. 2 S. 1 EG (Art. 157 Abs. 2 S. 1 EGV) ausdrücklich gefordert. Sie ist die Grundregel für die Tätigkeit der Kommission, so daß von einem echten Strukturprinzip gesprochen werden kann. Das Prinzip der Unabhängigkeit der Kommission wird zudem von Art. 213 Abs. 2 S. 2 und 3 EG konkretisiert. Die

[171] *Bernhardt*, Verfassungsprinzipien – Verfassungsgerichtsfunktionen – Verfassungsprozeßrecht im EWG-Vertrag, S. 102 f. meint jedoch, das Organbild werde durch ein a priori bestehendes Organverständnis mitbestimmt.
[172] Dabei kann freilich kein Anspruch auf Vollständigkeit erhoben werden.

Weisungsfreiheit der Kommission bezieht sich in erster Linie auf die Regierungen der Mitgliedstaaten, da diese die Kommissare benennen (Art. 214 Abs. 2 S. 2 EG; Art. 158 Abs. 2 S. 2 EGV)[173] und eine Beeinflussung von dieser Seite ansonsten nahe läge.

Insbesondere ist die Kommission aber auch unabhängig von der politischen Mehrheit des EP. Anders ist dies etwa bei der deutschen Bundesregierung, deren Kanzler von der politischen Mehrheit des Bundestages gewählt wird und dann die Mitglieder der Regierung in der Regel ebenfalls nach parteipolitischen Gesichtspunkten auswählt. Insofern kann in Bezug auf die Europäische Gemeinschaft gar nicht von einer Opposition gesprochen werden und folglich gibt es auch keine Polarität zwischen ihr und der Kommission, welche derjenigen zwischen Regierung und Opposition auf der Ebene der Nationalstaaten vergleichbar wäre. Gerade die Tatsache, daß die Kommission nicht gewählt wird, garantiert ihre Unabhängigkeit[174].

Durch ihre unabhängige Stellung unterscheidet sich die Kommission von den Organen intergouvernementaler Organisationen und verkörpert das Gemeinschaftsinteresse. Nur hierdurch kann das Ziel der wirtschaftlichen Integration unabhängig von einzelnen staatlichen Interessen verfolgt werden und nur hieraus resultiert die Bereitschaft aller Mitgliedstaaten, die Politiken der Gemeinschaft zu akzeptieren. Lediglich ein unabhängiges Organ vermag die Interessen der Mitgliedstaaten im Gesetzgebungsverfahren zu integrieren. Dadurch können auch Minderheitsinteressen bzw. die Interessen kleinerer Mitgliedstaaten angemessen berücksichtigt werden. Dies erklärt, warum die Kommission das Initiativmonopol inne hat. Nur durch die Integration aller Interessen mittels des Legislativvorschlags sind Mehrheitsentscheidungen im Rat überhaupt akzeptabel. Die integrierende Funktion des Vorschlags wird außerdem durch Art. 250 Abs. 1 EG (Art. 189 a) Abs. 1 EGV), wonach der Rat Änderungen des Vorschlags nur einstimmig beschließen kann, unterstützt.

---

[173] Nach dem Vertrag von Nizza liegt die Ernennung zwar beim Rat, die Vorschläge für die Besetzung der Kommission kommen aber weiterhin von den Mitgliedstaaten.

[174] Vgl. *Lang*, ERA-Forum, 2000 – n° 2, S. 2 (3).

Eine unabhängige Stellung der Kommission ist darüber hinaus insbesondere nötig[175]:

- wo die Kommission Entscheidungen gegen Mitgliedstaaten oder mitgliedstaatliche Unternehmen erlassen kann (z. B. Art. 85 Abs. 2; 86 Abs. 3; 88 Abs. 2 EG),
- bei der Vertretung der Gemeinschaft nach außen (Art. 300 EG),
- bei der Überwachung der Anwendung des Gemeinschaftsrechts (insb. Art. 226 EG), da hier alle Mitgliedstaaten gleich behandelt werden müssen,
- bei der Verwaltung von Fonds, damit auch dort keiner der Mitgliedstaaten eine bevorzugte Behandlung erfährt.

• Das Prinzip der Kollegialität der Kommission[176]

Dieses Prinzip ist den Vertragsvorschriften, insbesondere Art. 201 und 219 S. 2 EG (Art. 144, 163 S. 1 EGV) immanent. Außerdem ist es in Artikel 1 der GeschO der Kommission niedergelegt und auch der EuGH mißt dem Prinzip große Bedeutung zu[177]. Die Verantwortlichkeit der Kommission gegenüber dem EP ist auch abgesehen von der Regelung des Art. 201 EG auf Kollegialität ausgelegt[178]. So antwortet nicht etwa der zuständige Kommissar auf die Fragen des Parlaments sondern »die Kommission« (Art. 197 Abs. 3 EG; Art. 140 Abs. 3 EGV). Tatsächlich kommt es in der Praxis häufig vor, daß der sachlich zuständige Kommissar nicht an der betreffenden Sitzung des EP teilnehmen kann. Eine Anwesenheits- und Beantwortungspflicht eines bestimmten Kommissars ist im Primärrecht nicht ausdrücklich erwähnt.

---

175 *Lang*, ERA-Forum, 2000 – n° 2, S. 2.

176 Ausführlich *Westlake*, The Commission and the Parliament, S. 9 ff. Infolge des interinstitutionellen Konflikts von 1998/99 könnte das Prinzip eine Einschränkung erfahren haben. Es wurde jedoch keineswegs abgeschafft. Vielmehr ist das Wort »Kollegialität« nun in Art. 217 Abs. 1 EG n. F. genannt. Vgl. dazu ausführlich Teil 4 C. I. 2).

177 Vgl. EuGH, Urt. vom15.6.1994, Rs. C-137/92 P, (Kommission./.BASF), Slg. 1994, S. I-2555 (2650); *Lorz*, Interorganrespekt im Verfassungsrecht, S. 247.

178 Seit Inkrafttreten des Vertrags von Nizza ist diesbezüglich wegen Art. 217 Abs. 4 EG n. F. möglicherweise eine Einschränkung zu machen. Vgl. auch zu diesem Aspekt Teil 4 C. I. 2), insbesondere S. 251.

• Die Kommission als Motor der Integration

Die Kommission wird häufig als Motor der Integration bezeichnet[179]. Diese Funktion übernimmt sie insbesondere in Ausübung der in Art. 211 Spiegelstrich 2 und 3 EG genannten Aufgaben. Besonders bedeutungsvoll und Grund für die Bezeichnung der Kommission als Motor ist das Initiativmonopol beim Zustandekommen der Gemeinschaftsrechtsakte (Art. 94, 251 Abs. 2, 252 lit. a) EG; Art. 100, 189 b) Abs. 2, 189 c) lit. a) EGV)[180].

• Die Kommission als Hüterin der Verträge[181]

Wesentlich für die Kommission ist ihre Verpflichtung, Sorge für die Anwendung des Gemeinschaftsrechts zu tragen (Art. 211 Spiegelstrich 1 EG; Art. 155 EGV). Diese Aufgabe nimmt sie vorbeugend wahr, indem sie z. B. mit dem Gemeinschaftsrecht in Berührung kommende Personen informiert und Auskünfte insbesondere über die Rechtsordnungen und das Verfahren in den Mitgliedstaaten einholt. Nachträglich hat sie die Möglichkeit, Verstöße gegen das Gemeinschaftsrecht auf dem Verhandlungswege zu beseitigen oder das Verfahren nach Art. 226 EG (Art. 169 EGV) einzuschlagen. Zu Vertragsverletzungsverfahren kommt es aber nur in 1% der entsprechenden Fälle. Gegen Unternehmen hat sie die Handhabe der Entscheidungen, im Kartellrecht sogar diejenige der Verhängung von Geldbußen oder Zwangsgeldern (Art. 15 und 16 KartellVO).

Die Kommission ist nach alledem das Organ, das die Spezifizität der Gemeinschaft am stärksten verkörpert. Sie ist ein Novum des Organisationsrechts. Insbesondere durch ihre Unabhängigkeit ist sie Garant für die Funktionsfähigkeit der Gemeinschaft. Sie verkörpert ein einheitliches Gemeinschaftsinteresse und präsentiert es geschlossen nach außen.

Bei der Ausübung der Kontrollfunktion gegenüber der Kommission dürfen die Funktionsmerkmale der Kommission, deren Gesamtheit die Identität der Kom-

---

179 Vgl. nur: *Schmitt von Sydow* in: Groeben/Thiesing/Ehlermann, Art. 155 EGV Rn. 31 ff.; *Edwards/Spence* in: Edwards/Spence (Hrsg.), The European Commission, S. 1 (17 ff.); *Herdegen*, Europarecht, Rn. 133.

180 Ausführlich zum Initiativmonopol der Kommission *Lenaerts/Verhoeven* in: Alston/de Búrca (Hrsg), Good Governance in Europe's Integrated Market, S. 35 (69 ff.).

181 Ausführlich: *Schmitt von Sydow* in: Groeben/Thiesing/Ehlermann, Art. 155 EGV Rn. 9-30.

mission bildet, nicht beschädigt werden. Sie bilden Grenzen parlamentarischer Kontrolle. Genauer gesprochen: Struktur und Arbeitsweise dürfen nicht beeinträchtigt werden und die Hauptfunktionen dürfen nicht vom EP okkupiert werden.

Es zeigt sich, daß Struktur und Funktionen der Kommission miteinander korrespondieren. Einerseits werden der Kommission durch den Vertrag diejenigen Aufgaben zugeteilt, die das Gesamtinteresse der Gemeinschaft verfolgen und deshalb nur von einem unabhängigen, supranationalen Organ erledigt werden können. Andererseits muß die Struktur der Kommission gewahrt werden, damit sie diese richtungsweisenden Aufgaben erfüllen kann[182].

Die Erhaltung der Organidentität der Kommission inklusive der Kongruenz zwischen Struktur und Funktionen ist notwendig zur Erhaltung der Funktionsfähigkeit der Gemeinschaft. Wäre dem EP diese Grenze nicht gezogen, so könnte es die Oberhoheit über die Kommission erlangen, ohne aufgrund seiner Struktur in der Lage zu sein, das Gemeinschaftsinteresse, das supranationale Interesse, in gleicher Weise wie diese zu verfolgen.

bbb) Das Prinzip der Angemessenheit der Mittel

Das Prinzip der Funktionsfähigkeit erfährt eine Konkretisierung durch das Prinzip der Angemessenheit der Mittel[183]. Dieses erfährt Ausdruck in den Vorschriften über die Haushaltsführung (Art. 274 Abs. 1, 248 Abs. 2 EG; Art. 205 Abs. 1, Art 188 c) Abs. 2 EGV), welche dem Erfordernis der Wirtschaftlichkeit

---

[182] *Bernhardt,* Verfassungsprinzipien – Verfassungsgerichtsfunktionen – Verfassungsprozeßrecht im EWG-Vertrag, S. 97 ff., 102 ff. greift die den moderneren »Gewaltenteilungskonzepten« zugrunde liegende Idee der Kongruenz zwischen Organstruktur und Funktion für das institutionelle System der Gemeinschaft auf und sieht darin letztlich einen Faktor für die Funktionsfähigkeit der Organe.
Die Organe können allerdings nur im Rahmen der vertraglichen Vorgaben ihre Funktionsfähigkeit durch die Verbesserung dieser Kongruenz optimieren. Vertragliche Kompetenznormen können wiederum mit Blick auf diese Optimierung ausgelegt werden. Grenze ist aber dabei immer die alleinige Kompetenz der Mitgliedstaaten zur Änderung der Verträge und damit zur grundlegenden Änderung der institutionellen Struktur.

[183] Näher *Bieber,* Das Verfahrensrecht von Verfassungsorganen, S. 106 f.

unterliegt, also ein angemessenes Verhältnis zwischen Aufwand und Ertrag aufweisen muß.
Einerseits bedeutet dies, daß die Organe zur Erfüllung ihrer Aufgaben grundsätzlich das effektivste Mittel ergreifen müssen, dasjenige das ihnen die Aufgabenerfüllung am besten ermöglicht. Andererseits darf das Mittel keinen unverhältnismäßigen Schaden anrichten oder Aufwand erfordern. Ziel und Mittel müssen in einem angemessenen Verhältnis stehen. Dies gilt auch in zeitlicher Hinsicht.
Bezogen auf das Kontrollverhältnis zwischen EP und Kommission bedeutet dies z. B., daß Organhandlungen, die der Informationsgewinnung dienen, die Kommission nicht unangemessen beeinträchtigen dürfen. Damit ist aber letztlich wieder das Prinzip der Wahrung der Organidentität angesprochen, so daß dem Prinzip der Angemessenheit im Bereich parlamentarischer Kontrolle gegenüber der Kommission kaum eigenständige Bedeutung als Grenze für die Ausgestaltung der Interorganbeziehungen zukommt.

ccc) Das Prinzip der Organtreue

Es ist zu untersuchen, ob dem EG-Vertrag ein Prinzip gegenseitigen Respekts oder gegenseitiger Treue der Organe zugrunde liegt, welches über die Bindung an die ausdrücklichen Bestimmungen des Vertrags zum Interorganverhältnis hinausgeht. Ein solches Prinzip wäre auch für die Ausübung und Ausgestaltung des Kontrollverhältnisses zwischen EP und Kommission bedeutsam. Eine Rechtspflicht zur Zusammenarbeit der Organe, die Pflicht zu loyalem Zusammenwirken und zur gegenseitigen Rücksichtnahme[184] ist in der Rechtsprechung des EuGH[185] ebenso anerkannt wie in der Literatur. In unterschiedlicher Akzen-

---

[184] So wird der Begriff der »Organtreue« grob umrissen von *Gauweiler*, Die rechtliche Qualifikation interorganschaftlicher Absprachen im Europarecht, S. 105, mit Verweis auf *Schenke*, Die Verfassungsorgantreue, S. 19.

[185] Vgl. Mehr oder weniger ausdrücklich: EuGH, Urt. vom 30.3.1995, Rs. C-65/93, (Parlament./.Rat), Slg. 1995, I-643 (668); Urt. vom 11.5.1983, Rs. 244/81, (Klöckner-Werke./.Kommission), Slg. 1983, 1451 (1477); Urt. vom 27.9.1988, Rs. 204/86, (Griechenland./.Rat), Slg. 1988, 5323 (5359).

tuierung wird dort von »Organtreue«[186], von »Interorganrespekt«[187], vom Prinzip loyaler Zusammenarbeit[188] oder von »Kooperationspflicht«[189] gesprochen.

α) Geltung des Prinzips der Organtreue im Gemeinschaftsrecht

Um die normativen Wirkungen eines Strukturprinzips zu entfalten, müßte die Organtreue anhand des EG-Vertrags nachweisbar sein. Mangels eigenständiger expliziter Normierung muß teilweise auf übergeordnete Zusammenhänge zurück gegriffen werden:

- **Integration**

Zunächst findet die Organtreue auch auf der Ebene der EG ihre Wurzeln im Prinzip der Integration[190]. Verfolgt nämlich der EG-Vertrag in allen seinen Bereichen und in unterschiedlicher Hinsicht das Ziel der Integration, so liegt die Notwendigkeit der Geltung des Prinzips der Organtreue auf der Hand: Ohne die Geltung einer umfassenden Loyalitäts- bzw. Treuepflicht der Organe untereinander bestünde permanent die Gefahr der Fragmentierung der Gemeinschaftsgewalt. Ohne ein Mindestmaß an wechselseitigem Respekt zwischen den grundsätzlich gleichberechtigten Organen könnte sich ihr Zusammenwirken leicht in der gegenseitigen Blockade erschöpfen, würde die Integration ge-

---

[186] *Bleckmann*, Europarecht, Rn. 722; *Gauweiler*, Die rechtliche Qualifikation interorganschaftlicher Absprachen im Europarecht, S. 107 ff. (zur Anwendbarkeit des Begriffs der »Treue« auf das Verhältnis zwischen Organen *dies.* S. 104 f.).

[187] *Lorz*, Interorganrespekt im Verfassungsrecht, Tübingen 2001. Dieser weist darauf hin, daß die Begriffe Organtreue und Interorganrespekt nicht deckungsgleich seien. Außerdem hat er begriffliche Einwände gegen den Ausdruck »Organtreue«, vgl. S. 90 ff. Ferner nehme der Interorganrespekt die meisten Inhalte der Organtreue in sich auf, beziehe sich aber zusätzlich auf den Gedanken der Organadäquanz und sei deshalb eine umfassende Ordnungsidee. Zu den Anwendungsfeldern des Interorganrespekts im Kontrollverhältnis zwischen EP und Kommission vgl. S. 264 ff. Zu seiner Rolle als Grenze von Kontrollrechten vgl. S. 588.

[188] *Jaqué*, Revue universelle des droits de l'homme 1995, S. 397 (415, »principe de coopération loyale«).

[189] *Bieber*, Das Verfahrensrecht von Verfassungsorganen, S. 107 ff.

[190] Zur Verwurzelung der Verfassungsorgantreue – auf nationaler, deutscher Ebene – im Gedanken der Integration *Schenke*, Die Verfassungsorgantreue, S. 26 f.; *Lorz*, Interorganrespekt im Verfassungsrecht, S. 36; 38 f. Zum Prinzip der Integration siehe ferner oben S. 56.

hemmt[191]. Die Positivierung der Integration als Aufgabe der Gemeinschaft umfaßt notwendigerweise auch die Pflicht zur Organtreue. Dabei verlangt die Sicherung der Integration nicht nur die positive Komponente der aktiven Kooperation, sondern auch die negative der Selbstbeschränkung bei der Ausübung bestehender Kompetenzen[192].

• Die Kompetenz- und Verfahrensbestimmungen des Vertrags

Bleckmann[193] will aus der Gesamtheit der Kompetenz- und Verfahrensbestimmungen des Vertrages den Grundsatz der Organtreue herleiten. Der Verweis auf die Gesamtheit der Funktionsnormen reicht allerdings nicht aus, um die Geltung als Strukturprinzip zu begründen. Deshalb sollen einzelne Funktionsnormen als Beleg angeführt werden:

In den Art. 218 Abs. 1, 193 Abs. 3, 195 Abs. 4, 202, 248 Abs. 3 UA 3 S. 1, 272 Abs. 9 UA 5 EG[194] wird eine Pflicht zur (einvernehmlichen) Zusammenarbeit ausdrücklich genannt. Diese Normen sprechen dafür, daß eine Pflicht zur positiven Zusammenarbeit der Organe, welche eine Komponente der Organtreue darstellt, dem Vertrag als Prinzip zugrunde liegt. In Bezug auf die Pflicht zur Rücksichtnahme bei der Ausübung eigener Kompetenzen, welche die zweite Komponente der Organtreue darstellt[195] und welche im Hinblick auf die Grenzen der Ausübung der parlamentarischen Kontrolle insbesondere von Bedeutung ist, kann z. B. auf Art. 272 Abs. 3 UA 2 EG (Art. 203 Abs. 3 UA 2 EGV) verwiesen werden. Der Rat hat die Kompetenz zur Aufstellung des Entwurfs zum Haushaltsplan. Will er allerdings vom Vorentwurf der Kommission abweichen, so muß er sich mit dieser ins Benehmen setzen. Er hat also schon im vor-

---

[191] Vgl. *Lorz*, Interorganrespekt im Verfassungsrecht, S. 82, 93, 548, 555. Zwar bezieht er sich hiermit immer auf den Interorganrespekt. Dieser schließt aber als allgemeine Ordnungsidee neben dem Gedanken der Organadäquanz denjenigen der Organtreue mit ein, vgl. S. 90 ff.

[192] *Lorz*, Interorganrespekt im Verfassungsrecht, S. 548, 555 meint, nur die positive Komponente des Interorganrespekts sei normativ in der Integration verwurzelt. Anders hingegen *Schenke*, Die Verfassungsorgantreue, S. 29, der auch die Selbstbeschränkung in der Integration verwurzelt sieht.

[193] *Bleckmann* in: Groeben/Boeckh/Thiesing/Ehlermann, 3. Auflage, Art. 5 EWGV Rn. 42.

[194] Art. 162 Abs. 1, 138 c) Abs. 3, 138 e) Abs. IV, 145, 203 Abs. 9 UA 5 EGV.

[195] Vgl. zu den beiden Gesichtspunkten, Kooperation und Respekt, *Lorz*, Interorganrespekt im Verfassungsrecht, S. 84 f.

aus Rücksicht auf die Kommission zu nehmen, da diese den Haushaltsplan später auszuführen hat. Art. 272 Abs. 3 UA 2 speist also das Gebot zur Rücksichtnahme als Aspekt der Organtreue.

- **Art. 7 EG**

Zum Teil wird vertreten, daß sich schon aus Art. 7 EG (Art. 4 EGV) die Organtreue bzw. das Prinzip der notwendigen Rücksichtnahme und Zusammenarbeit der Organe herleiten lasse[196]. Aus Art. 7 seien die beiden Kriterien Autonomie und Kooperation abzuleiten. Konkretisierung erfahre das Prinzip der Kooperation in den verschiedenen Vertragsbestimmungen über die Zuordnung der Organe.

Damit wird die Bedeutung der Organtreue als Gegenpol zur Wahrung der Identität der Organe, welche ein Unterprinzip der Funktionsfähigkeit ist[197], in den Vordergrund gerückt. Konsequenterweise betrachtet diese Ansicht die Kooperationspflicht bzw. die Organtreue ebenfalls als Ausprägung oder Instrument des Prinzips der Funktionsfähigkeit[198].

Verlangt die Funktionsfähigkeit der Gemeinschaft einerseits die Bewahrung der Identität jedes einzelnen Organs, so muß auf der anderen Seite der Gefahr des Zerfalls der Organisation in mehrere sich gegenseitig blockierende Machtzentren begegnet werden. Die Funktionsfähigkeit der Gemeinschaft verlangt deshalb ebenso, daß die Organe in Erfüllung der Aufgaben der Gemeinschaft ausgewogen zusammenwirken[199].

Hinter der Funktionsfähigkeit versteckt sich aber wiederum die Fähigkeit, die Hauptaufgabe der Gemeinschaft, die Integration, zu verfolgen. Damit läuft die

---

[196] *Bieber* Das Verfahrensrecht von Verfassungsorganen, S. 107 f.; ähnlich *ders.*, CMLR 1984, S. 505 (506, 509).

[197] Vgl. oben S. 58.

[198] *Bieber*, Das Verfahrensrecht von Verfassungsorganen, S. 104 ff. (107 ff.). *Lorz*, Interorganrespekt im Verfassungsrecht, S. 27, betrachtet ebenfalls die Organidentität einerseits und Rücksichtnahme und Kooperation andererseits als Eckpfeiler der Funktionsfähigkeit.

[199] Vgl. auch: Gemeinsame »Erklärung über verschiedene Maßnahmen zur Gewährleistung einer besseren Abwicklung des Haushaltsverfahrens« vom 30.6.1982, ABl. C 194 vom 28.7.1982, S. 1.

geschilderte Ansicht letztlich auch auf die zuvor[200] geschilderte normative Verwurzelung im Prinzip der Integration hinaus[201].

• Art. 10 EG

Fraglich ist, ob die Organtreue auch aus Art. 10 EG (Art. 5 EGV) herzuleiten ist. Dieser könnte als Ausdruck eines allgemeingültigen Prinzips der Kooperation und Rücksichtnahme gedeutet werden.

Der EuGH betrachtet die Vorschrift als Ausdruck eines allgemeinen Prinzips, welches in der *gegenseitigen* Pflicht der Organe und der Mitgliedstaaten zu loyaler Zusammenarbeit besteht[202]. Daneben bejaht er auch das Bestehen einer Treuepflicht zwischen den Organen der Gemeinschaft und zieht sogar die Parallele zu dem Verhältnis zwischen Gemeinschaft und Mitgliedstaaten[203]. Leitet der EuGH die gegenseitige Verpflichtung der Organe untereinander zwar nicht ausdrücklich aus Art. 10 EG her, so mag doch die Zusammenschau der beiden genannten Aspekte seiner Rechtsprechung den Schluß von Art. 10 EG auf die Geltung der Organtreue zulassen.

Die Rechtsprechung des EuGH scheint auch der Erklärung der Mitgliedstaaten zu Art. 10 EG[204] zugrunde zu liegen, welche Teil der Schlußakte der Konferenz von Nizza ist. Dort heißt es[205]:

> **Erklärung zu Art. 10 des Vertrags zur Gründung der Europäischen Gemeinschaft**
>
> Die Konferenz erinnert daran, daß die Verpflichtung zur loyalen Zusammenarbeit, die sich aus Art. 10 des Vertrags zur Gründung der Europäischen Gemeinschaft ergibt und den Beziehungen zwischen den Mitgliedstaaten und den Gemeinschaftsorganen zugrunde liegt, auch für die Beziehungen zwischen den Gemeinschaftsorganen selbst gilt.

---

[200] Vgl. ab S. 65 und ab S. 56.

[201] Vgl. auch *Gauweiler*, Die rechtliche Qualifikation interorganschaftlicher Absprachen im Europarecht, S. 111.

[202] EuGH, Urt. vom 10.2.1983, Rs. 230/81, (Luxemburg./.EP), Slg. 1983, 255 (287).

[203] Vgl. zur Erwähnung der Treue zwischen den Organen exemplarisch (mit unterschiedlicher Terminologie): EuGH, Urt. vom 30.3.1995, Rs. C-65/93, (Parlament./.Rat), Slg. 1995, I-643 (668); Urt. vom 11.5.1983, Rs. 244/81, (Klöckner-Werke./.Kommission), Slg. 1983, 1451 (1477); Urt. vom 27.9.1988, Rs. 204/86, (Griechenland./.Rat), Slg. 1988, 5323 (5359).; zur Parallele zwischen Interorgantreue und Gemeinschaftstreue siehe EuGH, Urt. vom 27.9.1988, Rs. 204/86 (Griechenland./.Rat), Slg. 1988, 5323 (5359).

[204] Auf diese Erklärung wird an anderer Stelle (ab S. 201) noch gesondert einzugehen sein.

[205] Quelle: Läufer (Hrsg.), Der Vertrag von Nizza, Bonn 2002, S. 353.

Zwar greifen die Vertragsparteien hiermit zunächst nur die Parallele zwischen der in Art. 10 EG normierten Gemeinschaftstreue und der Pflicht der Organe zur loyalen Zusammenarbeit auf, ohne explizit zu folgern, daß letztere ebenfalls aus Art. 10 EG herzuleiten sei. Aber auch sie betonen durch die Aufhängung ihrer Erwägungen an Art. 10 EG zumindest die Nähe der Organtreue zu dieser Vorschrift.

Die Parallelität zwischen Gemeinschaftstreue und (Inter-) Organtreue, findet auf der Ebene der deutschen Verfassung eine Entsprechung in der Parallelität zwischen den Prinzipien der Bundestreue und der Verfassungsorgantreue[206]. Hier wie dort ist diese Parallele durch die gemeinsame Verankerung im Prinzip der Integration zu erklären.

Die Herleitung der Organtreue aus Art. 10 EG – ggf. unter Rückgriff auf die gemeinsame Verwurzelung von Gemeinschafts- und Organtreue im Prinzip der Integration – ist demnach zumindest nicht ausgeschlossen[207].

β) Funktionsweisen

Nachdem bereits erwähnt wurde, daß das Prinzip der Organtreue inhaltlich gesehen im wesentlichen die Aspekte der Pflicht zur loyalen Zusammenarbeit und der Verpflichtung zur Rücksichtnahme umfaßt, ist zu untersuchen, wie diese Inhalte ihre Wirksamkeit entfalten.
Dabei ist insbesondere wichtig zu betonen, daß das Prinzip der Organtreue – anders als etwa die Idee der Gewaltenteilung – nicht ein Funktionsordnungs-

---

[206] Vgl. dazu *Lorz*, Interorganrespekt im Verfassungsrecht, S. 35 ff.; *Schenke*, Die Verfassungsorgantreue, S. 26 ff. (30). Beide weisen jedoch zurecht darauf hin, daß die Geltung der Verfassungsorgantreue nicht aus der schlichten Analogie zur Bundestreue folge, sondern daß die Gemeinsamkeit beider Prinzipien in der Integration wurzele.

[207] Der Erst-Recht-Schluß, was für das Verhältnis zwischen Gemeinschaft und Mitgliedstaaten gelte, müsse erst recht für die Organe untereinander gelten, ist jedoch für sich genommen nicht zwingend und kann die Geltung der Organtreue nicht originär begründen. So auch *Gauweiler*, Die rechtliche Qualifikation interorganschaftlicher Absprachen im Europarecht, S. 109 m. N. – *Hatje*, Loyalität als Rechtsprinzip in der Europäischen Union, S. 62, Fn. 256 wendet sich gegen die Herleitung der Organtreue aus Art. 10 EG und betrachtet deshalb die Erklärung zur Schlußakte der Konferenz von Nizza zu Art. 10 als juristisch nicht haltbar.

prinzip darstellt, sondern auf der Grundlage einer positivierten Funktionenordnung die Art und Weise der Ausübung der Funktionen reguliert.
Hinsichtlich der Funktionsweisen kann auf die allgemeinen Ausführungen verwiesen werden[208]. Demnach erlangt das Prinzip der Organtreue Geltung als Auslegungsprinzip. Ferner wirkt es als Mißbrauchsschranke oder besser als Kompetenzausübungsschranke. Schließlich kann es als Quelle ungeschriebener Rechte und Pflichten herangezogen werden[209].

Lediglich die Aussagen zur Funktionsweise als Kompetenzausübungsschranke sollen an dieser Stelle konkretisiert werden. Während im Rahmen des Prinzips der Wahrung der Organidentität insbesondere die Funktionsmerkmale der Kommission die Grenzen der parlamentarischen Kontrolle markieren, rückt im Rahmen des Prinzips der Organtreue der Gedanke des Mißbrauchsverbots oder besser formuliert das Verbot einer gegenüber dem betroffenen Organ illoyalen oder rücksichtslosen Ausübung einer Kompetenz ins Zentrum der Betrachtungen[210]. Im Lichte der Organtreue wird es als mißbräuchlich bezeichnet, wenn die Ausübung einer Kompetenz an sich illoyal oder rücksichtslos ist, oder wenn die Nutzung einer Kompetenz gemessen an anderen Kompetenzbestimmungen (eines anderen Organs) als funktionswidrig einzustufen ist. Dabei ist ein Mißbrauch bestehender Kompetenzen in einem primär auf Integration ausgerichteten System schneller anzunehmen, als in einem Verfassungssystem, welches zuallererst den Kampf der entgegen stehenden, durch die Organe repräsentierten Gewalten reguliert[211].

Nun kommt gerade im Kontrollverhältnis zwischen EP und Kommission der Funktion der Organtreue als Mißbrauchsschranke eine gesteigerte Bedeutung

---

[208] Vgl. zur Funktionsweise und Normativität von Strukturprinzipien oben S. 30 ff.

[209] So ursprünglich, wenn auch für den Bereich des Grundgesetzes *Schenke*, S. 41 ff.; für das Gemeinschaftsrecht: *Gauweiler*, Die rechtliche Qualifikation interorganschaftlicher Absprachen im Europarecht, S. 117 f.; *Lorz*, Interorganrespekt im Verfassungsrecht, S. 563 ff.

[210] Vgl. *Lorz*, Interorganrespekt im Verfassungsrecht, S. 268, 564; *Schenke*, Die Verfassungsorgantreue, S. 43 f. Dabei ist das aus der Organtreue folgende Mißbrauchsverbot nicht dekkungsgleich mit dem allgemeinen Mißbrauchsverbot. Nicht der Formenmißbrauch an sich, sondern erst die illoyale Wirkung gegenüber dem von der Kompetenzausübung betroffenen Organ führt zu einem Verstoß gegen die Organtreue.

[211] Vgl. *Schenke*, Die Verfassungsorgantreue, S. 44.

zu. Jede Ausübung der Kontrollkompetenz stellt naturgemäß, anders als die Wahrnehmung von Kompetenzen etwa bei der Rechtsetzung, einen Einbruch in den Funktionenkreis der Kommission dar. Es steht nicht selten die politische Existenz der Kommission auf dem Spiel. Ferner ist die Kommission aufgrund ihrer Struktur und der ihr zugewiesenen Funktionen das Gemeinschaftsorgan, welches den Integrationsgedanken, der auch die Wurzel der Organtreue ist, am stärksten verkörpert. Die Funktionsweise als Kompetenzausübungsschranke und die Annahme einer mißbräuchlichen Ausübung der Kontrollkompetenzen ist deshalb im sensiblen Kontrollverhältnis zwischen EP und Kommission besonders relevant und streng zu handhaben. Sie ist ein Instrument, um eine Oberhoheit des EP gegenüber der Kommission zu verhindern und so die richtungsweisende Rolle der Kommission im Integrationsprozeß zu wahren.

Bezogen auf das Kontrollverhältnis zwischen EP und Kommission ist eine mißbräuchliche, weil gegenüber der Kommission illoyale, Kompetenzausübung insbesondere auch dann anzunehmen, wenn die Art und Weise des Vorgehens schikanös oder rücksichtslos ist, wenn das EP von der Kommission Mitwirkungshandlungen einfordert, welche diese nicht erbringen kann, z. B. bei einer Überschüttung der Kommission mit schriftlichen Anfragen oder sonstigem schikanösen Gebrauch[212].

Ferner ist ein Mißbrauch der vertraglichen Kontrollverfahren immer dann anzunehmen, wenn das EP die Kontrollkompetenz unter Mißachtung des konkreten Kontrollzwecks ausübt. Dieser erschöpft sich nicht im gemeinsamen, grundsätzlichen Zweck des Kontrollierens, sondern wird durch die konkrete Kontrollnorm konkretisiert und begrenzt. Zweck kann die Informationsgewinnung oder die Herbeiführung von Rechtsfolgen sein. Es kann ein Kontrollinstrument kollektiver oder individueller Informationsbeschaffung des einzelnen Abgeordneten dienen. Es kann schließlich auf einen bestimmten Tätigkeitsbereich der Kommission beschränkt sein, wie etwa die Haushaltskontrolle.

Aus dem Grundsatz der Organtreue resultiert die Verpflichtung des EP tatsächlich *nur* den begrenzten Kontrollzweck zu verfolgen.

---

[212] Vgl. für das Grundgesetz: *Lorz*, Interorganrespekt im Verfassungsrecht, S. 268.

Die Ausübung eines Kontrollrechts ist also im Lichte des Organtreueprinzips mißbräuchlich, wenn das EP seine eigene Motivation mit dem falschen Verfahren verknüpft oder mit einem bestimmten Verfahren Rechtsfolgen herbeiführen will, die dieses Verfahren nicht vorsieht, so z. B. wenn Rücktrittsforderungen an die Verweigerung der Entlastung für die Ausführung des Haushaltsplans geknüpft werden.
Dabei kommt der Öffentlichkeitswirksamkeit eine besondere Rolle zu. Entlastungsverfahren oder Untersuchungsausschüsse genießen in der Regel ein hohes Maß an öffentlichem Interesse oder zumindest Medieninteresse. Das EP darf aber dieses Forum nicht für Zwecke nutzen, welche dem konkreten Zweck des Kontrollmittels zuwider laufen oder diesen übersteigen. Es könnte sich sonst unter Ausnutzung des öffentlichen Drucks politische Macht auf Kosten und gegenüber der Kommission verschaffen, welche ihm nach dem Vertrag nicht zukommt.
Insbesondere eine Instrumentalisierung der Medien zu eigenen Gunsten ist also illoyal gegenüber der Kommission und verstößt folglich gegen den Grundsatz der Organtreue. Hinter einem solchen Vorgehen des EP verbirgt sich nämlich die Gefahr, daß die zur Sicherung der Kommission normierten Hürden, z. B. in Form von besonderen Mehrheitserfordernissen, umgangen werden.

Ebenfalls verbietet das Prinzip der Organtreue, ein Kontrollmittel, also z. B. die Entlastung, als Druckmittel zur Durchsetzung eigener, sachfremder Interessen zu benutzten.

Auch einer exzessiven Handhabung der Kontrollrechte, um den mangelnden Einfluß des EP im Gesetzgebungsverfahren wettzumachen, können im Einzelfall durch das Prinzip der Organtreue Grenzen gesetzt sein.

Es kommt der Organtreue im Rahmen ihrer Wirkungsweise als Kompetenzausübungsschranke eine funktionssichernde Rolle zu. Dabei überschneidet sich ihr Wirkkreis mit dem des Prinzips der Wahrung der Organidentität, denn oftmals, wenn das EP seine Kontrollkompetenzen mißbräuchlich ausübt, wird dies auch die Identität der Kommission beeinträchtigen.

ddd) Zusammenfassung

Art. 7 Abs. 1 S. 1 i. V. m. Art. 202, 211 EG (Art. 4 Abs. 1 S. 1 i. V. m. Art. 145, 155 EGV) ist Ausdruck des Prinzips der Funktionsfähigkeit der Gemeinschaft und ihrer Organe. Indem er Organe konstituiert und ihnen die Wahrnehmung der Aufgaben der Gemeinschaft überträgt, schafft er die Voraussetzung für das Funktionieren der Gemeinschaft. Das Prinzip der Funktionsfähigkeit der Gemeinschaft verlangt notwendigerweise auch die Funktionsfähigkeit der Organe. Durch die Bestimmung des Organisationszwecks der Gemeinschaft erlangt das Prinzip der Funktionsfähigkeit einen gemeinschaftsspezifischen Inhalt und ist in dieser konkreten Form Strukturprinzip des EG-Vertrags. Funktionsfähigkeit bedeutet bezogen auf die EG die Fähigkeit zur Integration, so daß man auch vom Prinzip der Integrationsfähigkeit sprechen könnte.
Das Prinzip der Funktionsfähigkeit der Gemeinschaft und ihrer Organe stützt sich dabei im wesentlichen auf zwei Strukturprinzipien, aus denen Argumente bei der systematisch-teleologischen Auslegung hergeleitet werden können. Beide Strukturprinzipien sind also auch Quellen für begrenzende Argumente hinsichtlich der Ausgestaltung des Kontrollverhältnisses zwischen EP und Kommission.

So ist die Kontrollkompetenz des EP einerseits unter Beachtung des Prinzips der Wahrung der Organidentität und damit unter Beachtung der Funktionsmerkmale der Kommission auszulegen. Das Prinzip wirkt als Auslegungskriterium und Kompetenzausübungsgrenze. Seine Geltung im EG-Vertrag folgt bezogen auf jedes einzelne Organ aus den Normen über Befugnisse und Zusammensetzung i. V. m. Art. 7 Abs. 1 S. 1.

Ebenfalls verwurzelt im Prinzip der Funktions- bzw. Integrationsfähigkeit ist das Strukturprinzip der Organtreue. Als Kooperations- und Rücksichtnahmegebot entfaltet es seine Wirkung auf der Grundlage der von den Mitgliedstaaten festgeschriebenen Funktionenordnung. Als solches ist es nicht Funktionsordnungsprinzip, übernimmt aber eine funktionssichernde Rolle. Aufgrund der Verwurzelung im Integrationsgedanken kommt der Organtreue im Kontrollverhältnis gegenüber der Kommission gesteigerte Bedeutung zu, denn die Kommission verkörpert schon aufgrund ihrer Struktur das Integrationsprinzip der Gemeinschaft am stärksten. Als Kompetenzausübungsschranke für das EP garantiert das

Prinzip der Organtreue Loyalität und Rücksicht gegenüber der Kommission und damit gegenüber dem »Motor der Integration«.

d) Zusammenfassung zu den Strukturprinzipien als Grenzen der Kontrolle des EP gegenüber der Kommission

Die Grenzen parlamentarischer Kontrolle gegenüber der Kommission werden unter anderem durch einige Strukturprinzipien des EG-Vertrags markiert. Diese Strukturprinzipien liegen den positiven Normen des EG-Vertrags zugrunde, welche zugleich die Erkenntnisquelle der Strukturprinzipien bilden. Die Strukturprinzipien sind damit Teil des Primärrechts.
Normative Wirkung entfalten Strukturprinzipien als Auslegungsprinzipien, als Kompetenzausübungsschranken und in begrenztem Maße als Quelle ungeschriebener Rechte und Pflichten. Dabei sind die Funktionsweisen eng miteinander verknüpft. Als Kompetenzausübungsschranken sind die Strukturprinzipien Quelle für Argumente, welche die Kontrollausübung und -ausgestaltung durch das EP begrenzen, also gegen die Vereinbarkeit des in Frage stehenden Verhaltens des EP, der in Frage stehenden Mitwirkungshandlung der Kommission oder Verfahrensmodalität mit dem Primärrecht sprechen. Steht das jeweilige Verhalten im Zusammenhang mit einem vertraglich normierten Kontrollinstitut, so finden diese begrenzenden Argumente im Rahmen der systematisch-teleologischen Auslegung der betreffenden vertraglichen Kontrollnorm Beachtung. Dient das Verhalten hingegen nicht der Ausfüllung eines vertraglich normierten Kontrollinstituts, so übernehmen die Prinzipien eine Doppelfunktion, nämlich einerseits als Rechtsgrundlage bzw. Quelle dieses ungeschriebenen Verhaltens und andererseits als Grenze[213]. In beiden Fällen muß eine Abwägung befürwortender und begrenzender Argumente stattfinden.

Die Kriterien der Gewaltenteilung, des institutionellen Gleichgewichts und der Funktionsteilung stellen allerdings keine Prinzipien der gerade beschriebenen

[213] So kann z. B. die Funktionsfähigkeit des EP oder besser die Wahrung der Organidentität des EP ein bestimmtes ungeschriebenes Kontrollverhalten erfordern. Dieses ist aber dennoch nur zulässig, wenn es die Grenzen der Identität der Kommission und der Organtreue nicht verletzt.

Art dar. Sie betreffen in erster Linie die Frage, wie die Funktionen der Gemeinschaft auf die Organe verteilt werden oder sein könnten. Allerdings hat sich in Bezug auf die Idee der Gewaltenteilung herausgestellt, daß ihre vorgefaßten Verteilungsprinzipien der Funktionenordnung der Gemeinschaft nicht entsprechen, und schon deshalb keine normativen Inhalte für das Verhältnis zwischen EP und Kommission aus der Gewaltenteilung ableitbar sind. Das institutionelle Gleichgewicht ist lediglich ein Name für die konkrete Funktionenordnung der Gemeinschaft. Der Begriff der Funktionsteilung ist zur Beschreibung des Gemeinschaftssystems ungeeignet. Als Strukturprinzip ist die Funktionsteilung zu maßstabsarm.
Belegt man die drei Kriterien also mit vorgefaßten abstrakten Regelungsinhalten, so gelten diese Inhalte deshalb keineswegs im Gemeinschaftssystem als Strukturprinzipien. Ohne vorgeprägten Inhalt, also als Namen für die Funktionsordnung der Gemeinschaft liefern sie keine Verhaltensmaßstäbe für das Verhältnis zwischen den Organen; sie stellen dann keine Regeln auf, was aber die Natur eines Prinzips ausmacht.

Strukturprinzipien mit normativem Inhalt für das Interorganverhältnis stellen hingegen die Wahrung der Organidentität und die Organtreue dar. Sie sind zugleich Pfeiler des übergeordneten Prinzips der Funktions- bzw. Integrationsfähigkeit. Sie entfalten ihre Wirkung auf der Grundlage der jeweils geltenden Funktionenordnung und können so der Struktur und Gesamtaufgabe eines jeden Gemeinschaftsorgans Rechnung tragen. Zusammengenommen vermögen sie die institutionelle Struktur der Gemeinschaft sehr gut zu erfassen; sie stellen die Pole dar, zwischen denen sich das gesamte institutionelle System ansiedelt[214]. Fördert die Erhaltung der Organidentität in erster Linie die Autonomie der einzelnen Organe und damit die wirksame Repräsentation der durch sie verkörperten Interessen, so verfolgt die Organtreue den Zweck der integrierenden Zusammenordnung und des Zusammenwirkens derselben. Zwischen den Polen von Autonomie und Kooperation[215] bewegt sich das gesamte Verhalten der Ge-

---

[214] *Bieber*, in: DVBl. 1986, S. 961 (967) bezeichnet Kooperation und Wahrung der Identität als Pole der Pflichten aller Organe.
[215] Vgl. auch *Jaqué*, Revue universelle des droits de l'homme 1995, S. 397 (414 f.).

meinschaftsorgane. Die beiden Prinzipien liegen auch den positiven Kompetenz- und Verfahrensnormen zugrunde.
Bezogen auf das Verhältnis zwischen EP und Kommission schaffen die Wahrung der Organidentität und die Organtreue als Strukturprinzipien den Ausgleich zwischen Kontrolle und Effizienz der Kommission.
Bei der Überprüfung von Kontrollverhalten auf die Vereinbarkeit mit den primärrechtlichen Grenzen parlamentarischer Kontrolle sind aus diesen Prinzipien begrenzende aber auch befürwortende Argumente herleitbar. Diese sind stets gegen Argumente aus anderen Quellen, z. B. aus der Wortlautauslegung, abzuwägen. Wahrung der Organidentität und Organtreue sprechen in der Regel gegeneinander. Da die Prinzipien stets für beide betroffenen Organe fruchtbar zu machen sind, folgen begrenzende und befürwortende Argumente aus demselben Prinzip. Die Abwägung entgegenstehender Argumente bei der Frage der Vereinbarkeit eines bestimmten Kontrollverhaltens mit dem primären Funktionenrecht wird noch gesondert behandelt[216].

II. Allgemeine Rechtsgrundsätze

Da die Ausübung und Ausgestaltung des primärrechtlich angelegten Kontrollverhältnisses durch die Organe mit dem gesamten Primärrecht vereinbar sein müssen, sind als primärrechtliche Quelle für Argumente, welche die Kontrollmacht des EP begrenzen, neben dem geschriebenen Vertragsrecht und den Strukturprinzipien die Allgemeinen Rechtsgrundsätze in Erwägung zu ziehen.
Diese sind als primärrechtliche Quelle anerkannt[217] und bilden daher verbindliche Maßstäbe für das Verhalten der Organe. Zur Lückenfüllung hat der EuGH

---

[216] Teil 2 C. II.

[217] Vgl. *Herdegen*, Europarecht, Rn. 169 ff.; *Schweitzer/Hummer*, Europarecht, Rn. 15. Der Begriff ist in Art. 288 Abs. 2 EG genannt. Zwar sind Herleitung und Grund für die Verbindlichkeit im einzelnen nicht abschließend geklärt. Zu den verschiedenen Begründungsmöglichkeiten vgl. *Bernhardt*, Verfassungsprinzipien – Verfassungsgerichtsfunktionen – Verfassungsprozeßrecht im EWG-Vertrag, S. 63 ff.; ferner *Anweiler*, Die Auslegungsmethoden des Gerichtshofs der Europäischen Gemeinschaften, S. 44 f. (insbesondere unter Betonung der Gemeinschaftsspezifität der Allgemeinen Rechtsgrundsätze); grundlegend *Bleckmann*, Europarecht, Rn. 572 ff. mit umfangreichen Literaturnachweisen; *Lecheler*, Der Europäische Gerichtshof und die allgemeinen Rechtsgrundsätze, Berlin 1971; *Meessen*, JIR 1974, S. 283

>

unter anderem die Geltung der klassischen Grund- und Freiheitsrechte[218] sowie einzelne Gehalte des Prinzips der Rechtsstaatlichkeit[219] im Rahmen allgemeiner Rechtsgrundsätze bejaht.

Die Beispiele zeigen aber, daß die Heranziehung allgemeiner Rechtsgrundsätze bisher eher im Verhältnis zwischen der Gemeinschaft und ihren Organen einerseits und den Mitgliedstaaten oder ihren Staatsangehörigen andererseits erfolgte und nicht im Verhältnis zwischen den Organen, welches hier in Frage steht. Hinzu kommt, daß die institutionellen Strukturen der mitgliedstaatlichen Verfassungen im Detail sehr unterschiedlich sind, so daß es schwer fallen dürfte, aus einem diesbezüglichen Verfassungsvergleich Grundsätze für das spezielle Verhältnis zwischen EP und Europäischer Kommission abzuleiten.

Etwas anderes könnte aber im Einzelfall gelten, wenn die Organe ein im Vertrag nicht geregeltes Kontrollinstrument normieren oder praktizieren. Kontrollhandlungen des EP oder Mitwirkungshandlungen der Kommission könnten nach einem wertenden Vergleich der mitgliedstaatlichen Institute durch einen allgemeinen Rechtsgrundsatz gedeckt oder geboten sein[220]. Soweit ersichtlich hat der

---

(301 ff.). Überwiegend wird davon ausgegangen, daß es sich um einen wertenden Vergleich der Rechtsordnungen der Mitgliedstaaten handele, vgl. auch Generalanwalt *Roemer*, Schlußanträge in der Rs. 29/69 (Stauder./.Ulm), Slg. 1969, 419 (428); ebenso *Ipsen*, Europäisches Gemeinschaftsrecht, S. 113, wobei nicht die Theorie des kleinsten gemeinsamen Nenners gilt, vgl. *Beckedorf*, Das Untersuchungsrecht des Europäischen Parlaments, S. 124 mit zahlreichen Nachweisen; *Bleckmann*, Europarecht, Rn. 574; *Schweitzer/Hummer*, Europarecht, Rn. 16.
Ebenfalls ist die Abgrenzung zwischen allgemeinen Rechtsgrundsätzen und Verfassungs- oder Strukturprinzipien nicht immer eindeutig, vgl. *Bieber*, Das Verfahrensrecht von Verfassungsorganen, S. 101.

[218] Zur Geltung eines gemeinsamen Grundrechtsstandards: EuGH, Urt. vom 17.12.1970, Rs. 11/70 (Internationale Handelsgesellschaft./.Einfuhr- und Vorratsstelle Getreide), Slg. 1970, 1125 (1135); Urt. vom 14.5.1974, Rs. 4/73 (Nold./.Kommission), Slg. 1974, 491(507); Urt. vom 13.12.1979, Rs. 44/79 (Hauer./.Land Rheinland-Pfalz), Slg. 1979, 3727 (3744 ff.).

[219] Zum Grundsatz der Verhältnismäßigkeit im Rahmen des Grundrechtsschutzes: EuGH, Urt. vom 13.12.1979, Rs. 44/79 (Hauer./.Land Rheinland-Pfalz), Slg. 1979, 3727 (3747); Urt. vom 20.2.1979, Rs. 122/78 (Buitoni./.Forma), Slg. 1979, 677(684 f.); im Rahmen der Risikovorsorge bei BSE: EuGH, Urt. vom 30.9.1997, Rs. C-180/96 (Vereinigtes Königreich./.Kommission), Slg. 1998, I-2265 (2292 ff.); zu Vertrauensschutz und Rechtssicherheit: EuGH, Urt. vom 21.9.1983, Rs. 205 bis 215/82 (Deutsche Milchkontor./.Deutschland), Slg. 1983, 2633 (2669).

[220] So für das Untersuchungsrecht vor dem Vertrag von Maastricht: *Beckedorf*, Das Untersuchungsrecht des Europäischen Parlaments, S. 1 ff. (121 ff., 123).

EuGH solcherlei Rechtsgrundsätze, die ein parlamentarisches Kontrollinstitut umfassen, aber noch nicht anerkannt. Aufgrund der Eigenart des institutionellen Systems der Europäischen Gemeinschaft und des Europäischen Parlaments und weil der Endzustand der Integration bisher nicht festgelegt ist, muß solchen Argumentationen mit Vorsicht begegnet werden. Ferner gehen solche Überlegungen aber von einem konkreten Kontrollinstrument aus, welches ggf. selbst Inhalt des betreffenden Rechtsgrundsatzes ist. Auf diesem Wege lassen sich hingegen keine Verhaltensnormen entwickeln, die unabhängig von einem bestimmten Kontrollinstrument als Grenze parlamentarischer Kontrolle herangezogen werden könnten.

C. Fazit: Argumentationsschema zur Überprüfung der Einhaltung primärrechtlicher Grenzen bei der Ausgestaltung des Kontrollverhältnisses durch die Organe

Die vorangegangenen Untersuchungen haben gezeigt, daß sich aus dem Primärrecht rechtliche Grenzen parlamentarischer Kontrolle gegenüber der Kommission herleiten lassen. Allerdings handelt es sich dabei nicht um unbedingte und ausdrücklich formulierte Verbotssätze für die Organe. Vielmehr lassen sich im Wege der Auslegung einzelner Vertragsnormen sowie durch eine Gesamtschau der institutionellen Regelungen und den Rückgriff auf Strukturprinzipien Argumente gewinnen, welche begrenzende Wirkung für die parlamentarische Kontrolle gegenüber der Kommission haben.

Abstrakt läßt sich aus dem Primärrecht nicht ableiten, welches Verhalten im Kontrollverhältnis zulässig ist, d. h. sich in den Grenzen der Kontrollfunktion bewegt. Deshalb kann kein Katalog zulässiger Verhaltensweisen und Ausgestaltungen des Interorganverfahrens erstellt werden. Vielmehr haben die bisherigen Ausführungen gezeigt, aus welchen Quellen begrenzende Argumente herleitbar sind, wenn ein konkretes Verhalten oder eine konkrete Verfahrensregelung auf ihre Vereinbarkeit mit dem Primärrecht hin zu untersuchen ist. Im folgenden soll das gefundene Argumentationsmaterial ergänzt und der Frage nachgegangen werden, wie es auf den Einzelfall Anwendung finden kann.

I. Die Kontrolle begünstigende Argumente

Die inneren Grenzen parlamentarischer Kontrolle sind nicht absolut, sondern flexibel, was sich schon daraus ergibt, daß sie keine ausdrücklichen Verbotssätze sind, sondern durch negative Argumente markiert werden. Argumente werden in der Regel von Gegenargumenten konterkariert. Gleiches gilt auch für den Bereich der parlamentarischen Kontrolle.
Argumente, welche die in Frage stehende Ausgestaltung des Kontrollverhältnisses begünstigen, sind grundsätzlich auf dieselbe Weise aus dem Primärrecht herleitbar wie die begrenzenden Argumente, nämlich unter Heranziehung der Auslegungsmethoden und der beschriebenen Strukturprinzipien.

Dabei können die oben genannten Prinzipien der Wahrung der Organidentität und der Organtreue herangezogen werden. Beide wirken nämlich sowohl zugunsten des einen wie des anderen Organs, weshalb sich sowohl das EP als auch die Kommission auf sie berufen können.
So kommt dem EP ebenso wie der Kommission eine spezielle Organidentität zu, welche durch seine primärrechtlich zugewiesene Struktur und durch die ihm zugewiesenen Befugnisse umrissen wird. Die Funktionsfähigkeit bzw. die Integrationsfähigkeit der Gemeinschaft und ihrer Organe verlangt die optimale Ausfüllung dieser Identität. Wesentliches Strukturmerkmal des EP ist eben seine mit der Sanktionsmöglichkeit des Mißtrauensvotums versehene Kontrollaufgabe gegenüber der Kommission. Die Funktionsfähigkeit des EP verlangt eine »Identitätsausfüllung« auch hinsichtlich der Kontrolle gegenüber der Kommission, also den Erlaß jener Funktionsregeln und die praktische Wahrnehmung derjenigen Kontrollhandlungen, welche zur Ausübung der zugewiesenen Kontrollaufgaben erforderlich sind und diese optimieren. Solche Regelungen oder Handlungen, welche die Ausfüllung der Kontrollfunktion des EP gegenüber der Kommission behindern würden, hat das EP hingegen zu unterlassen[221]. Steht dem EP ein schneidiges Recht gegenüber der Kommission zu, so hat es dieses wahrzunehmen. Auch wenn sich die Praxis zwischen EP und Kommission eher partnerschaftlich gestaltet und auch wenn das institutionelle System der EG eher auf Integration als auf eine Rivalität der Gemeinschaftsgewalten ausgerichtet ist, so

---

[221] Vgl. allgemeiner *Bieber*, Das Verfahrensrecht von Verfassungsorganen, S. 105.

sieht doch der Vertrag eine schneidige Kontrolle des EP gegenüber der Kommission vor. Aber nicht nur um des Funktionierens der Gemeinschaft willen, sondern auch als direkt gewähltes Repräsentativorgan der europäischen Bürger, die von der steigenden Zahl europäischer Rechtsakte betroffen sind, ist das EP zur Ausschöpfung seiner Kontrollrechte verpflichtet.

Aus dem Integrationsgedanken können Argumente für die Einführung begleitender Elemente in die parlamentarische Kontrolle gewonnen werden. Unter Beachtung des Integrationsprinzips ist der Zweck der parlamentarischen Kontrollrechte nicht auf die Zügelung einer Exekutivgewalt zum Schutze des Bürgers beschränkt – die Kommission ist dabei auch nicht ohne weiteres als Exekutive zu bezeichnen –, sondern er besteht zumindest auch in der Beeinflussung und Verbesserung der Gemeinschaftspolitiken im Interesse der durch das EP repräsentierten Unionsbürger.

So wie das EP aber gegenüber der Kommission zur loyalen Zusammenarbeit und zur Rücksichtnahme verpflichtet ist, folgt andererseits aus dem Prinzip der Organtreue, daß die Kommission ihrerseits zur Ermöglichung der Kontrolle beitragen und folglich bestimmte Mitwirkungshandlungen wie etwa das Erscheinen im Plenum oder die Offenlegung von Akten erbringen muß. In diesem Zusammenhang folgt aus dem Prinzip der Organtreue also eine positive Kooperationspflicht gegenüber dem EP.

Argumente zugunsten einer möglichst extensiven Gestaltung parlamentarischer Kontrolle gegenüber der Kommission könnten sich mit Blick auf die Demokratisierung und Parlamentarisierung der Gemeinschaft entwickeln lassen. Allerdings ist diesem Argument mit Vorsicht zu begegnen. In politischer Hinsicht ist nämlich der Endzustand der Integration nicht definiert. Anders ist dies im wirtschaftlichen Bereich, wo als Ziele ausdrücklich die Errichtung eines Binnenmarktes sowie der Wirtschafts- und Währungsunion genannt werden (Art. 2, 3 EG). Die endgültige Funktion des EP lassen die Verträge ebenso offen, wie die zukünftige Natur der Gemeinschaft.
Ferner verbietet es sich, für die Stellung des EP Schlüsse aus einzelnen mitgliedstaatlichen Verfassungen zu ziehen, da die Rolle der nationalen Parlamente jeweils zu unterschiedlich ist.

Zwar betont der EuGH, daß sich im EG-Vertrag das demokratische Prinzip widerspiegele, wonach die Völker durch eine Versammlung ihrer Vertreter an der Ausübung der hoheitlichen Gewalt beteiligt sind[222]. Dies bedeutet aber nur, daß dem EP durch die Verträge eine gewisse Funktion als Repräsentativorgan der Europäischen Bürger zugeordnet wurde, und daß gewisse demokratische Elemente im Bereich der Rechtsetzung verwirklicht sind. Folgerungen für die zukünftige Position des EP lassen sich daraus nicht ableiten.

Ferner wurzelt das Gemeinschaftssystem nicht in einem ursprünglichen Kampf der Staatsgewalten; nicht die Herrschaft des Volkes, welches es auf europäischer Ebene als Staatsvolk eben nicht gibt, ist oberstes Ziel dieser Ordnung. Vielmehr stand hier von Anfang an der Gedanke des Ausgleichs, der Integration verschiedener Interessen, welche durch die Organe repräsentiert werden, zum Zweck der wirtschaftlichen Vereinheitlichung im Vordergrund. Forderungen nach Angleichung der Kontrollrechte des EP an mitgliedstaatliche Kontrollrechte sind damit nicht zwingend.

Die Steigerung des Einflusses des EP und die Stärkung seiner Position hängt immer vom Willen der Vertragsparteien ab. Demokratisierung und Parlamentarisierung sind Leitideen, welche die Richtungsentscheidungen der Mitgliedstaaten als Vertragsparteien geprägt haben und prägen. Für die rechtliche Argumentation im Interorganverhältnis sind sie hingegen wenig fruchtbar. Keinesfalls rechtfertigen sie eine Ausweitung parlamentarischer Kontrolle über die vertraglich vorgegebenen Grenzen hinaus.

II. Abwägung begrenzender und begünstigender Argumente

Steht also in Frage, ob eine konkrete Ausgestaltung oder Ausübung des Kontrollverhältnisses zwischen EP und Kommission sich im Rahmen der primärrechtlichen Vorgaben hält, so sind begrenzende und begünstigende Argumente gegeneinander abzuwägen. Es ist im folgenden zu untersuchen, inwiefern Regeln für diese Abwägung bestehen.

---

[222] Vgl. EuGH, Urt. vom 29.10.1980, Rs. 138/79 (Roquette Frères./.Rat), Slg. 1980, 3333 (3360).

Eine Rangfolge der Auslegungskriterien in dem Sinne, daß sich das aufgrund einer bestimmten Methode gewonnene Auslegungsergebnis zwingend durchsetzt, gibt es zumindest nicht[223]. Wenn die Entscheidungen des EuGH übermäßig oft von teleologischen Argumenten getragen werden, so kann dies damit zusammenhängen, daß etwa der Wortlaut der Verträge aufgrund seiner Offenheit regelmäßig keine gewichtigen Argumente zuläßt[224].

1) Abwägung gegenläufiger Argumente derselben Kategorie

Gerade bei der Frage nach der Vereinbarkeit von Ausgestaltungen des Kontrollverhältnisses ist es denkbar, daß mehrere systematisch-teleologische Argumente gegeneinander abzuwägen sind. Wie schon erwähnt, können die Strukturprinzipien der Wahrung der Organidentität und der Organtreue sowohl gegen als auch für eine bestimmte Ausgestaltung des Kontrollverhältnisses sprechen. Wenn etwa die Wahrung der Identität der Kommission dem Gebot der Ausfüllung der Kontrollaufgabe des EP zuwider läuft, kann die Frage der primärrechtlichen Zulässigkeit einer konkreten Ausgestaltung nicht einfach positiv oder negativ beantwortet werden. Zumeist wird ein Zwischenweg gefunden werden müssen, welcher beiden Interessen zu begrenzter Geltung verhilft. Dieser Mittelweg markiert dann die Grenze zwischen den Rechtskreisen von Kommission und EP, also die Grenzen der Kontrollfunktion. Es handelt sich um eine Konkretisierung des Primärrechts, welche einerseits dem Gebot der Optimierung parlamentarischer Kontrolle, andererseits der Wahrung der Identität der Kommission und der Organtreue gerecht wird.

Die Strukturprinzipien der Wahrung der Organidentität und der Organtreue sind also zugunsten als auch zuungunsten einer bestimmten Kontrollhandlung fruchtbar zu machen. Dadurch wird aber nicht ihre Unbrauchbarkeit indiziert. Vielmehr ermöglichen sie die Rationalisierung des Argumentationsprozesses. Je nach Gewichtung der Argumente ist das Urteil über die rechtliche Zulässigkeit oder Unzulässigkeit des in Frage stehenden Kontrollverhaltens variabel, was aber bei jeder Rechtsfrage der Fall ist.

---

[223] Vgl. *Zuleeg*, EuR 1969, S. 97 (99).
[224] Vgl. *Nettesheim* in: Grabitz/Hilf, Art. 4 EGV Rn. 66.

2) Absolute Grenzen

Absolute Grenze der parlamentarischen Kontrolle ist in jedem Falle die alleinige Kompetenz der Mitgliedstaten zur Änderung der Verträge (Art. 48 EU; Art. N EUV). So kann das EP keine völlig neuen Kontrollmittel einsetzen, welche es lediglich in der GeschO EP normiert, sofern dies die von den Mitgliedstaaten als Vertragsparteien gewollte institutionelle Ordnung verschieben würde. Es ist im Einzelfall zu untersuchen, ob ein konkretes Kontrollverhalten oder eine bestimmte Verfahrensmodalität sich innerhalb der durch den Vertrag abgesteckten Kontrollposition bewegt, oder ob diese in bedeutendem Maße überschritten und dem EP somit ein wesentlicher Machtzuwachs gegenüber der Kommission verschafft wird. Dabei kann die Einführung eines informativen Kontrollinstruments auf diesem Wege mit dem Primärrecht unter Umständen noch vereinbar sein, der primärrechtlichen Gesamtposition des EP also entsprechen.

Absolute Grenze für die Ausgestaltung des Kontrollverhältnisses durch die Organe ist also die jeweils gültige, von den Mitgliedstaaten geschaffene institutionelle Ordnung. Das institutionelle Gleichgewicht ist zwar kein Strukturprinzip des EG-Vertrags, verstanden als institutioneller Zustand ist es aber geschützt. Wesentliche Veränderungen des institutionellen Zustandes können nur die Mitgliedstaaten bewirken.

Während sich die bisherigen Erwägungen auf das Innverhältnis zwischen EP und Kommission bezogen, stellt die alleinige Befugnis der Mitgliedstaaten zur Änderung der Verträge (Art. 48 EU) einen allgemeinen äußeren Rahmen für die Ausgestaltung des Interorganverhältnisses dar. Freilich ist dies nur die rein rechtliche Betrachtung. In der Praxis hat das EP Kontroll- und Einsetzungsrechte in seiner Geschäftsordnung normiert[225], welche ihm eine wesentlich stärkere Position gegenüber der Kommission einräumten. Später wurden diese Verfahren vertraglich fixiert.

---

[225] Z. B. wurde bereits in der GeschO EP in der Fassung von 1981 die Einsetzung von Untersuchungsausschüssen geregelt, wobei aber keine einzelnen Untersuchungsverfahren oder Beweiserhebungsverfahren normiert wurden.

3) Primärrechtskonforme Auslegung

Sofern ein Organverhalten oder eine Verfahrensmodalität im Bereich des Kontrollverhältnisses in einer Rechtsnorm der GeschO EP oder in einer Interorganvereinbarung niedergeschrieben ist[226], gilt für die Auslegung dieser Norm der Grundsatz der primärrechtskonformen Auslegung. Dazu hat der EuGH ausgeführt, daß »eine Bestimmung des abgeleiteten Gemeinschaftsrechts im Falle ihrer Auslegungsbedürftigkeit möglichst so auszulegen [ist], daß sie mit dem EWG-Vertrag und den allgemeinen Grundsätzen des Gemeinschaftsrechts vereinbar ist«[227].

III. Schema zur Überprüfung von Ausgestaltungen des Kontrollverhältnisses auf ihre Primärrechtskonformität[228]

Die vorangegangenen Untersuchungen haben gezeigt, daß jedem Organ durch die Verträge eine ganz bestimmte Funktion zugeordnet wird. Dabei bilden die Wahrung der Organidentität und die Organtreue die Pole des institutionellen Zusammenwirkens. Einerseits ist das EP verpflichtet, die ihm zugeteilte Position gegenüber der Kommission optimal auszufüllen, also seiner Organidentität gerecht zu werden. Andererseits findet seine Kontrollmacht ihre Grenze an der Funktionsfähigkeit der Kommission und an der Verpflichtung zur loyalen Zusammenarbeit.

Die Ausgestaltung des primärrechtlich angelegten Kontrollverhältnisses seitens der Organe muß sich im Rahmen dieser primärrechtlichen Vorgaben halten. In-

---

[226] Zu der Frage, inwiefern eine Regelung der GeschO EP andere Organe verpflichten kann vgl. S. 178 ff.

[227] EuGH, Urt. vom 21.3.1991, Rs. C-314/89 (Rauh./.Hauptzollamt Nürnberg-Fürth) Slg. 1991, I-1647 (1672); Urt. vom 10.7.1991, Rs. C-90/90 und C-91/90 (Neu./.Secrétaire d'État à l'Agriculture), Slg. 1991, I-3617 (3637). So ist z. B. das Recht anderer Organe, einem parlamentarischen Untersuchungsausschuß die Dokumentenvorlage aus Gründen der Geheimhaltung zu verweigern (Art. 3 Abs. 4 des interinstitutionellen Beschlusses, der als Anlage VIII der GeschO EP beigefügt ist) im Lichte des vertraglichen Kooperationspflicht eng auszulegen, vgl. *Beckedorf*, Das Untersuchungsrecht des Europäischen Parlaments, S. 378 f.

[228] Insbesondere geht es um die Einhaltung der primärrechtlichen Grenzen der Kontrollfunktion. Hiervon abgesehen kann ein Organverhalten grundsätzlich auch unter anderen Aspekten rechtswidrig sein.

terorganvereinbarungen, die GeschO EP und das praktische Verhalten in Ausübung der Kontrolle müssen sich als Konkretisierung der expliziten vertraglichen Regelungen und der ihnen zugrundeliegenden Strukturprinzipien darstellen.

Soll also geprüft werden, ob eine Kontrollhandlung des EP oder eine bestimmte Verfahrensmodalität, welche der Ausgestaltung des Kontrollverhältnisses dient, rechtlich zulässig ist und sich innerhalb der Grenzen der parlamentarischen Kontrollaufgabe bewegt, so ist zunächst danach zu differenzieren, ob die Regelung oder das Verhalten bestimmt ist, ein explizit im Vertrag genanntes Kontrollinstitut auszugestalten. Ist dies der Fall, so hat der Vertrag durch die explizite Kontrollnorm die Grenze der Kontrollmacht des EP für diesen Bereich bereits grob markiert; sie ist identisch mit der Auslegungsgrenze der Kontrollnorm. Bei der Auslegung der Kontrollnorm sind die üblichen Auslegungsmethoden anzuwenden, wobei im Rahmen der systematisch-teleologischen Auslegung auch die oben beschriebenen Strukturprinzipien einzubeziehen und ggf. gegeneinander abzuwägen sind, denn die Kontrollnorm ist gerade Ausdruck und Konkretisierung dieser Prinzipien.

Steht das betreffende Verhalten oder die betreffende Verfahrensmodalität nicht im Zusammenhang mit einem der vertraglichen Kontrollinstitute, so ist zu untersuchen, ob sich hieraus eine wesentliche Positionsstärkung des EP gegenüber der Kommission ergäbe, bzw. ob das Verhalten oder die Verfahrensmodalität die primärrechtliche Rolle des EP überstiege. Ein solches Verhalten wäre unzulässig. Bewegt sich das Verhalten hingegen im Rahmen der dem EP vertraglich zugedachten Gesamtrolle und dient es der effektiven Erfüllung der primärrechtlichen Kontrollaufgabe, so ist es grundsätzlich zulässig. In diesem Falle ergibt sich die Kompetenz des EP ggf. aus einem Strukturprinzip[229]. Auch dann ist aber zu prüfen, ob die beschriebenen Grenzen parlamentarischer Kontrolle die Ausübung dieser Kompetenz beschränken. In einem solchen Fall ist zwischen den Funktionserfordernissen von Kommission und EP abzuwägen.

---

[229] Vgl. im einzelnen ab S. 32.

Diese Ausführungen sind auch auf den Fall übertragbar, daß eine bestimmte Mitwirkungshandlung der Kommission in Frage steht. Dabei stellt sich die Frage, ob sich unter Einbeziehung der aus dem Organtreueprinzip folgenden Kooperationspflicht und unter Einbeziehung der Wahrung der Identität des EP die betreffende Mitwirkungspflicht der Kommission aus dem Vertrag ergibt. Geht es um eine Mitwirkungspflicht zur Ausgestaltung eines vertraglich normierten Kontrollinstituts, findet die Einbeziehung der Strukturprinzipien und die Abwägung mit entgegenstehenden Argumenten im Rahmen der Auslegung der betreffenden vertraglichen Kontrollnorm statt. Andernfalls kann die Pflicht allein aus einem Strukturprinzip folgen. In gleicher Weise wie bei Kontrollhandlungen des EP sind schließlich die primärrechtlichen Grenzen der Kontrollfunktion einzubeziehen und abzuwägen.

Teil 3: Kontrolle des EP gegenüber der Kommission gemäß EG-Vertrag; Einhaltung der primärrechtlichen Grenzen bei der Ausgestaltung des Kontrollverhältnisses durch die Organe

Nachdem im vorigen Abschnitt (Teil 2) in theoretischer Form Umfang und Grenzen der parlamentarischen Kontrollfunktion gegenüber der Kommission untersucht wurden, soll in den folgenden Abschnitten dargestellt werden, welche Instrumentarien und Verfahren der EG-Vertrag für dieses Kontrollverhältnis konkret vorsieht (A.). Dabei wird auch die Ausgestaltung der vertraglichen Kontrollinstrumente durch die Organe betrachtet. Als weitere Quelle von Kontrollinstrumenten sind dann die GeschO EP und Interorganvereinbarungen in Betracht zu ziehen (B.), sofern sie Regelungen enthalten, die nicht im unmittelbaren Zusammenhang mit den vertraglichen Kontrollinstituten stehen und deren Ausgestaltung dienen. Sofern es notwendig erscheint, wird das konkrete Organverhalten, welches tatsächlich praktiziert wird oder als beabsichtigte Praxis in der GeschO EP oder in Interorganvereinbarungen niedergelegt ist, auf die Einhaltung der oben beschriebenen Grenzen der Kontrollfunktion des EP überprüft.

A. Vertragliche Kontrollinstrumente

Bei den vertraglichen Regelungen über das Kontrollverhältnis zwischen EP und Kommission kann je nach Zweck zwischen informativen, demonstrierenden und sanktionierenden Mitteln unterschieden werden. Wie bereits angedeutet, dient diese Aufteilung in erster Linie einer systematischen Darstellung[230].
Vor der Betrachtung der vertraglichen Kontrollinstrumente zwischen EP und Kommission sei aber der politische Aspekt dieser Interorganbeziehung hervorgehoben, der die tägliche Praxis zwischen den Organen wesentlich prägt. Diese Interorganpraxis hat ihre eigenen Regeln und Kanäle und ist nicht als bloßer Reflex der Ausübung rechtlicher Befugnisse zu erfassen. Sie trägt dem Interesse des EP an der Beeinflussung der Gemeinschaftspolitiken Rechnung und ermöglicht die Verwirklichung der beiden Prinzipien der Organautonomie und Organ-

---

[230] Vgl. zum Kontrollbegriff oben ab S. 9.

treue, die ihre Wirksamkeit im Rahmen ausdrücklicher vertraglicher Kontrollnormen – nur – punktuell entfalten.
Instrumente der Interorganpraxis auf politischer Ebene sind beispielsweise Entschließungen des EP[231]. Diese bringen die Meinung des EP zu verschiedenen politischen Fragen öffentlich zum Ausdruck und sind damit auch geeignet, das Handeln der Kommission im Sinne des EP zu beeinflussen. Ferner hat der Dialog zwischen den Organen im Wege von informellen Treffen besondere Bedeutung. So kommen etwa die Präsidenten von EP, Kommission und Rat etwa monatlich zusammen, zwischen den Ausschußvorsitzenden des EP und den für ihren Bereich zuständigen Kommissaren besteht für gewöhnlich ein reger Kontakt, genauso wie zwischen den Ausschußvorsitzenden und dem jeweils dem Rat vorsitzenden Minister. Auf dieser Ebene des interinstitutionellen Dialogs können Differenzen zwischen den Organen geklärt werden, und das EP kann Kontrolle gegenüber der Kommission ausüben, ohne daß es der Anwendung formeller Kontrollinstrumente bedarf. Dieser Dialog trägt der »vertrauensvollen Partnerschaft« zwischen EP und Kommission Rechnung, welche die Beziehungen zwischen beiden Organen zumindest ebensosehr bestimmt, wie die politische »Rivalität«.

Darüber hinaus spielt die politische Dimension des Interorganverhältnisses eine wichtige Rolle bei der Ausübung vertraglich vorgesehener Kontrollinstrumente. Gerade die informativen Kontrollrechte entfalten ihre Wirksamkeit zumindest auch, wenn nicht sogar in erster Linie dadurch, daß sie öffentliche Kritik am Handeln der Kommission zum Ausdruck bringen. Sie funktionieren durch ihre öffentlichkeitswirksame Anwendung und durch rhetorische Schärfe[232].

Die folgende, von den vertraglichen Regelungen ausgehende Darstellung der Kontrollrechte ist also vor dem Hintergrund der gerade angedeuteten politischen Dimension des Interorganverhältnisses zu sehen.

---

[231] Vgl. ausführlich hierzu und zu anderen politisch bedeutenden Instrumenten des EP *Jacobs/Corbett/Shackleton*, The European Parliament, S. 247 ff.

[232] Interessant ist insofern, daß der Untersuchungsausschuß nicht im Zusammenhang mit der parlamentarischen Kontrolle, sondern in einem Kapitel über das EP als »Forum und Kommunikationskanal« beschrieben wird bei *Jacobs/Corbett/Shackleton*, The European Parliament, S. 247 ff. (252 ff.).

I. Informative Kontrolle

Die Kontrolle setzt sich allgemein aus Informationsgewinnung, Informationsverarbeitung, Informationsbewertung sowie Stellungnahme und Entscheidung zusammen[233]. Dabei hat die informative Kontrolle weitgehend dienende Funktion, indem sie die für die Ausübung der sanktionierenden Kontrolle erforderliche Tatsachenkenntnis vermittelt[234]. Im einzelnen unterscheiden sich die informativen Kontrollrechte des EP gegenüber der Kommission aber hinsichtlich ihres Zwecks und ihrer Ausgestaltung.

1) Das Untersuchungsrecht, Art. 193 EG

a) Rechtsgrundlagen

Wie die Mehrzahl der Parlamente der Mitgliedstaaten[235] hat auch das EP das Recht zur Einsetzung eines nichtständigen Untersuchungsausschusses. Dieses ist seit Inkrafttreten des Vertrags über die Europäische Union am 1.11.1993 primärrechtlich in Art. 193 EG (Art. 138 c) EGV) geregelt. Weitere Ausgestaltung erfährt es in Art. 151 GeschO EP[236] und in einem interinstitutionellen Beschluß des EP, des Rates und der Kommission über die Einzelheiten der Ausübung des

---

[233] *Steffani* in: Schneider/Zeh (Hrsg.), Parlamentsrecht und Parlamentspraxis in der Bundesrepublik Deutschland, § 49 Rn. 12 ff.

[234] Vgl. *Pietzner* in: Herzog u. a. (Hrsg.), Evangelisches Staatslexikon, Stichwort »Bundestag«, Sp. 334.

[235] Ein Rechtsvergleich findet sich bei: *Beckedorf*, Das Untersuchungsrecht des Europäischen Parlaments, S. 33-121; *Schoo* in: Schwarze (Hrsg.), Gesetzgebung in der Europäischen Gemeinschaft, S. 97 (110 f.).

[236] Hier und soweit im folgenden nicht ausdrücklich etwas anderes angegeben wird, ist die Geschäftsordnung des EP in der Fassung vom Februar 2003 (15. Auflage) gemeint. Sofern erforderlich wird auf abweichende Regelungen der 13. und 14. Auflage der Geschäftsordnung hingewiesen, denn Anlaß der Darstellung ist die institutionelle Krise der Jahre 1998/99 (vgl. oben ab S. 4). Damals galt die GeschO EP in der Fassung vom Februar 1998 (13. Auflage) und der EG-Vertrag in der Form, die er durch den Vertrag von Maastricht angenommen hatte. An der damaligen Rechtslage muß sich das Verhalten der Organe im Zusammenhang mit der Krise messen lassen.
Hinsichtlich des Untersuchungsrechts weicht die 15. Auflage der GeschO EP – abgesehen von der Numerierung und kleinen sprachlichen Änderungen – nicht von der 13. (dort Art. 136) und 14. Auflage ab.

Untersuchungsrechts des EP[237]. Der letztgenannte Beschluß erfüllt damit den Rechtsetzungsauftrag des Art. 193 Abs. 3 EG[238]. Dabei ist der Beschluß den Regelungen der Geschäftsordnung des EP vorrangig, da Art 193 Abs. 3 EG die gegenüber Art. 199 EG (Geschäftsordnungsautonomie) speziellere Rechtsetzungsermächtigung darstellt[239].

b) Funktion des Untersuchungsrechts

Wesentliche Funktion des Untersuchungsrechts ist die Informationsgewinnung als Voraussetzung für die effektive Ausübung der Kontrollfunktion. Daraus folgt, daß das Untersuchungsrecht nicht Ziel, sondern Vorbereitung für die Wahrnehmung weiterer Aufgaben des Gesamtparlaments[240] und für den möglichen Einsatz sanktionierender Kontrollrechte ist. Je mehr Befugnisse dem Untersuchungsausschuß zustehen, desto stärker ist die Kontrollfunktion eines Parlaments ausgeprägt.

Zu Recht wird in der Literatur aber auch eine negative Eingrenzung der Funktion des Untersuchungsrechts vorgenommen[241]. Schon die Definition des Untersuchungsgegenstandes in den o. g. Rechtsquellen zeigt, daß das Untersuchungsrecht nicht eingesetzt werden kann, um ein politisch bedeutsames Thema zu erörtern, welches nicht in Zusammenhang mit einem Verstoß gegen das Gemeinschaftsrecht oder mit Mißständen bei dessen Anwendung steht. Ein solcher Ausschuß wäre als reine Enquête-Kommission anzusehen, die nicht der Ausübung der Kontrollfunktion dient. Eine solche kann das EP zwar aufgrund seines

---

[237] Beschluß des EP, des Rates und der Kommission vom 19.4.1995 über Einzelheiten der Ausübung des Untersuchungsrechts des EP, ABl. L 113 vom 19.5.1995, S. 2 = Anlage VIII zur GeschO EP.

[238] *Haag* in: Groeben/Thiesing/Ehlermann, Art. 138 c) EGV Rn. 4. Zustimmung des EP am 18.1.1995, ABl. C 43 vom 20.2.1995, S. 28, 30, 37 ff.

[239] Vgl. mit breiter Ausführung *Beckedorf*, Das Untersuchungsrecht des Europäischen Parlaments, S. 306 ff. (310); *Haag* in: Groeben/Thiesing/Ehlermann, Art. 138 c Rn. 4; *Hölscheidt* in: Grabitz/Hilf, Art. 193 EG Rn. 3.

[240] Vgl. *Beckedorf*, Das Untersuchungsrecht des Europäischen Parlaments, S. 183.

[241] Vgl. *Beckedorf*, Das Untersuchungsrecht des Europäischen Parlaments, S. 284; *Haag* in: Groeben/Thiesing/Ehlermann, Art. 138 c EGV Rn. 3, 5 .

Selbstorganisationsrechts (Art. 199 EG) einsetzen[242], die Wahl des Untersuchungsrechts als Grundlage für die Einsetzung einer solchen reinen Enquête-Kommission birgt aber die Gefahr, das Untersuchungsrecht als Kontrollinstrument konturlos und somit weniger schlagkräftig zu machen. Wesentlicher Faktor für die Macht eines Untersuchungsausschusses als Kontrollinstrument ist die Öffentlichkeitswirkung. Durch sie kann politischer Druck auf das kontrollierte Organ oder den kontrollierten Rechtsanwender ausgeübt werden[243]. Vermischt man die Einsetzung von Untersuchungsausschüssen mit der Einsetzung von reinen Enquête-Kommissionen, so verschleißt man auch die alarmierende Wirkung des Untersuchungsrechts als Kontrollmittel. Die Klarstellung dieses Unterschieds ist trotz des nun eindeutig im EG-Vertrag umschriebenen Untersuchungsgegenstandes notwendig, da das EP schon in Art. 91 Abs. 3 GeschO EP 1986 eine ganz ähnliche Formulierung gewählt hatte, in der Praxis aber diese Regelung auch als Grundlage für die Einsetzung reiner Enquête-Kommissionen heranzog[244].

c) Tatbestandsvoraussetzungen des Art. 193 EG

aa) Untersuchungsgegenstand

Gemäß Art. 193 Abs. 1 EG, Art. 2 Abs. 1 des interinstitutionellen Beschlusses und Art. 151 Abs. 1 S. 1 Geschäftsordnung EP können behauptete Verstöße gegen das Gemeinschaftsrecht oder Mißstände bei der Anwendung desselben Gegenstand der Untersuchungen sein.

Unter Verstößen versteht man konkrete[245] Fälle der Gemeinschaftsrechtswidrigkeit, wobei sowohl Verstöße auf der Ebene der Gemeinschaften als auch solche auf der Ebene der Mitgliedstaaten erfaßt werden, so daß etwa auch konkrete

---

[242] Mit Hinweis auf die Regelung der Enquête-Kommissionen in der GeschO BT und entsprechenden Literaturangaben *Haag* in: Groeben/Thiesing/Ehlermann, Art. 138 c EGV Rn. 3. Das EP kann laut Art. 150 II GeschO EP jederzeit nicht ständige Ausschüsse einsetzen.

[243] Vgl. *Haag* in Groeben/Thiesing/Ehlermann, Art. 138 c EGV Rn. 3.

[244] Untersuchungsausschuß zum Drogenproblem in den Ländern der Europäischen Gemeinschaft, vgl. Bericht: Dok EP A2-114/86; Untersuchungsausschuß für Qualitätsprobleme im Fleischsektor, Bericht: Dok EP A2-11/89.

[245] *Hölscheidt* in: Grabiz/Hilf Art. 193 EG Rn. 4.

Mängel bei der Umsetzung einer Richtlinie durch einen Mitgliedstaat hierunter fallen[246].

Unter Gemeinschaftsrecht ist das primäre und sekundäre Gemeinschaftsrecht zu verstehen[247].

Mißstände bei der Anwendung des – primären und sekundären – Gemeinschaftsrechts[248] können ebenfalls auf Gemeinschaftsebene wie auf nationaler Ebene vorkommen, da der Verwaltungsvollzug durch Organe beider Ebenen wahrgenommen wird[249]. Wie bei der Untersuchung von Verstößen gegen das Gemeinschaftsrecht muß es sich um konkrete Mißstände handeln. Die generelle Überprüfung der Verwaltung kann nicht Gegenstand der Untersuchungen sein[250].

Sowohl Art. 151 Abs. 1 S. 1 GeschO EP als auch Art. 2 Abs. 1 S. 1 des interinstitutionellen Beschlusses legen fest, daß solche Verstöße und Mißstände Gegenstand der Untersuchung sein können, die einem Organ oder einer Institution der Gemeinschaft, einer Verwaltung der Mitgliedstaaten oder einer Einzelperson, die durch das Gemeinschaftsrecht mit dessen Anwendung betraut ist, zur Last gelegt werden[251]. Nicht als Verursacher von Verstößen und Mißständen werden also natürliche und juristische Personen allgemein genannt[252].

---

[246] Vgl. *Kaufmann-Bühler* in: Lenz, Art. 193 EG Rn. 2. *Beckedorf*, Das Untersuchungsrecht des Europäischen Parlaments, S. 319 f., stellt insofern klar, daß ein allgemein formulierter Antrag auf Untersuchung der vollständigen Umsetzung von Gemeinschaftsrichtlinien aber zu unbestimmt sei.

[247] *Kluth* in: Calliess/Ruffert Art. 193 EG Rn. 3.

[248] Zu der Frage, ob der Begriff Gemeinschaftsrecht weit oder eng auszulegen sei – im letzteren Falle werden neben dem Recht der Gemeinschaftsverträge im wesentlichen nur Rechtsakte erfaßt, die in der Form des Art. 249 erlassen wurden –, spricht sich unter Verweis auf Schoo aus: *Beckedorf*, Das Untersuchungsrecht des Europäischen Parlaments, S. 322 ff.

[249] Vgl. zum Vollzug des Gemeinschaftsrechts: *Fischer/Köck*, Europarecht, S. 438 .

[250] *Beckedorf*, Das Untersuchungsrecht des Europäischen Parlaments, S. 324.

[251] Die zeitweilige Streichung der nationalen öffentlichen Verwaltungen als mögliche Urheber eines Verstoßes oder Mißstandes in der GeschO EP vom 19.9.1995 beruhte auf einer Verwirrung bei der Beschlußfassung und ist bereits in der Fassung der GeschO EP von 1997 wieder rückgängig gemacht worden.

[252] *Beckedorf*, Das Untersuchungsrecht des Europäischen Parlaments, S. 321 f. weist darauf hin, daß dies der Untersuchungspraxis des EP vor der primärrechtlichen Verankerung des Untersuchungsrechts durch den Maastricht-Vertrag widerspreche und fordert insofern eine Revision

>

Die Untersuchungsgegenstände können sich lediglich aus dem Anwendungsbereich der Gemeinschaftsverträge ergeben, nicht aber im Kern aus den Bereichen der GASP oder der ZBJI stammen[253]. Gemäß Art. 5 EU üben die Organe ihre Befugnisse nach Maßgabe der Gemeinschaftsverträge und des EU-Vertrags aus. Zwar werden für die Bereiche der polizeilichen und justitiellen Zusammenarbeit und der gemeinsamen Außen- und Sicherheitspolitik einige Normen des EG-Vertrags ausdrücklich für anwendbar erklärt (Art. 28 und 41 EU). Dies gilt aber nicht für Art. 193 EG. Im Umkehrschluß läßt sich ableiten, daß das Untersuchungsrecht sich nicht auf die GASP bzw. die polizeiliche und justitielle Zusammenarbeit erstreckt. Ebenfalls bezieht sich der interinstitutionelle Beschluß gemäß Art. 2 Abs. 1 i. V. m. Art. 1 Abs. 1 nur auf die Regelung des Untersuchungsrechts in den drei Gemeinschaftsverträgen.

Allerdings stellt sich die Frage, ob daraus die absolute Unzulässigkeit der Befassung eines Untersuchungsausschusses mit Aspekten der Bereiche GASP und ZBJI folgt, oder ob diese zulässig ist, soweit der Hauptgegenstand der Untersuchungen aus dem Bereich der Gemeinschaften stammt und die Befassung mit Aspekten aus den nicht vergemeinschafteten Politikbereichen zu einer umfassenden Prüfung erforderlich ist. Die Frage ist jeweils anhand des konkreten Falles zu entscheiden, jedoch liegt es auf der Hand, daß ein generelles Verbot der Befassung mit den beiden nicht vergemeinschafteten Bereichen eine sinnvolle und eingehende Untersuchung zu einem zulässigen Sachverhalt ggf. vereiteln könnte[254]. Ferner spricht gegen eine dahingehende allgemeine Beschränkung des Untersuchungsrechts, daß bereits Art. 3 Abs. 3 und Abs. 4 des interinstitutionellen Beschlusses das Entsenden von Beamten oder die Übermittlung von Dokumenten seitens der betroffenen Organe oder Mitgliedstaaten unter den Vorbehalt entgegenstehender Gründe der Geheimhaltung oder der öffentlichen

---

auf der Grundlage von Art. 6 des interinstitutionellen Beschlusses. Ein so weitgehendes Untersuchungsrecht führte aber dazu, daß das Parlament die Aufgaben der nationalen Gerichte wahrnähme, die ebenfalls über die Einhaltung des Gemeinschaftsrechts wachen.

[253] Insoweit besteht Einigkeit, vgl. *Beckedorf*, Das Untersuchungsrecht des Europäischen Parlaments, S. 331 ff.; *Haag* in: Groeben/Thiesing/Ehlermann, Art. 138 c EGV Rn. 5; *Hölscheidt* in: Grabitz/Hilf Art. 193 EG Rn. 5; *Kaufmann-Bühler* in: Lenz Art. 193 EG Rn. 5.

[254] Vgl. auch *Beckedorf*, Das Untersuchungsrecht des Europäischen Parlaments, S. 332 f., der noch weitere Argumente anführt.

oder nationalen Sicherheit stellt, und somit die Genannten vor der Preisgabe von Geheimnissen schützt. Im Umkehrschluß läßt sich aus diesen Ausnahmeregelungen schließen, daß ein generelles Verbot der Befassung mit den Bereichen GASP und polizeiliche und justitielle Zusammenarbeit nicht besteht.

bb) Ausschlußklausel, Art. 193 Abs. 1 Hs. 2 EG

Gemäß Art. 193 Abs. 1 Hs. 2 EG ist die Einsetzung eines Untersuchungsausschusses ausgeschlossen, wenn ein Gericht mit den behaupteten Sachverhalten befaßt und solange das Verfahren nicht abgeschlossen ist. Art. 2 Abs. 3 S. 2 des interinstitutionellen Beschlusses verdeutlicht, daß damit Verfahren vor nationalen Gerichten und vor Gemeinschaftsgerichten gemeint sind[255]. Zwar verbietet der Wortlaut des Art. 193 EG die Parallelität von Gerichts- und Ausschußverfahren nur dann, wenn das Gerichtsverfahren bereits anhängig ist. Allerdings ist die Formulierung des Art. 2 Abs. 3 S. 1 des interinstitutionellen Beschlusses insofern weiter, denn sie lautet: »Ein (...) Untersuchungsausschuß kann (...) nicht prüfen, solange das Gerichtsverfahren nicht abgeschlossen ist«. Schon hieraus kann man ableiten, daß für den Fall, daß die Rechtshängigkeit des behaupteten Sachverhaltes nach der Einsetzung des Untersuchungsausschusses eintritt, der Ausschuß seine Arbeit bis zum Abschluß des Verfahrens niederlegen muß. Dieses Ergebnis wird auch untermauert, wenn man sich den Sinn der Ausschlußklausel vor Augen führt. Dieser besteht im Schutz der Gerichte vor unzulässiger parlamentarischer Beeinflussung. Ferner soll die politische Dimension, welche der Einsetzung eines Untersuchungsausschusses in der Öffentlichkeit zukommt, nicht in das Gerichtsverfahren hineingetragen werden[256]. Ein so beschriebener Zweck wird aber auch dann unterlaufen, wenn die Rechtshängigkeit erst nach der Einsetzung des Untersuchungsausschusses eintritt.

---

[255] *Constantinesco* in: Constantinesco/Kovar/Simon, Art. 138 c) EGV Nr. 2, deutet an, daß darüber hinaus auch ein Verfahren vor dem Europäischen Gerichtshof für Menschenrechte der Einsetzung eines Untersuchungsausschusses entgegen steht.

[256] *Haag* in: Groeben/Thiesing/Ehlermann, Art. 138 c) EGV Rn. 8; *Kluth* in: Calliess/Ruffert, Art. 193 EG Rn. 4.

Die Sperre wird nur ausgelöst, wenn gerichtliche und parlamentarische Untersuchung denselben Sachverhalt betreffen[257].
Nach Abschluß der gerichtlichen Untersuchungen ist ein Untersuchungsausschuß nicht an die Ergebnisse des Gerichts gebunden[258].
Die Situation des Zusammentreffens eines von der Kommission durchgeführten vorgerichtlichen Verfahrens mit einem Untersuchungsausschuß ist in Art. 2 Abs. 3 S. 2 des interinstitutionellen Beschlusses geregelt.

cc) Einsetzungsbeschluß und Dauer

Der Antrag auf Einsetzung eines Untersuchungsausschusses muß von einem Viertel der Parlamentsmitglieder gestellt werden (Art. 193 Abs. 1 Hs. 1 EG; Art. 151 Abs. 1 S. 1 GeschO EP; Art. 2 Abs. 1 S. 1 interinstitutioneller Beschluß), bevor das EP die Einsetzung beschließen kann. Der Antrag muß einen genauen Untersuchungsgegenstand nennen und eine ausführliche Begründung enthalten (Art. 151 Abs. 3 S. 1 GeschO EP).
Sodann erfolgt eine Abstimmung des Plenums auf Vorschlag der Konferenz der Präsidenten über Einsetzung und Zusammensetzung des Untersuchungsausschusses (Art. 151 Abs. 3 S. 2 GeschO EP). Da die Fassungen der GeschO EP vor der primärrechtlichen Verankerung des Untersuchungsrechts diesen Plenumsbeschluß nicht vorsahen, sondern auf Antrag eines Viertels der Mitglieder des EP ein Untersuchungsausschuß eingesetzt werden mußte[259], hat sich in der Literatur ein Streit darüber entfacht, ob die aktuelle Kann-Vorschrift (Art. 193 Abs. 1 Hs. 1; Art. 151 Abs. 1 S. 1 GeschO EP; Art. 2 Abs. 1 S. 1 interinstitu-

---

[257] *Kluth* in: Calliess/Ruffert, Art. 193 EG Rn. 4. Breite Ausführungen darüber, wann Identität der untersuchten Sachverhalte vorliegt, finden sich bei *Beckedorf*, Das Untersuchungsrecht des Europäischen Parlaments, S. 326 ff.

[258] *Haag* in: Groeben/Thiesing/Ehlermann, Art. 138 c) Rn. 8.

[259] Art. 95 Abs. 1 GeschO EP 1981 und die zugehörige, gemäß Art. 111 GeschO EP 1981 vorläufig verbindliche Auslegung, daß eine weitere Abstimmung des Plenums über den Antrag nicht erforderlich sei (ABl. C 287 vom 9.11.1981, S. 102 f.); ebenso Art. 91 Abs. 3 GeschO EP 1986 und Art. 109 Abs. 3 GeschO EP 1987. Das Präsidium entschied hier ohne vorherige Anhörung des Plenums nach Prüfung der formellen Voraussetzungen. Vgl. hierzu auch *Kipke*, ZParl 1989, S. 488 (492).

tioneller Beschluß) dem Plenum tatsächlich eine politische Ermessensentscheidung im Falle des Vorliegens der formalen Voraussetzungen einräumt.
Zum einen wird dem EP eine Ermessensentscheidung unter Verweis auf die überragende Bedeutung des Untersuchungsrechts als Kontrollrecht und auf den Minderheitenschutz abgesprochen[260]. Außerdem wird darauf hingewiesen, daß durch die primärrechtliche Verankerung des Untersuchungsrechts lediglich die bis dahin gängige Praxis in die Verträge eingefügt werden sollte. Ebenfalls habe das EP bzw. seine Ausschüsse verschiedentlich klargestellt, daß Untersuchungsausschüsse auf entsprechenden Antrag hin zwingend eingesetzt würden. Schließlich zeige ein Vergleich der Verfassungen der Mitgliedstaaten, daß, soweit der Antrag auf Einsetzung eines Untersuchungsausschusses überhaupt an ein Quorum geknüpft sei, dieses lediglich zur Erleichterung für die Parlamentsminderheit zu verstehen sei.
Hiergegen und zugunsten einer ungebundenen Entscheidung[261] des Plenums läßt sich vorrangig und letztlich ausschlaggebend der eindeutige Wortlaut der Formulierung im EG-Vertrag, in der GeschO EP und im interinstitutionellen Beschluß anführen. Hiergegen kann das Argument, daß lediglich die bis zum Maastricht-Vertrag gängige Geschäftsordnungspraxis primärrechtlich verankert werden sollte, nicht durchschlagen, da die Formulierungen nach ausführlichen Beratungen bewußt gewählt wurden, und somit nicht als redaktionelle Fehler abgetan werden können. Insbesondere die Formulierung in der GeschO EP erfolgte bewußt, wie auch die erstgenannte Ansicht einräumt[262]. Die betreffende Norm des EG-Vertrags bzw. des interinstitutionellen Beschlusses aber im Sinne einer zwingenden Vorschrift auszulegen, um dann deren Vorrangigkeit gegenüber der GeschO EP zu unterstreichen[263], bedeutet, dem EP, welchem man doch eigent-

---

[260] Ausführlich zu den hier aufgeführten Argumenten *Beckedorf*, Das Untersuchungsrecht des Europäischen Parlaments, S. 337-341; ebenso *Kaufmann-Bühler* in: Lenz, Art. 193 EG Rn. 6; *Kluth* in: Calliess/Ruffert, Art. 193 EG Rn. 5.

[261] Diese Ansicht vertreten: *Bradley* in: O'Keeffe/Spence (Hrsg.), Legal Issues of the Mastricht Treaty, S. 193 (205); *Haag* in: Groeben/Thiesing/Ehlermann, Art. 138 c) EGV Rn 6; *Hölscheidt* in: Grabitz/Hilf, Art. 193 EG Rn. 6; *Shackleton*, Journal of Common Market Studies, Vol. 36 (1998), S. 115 (117).

[262] Vgl. *Beckedorf*, Das Untersuchungsrecht des Europäischen Parlaments, S. 337.

[263] Vgl. *Beckedorf*, Das Untersuchungsrecht des Europäischen Parlaments, S. 337 f.

lich mit dieser Argumentation zu einer effektiveren Kontrollfunktion verhelfen möchte, zu unterstellen, daß es bewußt eine vertragswidrige Formulierung der GeschO gewählt und sich zudem selbst übervorteilt hätte. Die Kontrollrechte parlamentarischer Minderheiten, die durch eine solche Argumentation gestärkt werden sollen, sind indes insbesondere in einem System unabdingbar, in dem die Parlamentsmehrheit die Regierung stellt, die Kontrolle also in den Händen der Opposition liegt. Dieses Modell der parlamentarischen Demokratie ist aber auf Gemeinschaftsebene nicht verwirklicht. Bestenfalls kann es als Integrationsziel dienen. Folglich kann die Stärkung der parlamentarischen Minderheit als Ziel für die Entwicklung des EP fungieren, nicht aber als eine dem derzeitigen System schon zugrunde liegende Auslegungsmaxime behandelt werden.
Daraus folgt, daß dem Plenum eine politische Ermessensentscheidung hinsichtlich der Einsetzung eines Untersuchungsausschusses zukommt, das Quorum also lediglich eine Formvorschrift darstellt, um zu verhindern, daß sich das EP mit einer Vielzahl von Anträgen befassen muß, die von vornherein keine Erfolgsaussicht haben[264].
Der Vorgabe des Art. 193 Abs. 1 Hs. 1 EG, daß Untersuchungsausschüsse nur temporären Charakter haben können, Rechnung tragend treffen Art. 151 Abs. 4 S. 1 GeschO EP und Art. 2 Abs. 4 S. 1 des interinstitutionellen Beschlusses die Regelung, daß der Ausschuß seine Arbeiten nach spätestens 12 Monaten mit einem Bericht zu beenden hat. Dieser Zeitraum kann zweimal um je bis zu drei Monate verlängert werden. Mit Vorlage des Berichts endet das Bestehen des Untersuchungsausschusses.

dd) Abgrenzung zu anderen Organen und Institutionen

Gemäß Art. 193 Abs. 1 Hs. 1 EG übt der Untersuchungsausschuß seine Untersuchungstätigkeit unbeschadet der Befugnisse aus, die anderen Organen oder Institutionen durch den EG-Vertrag übertragen sind. Dies bedeutet einerseits, daß die anderen Organe ihre Befugnisse auch parallel zu einem Untersuchungsausschuß ausüben dürfen, andererseits aber, daß die Befassung anderer Organe und Institutionen mit einem bestimmten Sachverhalt die Einsetzung eines Untersu-

---

[264] So auch *Haag* in: Groeben/Thiesing/Ehlermann, Art. 138 c) EGV Rn. 6.

chungsausschusses nicht hindert. Ausgenommen von dieser Regelung ist gemäß Art. 193 Abs. 1 Hs. 2 EG der Europäische Gerichtshof und das Europäische Gericht Erster Instanz. Insbesondere ist die Regelung relevant im Hinblick auf den Bürgerbeauftragten (Art. 195 EG) und das Petitionsrecht (Art. 194 EG)[265].

ee) Untersuchungsbericht

Schlußpunkt und Produkt des Untersuchungsausschusses ist ein Bericht (Art. 193 S. 2 EG) über die Ergebnisse seiner Ermittlungen, welcher gemäß Art. 151 Abs. 10 GeschO EP auch Minderheitenansichten wiedergeben muß. Auf Antrag des Untersuchungsausschusses findet eine Aussprache über den Bericht statt, wobei der Ausschuß einen Entschließungsvorschlag vorlegen kann.

Die Wirkung des Berichts besteht lediglich darin, Anlaß für die Inanspruchnahme weiterer Befugnisse des EP, insbesondere des Mißtrauensvotums, zu sein. Rechtsverbindlich ist der Bericht indes nicht[266].

d) Befugnisse von Untersuchungsausschüssen

Die Befugnisse von Untersuchungsausschüssen, insbesondere hinsichtlich der Teilnahme von Vertretern der Gemeinschaftsorgane und der Mitgliedstaaten sowie der Behandlung von Informationen, sind im interinstitutionellen Beschluß sowie parlamentsintern in der GeschO EP geregelt. Angesichts des Untersuchungsgegenstandes der vorliegenden Arbeit sollen hier lediglich die Befugnisse gegenüber der Kommission dargestellt werden.

Der Untersuchungsausschuß kann seinem Ziel, Informationen zu einem bestimmten Sachverhalt zu erlangen, gegenüber der Kommission durch Anhörung von Kommissionsmitgliedern und Beamten der Kommission sowie durch Einsicht in die Akten und Dokumente der Kommission nachkommen (Art. 3 Abs. 4 des interinstitutionellen Beschlusses).

---

[265] Vgl. zu einer Abgrenzung der Funktionsbereiche eingehend *Beckedorf*, Das Untersuchungsrecht des Europäischen Parlaments, S. 333 ff.

[266] *Haag* in: Groeben/Thiesing/Ehlermann, Art. 138 c) EGV Rn. 11; *Kaufmann-Bühler* in: Lenz, Art. 193 EG Rn. 7.

Die Anhörung von Kommissionsmitgliedern ist dabei ausgesprochen zurückhaltend in Art. 3 Abs. 2 des interinstitutionellen Beschluß geregelt. Es erfolgt keine förmliche Ladung, sondern nur ein Ersuchen an die Kommission, welche die Auswahl des zu entsendenden Mitgliedes dem Organ selbst überläßt. Auch könnte man annehmen, daß die Regelung gar nicht von einer Anhörung, sondern nur von einer Einladung zu passiver Mitarbeit handelt (»für die Teilnahme an den Arbeiten des Ausschusses«). Jedoch trägt diese Formulierung nur der Tatsache Rechnung, daß die Befragung der Mitglieder der anderen Organe zu den vornehmsten Pflichten des EP gehört und mit gebührendem Respekt vor denselben Organen erfolgt. Zudem liegt die politische Bedeutung dieser Befugnis des Untersuchungsausschusses weniger in der Informationsgewinnung als vielmehr in der öffentlichkeitswirksamen Benennung von Verantwortlichen[267].
Gemäß Art. 3 Abs. 3 S. 1 des interinstitutionellen Beschlusses kann der Untersuchungsausschuß bei der Kommission beantragen, daß diese einen Beamten oder sonstigen Bediensteten benennt und ihn ermächtigt, vor dem Ausschuß aufzutreten. S. 2 stellt aber klar, daß die betreffende Amtsperson vor dem Ausschuß im Namen und nach Weisung ihres Organs aussagt und an die Verpflichtungen ihres jeweiligen Dienstrechts gebunden ist.
Art. 3 Abs. 4 des interinstitutionellen Beschlusses bestimmt, daß die Organe oder Institutionen Dokumente, die zur Erfüllung der Aufgaben des Untersuchungsausschusses erforderlich sind, auf Ersuchen oder von sich aus vorlegen. Dabei dürfen an die Erforderlichkeit keine hohen Anforderungen gestellt werden, da sich in der Regel erst nach Einsicht der Dokumente ergibt, ob diese für den betreffenden Sachverhalt von Bedeutung sind[268].

---

[267] Die Verpflichtung der Kommissionsmitglieder und -beamten zur Aussage vor dem Untersuchungsausschuß und die Pflicht zur Aktenvorlage sind schon vor Aufnahme des Untersuchungsrechts in den EG-Vertrag aus der Existenz des Mißtrauensvotums als stärkstem Kontrollrecht abgeleitet worden. Dazu *Schoo* in: Schwarze (Hrsg.), Gesetzgebung in der Europäischen Gemeinschaft, S. 97 (113 f.); *ders.* in: Rengeling/v. Borries (Hrsg.), Aktuelle Entwicklungen in der Europäischen Gemeinschaft, S. 1 (12). Restriktiver *Kipke*, ZParl 1989, S. 488 (492 f.). Ferner deutet die Formulierung des Art. 151 Abs.7 S. 1 GeschO EP an, daß es sich bei Art. 3 Abs. 2 des interinstitutionellen Beschlusses um die Ladung zur Anhörung handelt.
[268] Vgl. *Beckedorf*, Das Untersuchungsrecht des Europäischen Parlaments, S. 367.

Die Bestimmung und Ermächtigung einer Amtsperson, die vor dem Untersuchungsausschuß auftreten soll, ist ebenso wie die Vorlage von Dokumenten begrenzt durch das Entgegenstehen von Gründen der Geheimhaltung oder der öffentlichen oder nationalen Sicherheit (Art. 3 Abs. 3 S. 1 bzw. Abs. 4 des interinstitutionellen Beschlusses). Dabei verlangen Sinn und Zweck der Regelung, daß eine schon benannte Amtsperson aus denselben Gründen die Aussage verweigern darf[269]. Die Existenz der Art. 2 Abs. 2 S. 2 und S. 4 und Art. 4 Abs. 1 S. 2 interinstitutioneller Beschluß – allesamt Regelungen über den Umgang mit geheimen Informationen im Ausschuß – zeigt, daß die Berechtigung zur Verweigerung der Zusammenarbeit mit dem Untersuchungsausschuß aus Gründen der Geheimhaltung nicht uneingeschränkt gilt. Schon aus der Formulierung der erstgenannten Norm läßt sich entnehmen, daß es darum geht, Informationen und Dokumente gegenüber Unbefugten und gegenüber der Öffentlichkeit geheim zu halten. Damit ist die Berechtigung der Verweigerung der Zusammenarbeit auf die Fälle begrenzt, in denen der Untersuchungsausschuß seinerseits die Geheimhaltung in seiner Sphäre nicht verfahrensrechtlich absichern kann[270].

Bemerkenswert und für das Kontrollverhältnis zwischen EP und Kommission von Bedeutung ist noch, daß dem Untersuchungsausschuß durch den interinstitutionellen Beschluß keinerlei Sanktionsmöglichkeiten für den Fall einer unberechtigten Verweigerung der Zusammenarbeit an die Hand gegeben werden. Gleiches gilt für die Vereidigung[271]. Lediglich die im Vertrag vorgesehenen anderen Kontrollrechte, insbesondere das Mißtrauensvotum als ihr stärkstes, stehen dem EP als ganzem bzw. den einzelnen Abgeordneten in einem solchen Fall zur Verfügung. Der Ausschuß kann gemäß Art. 151 Abs. 6 GeschO EP dem Präsidenten vorschlagen, mit geeigneten Schritten auf die Verletzung der Rechte des Untersuchungsausschusses vorzugehen. Schließlich kann das Gesamtparlament die Pflicht zu konkreten Mitwirkungshandlungen, wie sie sich aus dem

---

[269] Ausführlich und einleuchtend hierzu *Beckedorf*, Das Untersuchungsrecht des Europäischen Parlaments, S. 370.

[270] Vgl. *Bieber* in: Groeben/Thiesing/Ehlermann, Art. 137 EGV Rn. 27; zur Geheimhaltung im Verhältnis zwischen den Gemeinschaftsorganen ferner *Grunwald*, ebenda, Art. 214 Rn. 21.

[271] Insofern geht *Kaufmann-Bühler* in: Lenz, Art. 193 EG Rn. 4 zu weit, wenn er den Untersuchungsausschuß in die Nähe gerichtlicher Instanzen rückt.

interinstitutionellen Beschluß ergeben, im Wege der Untätigkeitsklage (Art. 232 EG) feststellen lassen[272]. Wiederum liegt aber auch hier die Macht des EP in der öffentlichen Anprangerung und Verwertung einer Verweigerung der Mitarbeit. Ferner sind die institutionellen Beziehungen zwischen EP und Kommission so eng, daß es praktisch undenkbar ist, daß ein Mitglied der Kommission trotz Ladung nicht vor dem Ausschuß erscheint[273].

e) Historische Entwicklung des Untersuchungsrechts

Lange Zeit enthielt das Gemeinschaftsrecht keine Regelung des Untersuchungsrechts des EP. Erstmalig wurde die Einsetzung von Untersuchungsausschüssen in der GeschO EP 1981 geregelt, also auf Initiative des EP selbst. Danach mußte das EP zur Untersuchung von Einzelfragen auf Antrag eines Viertels seiner Mitglieder einen Untersuchungsausschuß einsetzen. Wurde seitdem die rechtliche Zulässigkeit der Einsetzung von Untersuchungsausschüssen aus dem Selbstorganisationsrecht des EP abgeleitet[274], hatten einige Autoren bisher dem EP das Untersuchungsrecht schlichtweg abgesprochen[275]. Begründet wurde dies damit, daß dem EP richterliche Funktionen sämtlich fehlten[276] und zudem die Rivalität zwischen Regierungs- und Oppositionsfraktion, welche unabdingbare Voraussetzung für die Einsetzung von Untersuchungsausschüssen sei, im EP nicht bestehe[277]. Indes hat die Praxis vor und nach der Verankerung des Untersuchungsrechts im EG-Vertrag gezeigt, daß beide Umstände nicht Voraussetzung für die sinnvolle Ausübung der Kontrollfunktion durch Untersuchungsausschüsse

---

[272] Vgl. *Beckedorf*, Das Untersuchungsrecht des Europäischen Parlaments, S. 384 ff.

[273] *Shackleton*, Journal of Common Market Studies, Vol. 38 (1998), S. 115 (119).

[274] *Kipke*, ZParl 1989, S. 488 (490); *Schoo* in: Schwarze (Hrsg.), Gesetzgebung in der Europäischen Gemeinschaft, S. 97 (112); *ders.* in: Rengeling/v. Borries (Hrsg.), Aktuelle Entwicklungen in der Europäischen Gemeinschaft, S. 1 (12).

[275] *Grabitz/Läufer*, Das Europäische Parlament, S. 83 u. 152; *Hoffmann*, Zusammensetzung und Befugnisse des Parlaments der Europäischen Gemeinschaften, S. 114; *Ipsen*, Europäisches Gemeinschaftsrecht, S. 333; *Reifferscheid*, Die Ausschüsse des Europäischen Parlaments, S. 60.

[276] *Grabitz/Läufer*, Das Europäische Parlamtent, S. 83.

[277] *Ipsen*, Europäisches Gemeinschaftsrecht, S. 333.

sind[278]. Vielmehr übernimmt das Untersuchungsrecht in jeder konkreten Funktionenordnung eine spezifische Funktion und erhält durch die Funktionsordnung eine dementsprechende Ausformung. Richterliche Funktionen, wie sie den Untersuchungsausschüssen des Bundestages in Art. 44 GG eingeräumt werden, sind daher nicht Voraussetzung des Untersuchungsrechts, sondern dessen systemspezifische Ausformung. Der Untersuchungsausschuß macht darüber hinaus auch als Kontrollinstrument des Gesamtparlaments gegenüber den anderen Organen Sinn[279], insbesondere weil das Gesamtparlament – gerade mit Blick auf das Mißtrauensvotum – in der derzeitigen Ausgestaltung des Gemeinschaftssystems als solches die Rolle der Opposition gegenüber der Kommission inne hat, ohne sich freilich wegen der vertrauensvollen Partnerschaft zur Kommission in diese zu fügen[280]. Die Ausgestaltung des Untersuchungsrechts als Instrument des gesamten Parlaments ist logische Folge der Tatsache, daß auch der Mißtrauensantrag im Rahmen der EG kein Mittel einer politischen Minderheit ist. Die Notwendigkeit demokratischer Kontrolle durch das Parlament besteht indes unabhängig vom Grad der Legitimation exekutiver Organe durch das Parlament.
Die Neufassung der GeschO EP von 1986 traf in Art. 91 Abs. 3[281] auch eine neue Regelung über die Einsetzung von Untersuchungsausschüssen. Wesentlich war die engere Umschreibung des Untersuchungsgegenstandes (»Zur Untersuchung von Fällen, in denen angeblich Verstöße gegen das Gemeinschaftsrecht oder Mißstände bei der Wahrnehmung der Zuständigkeiten der Gemeinschaft vorliegen...«). Damit fand explizit eine Abgrenzung der nicht ständigen Untersuchungsausschüsse von sonstigen politischen Parlamentsausschüssen statt[282].

---

[278] So schon *Schoo* in: Schwarze (Hrsg.), Gesetzgebung in der Europäischen Gemeinschaft, S. 94 (111), der zur Begründung dieser Erkenntnis besonders auf einen Verfassungsvergleich der Mitgliedstaaten verweist.

[279] *Haag* in: Groeben/Thiesing/Ehlermann, Art. 138 c) EGV Rn. 2; vgl. aber für den Bundestag *Schröder* in: Schneider/Zeh (Hrsg.), Parlamentsrecht und Parlamentspraxis in der Bundesrepublik Deutschland, § 46 Rn. 4. Dieser hält die Antinomie zwischen Regierungsmehrheit und Opposition für ein wesentliches Charakteristikum des Untersuchungsrechts.

[280] Zu dieser Sichtweise *Bieber*, Die Organe der erweiterten Europäischen Gemeinschaften, Das Parlament, S. 27.

[281] Gleichlautend Art. 109 Abs. 3 der GeschO EP 1987.

[282] *Beckedorf*, Das Untersuchungsrecht des Europäischen Parlaments, S. 218.

Die Reichweite der Befugnisse der Untersuchungsausschüsse gegenüber den anderen Organen war vor der primärrechtlichen Regelung des Untersuchungsrechts ebenfalls umstritten. Einerseits bestand Einigkeit darüber, daß die GeschO keine Befugnisse verleihen könne, die über die im Vertrag vorgesehenen und durch interinstitutionelle Absprachen vereinbarten Rechte hinausgehen[283]. Dies ergebe sich schon aus der Nachrangigkeit der GeschO gegenüber dem EG-Vertrag und der vom EuGH ausgeübten primärrechtskonformen Auslegung. Dennoch wollten einige Stimmen in der Literatur durch eine extensive, am Zweck der GeschO-Regelung – Sicherung der Kontrollfunktion des EP – orientierte Auslegung die Befugnisse weiter verstanden wissen als andere und zählten folglich auch das Recht auf Einsicht in Akten und Zutrittsrechte zu den Befugnissen der Untersuchungsausschüsse[284]. Wie oben dargestellt, ist die Frage der Befugnisse nun im interinstitutionellen Beschluß geregelt.
Nachdem das EP selbst mit der Regelung des Untersuchungsrechts in der GeschO EP von 1981, entgegen den Bedenken der Literatur hinsichtlich der rechtlichen Zulässigkeit, das Untersuchungsrecht eingeführt und von ihm Gebrauch gemacht hatte, bemühte es sich immer wieder um eine Aufnahme des Untersuchungsrechts in die Verträge[285], um so seine Kontrollfunktion weiter auszubauen und den Weg für weitergehende Befugnisse hinsichtlich der Beweiserhebung zu bahnen. Endlich wurde dieser Forderung mit dem Vertrag zur Gründung der Europäischen Union entsprochen.

---

[283] *Kipke*, ZParl 1989, S. 488 (492 f.); *Schoo* in: Schwarze (Hrsg.), Gesetzgebung in der Europäischen Gemeinschaft, S. 97 (113).

[284] *Schoo* in Schwarze (Hrsg.), Gesetzgebung in der Europäischen Gemeinschaft, S. 97 (113); ihm folgend: *Beckedorf*, Das Untersuchungsrecht des Europäischen Parlaments, S. 203 f. Eine extensive Interpretation ablehnend *Kipke*, ZParl 1989, S. 488 (493). Hiernach standen dem Untersuchungsausschuß nur die Rechte zu, die dem Gesamtparlament primärrechtlich zugewiesen waren, also insbesondere das Fragerecht. Ferner durfte der Untersuchungsausschuß, wie alle anderen Ausschüsse, auch Sachverständige anhören, Art. 124 Abs. 3 GeschO EP 1987.

[285] Vgl. etwa Art. 18 des Entwurfes eines Vertrags zur Gründung der Europäischen Union, Entschließung des EP vom 14.2.1984, ABl. C 77 vom 19.3.1984, S. 33 (39); ebenso Entschließung vom 22.11.1990 zu den Regierungskonferenzen im Rahmen der Strategie des EP für die Europäische Union, ABl. C 324 vom 22.11.1990, S. 219, 230.

f) Praktische Wahrnehmung des Untersuchungsrechts

Um den Rahmen der Bearbeitung nicht zu sprengen, sollen hier nur diejenigen Untersuchungsausschüsse Beachtung finden, die sich als echte Kontrollenquêten gegenüber der Kommission herausgestellt haben[286]. Daneben wurden einige allgemeine Enquête-Ausschüsse eingesetzt, die als »Untersuchungsausschüsse« bezeichnet wurden[287].

1. Aus Anlaß des Verschwindens von 41 Fässern Dioxin, welches bei einem Unfall in der chemischen Fabrik ICMESA in Seveso freigesetzt worden war, setzte das erweiterte Präsidium des EP am 21.6.1983 den Untersuchungsausschuß zur Behandlung giftiger und gefährlicher Stoffe durch die Europäische Gemeinschaft und ihre Mitgliedstaaten ein. Dabei wirft der Untersuchungsbericht[288] der Kommission vor, die Kontrolle über die Mitgliedstaaten bei der Anwendung der Richtlinie 78/319 EWG[289] nicht bzw. nicht rechtzeitig ausgeübt zu haben. Es wird festgestellt, daß die Kommission ihrer Pflicht, Sorge für die Anwendung des Gemeinschaftsrechts zu tragen (Art. 211, Spiegelstrich 1 EG), nicht nachgekommen sei. Klagen gegen die säumigen Mitgliedstaaten habe sie lediglich zögerlich erhoben. Schließlich habe sie gegen ihre Pflicht aus Art. 16 Abs. 2 der Richtlinie, welcher die regelmäßige Berichterstattung über die Anwendung derselben gegenüber EP und Rat vorschreibt, verstoßen[290].

---

[286] Eine chronologische Aufführung der Untersuchungsausschüsse findet sich bei *Haag* in: Groeben/Thiesing/Ehlermann, Art. 138 c) EGV Rn. 13 und 14; *Kipke*, ZParl 1989, S. 488 (489 f.). Eine ausführliche Abhandlung aller Untersuchungsausschüsse findet sich zudem bei *Beckedorf*, Das Untersuchungsrecht des Europäischen Parlaments, S. 221 ff.; *ders.*, EuR 1997, S. 237 ff.

[287] Die Untersuchungsausschüsse »für Qualitätsprobleme im Fleischsektor«, »Rassismus und Ausländerfeindlichkeit« und »zur Ausbreitung des organisierten Verbrechens im Zusammenhang mit dem Drogenhandel in den Ländern der Gemeinschaft«. Dazu näher: *Beckedorf*, Das Untersuchungsrecht des Europäischen Parlaments, S. 263 f., 269 f., 274.

[288] Dok. EP 1-109/84.

[289] Richtlinie des Rates vom 20.3.1978 über giftige und gefährliche Abfälle (78/319/EWG), ABl. L 84 vom 31.3.1978, S. 43.

[290] Vgl. dazu *Beckedorf*, Das Untersuchungsrecht des Europäischen Parlaments, S. 229 f.; *Schoo* in Rengeling/v. Borries (Hrsg.), Aktuelle Entwicklungen in der Europäischen Gemeinschaft, S. 1 (13); Zur Reaktion des EP auf den Untersuchungsbericht vgl. Entschließung des EP vom 11.4.1984, ABl. C 127 vom 14.5.1984, S. 67 ff.

2. Der »Untersuchungsausschuß zum Problem der Lagerbestände im Landwirtschaftssektor«, der am 25.9.1986 vom erweiterten Präsidium eingesetzt wurde[291], zeigte in seinem Bericht[292] Mängel in der Verwaltung durch die Kommission auf und forderte diese auf, diese abzustellen. Konkrete Mißstände wurden der Kommission jedoch ausdrücklich nicht zum Vorwurf gemacht[293].

3. Ein weiterer Untersuchungsausschuß befaßte sich auf dem Hintergrund der Affäre um das Hanauer Transportunternehmen »Transnuclear« mit der Prüfung von Transporten radioaktiver Abfälle aus dem Kernforschungszentrum in Mol. Dieser Ausschuß wurde am 19.1.1988 eingesetzt[294]. Der Ausschuß hatte unter anderem den Auftrag zu prüfen, ob es seitens Deutschlands, Belgiens oder der Kommission zu Verstößen gegen das Gemeinschaftsrecht gekommen sei[295]. Der Bericht des Untersuchungsausschusses[296] stellte indes keine Verstöße gegen das Gemeinschaftsrecht, sondern nur Mißstände bei der Wahrnehmung der Zuständigkeiten der Gemeinschaft fest. Die Kommission habe die ihr nach dem EAG-Vertrag zustehenden Kontrollmittel nicht ausreichend eingesetzt. Es wurde moniert, daß die Gemeinschaften keine Zuständigkeit für schwach radioaktives Material besäßen, sobald dieses als Abfall von den Inspektoren der Kommission ausgebucht sei, und zudem, daß die Richtlinie über den grenzüberschreitenden Transport von giftigen und gefährlichen Abfällen ausdrücklich nicht auf den grenzüberschreitenden Transport von nuklearem Abfall anwendbar sei.

---

291 Rechtsgrundlage war noch Art. 95 GeschO EP 1981. Erst am 13.11.1986 trat die neue GeschO in Kraft. Vgl. *Beckedorf*, Das Untersuchungsrecht des Europäischen Parlaments, S. 244.
292 Dok. EP A2-155/87.
293 Redebeitrag des Abgeordneten *Woltjer*, Verhandlung EP vom 27.10.1987, ABl. Anhang Nr. 2-357, S. 36.
294 Vgl. ABl. C 49 vom 22.2.1988, S. 22 f.; Zur weiteren Behandlung im EP vgl. Entschließung zu den Ergebnissen des Untersuchungsausschusses vom 6.7.1988, ABl. C 235 vom 12.9.1988, S. 70 ff.; Entschließung zu Maßnahmen im Anschluß an den Untersuchungsausschuß vom 5.12. 1988, ABl. C 309 vom 1988, S. 104.
295 *Beckedorf*, Das Untersuchungsrecht des Europäischen Parlaments, S. 252.
296 Dok. EP A2-120/88.

4. Am 13.12.1995 beschloß das EP die Einsetzung des »Ausschusses zur Untersuchung behaupteter Verstöße gegen das gemeinschaftliche Versandverfahren[297] oder von Mißständen bei dessen Anwendung«[298]. Aus Anlaß der von der Kommission festgestellten Betrugsfälle zu Lasten des Gemeinschaftshaushalts bei der Erhebung von Zöllen und Abgaben durch die Verwaltungen der Mitgliedstaaten sollten Mängel und Lücken im Verfahren analysiert werden. In dem Ausschußbericht vom 20.2.1997[299] werden alle Gesetzgeber und Betreiber des Verfahrens dafür verantwortlich gemacht, daß das für die sechs Gründungsmitglieder entworfene Versandverfahren nicht im Hinblick auf die Erweiterung der Gemeinschaften um neun Staaten und auf die Steigerung der Transportmengen überarbeitet wurde. Der insofern nicht direkt beschuldigten[300], aber mit angesprochenen Kommission wird vorgeworfen, die Bekämpfung von Betrug zugunsten der stetigen Erleichterung des Warenverkehrs vernachlässigt zu haben[301].

5. Besondere Aufmerksamkeit hat in der Öffentlichkeit der Untersuchungsausschuß zur Prüfung von Rechtsverstößen und Mißständen im Zusammenhang mit BSE (Rinderwahnsinn) genossen. Hier war die Erwartungshaltung an das EP hinsichtlich der Ausübung seiner Kontrollfunktion deshalb so groß, weil sich die europäischen Bürger als Verbraucher unmittelbar betroffen und bedroht sahen. Der mit Beschluß vom 17.7.1996[302] eingesetzte Ausschuß legte bereits am 7.2.1997 seinen Bericht[303] vor. In diesem wird neben dem Vereinigten Königreich die Kommission für die Mißstände im Zusammenhang mit der BSE-Krise

---

[297] »Ziel aller Versandverfahren ist es, die Beförderung von unter zollamtlicher Überwachung stehenden Waren zu erleichtern und einen Anreiz zu bieten, eingeführte Waren in der Nähe des Bestimmungsortes anstatt an der Außengrenze ihrer weiteren zollrechtlichen Bestimmung zuzuführen«, so *Hohrmann*, Entwicklungen im Versandverfahren, ZfZ 1997, S. 399 (400) mit ausführlicher Darstellung der Grundlagen und Entwicklung des Versandverfahrens.

[298] ABl. C 7 vom 12.1.1996, S. 1.

[299] Dok. EP A4-0053/97.

[300] *Shakleton*, Journal of Common Market Studies, Vol. 36 (1998), S. 115 (117).

[301] *Beckedorf*, EuR 1997, S. 237 (254 f.).

[302] ABl. C 239 vom 17.8. 1996, S. 1; C 261 vom 9.9.1996, S. 132.

[303] Dok. EP A4-0020/97, Bericht über behauptete Verstöße gegen das Gemeinschaftsrecht bzw. Mißstände bei der Anwendung desselben im Zusammenhang mit BSE unbeschadet der Zuständigkeit der nationalen und der gemeinschaftlichen Gerichte.

verantwortlich gemacht[304]. Als Fazit läßt sich dem Bericht entnehmen, daß die Kommission stets das Funktionieren des Rindfleischmarktes über den Gesundheitsschutz und die Schutzinteressen der Konsumenten gestellt habe[305]. Bereits seit 1974 hätten der Kommission die Rechtsgrundlagen zum Erlaß aller Vorkehrungen zum Schutz der Gesundheit der Bevölkerung zur Verfügung gestanden, ohne daß sie hiervon vor 1996 Gebrauch gemacht hätte. Hingegen seien kritische Wissenschaftler aktiv an der Äußerung ihrer Bedenken gehindert worden, um Beunruhigungen in der Öffentlichkeit zu vermeiden. Ferner habe sich die Kommission der britischen Regierung gebeugt und z. B. BSE-Inspektionen in britischen Schlachthäusern zwischen Juni 1990 und Mai 1994 ausgesetzt.

Bemerkenswert an diesem Untersuchungsausschuß ist u. a., daß die Handlungen und Unterlassungen der Kommission gleichzeitig Gegenstand mehrerer Verfahren vor Gemeinschaftsgerichten war[306]. Der Ausschuß legte die Ausschlußklausel des Art. 193 Abs. 1 Hs. 2 EG (damals Art. 138 c) EGV) aber so aus, daß es ihm zwar nicht zustehe, eine persönliche Haftbarkeit zu ermitteln, er jedoch berechtigt sei, die politische Verantwortung festzustellen[307]. Diese Auslegung widerspricht aber dem oben beschriebenen Sinn der Ausschlußklausel, daß die Gerichtsverfahren vor einer Beeinflussung durch das Parlament und vor Überfrachtung mit politischen Dimensionen eines Falles geschützt werden sollen. Insofern ist die Zulässigkeit dieses Ausschusses zweifelhaft. Allein die Tatsache, daß weder die Gemeinschaftsgerichte noch die Kommission die Einsetzung offiziell rügten, vermag dieselbe rechtlich nicht zu rechtfertigen[308]. Hier deutet sich die Gefahr an, daß die aktuelle Ausgestaltung des institutionellen Gleichgewichts politischen Zwängen zum Opfer fällt. In dem vorliegenden Fall hätte eine Rüge seitens der Kommission zu einem Aufschrei der verschreckten Bevölkerung geführt und das Vertrauen in die Kommission und die Gemeinschaft als solche nachhaltig erschüttert. Gleiches gilt für das EP, wenn es den Ausschuß nicht eingesetzt hätte.

---

[304] Vgl. zur Verantwortlichkeit der Kommission Dok. EP A4-0020/97, Teil A, Punkt 5., zur politischen Verantwortung Teil A Punkt 6. des Berichts.

[305] *Beckedorf*, EuR 1997, S. 237 (247); *Rack/Gasser*, EuZW 1998, S. 421 (423).

[306] Mit genauer Nennung *Beckedorf*, EuR 1997, S. 237 (239 Fn. 17).

[307] Dok EP A4-0020/97, Teil A, Punkt 1. A).

[308] So aber *Beckedorf*, EuR 1997, S. 237 (241).

In diesem Fall hat das EP eine sehr starke Kontrolle über die Kommission ausgeübt, was einerseits beweist, daß das EP in der Lage ist, die ihm übertragenen Kontrollfunktionen tatsächlich wahrzunehmen und die Interessen der europäischen Bürger in effizienter Weise zu vertreten[309]. Andererseits hat das EP mit der berühmt gewordenen Androhung eines Mißtrauensvotums[310] für den Fall, daß die Kommission die Empfehlungen des Ausschusses nicht innerhalb einer ihr gesetzten Frist umsetze[311], ein Novum in der Geschichte des Parlaments gesetzt, welches die kritische Frage rechtfertigt, ob das EP hiermit zu stark in das Selbstorganisationsrecht der Kommission eingreift[312].

g) Bewertung

Es ist festzuhalten, daß die Einsetzung eines Untersuchungsausschusses ein wichtiges Mittel zur Informationsgewinnung für das Gesamtparlament – und eben nicht für eine politische Minderheit – ist. Anders als etwa beim Fragerecht oder bei der Erörterung des Gesamtberichtes der Kommission ist das Parlament dabei in der Lage, selbständig und in größerem Umfang Tatsachen zu ermitteln. Darüber hinaus ermöglicht die Einsetzung eines Untersuchungsausschusses eine bessere und tiefgreifendere Kontrolle als sie ein ständiger Ausschuß neben seiner Parlamentsarbeit je leisten könnte.

Die Entwicklung des Untersuchungsrechts ist eine Erfolgsgeschichte des EP auf dem Weg der Parlamentarisierung der Gemeinschaft, wobei es selbst der Motor dieser Entwicklung war, indem es sich entgegen allen kritischen Stimmen in der Literatur dieses Recht zu eigen machte und fortan immer wieder seine Verankerung in den Gemeinschaftsverträgen forderte. Besonders der BSE-Untersuchungsausschuß hat gezeigt, daß sich das EP in Wahrnehmung seines

---

[309] Diesen Aspekt heben hervor *Rack/Gasser*, EuZW 1998, S. 421.

[310] Ein tatsächlicher Mißtrauensantrag des Abgeordneten Happart wurde mit großer Mehrheit abgelehnt, vgl. ABl. C 85 vom 17.3.1997, S. 22 f. und 103.

[311] ABl. C 85 vom 17.3.1997, S. 55 und 61 Ziffer 7.

[312] Diese und weitere Fragen äußert *Beckedorf*, EuR 1997, S. 237 (249 ff.).

Untersuchungsrechts als Sachwalter der Interessen der europäischen Bürger gegenüber Versäumnissen der Gemeinschaftsinstitutionen begreift[313].

Obwohl die Festschreibung des Untersuchungsrechts in den Gemeinschaftsverträgen eine Aufwertung vom rein internen Organisationsrecht zum prägenden Merkmal des institutionellen Systems der Gemeinschaft mit sich brachte, welche auch mit der Festschreibung und Erweiterung der Befugnisse zum Zwecke der Informationsgewinnung verbunden war, ist seine Ausgestaltung zum Teil verbesserungsbedürftig. So hat insbesondere der BSE-Ausschuß gezeigt, daß eine genauere gesetzliche Bestimmung und Deutung der Ausschlußklausel (Art. 193 Abs. 1 Hs. 2 EG) unerläßlich ist.

Die Tatsache, daß auch nach der Reform des Untersuchungsrechts dem Untersuchungsausschuß abgesehen von einer Klage keine Mittel zur Durchsetzung seiner Rechte an die Hand gegeben sind, vermag die politische Wirksamkeit dieses Kontrollmittels nicht zu schmälern, denn nicht der Nachweis eines tatsächlichen Fehlverhaltens, sondern vielmehr die öffentlichkeitswirksame Benennung von Personen und Ankündigung der Untersuchungen verleiht ihm seine politische Stärke[314]. Da das Untersuchungsrecht im EG-Vertrag als Recht des gesamten Parlaments und nicht der Opposition ausgestaltet ist, ist es folgerichtig, daß auch die Durchsetzung der Rechte des Untersuchungsausschusses (nur) auf den für das Gesamtparlament vorgesehenen Wegen möglich ist.

Das EP sollte seine Kontrollmacht nicht durch einen inflationären Einsatz des Kontrollmittels aufs Spiel setzen. In diesem Sinne ist zu hoffen, daß zukünftig keine allgemeinen Enquête-Kommissionen als Untersuchungsausschüsse deklariert werden, wie dies auch nach der eindeutigen Umschreibung des Untersuchungsgegenstandes durch die GeschO EP 1986 noch geschah[315].

---

[313] Hieran wird deutlich, daß das Untersuchungsrecht keineswegs nur der Informationsgewinnung dient, sondern als Mittel der Bewertung und der öffentlichen Kritik eingesetzt wird.

[314] Die Macht der Öffentlichkeitswirksamkeit in den letzten beiden Untersuchungsausschüssen beschreibt eingehend *Shackleton*, Journal of Common Market Studies, Vol. 38 (1998), S. 115 (123 ff.).

[315] Vgl. Fn. 287.

h) Einhaltung der Grenzen der Kontrollfunktion

Was nun die Einhaltung der primärrechtlichen Grenzen bei der Ausgestaltung und Wahrnehmung des Kontrollverhältnisses zwischen EP und Kommission durch die Organe angeht, so wurden diese insbesondere im Zusammenhang mit dem BSE-Untersuchungsausschuß tangiert.

Zunächst ist die Einsetzung und die Arbeit des Ausschusses während laufender Gerichtsverfahren als Ausgestaltung des Kontrollverhältnisses seitens des EP an den oben[316] entwickelten primärrechtlichen Grenzen der Kontrollfunktion zu messen. Das Kontrollverhalten dient der Ausgestaltung und Wahrnehmung des vertraglich normierten Untersuchungsrechts (Art. 193 EG). Die Grenze der Ausgestaltung und Wahrnehmung des Untersuchungsrechts durch das EP ist durch Auslegung des Art. 193 EG zu ermitteln. Sowohl der Wortlaut (Art. 193 Abs. 1 Hs. 2), als auch der Sinn der Ausschlußklausel – gerichtliche Verfahren vor Beeinflussung durch das Parlament und vor politischem Druck zu schützen – sprechen gegen die Arbeit des Ausschusses bei laufenden Gerichtsverfahren und markieren somit Grenzen der Ausgestaltung des Untersuchungsrechts. Diese Argumente werden auch nicht durch befürwortende Argumente unter Rückgriff auf Strukturprinzipien im Rahmen der systematisch-teleologischen Auslegung aufgewogen: Zwar verlangt die Funktionsfähigkeit die Wahrung der Identität des EP und damit die optimale Ausschöpfung des Untersuchungsrechts, in diesem Falle gerade im Interesse der europäischen Bürger als betroffene Verbraucher. Der Vertrag hat aber bereits eine Abwägung zwischen den Funktionsinteressen des EP und dem Interesse an einem unbelasteten Gerichtsverfahren zugunsten des letzteren getroffen. Auch wenn durch den Untersuchungsausschuß nicht die persönliche Haftbarkeit einer Person, sondern die politische Verantwortlichkeit untersucht wird, so ist die Gefahr der Beeinflussung und des politischen Drucks doch nicht gebannt, da eine eindeutige Trennung beider Untersuchungen wohl nicht möglich ist. Z. B.: Wenn das EP Mißstände im Bereich der Kommission aufdeckt, so ist damit ein Vor-Urteil auch und gerade für den Amtshaftungsanspruch gegen die Kommission[317] (Art. 288 Abs. 2 EG) getroffen.

---

[316] Teil 2 B.

[317] Vgl. die damals anhängige Schadensersatzklage gemäß Art. 215 Abs. 2 EGV, Rs. T-53/96 (Syndicat des producteurs de viande bovine de la coordination rurale u. a../.Kommission).

Folglich hat das EP hier gegen die Grenzen des Untersuchungsrechts verstoßen. Dabei ist die Kommission dem EP aufgrund des Drucks der Öffentlichkeit praktisch ausgeliefert und kann sich gegen ein solches Verhalten nicht zur Wehr setzen.

Ferner ist unter dem Aspekt der Grenzen parlamentarischer Kontrolle die Drohung mit dem Mißtrauensantrag bei Nichtumsetzung der Empfehlungen des Untersuchungsausschusses[318] in angemessener Frist zu behandeln. Dabei ist die Drohung mit einem Mißtrauensantrag für sich genommen nicht zu beanstanden. Bedenklich ist aber, daß das EP durch die unbedingte Verknüpfung von Untersuchungsbericht, Frist und Mißtrauensantrag der Kommission ihr weiteres Handeln diktiert und ihr somit Verpflichtungen oktroyiert. Damit entsteht eine Praxis des Untersuchungsrechts, die mit den vertraglichen Vorgaben für das Kontrollverhältnis zwischen EP und Kommission nicht in Einklang steht:
Dem Wortlaut des Art. 193 EG läßt sich eine Pflicht des EP zur Umsetzung von Empfehlungen des Untersuchungsberichts nicht entnehmen, und auch der interinstitutionelle Beschluß sieht lediglich vor, daß die Adressaten von Empfehlungen des EP die Schlußfolgerungen ziehen, die *sie* für angebracht halten (Art. 4 Abs. 3 S. 2 des interinstitutionellen Beschlusses). Sinn und Zweck des Art. 193 EG ist allein die Informationsgewinnung. Das Untersuchungsrecht trägt keinerlei sanktionierenden Charakter. Ferner ist im Rahmen der systematisch-teleologischen Auslegung des Art. 193 EG dem Strukturprinzip der Wahrung der Identität der Kommission Rechnung zu tragen. Das Diktat konkreter Pflichten greift aber erheblich in die Unabhängigkeit der Kommission ein. Auch im Lichte des Prinzips der Organtreue muß das Vorgehen des EP als illoyal erscheinen. Unter Ausnutzung der Öffentlichkeitswirksamkeit des Untersuchungsrechts und des Mißtrauensantrags okkupiert das EP den Rechtskreis der Kommission und funktioniert das Untersuchungsrecht zu einem sanktionierenden Kontrollrecht um. Es überschreitet damit den konkreten Kontrollzweck.

---

[318] Das EP stellte der Kommission ein Ultimatum zur Umsetzung, vgl. ABl. C 85 vom 17.3.1997, S. 61 (62, Punkt 7).

2) Das Fragerecht, Art. 197 Abs. 3 EG

Wie den mitgliedstaatlichen Parlamenten gegenüber der jeweiligen Regierung, so steht dem EP ein Fragerecht gegenüber der Kommission zu. Dabei nimmt Art. 197 Abs. 3 EG (Art. 140 Abs. 3 EGV) keinerlei Eingrenzung hinsichtlich des Gegenstandes der Fragen vor. Folglich können sie sich auf alle rechtlichen oder tatsächlichen Gegenstände der Verträge und auf die gesamte Tätigkeit oder Untätigkeit der Kommission beziehen[319].

a) Rechtsgrundlagen

Das Fragerecht des EP gegenüber der Kommission ergibt sich unmittelbar aus Art. 197 Abs. 3 EG (Art. 140 Abs. 3 EGV). Hiernach antwortet die Kommission mündlich oder schriftlich auf die ihr vom Europäischen Parlament oder von dessen Mitgliedern gestellten Fragen. Näher ausgestaltet ist das Fragerecht in Art. 42 bis 44 GeschO EP[320], wobei zwischen Anfragen zur mündlichen Beantwortung und solchen zur schriftlichen Beantwortung unterschieden wird. Weitere Ausprägung erfährt das Fragerecht durch die Fragestunde, die im einzelnen im Anhang II zur GeschO EP[321] geregelt ist. Dabei regeln die Art. 42 ff. der GeschO EP ebenfalls die Möglichkeit von Fragen an den Rat.

b) Anfragen zur mündlichen Beantwortung

Die GeschO EP gestaltet die Möglichkeit einer Anfrage zur mündlichen Beantwortung (Art. 197 Abs. 3 erste Alt. EG) als Kollektivrecht aus (Art. 42 GeschO EP). Danach können ein Ausschuß, eine Fraktion oder mindestens 32 Mitglieder Fragen an die Kommission richten und beantragen, daß die

---

[319] Vgl. *Beckedorf*, Das Untersuchungsrecht des Europäischen Parlaments, S. 126.

[320] Gegenüber der 14. Auflage der GeschO EP haben sich keine wesentlichen inhaltlichen Änderungen ergeben. Neu eingefügt wurden Art. 42 Abs. 1 S. 2 und Art. 44 Abs. 1 S. 2 GeschO EP_{15}. Die Regelungen der 14. Auflage waren mit denen der 13. Auflage (dort Art. 40-42) identisch.

[321] Während Anlage II in der 13. und 14. Auflage im wesentlichen gleich war, wurde durch die 15. Auflage neben kleineren Änderungen eingeführt, daß mit Zustimmung der Kommission die Fragestunde in spezifische Fragestunden für die einzelnen Kommissionsmitglieder eingeteilt werden kann (Punkt 15).

Frage auf die Tagesordnung gesetzt wird. Die Anfrage ist in schriftlicher Form dem Präsidenten vorzulegen, der sie unverzüglich der Konferenz der Präsidenten unterbreitet. Diese entscheidet darüber, ob und in welcher Reihenfolge die Anfragen auf die Tagesordnung gesetzt werden. Eine Woche vor der jeweiligen Sitzung muß eine Anfrage der Kommission übermittelt werden. Anfragen, die nicht innerhalb von drei Monaten auf die Tagesordnung des EP gesetzt werden, werden hinfällig. Im Anschluß an die Debatte kann das EP über Entschließungsanträge entscheiden (Art. 37 Abs. 2-5 GeschO EP). Die Anfragen werden als Sitzungsdokumente des EP veröffentlicht[322].

c) Fragestunde

Ein weiterer Anlaß für Fragen zur mündlichen Beantwortung bietet sich in der Fragestunde (Art. 43 GeschO EP i.V. m. Anlage II zur GeschO EP). Diese wurde 1973 vom EP in dessen Geschäftsordnung aufgenommen[323]. Allein hier haben die einzelnen Mitglieder des EP die Möglichkeit, je eine Frage an die Kommission und an den Rat zu stellen, weshalb die Fragestunde auch als eine der wenigen dem Abgeordneten verbliebenen Bastionen bezeichnet wird[324]. Die Frage ist dem Präsidenten schriftlich einzureichen, der über Zulässigkeit und Reihenfolge der Fragen entscheidet. Allerdings sind in der Fragestunde nur solche Fragen zulässig, die den Leitlinien (Anlage II zur GeschO EP, A., Punkt 1.-3.) entsprechen, insbesondere also kurze Fragen, die eine kurze Beantwortung zulassen. Die Kommission muß in der Fragestunde spontan antworten, was den Abgeordneten in die Lage versetzt, bei geschickter Fragestellung ein hohes Maß an politischer Kontrolle auszuüben. Im Anschluß an die Beantwortung kann der Abgeordnete eine Zusatzfrage zu jeder Anfrage, insgesamt aber nur zwei Zusatzfragen stellen, sofern dies zeitlich möglich ist (Anlage II zur GeschO EP, A. Pkt. 4. bis 6.)[325]. Zwar richten sich die Fragen an die Kommission als Kollegialorgan, je-

---

[322] *Hölscheidt* in: Grabitz/Hilf, Art. 197 EG Rn. 25.
[323] Entschließung des EP ABl. C 4 vom 14.2.1973, S. 17 ff.
[324] *Westlake*, The Commission and the Parliament, S. 46 Fn. 1.
[325] Gemäß der 13. und 14. Auflage der GeschO EP waren insgesamt zwei Zusatzfragen an die Kommission und eine Zusatzfrage an den Rat zulässig (Anlage II A. Punkt 4. S. 2).

doch antwortet regelmäßig der zuständige Kommissar[326]. Insofern ist die Neuregelung der GeschO EP $_{15}$ (Anlage II Punkt 15 S. 1) nur eine Normierung der bisherigen Praxis. Vor der Fragestunde werden die Fragen als Sitzungsdokumente des EP veröffentlicht. Im Anschluß werden sie zusammen mit den Antworten im ausführlichen Sitzungsbericht veröffentlicht[327].

d) Anfragen zur schriftlichen Beantwortung

Schließlich ist es jedem Abgeordneten möglich, Anfragen zur schriftlichen Beantwortung an die Kommission zu richten (Art 44 GeschO EP). Wiederum sind die Fragen schriftlich beim Präsidenten einzureichen, der sie an das betreffende Organ übermittelt. Dabei unterscheidet die GeschO EP zwischen Fragen mit Vorrang und solchen ohne Vorrang. Erstere sind von der Kommission innerhalb von drei Wochen, letztere innerhalb von sechs Wochen zu beantworten (Art. 44 Abs. 4 GeschO EP). Die schriftlichen Anfragen und die Beantwortungen werden im Amtsblatt veröffentlicht (Art. 44 Abs. 5 GeschO EP), wodurch die Öffentlichkeitswirksamkeit erhöht wird und die politische Kontrollmacht des EP gegenüber der Kommission an Gewicht gewinnt.

e) Historische Entwicklung

Schon der Gründungsvertrag der EGKS sah ein Fragerecht der Versammlung gegenüber der Hohen Behörde vor, und obwohl die Versammlung zu dieser Zeit nur viermal pro Jahr zusammentrat, machte sie regen Gebrauch von diesem Recht. Auch in die Römischen Verträgen wurde das Fragerecht aufgenommen[328].

1971 griff der Rechtsausschuß des EP den Vorschlag auf, der steigenden Anzahl von Anfragen durch die Einrichtung einer Fragestunde beizukommen. 1973 schließlich nahm das EP den Entwurf des Rechtsausschusses an[329]. Ursprünglich war die Dauer auf sechzig Minuten begrenzt, später dauerte die Fragestunde

---

[326] *Cohen*, CMLR 1979, S. 41 (47).

[327] *Hölscheidt* in: Grabitz/Hilf, Art. 197 EG Rn. 25.

[328] Vgl. *Cohen*, CMLR 1979, S. 41.

[329] Vgl. Entschließung EP, ABl. C 4 vom 14.2.1973, S. 17 ff.

zweimal anderthalb Stunden (Art. 47 a) Abs. 1 GeschO EP 1977). Derzeit ist in der GeschO EP keine Begrenzung der Fragestunde mehr vorgesehen, und sie findet regelmäßig am Mittwochabend jeder regelmäßigen Sitzung des EP in Straßburg statt[330].

Bis zur großen Reform der GeschO EP anläßlich des Maastricht Vertrags im September 1993 bestand das Fragerecht in vier Ausprägungen: Zum einen gab es mündliche Anfragen mit Aussprache – als Kollektivrecht – und solche ohne Aussprache – als Einzelrecht jedes Abgeordneten[331]. Daneben bestanden das Recht der schriftlichen Anfrage und die Fragestunde. Allerdings wurde von der Anfrage zur mündlichen Beantwortung ohne Aussprache wegen des wachsenden legislativen Handlungsbedarfs in der kurzen Sitzungszeit des EP kein Gebrauch mehr gemacht, weshalb sie schließlich abgeschafft wurde. Die Überschrift zu Art. 42 GeschO EP_{15} stellt klar, daß die dort geregelte mündliche Anfrage mit Aussprache stattfinden kann.

f) Praxis

Die Zahl der Fragen an den Rat und an die Kommission ist seit Gründung der Gemeinschaft rapide gestiegen[332]. Startete die Versammlung im Jahre 1958 mit 41 schriftlichen Anfragen, so waren es 1967 bereits 349, und im Jahre 1969 wurden 505 schriftliche Anfragen gestellt. Die Schwelle von 1000 Fragen wurde 1976 überschritten, diejenige von 2000 Fragen 1980, und 1985 wurden sogar mehr als 3000 schriftliche Anfragen eingereicht. 1996 bis 1998 und im Jahre 2000 wurden jeweils mehr als 4000 Fragen zur schriftlichen Beantwortung gestellt[333].

Trotz größter Hürden für die Einbringung in die Tagesordnung der öffentlichen Sitzung des EP stieg die Anzahl der mündlichen Fragen in allen Ausprägungen

---

330 *Westlake*, The Commission and the Parliament, S. 45.

331 Die mündlichen Anfragen mit und ohne Aussprache waren in Art. 42, 43 GeschO EP 1981 bzw. in Art. 58, 59 GeschO EP 1987 geregelt.

332 Die folgenden Zahlenangaben sind entnommen bei *Chauchat*, Le contrôle politique du Parlement européen sur les exécutifs communautaires, S. 33 ff. Weitere Informationen sind entnommen aus: *Jacobs/Corbett/Shackleton*, The European Parliament, S. 244 (Tabellen).

333 Die Zahlen sind Tabellen entnommen, welche das EP freundlicherweise zur Verfügung gestellt hat.

ebenfalls an. 1973 waren es noch 51, 1987 bereits 1250[334]. Auch in den Jahren 1996-1998 und 2000 lag die Zahl der Fragen zur mündlichen Beantwortung jeweils zwischen 1100 und 1500.

Der Anstieg der absoluten Zahl aller Fragerechte verlief nicht stetig. So wurden etwa 1989 in allen drei Sparten (Fragestunde, sonstige mündliche Anfragen, schriftliche Anfragen) weniger Fragen gestellt als im Vorjahr. Das Jahr 1999 ist in jeder Hinsicht ein Ausnahmejahr: Die Anzahl der schriftlichen Fragen betrug nur 2.869, diejenige der mündlichen Fragen nur 906. Dieser einmalige Rückgang aller Fragen ist vor allem im Zusammenhang mit der Neuwahl des EP im Juni 1999 zu sehen. Während der letzten Plenartagung des alten Parlaments wurden keine mündlichen Fragen gestellt, wie auch im Wahlmonat naturgemäß keinerlei Fragen gestellt wurden. Im August gab es wiederum keine mündlichen Fragen. Die Plenarsitzung war mit der Anhörung der vorgeschlagenen Kommissionsmitglieder ausgefüllt.

Die Anzahl der schriftlichen Fragen übersteigt die Anzahl aller zur mündlichen Beantwortung gestellten Fragen stets erheblich. Außerdem ist die absolute Anzahl der Fragen, die außerhalb der Fragestunde zur mündlichen Beantwortung gestellt werden, mit Abstand die geringste im Vergleich zur absoluten Zahl der anderen beiden Fragerechte.

Letzteres mag daran liegen, daß es sich hierbei nach der heutigen Fassung der GeschO EP um ein kollektives Fragerecht handelt, weshalb jeweils eine Absprache und erhebliche Vorbereitung erforderlich ist. Die Zielrichtung ist hier nicht die Informationsbeschaffung für den einzelnen Abgeordneten, sondern die kollektiv ausgeübte Kontrolle und politische Schwerpunktsetzung steht hier im Vordergrund. Vor 1993 waren Fragen zur mündlichen Beantwortung außerhalb der Fragestunde zwar auch als Einzelrecht jedes Abgeordneten ausgestaltet, jedoch kann die vorhergehende Aussage auch für den Zeitraum von 1973 bis 1993 gelten, da seit Einführung der Fragestunde (1973) von diesem Einzelrecht kaum mehr Gebrauch gemacht wurde und die mündlichen Fragen außerhalb der Fragestunde zum größten Teil kollektive Anfragen waren.

---

[334] Die Zahlen enthalten allerdings auch die Fragen an den Rat, vgl. *Chauchat*, Le contrôle politique du Parlement européen sur les exécutifs communautaires, S. 41.

Die im Vergleich zu den schriftlichen Fragen untergeordnete Bedeutung der verschiedenen Arten mündlicher Anfragen mag einerseits mit der Zeitknappheit in den Sitzungen des EP zusammenhängen, andererseits aber besteht ein nicht zu unterschätzendes Sprachenproblem, da im Parlament in allen Amtssprachen geredet werden darf[335]. Bei einem Kontrollmittel, das wesentlich von der rhetorischen Geschicklichkeit und Schlagkraft abhängt, kann dies zu einer Lähmung führen, die das Kontrollmittel ineffektiv macht.

Der zunehmende Gebrauch der Fragerechte kann bei der Fragestunde und den Fragen zur schriftlichen Beantwortung mit der steigenden Anzahl von Abgeordneten in der erweiterten Union zusammenhängen. Ein weiterer Grund ist die wachsende Vergemeinschaftung und damit die Ausweitung des Kreises möglicher Frageinhalte. Die Zahl der schriftlich zu beantwortenden Anfragen liegt bei weitem höher als die in der Fragestunde gestellten Anfragen, obwohl beides Rechte sind, die der einzelne Abgeordnete allein wahrnimmt. Dies zeigt, daß die Abgeordneten in der Tendenz mehr an einer fundierten, fachkundigen und kostenlosen Information, nicht zuletzt über die Anwendung des Gemeinschaftsrechts in ihrem Wahlkreis, interessiert sind[336], als an dem politisch brisanten Schlagabtausch mit der Kommission[337].

g) Bewertung

Es ist festzuhalten, daß das EP das ihm traditionell und primärrechtlich zustehende Fragerecht sinnvoll und effektiv in seiner GeschO ausgestaltet hat, wobei es auch Erfahrungen aus der Praxis zum Anlaß für Umgestaltungen genommen hat.

Das Fragerecht verdient seine Einordnung als informatives Recht in doppelter Weise: Einerseits, weil es dem einzelnen Abgeordneten als Informationsquelle,

---

[335] Vgl. *Chauchat*, Le contrôle politique du Parlement européen sur les exécutifs communautaires, S. 41.

[336] So auch *Westlake*, The Commission and the Parliament, S. 44, der die Kommission als kooperative Informationsquelle für die einzelnen Abgeordneten bezeichnet.

[337] *Westlake*, The Commission and the Parliament, S. 45 beschreibt, daß die Fragestunde unter mangelnder Teilnahme der Parlamentarier leidet, wobei nicht selten mehr Kommissionsmitglieder als Abgeordnete anwesend seien.

etwa über die Anwendung des Gemeinschaftsrechts in seinem Wahlkreis, dient, andererseits als informatives Kontrollrecht, welches das EP in die Lage versetzt, die Informationen zu beschaffen, die es benötigt, um die sanktionierende Kontrolle gegenüber der Kommission ausüben zu können.
Die Verantwortlichkeit der Kommission gegenüber dem EP und damit die Ausübung der informativen Kontrolle zeigt sich am stärksten in dem kollektiven Recht, Fragen zur mündlichen Beantwortung zu stellen (Art. 42 GeschO EP), denn hier steht nicht, wie häufig bei den schriftlichen Anfragen und bei der Fragestunde, die Neugierde des Abgeordneten und der Presse[338] auf aktuelle Informationen seitens der Kommission im Vordergrund, sondern hier müssen sich mehrere Abgeordnete zusammentun. Deshalb dient diese Ausgestaltung des Fragerechts am ehesten der Ausübung der Kontrollfunktion durch das Gesamtparlament. Ferner kommt mit diesem Fragerecht noch ein drittes Anliegen des EP neben Informationsgewinnung und Kontrolle ins Spiel, nämlich die politische Schwerpunktsetzung. Aus der Debatte und aus den im Anschluß an sie angenommenen Entschließungen können Impulse für die Kommission ausgehen.
Schließlich ist auch für das Fragerecht festzuhalten, daß es als Kontrollrecht seine besondere Schlagkraft aus der Öffentlichkeitswirksamkeit erlangt, die durch die Information der Presse vor den Fragestunden und durch die Veröffentlichung von Fragen und Antworten im Amtsblatt bzw. in den Sitzungsdokumenten erzeugt wird. Dennoch ist die Öffentlichwirksamkeit bei weitem nicht so hoch wie bei einem Untersuchungsausschuß, nicht zuletzt, weil bei einem Untersuchungsausschuß das Damoklesschwert[339] des Mißtrauensvotums viel niedriger hängt. Das spontane Verhältnis zwischen EP und Kommission, welches eine Politisierung der Beziehungen nach sich zieht[340], wird dadurch gebremst, daß die Fragestunde rar und unregelmäßig besucht wird.

---

338 Dies deutet an: *Bieber*, Die Organe der erweiterten Europäischen Gemeinschaften: Das Parlament, S. 34 f.

339 *Westlake*, The Commission and the Parliament, S. 25.

340 *Bieber*, Die Organe der erweiterten Europäischen Gemeinschaften: Das Parlament, S. 35.

h) Einhaltung der Grenzen der Kontrollfunktion

An die Grenzen seiner Kontrollmacht stößt das EP im Zusammenhang mit dem Fragerecht weniger durch die praktische Wahrnehmung dieses Rechts als vielmehr durch die Ausformung desselben in der GeschO EP. Dort ist im Zusammenhang mit dem Fragerecht auch das Verhalten des befragten Organs geregelt. Die Einhaltung der primärrechtlichen Vorgaben soll exemplarisch anhand der Einrichtung der Fragestunde erläutert werden: Ganz allgemein geht das EP offenbar von der Zulässigkeit der Einrichtung der Fragestunde und von der Pflicht der Kommission zur Mitwirkung an derselben aus. Die Fragestunde, welche den einzelnen Abgeordneten eine unter Umständen effektivere, weil durch Spontaneität der Antworten geprägte, Kontrolle ermöglicht, müßte sich als Ausgestaltung des vertraglichen Fragerechts im Rahmen der primärrechtlichen Vorgaben halten. Dem Wortlaut des Art. 197 Abs. 3 EG (»antwortet«) ist eine allgemeine Pflicht der Kommission zur mündlichen und schriftlichen Beantwortung der Fragen des EP zu entnehmen. Er enthält hingegen keinerlei Vorgaben oder Einschränkungen für die Ausgestaltung des Fragrechts und die Art und Weise der Fragestellung. Die Konkretisierung ist den Organen überlassen. Im Rahmen der systematisch-teleologischen Auslegung sind auch die ungeschriebenen Strukturprinzipien heranzuziehen, die den Bereich des Interorganverhältnisses prägen. Die Wahrung der Identität des EP gebietet eine möglichst effektive Ausübung des Fragerechts. Da in Art. 197 Abs. 3 EG explizit auch das Recht einzelner Abgeordneter zur Fragestellung erwähnt ist («von dessen Mitgliedern gestellten Fragen«), muß das EP dieses Einzelrecht durch Verfahren in der Praxis ermöglichen. Dies geschah zunächst in Form des Rechts jedes Abgeordneten, Anfragen zur mündlichen Beantwortung zu stellen. Die Einführung der direkteren und spontaneren Fragestunde ist aber mit dem Bedürfnis des EP, seine Sitzungszeit optimal zu nutzen, zu erklären, und ist folglich ein Mittel zur Sicherung der Funktionsfähigkeit des EP. Die Funktionsinteressen der Kommission werden durch die Fragestunde nicht beeinträchtigt. Außerdem liegt es in der Macht der Kommissionsmitglieder, sich durch geschickte Rhetorik nur zurückhaltend zu äußern. Die von der GeschO EP vorausgesetzte Anwesenheitspflicht der Kommission ist denklogisch mit der vertraglich verankerten Pflicht zur mündlichen

Beantwortung von Fragen verbunden[341] und greift folglich nicht über das primärrechtlich vorgesehene Maß in die Autonomie der Kommission ein.
Das EP erlegt der Kommission also mit der Einführung der Fragestunde keine neuen Pflichten auf, sondern konkretisiert lediglich die vertraglichen Vorgaben ohne die primärrechtlichen Grenzen der Kontrollmacht zu überschreiten[342].

Anders könnte die Regelung zu beurteilen sein, wonach schriftliche Fragen innerhalb von drei bzw. sechs Wochen beantwortet werden müssen (Art. 44 Abs. 4 UA 1 und 2 GeschO EP). Eine Pflicht zur Einhaltung einer starren Grenze läßt sich aus Art. 197 Abs. 3 EG nicht entnehmen. Die Fragen zur schriftlichen Beantwortung stellen für die Kommission eine hohe Arbeitsbelastung dar[343], weshalb es in der Praxis häufig zu Verzögerungen bei der Beantwortung kommt. Wäre die Kommission an die Zeitvorgaben der GeschO EP gebunden, so stellte dies einen Eingriff in ihre Funktionsfähigkeit und Autonomie dar. Es ist in diesem Fall abzuwägen zwischen der Funktionsfähigkeit des EP einerseits, welche eine möglichst effektive und damit auch zügige Beantwortung der Fragen erfordert, und der Funktionsfähigkeit der Kommission andererseits.
Es gilt wie oben[344] beschrieben, beide Prinzipien so weit wie möglich zur Geltung zu bringen. Das heißt, daß die Kommission sich um eine zügige Beantwor-

---

[341] Eine Anwesenheitspflicht der Kommission zur mündlichen Beantwortung von Fragen läßt sich nicht schon daraus herleiten, daß das Anwesenheitsrecht des Art. 155 Spiegelstrich 3 EG als Pflicht der Kommission verstanden wird, dazu *Beckedorf*, Das Untersuchungsrecht des Europäischen Parlaments, S. 141, denn die Fragestunde und die Beantwortung von Fragen generell steht nicht im Zusammenhang mit dem Zustandekommen der Akte des EP, also mit der legislativen Arbeit des EP.

[342] Die Einteilung der Fragestunde in Fragestunden für die einzelnen Kommissionsmitglieder (Anlage II zur 15. Auflage der GeschO EP, Punkt 15 S. 1), der nur an die ohnehin bestehende Praxis – daß das jeweils zuständige Mitglied der Kommission auf die Fragen antwortet – anknüpft, ist ebenfalls mit Art. 197 Abs. 3 EG vereinbar. Die Regelung verstößt nicht etwa gegen das Prinzip der Kollegialität, denn obwohl ein Mitglied der Kommission antwortet, gilt die Antwort doch für das ganze Organ. Ferner stehen keine Funktionsbedürfnisse der Kommission entgegen; vielmehr ermöglicht die Regelung, daß sich die einzelnen Kommissare terminlich auf die Fragestunde einrichten können. Die Regelung kommt der Kommission insofern entgegen.

[343] Zur Problematik schriftlicher Fragen aus Sicht der Kommission vgl. *Schwed*, RMC 13 (1970), S. 365 ff.

[344] Ab S. 82.

tung bemühen muß, dies allerdings nur so weit, daß sie ihren anderen Aufgaben ungehindert nachkommen kann. Dabei ist eine angemessene Frist einzuhalten, die aber je nach Dringlichkeit der Frage unterschiedlich sein kann. Die Verpflichtung beider Organe auf die Funktionsinteressen des jeweils anderen Organs Rücksicht zu nehmen, ergibt sich dabei aus dem Prinzip der Organtreue. Die starre Zeitvorgabe des EP zur Beantwortung schriftlicher Anfragen steht folglich nicht im Einklang mit den primärrechtlichen Vorgaben. Sie überschreitet die primärrechtlichen Grenzen der Kontrollfunktion des EP[345].

3) Erörterung des Gesamtberichts

Der Gesamtbericht der Kommission über die Tätigkeit der Gemeinschaften bildet den Kern einer Reihe von Berichtspflichten der Kommission gegenüber dem EP, die im Laufe der Zeit geschaffen wurden und die teilweise in den Verträgen, teilweise im Sekundärrecht verankert sind[346].

a) Rechtsgrundlagen

Die Bedeutung dieses Kontrollinstruments für das EP ergibt sich aus Art. 200 EG (Art. 143 EGV), welcher bestimmt, daß der von der Kommission vorgelegte Gesamtbericht in öffentlicher Sitzung erörtert wird. Die GeschO EP sah bisher die Überweisung des Berichts an die Ausschüsse vor, welche dem Plenum spezifische und grundsätzliche Probleme vorlegen konnten (Art. 45 GeschO EP_{14}, Art. 43 GeschO EP_{13}). In der 15. Auflage der GeschO EP ist Art. 45, also die separate Regelung des Verfahrens mit dem Gesamtbericht, gestrichen. Die Verpflichtung der Kommission zur Vorlage des Gesamtberichts ergibt sich aus Art. 212 EG (Art. 156 EGV), wonach die Kommission jährlich und zwar spätestens einen Monat vor Beginn der Sitzungsperiode des Europäischen Parlaments den Gesamtbericht über die Tätigkeit der Gemeinschaften veröffentlicht.

---

345 Zur Frage der Bindung der Kommission an die Regelungen der GeschO EP, vgl. unten ab S. 178.

346 Auflistung bei: *Bieber* in: Groeben/Thiesing/Ehlermann, Art. 143 EGV Rn. 7; *Hummer* in: Gabitz/Hilf Art. 156 EGV Rn. 12 ff.

b) Zeitliche und inhaltliche Vorgaben

Die Vorlage muß bis spätestens zum zweiten Dienstag des Monats Februar, in Schaltjahren bis zum zweiten Montag desselben Monats, erfolgen, da die Sitzungsperiode am zweiten Dienstag des Monats März beginnt (vgl. Art. 196 Abs. 1 EG, Art. 10 Abs. 2 GeschO EP).

Inhaltliche Vorgaben für den Gesamtbericht finden sich in Art. 212 EG nur insofern, als von der Tätigkeit der Gemeinschaften[347] die Rede ist. Da die Europäischen Gemeinschaften durch ihre Institutionen tätig werden, muß der Bericht neben der Kommissionstätigkeit auch die Tätigkeit der anderen Organe umfassen[348]. Allerdings ist der Gesamtbericht in der Praxis nicht nach Organen, sondern nach Sachgebieten gegliedert.

Eine weitere inhaltliche Vorgabe ergibt sich aus Art. 145 Abs. 1 EG, wonach der Gesamtbericht ein Kapitel über die soziale Lage in der Gemeinschaft enthalten muß.

c) Historische Entwicklung

Schon die Gründungsverträge der drei Gemeinschaften sahen einen Bericht der Kommission über die Tätigkeit der jeweiligen Gemeinschaft als Kontrollinstrument vor. Insofern zählen die Berichte zum Urfundus der Kontrollrechte. Ein gemeinsamer Bericht für alle drei Gemeinschaften wurde seit 1968 erstellt, da durch den Fusionsvertrag[349] nicht nur die Organe der Gemeinschaften zusammengelegt wurden, sondern auch deren Funktionen. Die Regelung über die Abfassung eines gemeinsamen Gesamtberichts über die Tätigkeit der Gemeinschaften fand sich in Art. 18 Fusionsvertrag, welcher durch Art. 50 Abs. 1 EU aufgehoben wurde[350].

Mit Blick auf die Bedeutung des Berichts als Kontrollmittel muß an dieser Stelle erwähnt werden, daß Art. 24 Abs. 2 EGKS-Vertrag ursprünglich vorsah, daß

---

[347] In Art. 156 EGV hieß es noch »Gemeinschaft«. Ein gemeinsamer Bericht wird aber bereits seit 1968 erstellt, vgl. zur historischen Entwicklung den folgenden Abschnitt c).

[348] Vgl. auch *Bieber* in: Groeben/Thiesing/Ehlermann Art. 143 EGV Rn. 3.

[349] In Kraft getreten am 1.7.1967.

[350] Die Formulierung des Art. 18 Fusionsvertrag findet sich heute in Art. 212 EG. Vgl. dazu *Bieber* in: Groeben/Thiesing/Ehlermann Art. 143 EGV Rn. 2, Fn. 5.

ein Mißtrauensantrag gegen die Kommission nur in Verbindung mit der Beratung über den Gesamtbericht eingebracht werden konnte. Der Mißtrauensantrag ist heute unabhängig vom Gesamtbericht in Art. 201 EG geregelt, wenn auch direkt im Anschluß an die Erörterung des Gesamtberichts. Dies ist Ausdruck dafür, daß die Bedeutung der Erörterung des Gesamtberichts als Kontrollinstrument gesunken[351], die Bedeutung des Mißtrauensvotums zugleich aber gestiegen ist.

Diese Einschätzung bestätigt auch das EP selbst, indem es seit 1974 keinen Generalberichterstatter mehr ernennt, der aus den Stellungnahmen der einzelnen Ausschüsse obligatorisch einen Bericht für das Plenum erstellt, sondern die Ausschüsse sich seitdem der in der GeschO EP vorgesehenen Verfahren zur Berichterstattung bedienen mußten[352]. Durch die Streichung des Art. 45 in der 15. Auflage der GeschO EP wird diese Tendenz bestätigt.

d) Praxis

Die einzige Vorgabe über das Procedere der Erörterung des Gesamtberichts ist laut Art. 200 EG, daß diese in öffentlicher Sitzung stattfinden muß. Wie intensiv die Erörterung ausfallen muß, ist hingegen der Autonomie des EP überlassen. In der Praxis wird der Bericht meist zusammen mit dem jährlichen Arbeitsprogramm der Kommission in einer Aussprache behandelt[353], wobei dem Gesamtbericht in der Vergangenheit keine wesentliche Beachtung geschenkt wurde.

---

[351] *Bieber*, Die Organe der erweiterten Europäischen Gemeinschaften: Das Parlament, S. 29 f.

[352] *Bieber* in: Groeben/Thiesing/Ehlermann Art. 143 EGV Rn. 4; *ders.*, Die Organe der erweiterten Europäischen Gemeinschaften: Das Parlament, S. 30.

[353] *Hölscheidt* in: Grabitz/Hilf Art. 200 EG. Das Arbeitsprogramm geht zurück auf eine Vereinbarung zwischen EP und Kommission vom 30.5.1973, abgedruckt in: *Bieber*, Die Organe der Erweiterten Europäischen Gemeinschaften: Das Parlament, S. 185 ff. (193); *Grabitz/Läufer*, Das Europäische Parlament, S. 644. Zwischenzeitlich ist die Bedeutung des Arbeitsprogramms gewachsen. Die 15. Auflage der GeschO EP regelt in Art. 57 und in der Anlage XIV die Mitwirkung der Organe an der Erstellung des Arbeits- und Gesetzgebungsprogramms.

e) Bewertung und Einhaltung der Grenzen der Kontrollfunktion

Die Wichtigkeit des Gesamtberichts ist im Laufe der Jahre gesunken, so daß er zu den schwächeren Kontrollrechten des EP gegenüber der Kommission gehört. Während das EP bei anderen Kontrollrechten versucht hat, seine Kontrollmacht durch möglichst effektiven Gebrauch seiner Rechte und weite Vertragsauslegung auszubauen, hat es durch den Verzicht auf einen Generalberichterstatter und durch die Zusammenlegung der Präsentation des Gesamtberichts mit der Vorstellung des Arbeitsprogramms die Bedeutung dieses informativen Kontrollmittels verringert. Dabei ist dem EP hier keinesfalls mangelnde Motivation vorzuwerfen, sondern die Vorgehensweise ist Teil der allgemeinen Strategie, die nachträgliche Kontrolle zugunsten einer begleitenden Kontrolle zu verringern[354], da nur letztere die aktive Mitgestaltung der Gemeinschaftspolitik ermöglicht und die unterentwickelte Gesetzgebungsfunktion des EP auszugleichen vermag. Parallel zu dem Bedeutungsverlust des Gesamtberichts baute das EP seine Mitwirkung am Arbeits- und am Gesetzgebungsprogramm der Kommission aus[355]. Allerdings gehört die nachträgliche Kontrolle durch den Gesamtbericht, wie sie in den Verträgen vorgesehen ist, nicht nur zu den Rechten des EP, sondern korrespondierend besteht auch die Pflicht zur Ausübung dieser Kontrolle. Schon 1978 stellte der Abgeordnete Sir Peter Kirk die mahnende Frage, ob nicht die Fachausschüsse mehr Zeit für die kritische Würdigung des Gesamtberichts aufwenden sollten[356]. Es ist jedoch dem EP überlassen, wie es seine Rechte und Pflichten wahrnimmt. Sollten innerhalb des EP Zweifel an der Politikführung der Kommission aufkommen, so kann es immer noch zum Mißtrauensvotum greifen. Außerdem bedeutet die zeitliche Verlagerung der Ausübung der Kontrolle kein Weniger, sondern mit Blick auf die Einflußnahme eher ein Mehr, denn die rein nachträgliche Kontrolle mit der Sanktionsmöglichkeit des Mißtrauensvotums bedroht zwar die jeweilige Kommission in ihrem Bestand, führt

---

[354] Vgl. auch *Chauchat*, Le contrôle politique du Parlement européen sur les exécutifs communautaires S. 59, 61. Zu der geringen Bedeutung des Gesamtberichts im Vergleich zu begleitenden Kontrollmitteln vgl. *Weatherill/Beaumont*, EU Law, S. 111.

[355] Vgl. 15. Auflage GeschO EP, Art. 57 und Anlage XIV.

[356] Vgl. *Chauchat*, Le contrôle politique du Parlement européen sur les exécutifs communautaires, S. 61, mit Nachweis in Fn. 4 auf S. 72.

aber nicht zu einer Verbesserung der Gemeinschaftspolitik im Sinne der Unionsbürger, was zumindest auch Ziel der Kontrolle ist.
Der Gesamtbericht ist somit in der Praxis ein wenig effektives Kontrollrecht, welches folglich auch nicht in Konflikt zu den Grenzen der Kontrollmacht gerät, wie sie oben definiert wurden.

4) Das Petitionsrecht[357], Art. 194 EG

Gemäß Art. 194 EG (Art. 138 d) EGV) kann jeder Unionsbürger sowie jede natürliche oder juristische Person mit Wohnort oder satzungsgemäßem Sitz in einem Mitgliedstaat allein oder zusammen mit anderen Bürgern oder Personen in Angelegenheiten, die in die Tätigkeitsbereiche der Gemeinschaft fallen und die ihn oder sie unmittelbar betreffen, eine Petition an das Europäische Parlament richten.
Zuweilen wird dieses Petitionsrecht im Zusammenhang mit den Kontrollrechten des EP gegenüber der Kommission abgehandelt. Es sei zumindest Hilfsmittel parlamentarischer Kontrolle[358]. Allerdings scheint die Bedeutung des Petitionsrechts für die Beziehungen zwischen EP und Kommission damit überschätzt zu werden. Schon die Ausgestaltung als Recht von Privaten zeigt, daß Petitionen lediglich den Anlaß für die Anwendung der übrigen Kontrollrechte gegenüber der Kommission bilden können, wobei aber auch dies nicht Folge einer jeden Petition sein muß. Die Funktion des Petitionsrechts kann, was die Kontrollrechte angeht, bestenfalls in der Alarmierung des EP liegen.
Auch in der GeschO EP, deren Art. 174-176[359] die innerparlamentarische Handhabung von Petitionen näher ausgestalten, finden sich keine Regelungen

---

[357] Vgl. grundlegend zur Regelung des Petitionsrechts durch den Vertrag von Maastricht: *Marias*, ELR (19) 1994, S. 169 ff.

[358] *Beckedorf*, Das Untersuchungsrecht des Europäischen Parlaments, S. 134; *Bieber* in: Groeben/Thiesing/Ehlermann, Art. 137 EGV Rn. 23.

[359] Die 15. Auflage der GeschO EP ist gegenüber der 14. Auflage inhaltlich unverändert. Lediglich ist ein neuer Art. 175 Abs. 2 eingefügt worden, wonach ein elektronisches Register geführt wird, in dem sich Bürger dem Petenten anschließen können. Gegenüber Art. 156-158 GeschO EP_{13} wurden durch die 14. Auflage lediglich einige Passagen hinzugefügt. So kam die Regelung des Art. 174 Abs. 3 UA 2 GeschO EP_{14}, wonach auch Petitionen in anderen als den Amtssprachen eingereicht werden können, hinzu. Ferner wurde in Abs. 8 die Veröffentlichung

>

über die Beziehungen zur Kommission bis auf die, daß der Petitionsausschuß zur Vorbereitung seiner Stellungnahmen die Kommission um Aktenvorlage, Auskunft und Zutritt zu ihren Einrichtungen bitten kann (Art. 175 Abs. 4 GeschO EP). Die Formulierung macht deutlich, daß es sich hierbei nicht um ein Recht des EP handelt.
Von einer weitergehenden Erläuterung kann deshalb im Rahmen dieser Untersuchung abgesehen werden.

5) Der Bürgerbeauftragte

Mit der Gründung der Europäischen Union durch den Vertrag von Maastricht wurde auf europäischer Ebene die Institution des Bürgerbeauftragten (Art. 195 EG; Art. 138 e) EGV) geschaffen. Seine Aufgabe ist es, auf Beschwerde oder aus eigener Initiative Mißstände bei der Tätigkeit der Organe oder Institutionen der Gemeinschaft zu untersuchen. Nach Abschluß der Untersuchungen erfolgt ein Bericht an die betreffende Institution und an das EP.
Dabei erscheint es nicht selbstverständlich, das Institut des Bürgerbeauftragten im Zusammenhang mit den Kontrollrechten des EP gegenüber der Kommission darzustellen. Hierbei kann es sich lediglich um ein mittelbares Instrument parlamentarischer Kontrolle handeln, da der Bürgerbeauftragte nicht Teil des EP ist, sondern als eigenständige Institution sein Amt in völliger Unabhängigkeit ausübt (Art. 195 Abs. 3 S. 1 EG). Dennoch ist die Verbindung zu den Kontrollrechten des EP einleuchtender als beim Petitionsrecht, da dem Bürgerbeauftragten zum einen weitgehende Rechte gegenüber der Kommission eingeräumt werden, zum anderen aber die Verbindung zum EP augenscheinlich ist: Der Bürgerbeauftragte wird vom EP ernannt (Art. 195 Abs. 1 EG), er kann auf Antrag des EP seines Amtes enthoben werden (Art. 195 Abs. 2 S. 2 EG), er erstattet dem EP Bericht (Art. 195 Abs. 1 UA 2 und 3 EG) und kann neben unmittelbaren Beschwerden solche, die von einem Abgeordneten des EP übermittelt werden, zum Anlaß seiner Untersuchung machen (Art. 195 Abs. 1 UA 1 EG). Schließlich findet auf Verlangen oder auf eigene Initiative des Bürgerbeauftrag-

>

der Petitionen in einem öffentlichen Register, in Art. 176 Abs. 2 die Veröffentlichung in einer Datenbank neu geregelt.

ten eine Information des zuständigen Parlamentsausschusses statt (Art. 179 Abs. 3 GeschO EP). Zu weitgehend wäre allerdings ein Vergleich mit dem Wehrbeauftragten des Bundestages[360] (Art. 45 b GG), der ausdrücklich auf die Funktion eines Hilfsorgans des Bundestages beschränkt ist.

Ausgestaltet sind Funktion, Kompetenzen und Vorgehen des Bürgerbeauftragten außer in Art. 195 EG im Beschluß des EP vom 9.3.1994 (Anlage X zur GeschO EP)[361], in den dazu gehörigen Durchführungsbestimmungen aufgrund Art. 14 dieses Beschlusses (ebenfalls enthalten in Anlage X) und in Art. 177 ff. GeschO EP[362].

Die Bedeutung des Bürgerbeauftragten als mittelbares Kontrollinstrument des EP gegenüber der Kommission kommt insbesondere zum Tragen, wenn dieser dem EP gemäß Art. 3 Abs. 6 und 7 des Beschlusses vom 9.3.1994 über Fälle von Mißständen bei der Tätigkeit der Kommission berichtet, und der zuständige Ausschuß daraufhin einen Bericht für das EP ausarbeitet (Art. 179 Abs. 2 S. 1 GeschO EP). Ein solcher Ausschußbericht kann das EP zur Anwendung seiner Kontrollmittel bewegen, also etwa zur Einsetzung eines Untersuchungsausschusses, zur Formulierung von Fragen an die Kommission oder sogar zur Einbringung eines Mißtrauensantrags. Folglich kann der Bürgerbeauftragte dem EP wichtige Informationen als Grundlage für dessen Kontrolle liefern, welche er

---

[360] *Hölscheidt* in: Grabitz/Hilf, Art. 195 EG Rn. 2.

[361] ABl. L 113 vom 4.5.1994, S. 15.

[362] Art. 177-179 der GeschO EP_{15} sind gegenüber der 14. Auflage inhaltlich unverändert geblieben. Der Beschluß vom 9.3.1994 ist hinsichtlich der Finanzierung des Bürgerbeauftragten geändert worden, d. h. Art. 12 und 16 wurden gestrichen. Der Beschluß des Bürgerbeauftragten zur Durchführung des Parlamentsbeschlusses wurde ebenfalls erneuert, wobei nur kleinere Änderungen vorgenommen wurden (vgl. zu beiden Beschlüssen Anlage X zur GeschO EP in der 15. Auflage). Gegenüber der 13. Auflage der GeschO EP (Art. 159-161) brachte die 14. Auflage, soweit ersichtlich, kaum inhaltliche Änderungen (In Art. 161 Abs. 1 S. 1 wurde hinsichtlich weiterer Regelungen auf die Anlagen zur GeschO verwiesen. Diese Anlage war aber, anders als bei der 14. Auflage nicht abgedruckt.). Lediglich wurde in Art. 179 Abs. 2 GeschO EP_{14} die Berichtspflicht an das Parlament unter Verweis auf den Beschluß vom 9.3.1994 geregelt. Die Regelung des Art. 161 Abs. 3 GeschO EP_{13} über die Vertraulichkeit von Informationen entfiel.

selbst aufgrund eigener Befugnisse[363] gesammelt hat. Insofern kann der Bürgerbeauftragte zum »Spion« des EP werden.
Daß der Bürgerbeauftragte faktisch gesehen zur Unterstützung der Ausübung der Kontrollrechte des EP beiträgt, zeigt sich auch daran, daß das EP die »geeigneten Schritte« unternimmt, wenn die Organe den Bürgerbeauftragten nicht gemäß ihrer Verpflichtung aus dem Beschluß vom 9.3.1994 unterstützen (Art. 3 Abs. 4 des Beschlusses). Demnach scheint das EP ein gesteigertes Interesse an der Kooperation der Organe und Institutionen und damit auch an der Informationsbeschaffung durch den Bürgerbeauftragten zu haben.
Im übrigen ist aber der Bürgerbeauftragte eher als Vermittler zwischen den Gemeinschaftsbürgern und den Institutionen zu sehen.
Bei dieser ausschließlich mittelbaren Bedeutung des Bürgerbeauftragten für die parlamentarische Kontrolle gegenüber der Kommission erübrigt es sich, die Frage nach den Grenzen der Ausübung der Kontrolle durch das EP zu vertiefen. Das EP vermag den Bürgerbeauftragten nicht von sich aus zu instrumentalisieren. Selbst die Absetzung des Bürgerbeauftragten erfolgt nach Prüfung durch den EuGH, und ist deshalb kein Druckmittel des EP gegenüber dem Bürgerbeauftragten. Die engen Verbindungen zwischen beiden Organen rühren daher, daß beide Institutionen in besonderem Verhältnis zu den Gemeinschaftsbürgern stehen, das EP als Repräsentativorgan und Sprachrohr, der Bürgerbeauftragte als eine Art Anwalt.

II. Die Haushaltskontrolle – demonstrierende Kontrolle

Ein wesentlicher Aspekt des Verhältnisses zwischen EP und Kommission ist die Haushaltskontrolle. Dabei ist mit Haushalt der Gesamthaushalt der Gemeinschaften gemeint, welchen die Kommission gemäß Art. 274 EG ausführt und in den die Einnahmen und Ausgaben der Gemeinschaften einschließlich derjenigen des Europäischen Sozialfonds (Art. 146 ff. EG) einzubringen sind (Art. 268 Abs. 1 EG; Art. 171 Abs. 1 EA). Unter den Begriff des Gesamthaushalts fallen aber auch die für die Organe anfallenden Verwaltungsausgaben im Zusammen-

---

[363] Die Kooperationspflicht der Organe zur Unterstützung des Bürgerbeauftragten wird durch Art. 3 Abs. 2 und 3 des Beschlusses vom 9.3.1994 im einzelnen geregelt.

hang mit der GASP und der ZBJI (Art. 268 S. 2 EG). Im Rahmen der Montanunion ging lediglich der Verwaltungshaushalt in den Gesamthaushalt ein, im übrigen aber wurde, was Ausdruck der finanziellen Autonomie der Montanunion war, ein gesonderter Funktionshaushaltsplan aufgestellt[364].

Das Haushaltsgebaren der einzelnen Organe unterliegt entsprechend der Haushaltsordnung[365] einer dreifachen Kontrolle. Zunächst findet eine *interne* Kontrolle innerhalb der Organe statt[366]. Die *externe Kontrolle* findet einerseits durch den Rechnungshof (Art. 246 ff. EG), andererseits in Form der *politischen externen Kontrolle* durch das EP statt. Der durch Vertrag vom 22.7.1975 gegründete Rechnungshof, der durch den Maastricht-Vertrag volle Organqualität erlangt hat, zieht als Maßstab für seine Prüfung neben der Recht- und Ordnungsmäßigkeit der Einnahmen und Ausgaben die Wirtschaftlichkeit der Haushaltsführung (Art. 248 Abs. 2 EG) als Maßstab heran, wobei sich letztere auf eine Kosten-Nutzen-Analyse der jeweiligen Maßnahme konzentriert[367]. Nach Abschluß des jeweiligen Haushaltsjahres verfaßt der Rechnungshof einen Jahresbericht (Art. 248 Abs. 4 EG), der zusammen mit den Antworten der Organe im Amtsblatt veröffentlicht wird und die Grundlage für die Entlastung durch das EP bildet[368].

---

[364] *Herdegen*, Europarecht, 4. Auflage 2002, Rn. 258.

[365] Die Haushaltsordnung wird auf der Grundlage des Art. 279 Abs. 1 EG vom Rat als Verordnung erlassen. Bis zum Inkrafttreten der neuen Haushaltsordnung am 1.1.2003 (ABl. L 248 vom 16.9.2002, S. 1 ff.) galt die Haushaltsordnung aus dem Jahre 1977 (ABl. L 356 vom 31.12.1977, S. 1-30) unter Berücksichtigung der seitdem ergangenen Änderungen.

[366] Bis zum 1.1.2003 benannte jedes Organ gemäß Art. 24 HO einen Finanzkontrolleur, der gemäß Abs. 7 vollständige Unabhängigkeit von dem ihm zugeordneten Organ besaß und die *interne Kontrolle* ausübte. Die Ausführungsberechtigten waren gehalten, für jeden Ausführungsvorgang den Sichtvermerk des jeweiligen Finanzkontrolleurs einzuholen, durch welchen dieser die vollständige Kontrolle über die Recht- und Ordnungsmäßigkeit erlangte. Die neue Haushaltsordnung steigert die Verantwortlichkeit der Ausführungsberechtigten. Der Sichtvermerk entfällt; die ex-ante Kontrolle obliegt nun allein dem Anweisungsbefugten, welcher gemäß Art. 60 Abs. IV interne Kontrollsysteme einrichtet (einleitend Erwägungsgrund 19 zur neuen HO).

[367] *Rossi*, Europäisches Parlament und Haushaltsverfassungsrecht, S. 148.

[368] *Theato/Graf*, Das Europäische Parlament und der Haushalt der Europäischen Gemeinschaften, S. 111.

Die eigentliche politische Haushaltskontrolle wird durch das EP wahrgenommen, und zwar im Kern durch das Recht der Entlastung und ergänzend dazu durch eine kontinuierliche Kontrolle während des Haushaltsjahres.

1) Die Entlastung für die Ausführung des Gesamthaushaltsplans, Art. 276 EG[369]

a) Rechtsgrundlagen und Funktion der Entlastung

Die vertragliche Regelung des Entlastungsverfahrens wird durch die Regelungen der Art. 93, 94 [370] und Anlage V der GeschO EP ergänzt. Der zeitliche und organisatorische Ablauf zwischen den Organen ist in der Haushaltsordnung (Art. 279 EG) geregelt. Im Entlastungsverfahren prüft das EP, ob die Kommission ihrer vertraglich normierten Pflicht nachgekommen ist, »den Haushaltsplan gemäß der nach Art. 279 EG festgelegten Haushaltsordnung in eigener Verantwortung und im Rahmen der zugewiesenen Mittel entsprechend dem Grundsatz der Wirtschaftlichkeit der Haushaltsführung« (Art. 274 Abs. 1 EG) auszuführen. Dabei betrifft diese Zuständigkeit nur den operationellen Teil des Gesamthaushaltsplans und die eigenen Verwaltungsausgaben, nicht aber diejenigen Teile des Haushalts, die sich auf die anderen Institutionen beziehen, was seinen Grund in der Haushaltsautonomie der einzelnen Organe hat[371]. Das EP übernimmt durch die Entlastung die politische Verantwortung dafür, daß die Kommission ihrer vertraglichen Pflicht in vollem Umfang nachgekommen sei, d. h. es ist den Bürgern der Union dafür verantwortlich, daß mit ihrem Geld möglichst sparsam und effizient umgegangen wird und daß die Institutionen der Union alles in ihrer Macht Stehende tun, gemeinsam einen höchstmöglichen Schutz vor Betrug, Korruption und organisierter Kriminalität zu erreichen[372]. Dabei stehen der effizienten Mittelausschöpfung, nach der Erfahrung der letz-

---

[369] Art. 206 EGV.

[370] Vgl. Art. 93 f. GeschO EP_{14}. Art. 86 f. GeschO EP_{13} waren im wesentlichen identisch. Zu den Regelungen in Anlage V GeschO EP in den verschiedenen Fassungen vgl. sogleich ab S. 134.

[371] *Theato/Graf*, Das Europäische Parlament und der Haushalt der Europäischen Gemeinschaften, S. 108.

[372] Vgl. Entschließung EP vom 31.3.1998 , ABl. C 138 vom 4.5.1998, S. 44, Pkt. C. und D.

ten Jahre, vor allem politische, konzeptionelle, strukturelle und operationelle Defizite entgegen[373]:

In politischer Hinsicht führten die oftmals auch gegensätzlichen Interessen der Gemeinschaft und der Mitgliedstaaten zu unwirtschaftlicher Haushaltsführung. So werden die Gelder in einzelnen Politikbereichen nach dem »Gießkannenprinzip« verteilt, so daß in Einzelfällen keine sinnvolle Finanzierungsgröße erreicht werden konnte. Ebenfalls wurde nicht immer das Prinzip eingehalten, daß Gemeinschaftsmittel nur für solche Projekte eingesetzt werden sollen, die nicht ohnehin von den nationalen Haushalten abgedeckt würden. Schließlich zeigt sich die Gegensätzlichkeit der Interessen daran, daß Betrügereien und Unregelmäßigkeiten zu Lasten der Gemeinschaft von den Mitgliedstaaten nicht ausreichend verfolgt und der Kommission gemeldet werden.

Darüber hinaus führte vor allem ein mangelhafter Informationsaustausch und der Mangel an einheitlichen Definitionen dazu, daß eine effektive Betrugsbekämpfung nicht stattfinden konnte[374]. Zu einer negativen Ziel-Mittel-Analyse im Rahmen der Überprüfung der Wirtschaftlichkeit der Haushaltsführung führt regelmäßig die mangelhafte oder realitätsferne Definition von haushaltspolitisch verfolgten Zielen.

Ferner resultierte die Unwirtschaftlichkeit der Haushaltsführung oftmals daraus, daß es in den mit der Ausführung des Haushaltplans befaßten Stellen zu Versäumnissen kam, indem etwa Agrarvorschriften nicht einheitlich ausgelegt wurden oder eine Kontrolle seitens der Kommission nur mangelhaft stattfand. Schließlich kam es zu Mängeln im Personalbereich, die sich insbesondere durch das Fehlen notwendiger Angaben, die mangelnde Verwaltung von Akten und in unzureichender Aufsicht niederschlugen.

---

[373] Die Darstellung zu den Problemen der Haushaltskontrolle ist angelehnt an die ausführliche und mit weiteren Nachweisen versehene Darstellung bei *Theato/Graf*, Das Europäische Parlament und der Haushalt der Europäischen Gemeinschaften, S. 117 ff.

[374] *Europäisches Parlament*, Parlamentarische Kontrolle der gemeinschaftlichen Finanzen, S. 25.

b) Das Verfahren der Entlastung

aa) Zeitlicher Ablauf

Gemäß der alten Haushaltsordnung[375] ergab sich der folgende Ablauf:
Bis spätestens 1. Mai des Jahres, welches auf das betreffende Haushaltsjahr folgte, erstellte die Kommission eine konsolidierte Haushaltsrechnung zum Gesamthaushaltsplan der Gemeinschaften für das abgeschlossene Haushaltsjahr (Art. 78 HO a. F.), der eine Analyse der Haushaltsführung voranzustellen war (Art. 80 Abs. 2 HO a. F.). Bis zu demselben Termin mußte die Kommission eine konsolidierte Übersicht über das Vermögen und die Schulden der Gemeinschaften (Art. 81 Abs. 1 HO a. F.) erstellen. Die nötigen Daten für diese drei Dokumente hatte jedes Organ der Kommission bis zum 1. März vorzulegen (Art. 79 HO a. F.). Die genannten drei Dokumente wurden, ebenfalls am 1. Mai, dem EP, dem Rat und dem EuRH übermittelt (Art. 82 HO a. F.).
Der Rechnungshof übermittelte der Kommission und den betroffenen Organen die Bemerkungen, die ihm zur Aufnahme in den Jahresbericht geeignet erschienen. Die Organe übermittelten die Antworten bis zum 31. Oktober. Schließlich wurde der Jahresbericht, der insbesondere die für die Entlastung wichtige Beurteilung der Wirtschaftlichkeit der Haushaltsführung enthält, zusammen mit den Antworten der Organe den für die Entlastung zuständigen Behörden übermittelt und im Amtsblatt veröffentlicht, und zwar bis zum 30. November (Art. 88 HO a. F.). EP und Rat erhielten gleichzeitig eine Erklärung über die Zuverlässigkeit der Rechnungsführung und die Recht- und Ordnungsmäßigkeit der zugrunde liegenden Vorgänge (Art. 88 a HO a. F.)[376].
Vor dem 30. April des zweiten auf das betreffende Haushaltjahr folgenden Jahres erteilte das EP auf Empfehlung des Rates der Kommission Entlastung zur Ausführung des Haushaltplans. Vorher konnte das EP noch Auskünfte über die

---

[375] Gemeint ist hier die Haushaltsordnung aus dem Jahre 1977 (ABl. L 356 vom 31.12.1977, S. 1-30) unter Berücksichtigung der seitdem ergangenen Änderungen. Es wird hier zunächst die Rechtslage vor dem 1.1.2003 dargestellt, da dies der Prüfungsmaßstab für das Verhalten der Organe während des Haushaltsverfahrens für das Haushaltsjahr 1996 ist (vgl. dazu unten Teil 4).
[376] Die Zuverlässigkeitserklärung wurde allerdings erst durch den Vertrag von Amsterdam in den EG-Vertrag aufgenommen.

Vornahme der Ausgaben oder die Arbeitsweise der Finanzkontrollsysteme anfordern (Art. 89 Abs. 1, 3 HO a. F.; Art. 276 Abs. 2 EG).
Im November des zweiten auf das betreffende Haushaltjahr folgenden Jahres legte die Kommission traditionell, nicht aber obligatorisch, einen Zwischenbericht über die Maßnahmen vor, die aufgrund der Parlamentsentschließung getroffen wurden, bis zum darauffolgenden Mai einen Endbericht (Art. 89 Abs. 9 HO a. F.). Dabei mußte und muß die Kommission aber jederzeit auf Ersuchen des EP Bericht über die Maßnahmen zur Umsetzung der Bemerkungen des EP erstatten (Art. 276 Abs. 3 S. 2 EG).

Gemäß der neuen Haushaltsordnung[377] hat sich der Zeitplan für die Entlastung geändert (einleitend Erwägungsgrund 38 zur neuen HO). Bis 31. März des auf das betreffende Haushaltsjahr folgenden Jahres legt der Rechnungsführer der Kommission dem Rechnungshof die vorläufigen Rechnungen der Organe und die von ihm konsolidierten vorläufigen Rechnungen (Art. 128 HO n. F.) vor. Bis zum 15. Juni legt der Rechnungshof hierzu Bemerkungen vor (Art. 129 Abs. 1 HO n. F.). Die endgültigen Rechnungen der Organe werden dem Rechnungsführer der Kommission bis zum 1. Juli vorgelegt, damit dieser sie konsolidiert (Art. 129 Abs. 2 HO n. F.). Die endgültigen konsolidierten Rechnungen werden von der Kommission gebilligt und bis zum 31. Juli dem EP, dem Rat und dem Rechnungshof übermittelt (Art. 129 Abs. 3 HO n. F.). Der Rechnungshof übermittelt den Organen die Bemerkungen, die in den Jahresbericht aufgenommen werden sollen, die Organe antworten bis zum 30. September hierauf (Art. 143 Abs. 2 HO n. F.) Die Veröffentlichung des Jahresberichts und der Antworten der Organe erfolgt bis 31. Oktober im Amtsblatt der Europäischen Union (Art. 143 Abs. 5 HO n. F.). Zu demselben Termin werden die endgültigen konsolidierten Rechnungen und die Zuverlässigkeitserklärung gemäß Art. 248 EG veröffentlicht (Art. 129 Abs. 4 HO n. F.). Die Entlastung durch das EP ist wie bisher bis zum 30. April des zweiten auf das betreffende Haushaltsjahr folgenden Jahres vorgesehen (Art. 145 Abs. 2 HO n. F.).

---

[377] In Kraft seit 1.1.2003 (ABl. L 248 vom 16.9.2002, S. 1 ff.).

bb) Parlamentsinternes Verfahren

Das parlamentsinterne Verfahren der Entlastung wurde in den letzten Jahren mehrfach umgestaltet. Das Entlastungsverfahren für das Haushaltsjahr 1996, in dessen Folge die Kommission 1999 zurücktrat, richtete sich nach der 13. Auflage der GeschO EP. Anlage V sah in dieser Fassung vor, daß der federführende Ausschuß dem EP einen Bericht vorlegte, welcher einen Vorschlag über die Erteilung, den Aufschub oder die Verweigerung der Entlastung enthielt (Anlage V Art. 2 Abs. 1 GeschO EP_{13}). Befürwortete der federführende Ausschuß die Entlastung, so mußte der Bericht folgendes enthalten: Einen Beschlußvorschlag mit den Zahlenangaben, die Gegenstand der Entlastung sind, einen Entschließungsantrag mit den Bemerkungen zum Entlastungsbeschluß und eine Begründung. Das EP stimmte zuerst über den Beschlußvorschlag ab, dann über den Entschließungsantrag (Anlage V Art. 3 GeschO EP_{13}). Stattdessen konnte der Ausschuß einen Entschließungsantrag zum Aufschub oder zur Verweigerung der Entlastung vorlegen (Anlage V Art. 4 Abs.1 bzw. Art. 5 Abs. 1 GeschO EP_{13}). Ein Entschließungsantrag auf Verweigerung der Entlastung konnte nur mit der Mehrheit der Stimmen der Mitglieder des EP angenommen werden (Anlage V Art. 5 Abs. 2 GeschO EP_{13})[378].

Gemäß der 14. Auflage der GeschO EP wurden die Erteilung und Verweigerung der Entlastung in einem Artikel zusammengefaßt. In beiden Fällen mußte der Ausschuß in seinem Bericht zwei getrennte Beschlußvorschläge vorlegen, nämlich einerseits über die Erteilung oder Verweigerung der Entlastung und andererseits über den Rechnungsabschluß. Ferner mußte der Bericht einen Entschließungsantrag mit Bemerkungen und eine Begründung enthalten (Anlage V Art. 3 GeschO EP_{14}). Über die beiden Beschlußvorschläge wurde unabhängig voneinander abgestimmt (Anlage V Art. 5 Abs. 4 GeschO EP_{14}). Durch die Neuregelung wurde also die klare Trennung von Rechnungsabschluß und politischer Entlastung hervorgehoben. Die besonderen Mehrheitserfordernisse für die Annahme einer Entlastungsverweigerung entfielen[379].

---

[378] *Rossi*, Europäisches Parlament und Haushaltsverfassungsrecht, S. 156 m. w. N. weist darauf hin, daß diese Regelung für den Fall der Zulässigkeit der Entlastungsverweigerung nichtig gewesen sei, da sie vertraglich nicht vorgesehene Mehrheitserfordernisse festlege.

[379] Rückschluß aus Anlage V Art. 5 Abs. 5 GeschO EP_{14}.

In die 15. Auflage der GeschO EP konnten die Erfahrungen aus dem Entlastungsverfahren für das Haushaltsjahr 1996 einfließen. An der klaren Trennung zwischen Rechnungsabschluß und politischer Entlastung hat sich nichts geändert. Das interne Entlastungsverfahren ist aber insgesamt klarer geworden durch die Unterscheidung zweier Phasen (Anlage V Art. 3 Abs. 1 a) und Art. 5 a GeschO EP_{15}): In der April-Tagung des zweiten auf das entsprechende Haushaltsjahr folgenden Jahres wird u. a. ein Bericht des federführenden Ausschusses vorgelegt, welcher einen Beschluß über die Erteilung oder den Aufschub der Entlastung sowie einen Beschlußvorschlag über den Rechnungsabschluß und einen Entschließungsantrag mit Bemerkungen zum Entlastungsbeschluß enthält. Eine Verweigerung ist in dieser Phase nicht vorgesehen. Im Falle eines Aufschubs der Entlastung legt der Ausschuß in der Oktobertagung einen Bericht vor, der einen Beschlußvorschlag zur Erteilung oder Verweigerung der Entlastung enthält. Eindeutig ist geregelt, welche Folgen für jedes mögliche Abstimmungsergebnis eintreten. Insbesondere gilt in der Oktobertagung die Entlastung als verweigert, wenn der Vorschlag des Ausschusses, die Entlastung zu erteilen, keine Mehrheit findet (Anlage V Art.5a Abs. 2 a) GeschO EP_{15})[380].

Federführender Ausschuß ist im Entlastungsverfahren der Haushaltskontrollausschuß. Dieser ist deshalb erwähnenswert, weil allein seine Existenz zeigt, wie ernst das EP die Befugnis zur politischen Kontrolle des Gesamthaushalts nimmt. Der eigenständige Ausschuß für Haushaltskontrolle wird oft als einzigartig bezeichnet, da kein anderes Parlament über einen solchen verfüge[381]. Die Arbeit im

---

[380] Als das EP den Beschlußvorschlag zur Erteilung der Entlastung am 17.12.1998 nicht annahm folgte daraus die Rücküberweisung an den federführenden Ausschuß gemäß Anlage V Art. 6 GeschO EP_{13} und nicht die Verweigerung der Entlastung, vgl. Fn. 8. Die klarere Regelung in der 15. Auflage ist wohl als Reaktion auf die Verwirrung während der Debatte am 17.12.1998 zu sehen, vgl. dazu EP, Straßbourg, ausführlicher Sitzungsbericht vom 17.12.1998, S. 8 bis 12; EP 1998/99, Protokoll der Sitzung vom 17.12.1998, Teil 1 (vorl. Ausgabe), S. 12 f.

[381] Vgl. *Theato/Graf*, Das Europäische Parlament und der Haushalt der Europäischen Gemeinschaften, S. 105; Allerdings wird diese Aussage relativiert von *Rossi*, Europäisches Parlament und Haushaltsverfassungsrecht, S. 154 f., der darauf hinweist, daß die Besonderheit lediglich darin liege, daß es sich rein formal nicht um einen Unterausschuß des Haushaltsausschusses

>

Ausschuß ist weniger von parteipolitischen Kriterien bestimmt als vielmehr von dem gemeinsamen Selbstverständnis der Ausschußmitglieder, als Repräsentanten der Bürger der Union für eine wirtschaftliche Verwendung der Gemeinschaftsmittel Sorge tragen zu müssen[382]. Besonders ausgeprägt ist dieses Verständnis bei deutschen und britischen Ausschußmitgliedern, was sich damit erklären läßt, daß das Modell einer nachträglichen externen Kontrolle von der Verfassungspraxis dieser beiden Länder geprägt ist[383].
Dabei ist die Arbeit des Haushaltskontrollausschusses in vielfältiger Weise eng mit derjenigen des Haushaltsausschusses verzahnt, was sich nicht zuletzt in einer relativ weitgehenden Identität der Mitglieder beider Ausschüsse ausdrückt, da die Beschlüsse über die neuen Haushaltsansätze, für die der Haushaltsausschuß federführend ist, auf den Ergebnissen der Kontrolle der Mittelverwendung des Haushaltes des vergangenen Haushaltsjahres basieren[384].

c) Historische Entwicklung des Entlastungsverfahrens

Von Beginn der Europäischen Gemeinschaften an hat das EP bzw. die Versammlung versucht, im Ringen um die Haushaltsgewalt den entscheidenden Sieg einzufahren, nämlich die Letztentscheidungsbefugnis über die Entlastung. Allerdings lag diese Befugnis nach den Römischen Verträgen zunächst beim Rat[385]. Einen ersten Zwischensieg konnte das EP 1970 erzielen, als ihm durch den Vertrag von Luxemburg eine dem Rat gleichgeordnete Entscheidungskom-

---

handele, wie dies etwa beim Rechnungsprüfungsausschuß des Deutschen Bundestages der Fall sei.

[382] Vgl. *Key* in: Hrbek/Jamar/Wessels (Hrsg.), Le Parlement Européen À La Veille De La Deuxième Élection Universel Direct: Bilan Et Perspectives, S. 786 (792).

[383] Vgl. *Chauchat*, Le contrôle politique du Parlement européen sur les exécutifs communautaires, S. 223; *Theato/Graf*, Das Europäische Parlament und der Haushalt der Europäischen Gemeinschaften, S. 114.

[384] Vgl. *Theato/Graf*, Das Europäische Parlament und der Haushalt der Europäischen Gemeinschaften, S. 113.

[385] Art. 206 Abs. 4 EWG-Vertrag und Art. 180 Abs. 4 EAG-Vertrag lauteten: »Der Rat erteilt der Kommission mit qualifizierter Mehrheit Entlastung zur Ausführung des Haushaltsplans. Er teilt seine Entscheidung dem europäischen Parlament mit.«

petenz zugeschrieben wurde[386]. Schließlich, durch den Brüsseler Vertrag vom 22.7.1975, wurde dem EP die Letztentscheidungsbefugnis über die Entlastung zugewiesen[387]. Im Rahmen des Maastricht-Vertrags wurden dem Entlastungsartikel die Absätze 2 und 3 angefügt[388]. Durch den Amsterdamer Vertrag hat sich die Nummer des Entlastungsartikels geändert, und es ist nunmehr in Art. 276 Abs. 1 S. 2 EG aufgenommen worden, daß Grundlage der Entlastungsentscheidung neben den anderen genannten Dokumenten auch die Zuverlässigkeitserklärung des EuRH ist. Der Vertrag von Nizza brachte keine Änderung des Art. 276 EG mit sich.

Die historische Entwicklung der Entlastungsregelungen ist vor dem Hintergrund der schrittweisen Übertragung von Eigenmitteln seit Beginn der siebziger Jahre zu betrachten[389]. Diese machte eine externe Finanzkontrolle erst notwendig. Zunächst lag diese Funktion in EWG- und EAG-Vertrag bei einem sogenannten Kontrollausschuß, welcher die Rechnungen, die Recht- und Ordnungsmäßigkeit der Einnahmen und Ausgaben sowie die Wirtschaftlichkeit der Haushaltsführung prüfte und die Ergebnisse in einen Bericht einstellte, welcher EP und Rat als Grundlage für die Entlastungsentscheidung zur Verfügung gestellt wurde. Dieser Ausschuß war aber aufgrund seiner rechtlichen und materiellen Abhängigkeit vom Rat kein effektives Kontrollorgan[390], so daß seit dem Jahre 1975, also seit der Übertragung der Letztentscheidungsbefugnis über die Entlastung auf das EP, die einleitend[391] erwähnte dreifache Kontrolle stattfindet.

Wurden die Entlastungsbeschlüsse des EP zunächst durch den Haushaltsausschuß vorbereitet, so wurde infolge der Tragweite dieser Arbeit zunächst eine ständige Arbeitsgruppe, 1976 dann ein Unterausschuß gebildet, welcher sich

---

[386] Nach dem Luxemburger Vertrag lautete die Entlastungsreglung: »Der Rat und die Versammlung erteilen der Kommission mit qualifizierter Mehrheit Entlastung zur Ausführung des Haushaltsplans. Zu diesem Zweck prüfen der Rat, der mit qualifizierter Mehrheit entscheidet, und danach die Versammlung den Bericht des Kontrollausschusses. Die Kommission ist erst entlastet, wenn der Rat und die Versammlung entschieden haben.«

[387] Damalige Regelung in Art. 206 b) EWGV.

[388] Vgl. *Magiera* in: Grabitz/Hilf, Art. 206 EGV Rn. 1.

[389] Vgl *Theato* in: Rinsche/Friedrich (Hrsg.), Europa als Auftrag, S. 113 (114).

[390] Vgl. *Theato/Graf*, Das Europäische Parlament und der Haushalt der Europäischen Gemeinschaft, S. 106.

[391] Ab S. 129.

mit der Entlastung befaßte. Mit der Konstituierung des ersten direkt gewählten Parlaments 1979 wurde schließlich der Haushaltskontrollausschuß gegründet[392]. Zu den Änderungen der parlamentsinternen Regelungen des Entlastungsverfahrens wird auf die obigen Ausführungen[393] verwiesen.

d) Entlastung als Pflicht des EP?

An dem nach erstem Anschein unkomplizierten Wortlaut des Art. 276 Abs. 1 S. 1 EG – »....erteilt das EP der Kommission die Entlastung für die Ausführung des Haushaltsplans« – entfachte sich in Lehre und Praxis zunächst ein Streit darüber, ob das EP das Recht habe, die Entlastung zu verweigern, obwohl diese Entscheidungsmöglichkeit nicht explizit genannt wird. Naturgemäß vertrat die Kommission zunächst den Standpunkt, daß eine Verweigerung der Entlastung nicht mit dem EG-Vertrag vereinbar sei[394] und führte hierfür vor allem das eher technische Argument an, daß die Rechnungen des Jahres zwangsläufig abgeschlossen werden müßten, damit die nötige Sicherheit der Rechnungen der künftigen Jahre gewährleistet sei. Das EP hingegen nimmt für sich ganz selbstverständlich das Recht in Anspruch, der Kommission die Entlastung zu verweigern. Dies bringt es deutlich in Anlage V GeschO EP[395] zum Ausdruck.

---

[392] *Europäisches Parlament*, Parlamentarische Kontrolle der gemeinschaftlichen Finanzen, S. 9.

[393] Ab S. 134.

[394] Diese Position kommt besonders deutlich in einem Schreiben der Kommission vom 16.1.1984 zum Ausdruck. Der Brief ist abgedruckt bei *Chauchat*, Le contrôle politique du Parlement européen sur les exécutifs communautaires, S. 227; ferner *Strasser*, Die Finanzen Europas, S. 426; *ders.*, RMC 26 (1983), S. 124 (137 f.); i. E. auch *Geiger*, Art. 276 EG Rn. 9. Allerdings hat sich die Position der Kommission inzwischen abgeschwächt, nicht zuletzt durch die einmalige Verweigerung der Entlastung in der Praxis (1984 für das Haushaltsjahr 1982, vgl. dazu ab S. 147), vgl. *Europäische Kommission*, Die Finanzverfassung der Europäischen Union, Luxemburg 1995, S. 126 f., wo das Recht zur Verweigerung anerkannt und mit der allgemeinen Kontrollbefugnis des EP über die Tätigkeiten der Kommission begründet wird. Der Streit hat sich somit wieder auf die akademische Ebene verlagert, wobei aber das Schweigen des EG-Vertrags über die Entlastungsverweigerung und der strittige Sinn der Entlastungsvorschrift deren Auslegung erfordern.

[395] In der 13. Auflage: Art. 2 Abs. 2 und Art. 5, in der 14. Auflage: Art. 3 lit. a), in der 15. Auflage: Art. 3 Abs. 1 a).

Allerdings ist allein die Tatsache, daß die Möglichkeit der Verweigerung der Entlastung in der GeschO EP genannt wird, noch kein Beweis dafür, daß dem EP das Recht der Verweigerung zusteht. Vielmehr ist zu prüfen, ob das EP hiermit eine primärrechtskonforme Ausgestaltung der Kontrollfunktion gegenüber der Kommission geschaffen hat bzw. ob in der Aufnahme des Rechts zur Verweigerung der Entlastung in die GeschO EP ein Verstoß gegen die Grenzen der Kontrollfunktion liegt. Dies ist durch Auslegung des Art. 276 Abs. 1 S. 1 EG zu ermitteln[396]. Es ist also zu fragen, ob durch die Wendung »erteilt (...) Entlastung« auch die Möglichkeit der Verweigerung derselben ausgedrückt wird.

- **Wortlaut**

Der Wortlaut des Art. 276 Abs. 1 S. 1 EG enthält in der deutschen Fassung ausschließlich den Indikativ »erteilt«. Die Verweigerung ist nicht ausdrücklich vorgesehen. Andererseits wird dem EP auch nicht explizit die Möglichkeit der Verweigerung der Entlastung abgesprochen. Zwar könnte man sich auf den Standpunkt stellen, daß der Indikativ »erteilt (...) die Entlastung« eine Verpflichtung ausdrücke[397], denn in internationalen Verträgen wird durch die Verwendung des Indikativs Präsens in aller Regel eine Verpflichtung normiert. Der Wortlaut ist jedoch nicht ausschließlich entscheidend, sondern es sind weitere Auslegungsmethoden heranzuziehen. Er ist jedenfalls nicht so eng, daß eine Verweigerung der Entlastung ohne Beachtung weiterer Gesichtspunkte als unzulässig einzustufen wäre. Hinzu kommt, daß der englische Text des Art. 276 Abs. 1 S. 1 EG lautet: »...shall give discharge to the Commission...«, wörtlich übersetzt also: » ...soll der Kommission Entlastung erteilen...«. In der englischen Sprachfassung ist also eine weiche Formulierung gewählt, die impliziert, daß die Entlastung zwar der Regelfall sein soll, aber nicht in jedem Falle zwingend ist.

---

[396] Als im Jahre 1984 der Kommission erstmalig die Entlastung verweigert wurde, war das Entlastungsverfahren zwar in Art. 206 b) EWGV geregelt. Dieser war in seinem ersten Absatz aber wortgleich mit Art. 206 Abs. 1 S. 1 EGV und dem heutigen Art. 276 Abs. 1 S. 1 EG. Zur Entwicklung der Entlastungsvorschrift vgl. *Rossi*, Europäisches Parlament und Haushaltsverfassungsrecht, S. 151 f.

[397] Vgl. *Rossi*, Europäisches Parlament und Haushaltsverfassungsrecht, S. 156.

Die französische Fassung bedient sich des Indikativs: »...donne décharge à la Commission...«. Die Ausführungen zur deutschen Fassung gelten hier entsprechend.
Die Frage, in welchen Fällen eine Verweigerung der Entlastung möglich ist, kann nur unter Anwendung der übrigen Auslegungsmethoden beantwortet werden.

- **Systematische Auslegung**

Art. 276 EG ist systematisch in die Finanzvorschriften (Fünfter Teil, Titel II EG) eingeordnet. Unter dieser Überschrift sind die Funktionen und die Pflichten der Organe im Haushaltsverfahren geregelt. Insbesondere normiert Art. 274 Abschnitt 1 S. 1 EG die Pflicht der Kommission, den Haushaltsplan gemäß der Haushaltsordnung und im Rahmen der zugewiesenen Mittel entsprechend dem Grundsatz der Wirtschaftlichkeit der Haushaltsführung auszuführen. Die Befugnisse des EP (Art. 189 Abschnitt 1 EG), zu denen – wie oben dargestellt – insbesondere die Kontrollfunktion gehört, werden durch Art. 276 Abs. 1 S. 1 und 2 EG konkretisiert. Speziell in S. 2 kommt zum Ausdruck, daß das EP vor der Erteilung der Entlastung gewisse Dokumente zu prüfen hat. Gleiches gilt für Art. 276 Abs. 2 EG. Aus der Zusammenschau der genannten Normen ist also zu ersehen, daß das EP nicht etwa rein formal die Ausführung des Haushaltsplans absegnen, sondern daß es seine Zustimmung von der Ordnungsgemäßheit der zu prüfenden Unterlagen und von der Ausführung des Haushalts gemäß Art. 274 Abschnitt 1 EG abhängig machen soll. Die Pflicht zur Erteilung der Entlastung ist also eine Rechtsfolge, die eintritt, wenn die Tatbestandsvoraussetzungen erfüllt sind[398], aber eben auch nur dann. Bestünde die Pflicht, die Entlastung zu erteilen, wäre Art. 276 Abs. 1 S. 2 EG überflüssig[399].
Obwohl die Kontrollrechte des EP gegenüber der Kommission schwerpunktmäßig in den Vorschriften über die Organe (insbesondere Art. 189 ff. EG) aufgeführt sind, kann daraus noch nicht abgeleitet werden, daß dem EP hier kein politisches Kontrollrecht mit der Befugnis zur freien Entscheidung eingeräumt werden sollte. Die Finanzvorschriften sind sachlich unter einem eigenen Titel zusammengefaßt, um das Haushaltsverfahren übersichtlich darzustellen. Daß sie

---

[398] Ebenso *Rossi*, Europäisches Parlament und Haushaltsverfassungsrecht, S. 156.
[399] Vgl. *Kannengießer*, DÖV 1995, S. 55 (57).

jedoch auch die Beziehungen zwischen den Organen regeln, und somit auch politische Kontrollrechte enthalten können, zeigt sich daran, daß die Finanzvorschriften und die Vorschriften über die Organe zu einem gemeinsamen Teil V »Die Organe der Gemeinschaft« zusammengefaßt sind.
Ebenfalls läßt sich aus Art. 276 Abs. 3 EG, wonach das EP den Entlastungsbeschluß mit Bemerkungen versehen kann, entnehmen, daß dem EP bei der Entlastung eine echte Kontrollfunktion zukommt. Dies drückt sich insbesondere in der Berichtspflicht (Art. 276 Abs. 3 S. 2 EG) aus. Andererseits muß hieraus gleichzeitig eine Beschränkung der Möglichkeit zur Verweigerung der Entlastung auf diejenigen Fälle gefolgert werden, in denen die Ausführung des Haushaltsplans überwiegend und insgesamt nicht mehr den Voraussetzungen des Art. 274 Abschnitt 1 EG entspricht, denn anderenfalls steht dem EP mit der Möglichkeit der Bemerkungen ein wirksames und nachhaltiges Kontrollmittel zur Verfügung.

- **Teleologische Auslegung**

Der Sinn der parlamentarischen Kontrolle wird zunächst in der politischen Bewertung der Haushaltsführung und in der Übernahme von (haushalts-) politischer Verantwortung durch das EP gesehen[400]. Dieser Zweck liegt auch den mitgliedstaatlichen Entlastungsvorschriften zugrunde[401] und ist dem parlamentarischen Prinzip immanent, weshalb auch auf Gemeinschaftsebene der Entlastung die entsprechende politische Symbolkraft zukommt. Weiterer Anhaltspunkt für diesen politischen Sinngehalt der Entlastungsentscheidung ist, daß für die rein zahlenmäßige Prüfung und für die Wirtschaftlichkeitskontrolle der EuRH zuständig ist, so daß die Entscheidung des EP, bezöge sie sich ebenfalls nur auf diese Aspekte, als ausschließlich wiederholende überflüssig wäre. Soll die Entla-

---

400 Vgl. *Bieber* in: Groeben/Thiesing/Ehlermann, Art. 206 EGV Rn. 12; *Magiera* in: Grabitz/Hilf, Art. 206 EGV Rn. 7; *Jacobs/Corbett/Shackleton*, The European Parliament, S. 228 f.; *Europäische Kommission*, Die Finanzverfassung der Europäischen Union, S. 124; Die politische Ausrichtung der Entlastung wurde durch das zeitliche Zusammenfallen der Verstärkung des repräsentativen Charakters des EP durch seine Direktwahl einerseits, mit der Institutionalisierung der parlamentarischen Haushaltskontrolle durch den Haushaltskontrollausschuß andererseits unterstrichen. Beides geschah 1979, vgl. *Europäisches Parlament*, Parlamentarische Kontrolle der gemeinschaftlichen Finanzen, S. 9, 15.

401 Genauer zu den mitgliedstaatlichen Regelungen *Rüping*, EuR 1982, S. 213 (218 ff.).

stungsentscheidung aber eine über die reine Geste hinausgehende Bedeutung haben, dann die, die Prüfungsergebnisse des EuRH auf politischer Ebene weiterzuverfolgen[402]. Schließlich spricht für die politische Bedeutung der Entlastungsverweigerung und damit für das Recht zur Verweigerung derselben die Identität des EP. Als Vertreter der europäischen Bürger kommt ihm bei einer Gesamtschau der Verträge politische Kontrollmacht zu, die sogar in der Möglichkeit eines Mißtrauensantrags gipfelt. Ein politisches Werturteil über die Tätigkeit der Kommission ist also insgesamt gewollt. Da sich die Folgen der Verweigerung der Entlastung in der Demonstration der Unzufriedenheit mit der Tätigkeit der Kommission erschöpft, werden durch die Verweigerung der Entlastung keine Funktionsmerkmale der Kommission verletzt, soweit das EP seine Entscheidung allein auf der Grundlage haushaltsbezogener Überlegungen trifft. Denn dann ist die Möglichkeit der Entlastungsverweigerung nur ein Druckmittel des EP um die Kommission zur Ausführung des Haushalts gemäß den Vorgaben des Vertrages bzw. gemäß der aufgrund des Vertrages erlassenen Haushaltsordnung anzuhalten.

Aus dem politischen Zweck der Entlastung folgt zwangsläufig das Recht des EP dieselbe zu verweigern. Das EP kann gegenüber den Bürgern der Gemeinschaft nicht die politische Verantwortung für die ordnungsgemäße Verwendung ihrer Gelder übernehmen, wenn es zu der Ansicht kommt, die Kommission habe den Haushalt nicht wirtschaftlich und gemäß der Haushaltsordnung ausgeführt. Stünde dem EP nicht auch die Möglichkeit offen, die Entlastung zu verweigern, so wäre es bei mangelhafter Haushaltsführung verpflichtet, die Unionsbürger zu täuschen. Dies wäre ein widersinniges Ergebnis. Ferner spricht für die Möglichkeit der Verweigerung der Entlastung aber auch, daß ein Parlamentsbeschluß nur einen Sinn hat, wenn die Abgeordneten auch frei entscheiden können. Dies zeigt schon das Institut des freien Mandats (Art. 2 GeschO EP)[403], und davon lebt das parlamentarische Prinzip, welches der EuGH in seiner Rechtsprechung

---

[402] Vgl. *Theato/Graf*, Das Europäische Parlament und der Haushalt der europäischen Gemeinschaft, S. 112.

[403] Vgl. *Kannengießer*, DÖV 1995, S. 55 (58).

anerkannt hat[404]. Durch die Entlastungsentscheidung könnte keinerlei Kontrolle über die Ausführung des Haushaltsplans seitens der Kommission erfolgen, wenn eine Pflicht zur Entlastung bestünde. Vielmehr könnte die Kommission, falls sie entgegen dem EP die Vorgänge für ordnungsgemäß hielte, auf die Entlastung bestehen[405].
Hingegen hat insbesondere die Kommission betont, daß der Sinn der Entlastung ausschließlich ein formaler sei, nämlich der technische Abschluß der Haushaltsprüfung und damit der Abschluß der Rechnungen, also die Feststellung der tatsächlichen Höhe der Einnahmen und Ausgaben[406]. Es dürften dann weder weitere Haushaltsoperationen vorgenommen noch Rechnungen geändert werden. Konsequenterweise würde aus der Notwendigkeit des Rechnungsabschlusses die Pflicht des EP zur Entlastung folgen. Diese enge Sichtweise ist aber aus den zuvor genannten Gründen, die für einen politischen Zweck der Entlastung sprechen, abzulehnen.

Zwar ist anerkannt, daß der Rechnungsabschluß ein Zweck der Entlastung ist, jedoch nicht der ausschließliche. Deshalb ist seitens der Literatur vorgeschlagen worden, beide Entlastungszwecke voneinander zu trennen. Der ziffernmäßig abschließende Akt gehöre zu den unerläßlichen Verfahrensnormen und müsse zwingend ergehen, wenn auch u. U. erst nach der Durchführung eines sog. Bereinigungsverfahrens. Davon unabhängig stehe es dem EP aber offen, im technischen Entlastungsentschluß oder in einem separaten Akt die politische Entlastungsverweigerung zu artikulieren[407]. Diesem Vorschlag ist das EP in der Praxis

---

[404] EuGH, Urt. vom 29.10.1980, Rs. 138/79 (Roquette Frères./.Rat), Slg. 1980, 3333 (3360); Urt. vom 29.10.1980, Rs. 139/79 (Maizena./.Rat), Slg. 1980, 3393 (3424).

[405] Vgl. *Chauchat*, Le contrôle politique du Parlement européen sur les exécutifs communautaires, S. 228.

[406] Brief der Kommission vom 16.1.1984 an den Präsidenten des Ausschusses für die Geschäftsordnung und Petitionen, Price: »L'octroi de la décharge (...) n'est nullement censée contenir un jugement sur la gestion politique«. Der Brief ist abgedruckt bei *Chauchat*, Le contrôle politique du Parlement européen sur les exécutifs communautaires, S. 227; *Strasser*, Die Finanzen Europas, S. 301, 426; *Rüping*, EuR 1982, S. 213 (214) bejaht den formalen neben dem politischen Sinn.

[407] *Bieber* in: Groeben/Thiesing/Ehlermann Art. 206 EGV Rn. 12 f.; *Magiera* in: Grabitz/Hilf Art. 206 EGV Rn. 7.

gefolgt[408], und diesen Gedanken hat es ab der 14. Auflage der GeschO EP auch in deren Anlage V zum Ausdruck gebracht (Art. 3 a), b) i. V. m. Art. 5 Abs. 4 S. 1 GeschO EP_{14})[409]. Hierdurch ist einer Argumentation mit dem technischen Zweck der Entlastung die Schlagkraft genommen.

Aber selbst die Möglichkeit der Verweigerung der technischen Entlastung ist nicht zwingend ausgeschlossen. Dem Argument, daß diese zu den zwingenden Verfahrensvorschriften gehöre, wurde entgegengehalten, daß das EP bereits im Jahre n+1 verbindlich über den Saldo des Haushaltsjahres n entscheide: Im Haushaltsplan des Folgejahres werde der geschätzte Saldo des Jahres n als Einnahme oder Ausgabe verbucht. Nach Vorlage der konsolidierten Haushaltsrechnungen durch die Kommission im Mai des Jahres n+1 werde der Unterschied im Vergleich zu den als Schätzung verbuchten Beträgen als Nachtrags- oder Berichtigungshaushalt in den Haushalt des Folgejahres eingestellt[410]. Deshalb komme dem EP das Recht der Verweigerung der Entlastung auch dann zu, wenn eine getrennte Abstimmung über Entlastung und Rechnungsabschluß nicht vorgesehen sei.
Die in Anlage V zur GeschO EP seit der 14. Auflage übernommene Trennung des Entlastungsbeschlusses hat also nicht den Effekt, der vermeintlichen Pflicht zur technischen Entlastung unabhängig von der politischen Entscheidung nachkommen zu können, sondern drückt aus, daß das EP sich selbst weitestgehende Entscheidungsmöglichkeiten einräumt, indem es über beide Aspekte frei und unabhängig voneinander entscheiden kann.

Nach allem ergibt sich auch aus der teleologischen Auslegung kein Anhaltspunkt für die Unzulässigkeit der Entlastungsverweigerung.

---

408 Entschließung des EP, ABl. C 94 vom 15.4.1985, S. 153 f.

409 Vgl. oben ab S. 134.

410 Vgl. *Kannengießer*, DÖV 1995, S. 58, der aus diesem Grunde auch den Vorschlag einer Teilung der Entlastungsentscheidung gänzlich ablehnt; es handele sich um eine einheitliche politische Entscheidung; *Rossi*, Europäisches Parlament und Haushaltsverfassungsrecht, S. 163. Das Argument bezieht sich freilich auf die bis zum 1.1.2003 gültige Haushaltsordnung.

• **Entstehungsgeschichte**

Schließlich ist zu dieser Frage die Entstehungsgeschichte des Entlastungsartikels aufschlußreich, denn die alleinige Entscheidungsbefugnis über die Entlastung wurde dem EP im gleichen Zuge mit der Erweiterung seiner Befugnisse im Haushaltsverfahren, insbesondere der Möglichkeit zur Ablehnung des Haushaltsentwurfes (Art. 272 Abs. 8 EG), übertragen. Wegen der Einführung von Eigeneinnahmen der Gemeinschaft sollten substantielle parlamentarische Kontrollrechte geschaffen werden[411]. Auch die Entstehungsgeschichte spricht für das Recht des EP, die Entlastung zu verweigern.

Nach Auslegung der Entlastungsregelung (Art. 276 Abs. 1 S. 1 EG) ist die Frage nach der Zulässigkeit der Entlastungsverweigerung eindeutig positiv zu beantworten. Alle Auslegungsmethoden führen zu diesem Ergebnis. Dabei ist nicht einmal die Teilung der Entlastungsentscheidung in einen technischen und einen politischen Teil erforderlich, da das EP hinsichtlich beider Aspekte keine unbedingte Pflicht zur Entlastung trifft.

Allerdings ist die Möglichkeit der Verweigerung, was sich aus der Systematik des Art. 276 EG ergibt, dem EP nur als ultima ratio gegeben, nämlich wenn das Mittel der Bemerkungen und der Berichterstattung (Art. 276 Abs. 3) die Mängel in der Haushaltsführung nicht zu beheben vermag[412]. Dies ist der Fall, wenn die Ausführung des Haushaltsplans insgesamt und überwiegend so mangelhaft ist, daß das EP kein Vertrauen mehr in die Kommissionstätigkeit hat und folglich auch keine Verantwortung mehr gegenüber den Unionsbürgern übernehmen kann.

Des weiteren ist festzuhalten, daß das EP die Frage nach der Entlastung nicht nach Belieben, also etwa unter Berücksichtigung persönlicher, allgemeinpolitischer oder parteipolitischer Erwägungen treffen kann, sondern seine Entscheidung von der Prüfung der in Art. 276 Abs. 1 S. 2 EG genannten Dokumente abhängig machen muß. Drückt sich in ihnen aus, daß die Haushaltsführung der Kommission den Vorgaben des Art. 274 UA 1 EG entspricht und die Zuverläs-

---

[411] Vgl. *Kannengießer*, DÖV 1995, S. 55 (58); zur Erweiterung der Befugnisse des EP in diesem Zusammenhang *Glaesner* in: FS Carstens, S. 115.

[412] Vgl. auch *Hölscheidt*, DÖV 1989, S. 537 (542).

sigkeit der Rechnungsführung gegeben ist, so tritt als zwingende Rechtsfolge die Pflicht zur Entlastung ein. Diese inhaltliche Beschränkung der Verweigerung ist erforderlich, um die anderen Kontrollinstrumente, insbesondere das Mißtrauensvotum gemäß Art. 201 EG, welches im Falle allgemeinpolitisch begründeten Mißtrauens das einzig statthafte Sanktionsmittel ist[413], nicht auszuhebeln. Hierfür sind nämlich besondere Hürden in Form einer doppelten Mehrheitenregelung vorgesehen.

Der Zweck der Entlastung als politisches Kontrollmittel erschöpft sich in der Demonstration der Unzufriedenheit des EP mit der Haushaltsführung durch die Kommission. Verweigert das EP der Kommission die Entlastung aus haushaltsfremden Erwägungen heraus oder knüpft es die Entlastung gar an Bedingungen' die nicht in direktem Zusammenhang mit der Haushaltsführung stehen[414], so verstößt es gegen die primärrechtlichen Grenzen der Kontrollmacht. In mißbräuchlicher Weise, also unter Verstoß gegen die Organtreue, überschritte es den konkreten Kontrollzweck der Entlastung. Unter Ausnutzung des öffentlichen Interesses könnte es direkten Einfluß auf die Entscheidungen der Kommission nehmen und deren Autonomie und Funktionen, etwa als initiativberechtigtes Organ oder als Ausführungsorgan für den Gemeinschaftshaushalt, verletzen bzw. okkupieren.[415]

---

[413] Der damalige Präsident der Kommission, Thorn, kritisierte im Verlauf der Debatte über die Entlastung für das Haushaltsjahr 1982, daß das EP seine Kritik auf Aspekte stütze, die nicht in Verbindung mit der Ausführung des Haushalts für das Jahr 1982 stehen. Er verwies zudem auf das Recht des Mißtrauensvotums als Mittel des EP, um der allgemeinen Unzufriedenheit Ausdruck zu verleihen. Die Stellungnahme ist abgedruckt bei *Strasser*, RMC 28 (1985), S. 611 (626).

[414] So im Entlastungsverfahren für das Haushaltsjahr 1992, ABl. C 128 vom 9.5.1994, S. 322, insb. Punkt 5.

[415] A. A. wohl *Westlake*, The Commission and the Parliament, S. 29, der ausdrücklich darauf hinweist, daß das EP, wie im Entlastungsverfahren 1992 geschehen, die Entlastung auch an gewisse politische Bedingungen knüpfen dürfe, die nicht notwendigerweise auf das eigentliche Entlastungsverfahren selbst beschränkt sein müßten.

e) Praxis

Das Entlastungsverfahren findet alljährlich statt[416], aber erst einmal in der Geschichte der Europäischen Gemeinschaften hat das EP der Kommission die Entlastung verweigert, nämlich am 14.11.1984 für das Haushaltsjahr 1982[417]. Damals hatte es zunächst keine Bedenken im Haushaltskontrollausschuß gegeben, jedoch schon im März 1984 empfahl der Vorsitzende, die Entlastung zu verweigern. Zunächst sprach sich das Ausschußplenum und später auch das Plenum des EP für eine Vertagung der Entlastung aus. In der Entschließung vom 10.4.1984 versuchte das EP, die Debatte neben der Kritik an der Ausführung des Haushaltsplans auf allgemeinpolitische Themen zu lenken. Insbesondere warf es der Kommission vor, sie habe nicht in hinreichendem Umfang Vorschläge für die Ausarbeitung eines Gemeinschaftsakts gemacht (heute Art. 192 S. 2 EG). Damit fühlte sich das EP seiner Möglichkeit beraubt, aktiv Einfluß auf die Gestaltung des Sekundärrechts zu nehmen. In den späteren Entschließungen wurde dieser Punkt allerdings nicht mehr aufgegriffen.

Als die Kommission Anfang August 1984 seine Antworten auf die einzelnen Punkte der Entschließung des EP vorlegte, zeigte sich das EP damit keineswegs zufrieden. Vielmehr schlug der Haushaltskontrollausschuß nunmehr vor, die Entlastung zu verweigern, was das EP durch seinen Beschluß vom 14.11.1984 auch tat. Das EP begründete dies zum einen mit der unkontrollierten Entwicklung der Agrarausgaben, mit einer Beeinträchtigung des Systems zur Finanzierung durch eigene Mittel, mit mangelnder Effizienz der Finanzierungsinstru-

---

[416] Vgl. zum Entlastungsverfahren für das Haushaltsjahr 2001 »Eine Entlastung zweiter Klasse für die EU-Kommission« in: Frankfurter Allgemeine Zeitung vom 9.4.2003, Nr. 84, S. 15.

[417] Eine genaue Fallstudie findet sich bei *Strasser*, Die Finanzen Europas, S. 427 ff.; *ders.*, RMC 28 (1985), S. 611 (623 ff.) unter wörtlicher Wiedergabe der Stellungnahmen der Kommission. Hieran sind die Ausführungen dieses Abschnitts angelehnt. Vgl. zum Entlastungsverfahren für das Haushaltsjahr 1982 ferner: *Baziadoly*, RMC 1992, S. 58 (66 ff.). Bei der Entschließung vom 7.4.1987, ABl. C 125 vom 11.5.1987, S. 45 handelt es sich entgegen *Bieber* in: Groeben/Thiesing/Ehlermann Art. 144 EGV Rn. 12 um einen Aufschub der Entlastung, vgl. *Theato/Graf*, Das Europäische Parlament und der Haushalt der Europäischen Gemeinschaft, S. 131. Auch das Entlastungsverfahren für den Haushalt 1996 ist von besonderer Relevanz, denn im Ergebnis hat sich auch damals das EP geweigert, die Kommission zu entlasten. Dieser Themenbereich wird an dieser Stelle jedoch ausgeklammert, da er Anlaß der Arbeit ist und Gegenstand einer ausführlichen Fallstudie im weiteren Verlauf der Darstellung sein wird.

mente der Strukturpolitiken und mit den Problemen der administrativen Bewirtschaftung im Bereich der Forschung und Technologie[418].

Welche Folgen diese Entscheidung für die Kommission haben sollte, überließ das EP dieser selbst: »Das Europäische Parlament erwartet, daß die Mitglieder der Kommission, die die politische Verantwortung für die Verweigerung der Entlastung tragen, die entsprechenden Schlußfolgerungen aus den vorstehenden Ausführungen ziehen werden«[419]. Die Kommission aber dachte gar nicht daran, die »nutzlose Geste« des Rücktritts zu machen[420].

Schließlich aber gab das EP nach langen internen Auseinandersetzungen insoweit nach, als es die rein technische Entlastung, die zum Abschluß der Rechnungen führen sollte, am 15.3.1985 erteilte[421].

f) Rechtsfolgen nachträglicher Haushaltskontrolle

aa) Folgen einer Entlastungsverweigerung

Wie schon bei der teleologischen Auslegung dargestellt, ist es zweifelhaft, ob die technische Entlastung als Rechtsfolge den Abschluß der Konten und die Vermutung für die Ordnungsgemäßheit der Haushaltsführung nach sich zieht[422]. Welche rechtlichen Folgen hat aber die Verweigerung des politischen Teils der Entlastung? Zieht sie etwa den zwingenden Rücktritt der Kommission nach sich? Dieser Gedanke wurde in der Literatur immer wieder aufgegriffen, seitdem der Kommissar Tugendhat äußerte: »Daher geben die Verträge dem EP auch ganz folgerichtig die Möglichkeit einer allgemeinen Sanktion – einer politischen Sanktion – als ganz normale Folge der Verweigerung der Entlastung. Eine derartige Weigerung wäre eine außerordentlich schwerwiegende Maßnahme; meines Erachtens müßte dieses Mißtrauensvotum gegen die Kommission zur Absetzung der ganzen Mannschaft führen. Ich wage zu behaupten, daß es nie soweit kom-

---

[418] *Europäisches Parlament*, Parlamentarische Kontrolle der gemeinschaftlichen Finanzen, S. 16.

[419] Beschluß des EP vom 14.11.1984, ABl. C 337 vom 17.12.1984, S. 23 f. Ziffer 6.

[420] So der Präsident der Kommission, Thorn, nach der Abstimmung vom 14.11.1984. Das Statement ist abgedruckt bei *Strasser*, RMC 28 (1985); S. 611 (626).

[421] Entschließung EP vom 15.3.1985, ABl. C 94 vom 15.4.1985, S. 153 f.

[422] So aber *Bieber* in: Groeben/Thiesing/Ehlermann, Art. 206 EGV Rn. 17; a. A. *Rossi*, Europäisches Parlament und Haushaltsverfassungsrecht, S. 163.

men wird.«[423] Hatte bis dahin die Sanktionslosigkeit der politischen Entlastung als selbstverständlich gegolten[424], so wies doch das EP in seiner Entschließung zur Verweigerung der Entlastung für das Haushaltsjahr 1982 ausdrücklich auf diese Äußerung Tugendhats hin und forderte – wie bereits erwähnt[425] – die Kommission auf, die notwendigen Schlüsse zu ziehen[426].

Wiederum ist die Lösung der Frage nur im primären Gemeinschaftsrecht zu suchen, und es liegt auf der Hand, daß die Verträge über die Folgen der Entlastungsverweigerung ebenso schweigen wie über diese selbst. Allerdings ergibt sich aus der Vorschrift über das Mißtrauensvotum (Art. 201 EG), welches eine doppelte Mehrheitenregelung verlangt, anders also als der Entlastungsbeschluß und der Beschluß über die Verweigerung, daß eine Amtsenthebung der Kommission als Folge der Entlastungsverweigerung ein Schleichweg wäre, der diese Sicherung der Funktionsfähigkeit und Autonomie der Kommission aushebeln würde. Nur durch das Mißtrauensvotum soll das EP über den Bestand der Kommission entscheiden können[427]. Außerdem sieht der Vertrag auch keinerlei Verfahren für eine derartige Absetzung der Kommission vor[428] (anders wiederum beim Mißtrauensvotum, Art. 201 S. 3 und 4 EG). Ein geschlossener Rücktritt ist ebenfalls nicht vorgesehen.

---

[423] Vgl. Redebeitrag *Tugendhat,* Verhandlung EP vom 7.7.1977, ABl. Anhang Nr. 219, S. 291 (303).

[424] *Druker,* Financing the European Communities, S. 339, vgl. *Rüping,* EuR 1982, S. 213 (214).

[425] Vgl. S. 148.

[426] Beschluß vom. 14.11.1984 ABl. C 337 vom 17.12.1984, S. 23 f.; M.P.Price, als Berichterstatter des Geschäftsordnungs- und Petitionsausschusses, stellte in einem Bericht fest: »En effet, il est géneralement admis qu'un refus de donner décharge équivaudrait normalement à un vote de censure, de sorte que, dans ce cas aussi, la Commission demissionnerait.«, Dok. EP 1-1390/83 vom 20.1.1984, abgedruckt bei *Chauchat,* Le contrôle politique du Parlement européen sur les exécutifs communautaires, S. 225; siehe auch *Magiera* in: Grabitz/Hilf, Art. 206 EGV Rn. 7.

[427] Vgl. dazu *Hölscheidt,* DÖV 1989, S. 537 (542).

[428] Vor demselben Problem stand man auch im März 1999, nachdem die Kommission zurückgetreten war. Es gab kein geregeltes Verfahren für den Rücktritt oder für die Weiterführung des Amtes. Vgl. zu diesem Komplex: *Hummer/Obwexer,* EWS 1999, S. 161 (insb. 164 f.) und *dies.,* Integration 1999, S. 77 (insb. S. 83 ff.).

Schließlich kann noch aus dem Rechtsvergleich der Regelungen der Mitgliedstaaten, auf welchen der EuGH zur Ausfüllung von Lücken zurückgreift, ein Argument abgleitet werden. In keinem der Staaten hat die Verweigerung die Konsequenz eines Regierungssturzes, so daß dieses Prinzip einem allgemeinen Rechtsgrundsatz nahe kommt[429]. Folglich spricht nichts dafür, daß die Entlastungsverweigerung den Sturz der Kommission nach sich zieht, außer dem politischen Wunsch des EP selbst[430].

bb) Die Bemerkungen des EP (Art. 276 Abs. 3 EG)

Mit eigenen Rechtsfolgen verbunden sind allerdings die Bemerkungen in den Entlastungsbeschlüssen und andere Bemerkungen (Art. 276 Abs. 3 EG), denn die Kommission muß alle zweckdienlichen Maßnahmen treffen, um diesen Folge zu leisten und über die getroffenen Maßnahmen berichten. Da es sich hier

---

[429] Ausführlich hierzu *Rüping*, EuR 1982, S. 213 (218 ff., 229).

[430] Ebenso *Schoo* in: Rengeling/v. Borries (Hrsg.), Aktuelle Entwicklungen in der Europäischen Gemeinschaft, S. 1 (4); *Beckedorf*, Das Untersuchungsrecht des Europäischen Parlaments, S. 131.
Gerade im Zusammenhang mit dem Entlastungsverfahren für das Haushaltsjahr 1982 hat das EP – verschleiert – Rücktrittsforderungen geäußert, vgl. Beschluß des EP vom 14.11.1984, ABl. C 337 vom 17.12.1984, S. 23 (24), Ziffer 6; Bericht Price, Dok. EP 1-1390/83 vom 20.1.1984, abgedruckt bei: *Chauchat*, Le contrôle politique du Parlement européen sur les exécutifs communautaires, S. 227. Hierdurch werden die Grenzen der Kontrollmacht des EP, konkret die Grenze der Organtreue, zumindest tangiert. Politisch gesehen sind Rücktrittsforderungen üblich und ein gängiges Mittel der Interorganpraxis. Durch die Medien- und Öffentlichkeitswirksamkeit der Entlastungsverweigerung besteht aber die Gefahr, daß die Kommission in eine politische Zwickmühle gerät, aus der sie sich unter Umständen nur durch einen Rücktritt befreien könnte. Das EP könnte sich auf diesem Wege unter Ausnutzung der Öffentlichkeitswirksamkeit eine Kontrollmacht einverleiben, die dem Geist der Verträge widerspricht, anstatt die dafür vertraglich vorgesehenen Kontrollmittel (Mißtrauensvotum) einzusetzen, wozu es in letzter Konsequenz bisher nie in der Lage war. Über den Hebel des öffentlichen Drucks verfolgt das EP einen (sanktionierenden) Kontrollzweck, welcher über den rein demonstrierenden Zweck des Entlastungsverfahrens hinausgeht.
Für den Fall, daß die Kommission nach Verweigerung der Entlastung nicht zurücktritt, wird zwar generell angenommen, daß sich das EP gebunden fühlte, ein Mißtrauensvotum folgen zu lassen, vgl. *Jacobs/Corbett/Shackleton*, The European Parliament, S. 229. Vgl. auch Redebeitrag des Abgeordneten *Cox* (ELDR), Verhandlung EP vom 17.12.1998, ABl. Anhang Nr. 4-530, S. 282 bzw. EP, Ausführlicher Sitzungsbericht vom 17.12.1998, S. 10.

um eine vertraglich normierte Pflicht der Kommission handelt, ist die Berichterstattung auch gemäß Art. 232 EG einklagbar. Somit handelt es sich um ein wirksames Instrument nachhaltiger Kontrolle. Die Kommission ist allerdings sehr entgegenkommend, denn traditionell legt sie bereits im November des Jahres n+1 einen Zwischenbericht, bis zum Mai des Jahres n+3 sogar einen Schlußbericht über die getroffenen Maßnahmen vor, ohne daß das EP dazu gesondert auffordern müßte.

Im Entlastungsverfahren für das Haushaltsjahr 1983, also noch bevor eine Regelung über die Behandlung von Bemerkungen in den EG-Vertrag eingeführt wurde[431], versuchte das EP das Mittel der Bemerkungen zu perfektionieren, indem es in der Entschließung, welche die Bemerkungen enthielt, eine Sprachregelung aufstellte: Die Verwendung der Formulierung »fordert auf« bedeute, daß die betreffende Institution die verlangten Maßnahmen zu treffen habe. Durch die Formulierung »empfiehlt« drücke das EP aus, daß die betreffende Institution die Bemerkung prüfen und vorbehaltlich wichtiger Gründe auch durchführen solle. Die Formulierung »schlägt vor« sei unverbindlich und fordere das betreffende Organ lediglich zu einer Erklärung auf[432]. Damit behauptete das EP eine Pflicht der Kommission zur Umsetzung der mit »fordert auf« eingeleiteten Maßnahmen und nahm sich das Recht, der Kommission zu diktieren, was diese konkret zu tun habe.
Die verschiedenen Ansichten hinsichtlich der Verbindlichkeit insbesondere der Formulierung »fordert auf«, wurden bereits in der Sitzung vom 16.4.1985 deutlich[433]: Haushaltskommissar Christophersen unterstrich, daß sich die Kommission keine Anweisungen geben lasse. Wenn das EP mit den Maßnahmen der Kommission nicht zufrieden sei, so verfüge es über die Sanktionsmöglichkeiten, die ihm der Vertrag gebe. Der Vorsitzende des Haushaltskontrollausschusses, Aigner, erwiderte jedoch, daß dem EP, weil es das Recht habe, der Kommission ihr Mandat zu entziehen, erst recht Bedingungen stellen könne, soweit es über die entsprechende Legislativgewalt verfüge. Und die Entlastung sei ein Legisla-

---

[431] Erst durch den EU-Vertrag wurden die Art. 206 Abs. 2 und 3 EGV (Art. 276 Abs. 2 und 3 EG) dem Entlastungsartikel hinzugefügt, vgl. *Magiera* in: Grabitz/Hilf, Art. 206 EGV Rn. 1.
[432] ABl. C 122 vom 20.5.1985, S. 35 (36).
[433] Vgl. Verhandlung EP vom 16.04.1985, ABl. Anhang Nr. 2-325, S. 38 bzw. S. 44.

tivakt. Ferner solle sich die Kommission schon einmal daran gewöhnen, sich dem mehrheitlichen Willen des Parlaments anzupassen, da nach seiner Überzeugung die Legislativgewalt ausschließlich dem EP und dem Rat übertragen werde.
Hier war also die Grenze zwischen den Kompetenzbereichen von Kommission und EP streitig, wobei die oben erörterten primärrechtlichen Prinzipien der Erhaltung der Organidentität und der Organtreue gegeneinander abzuwägen waren, um den Umfang der Verpflichtung der Kommission zur Umsetzung der Bemerkungen zu bestimmen.
Mit der Einführung des Art. 276 Abs. 3 S. 1 EG (Art. 206 Abs. 3 S. 1 EGV) wurde die Grenze zwischen den Funktionsbereichen von EP und Kommission vertraglich ausdrücklich markiert. Demnach ist die Kommission verpflichtet, alle zweckdienlichen Maßnahmen zur Umsetzung der Bemerkungen des EP zu treffen. Die Wahl der Maßnahmen wird aber der Kommission überlassen. Damit schafft Art. 276 Abs. 3 S. 1 EG einen Ausgleich zwischen dem Interesse des EP an effektiver Kontrolle und der Unabhängigkeit der Kommission. Dabei ist die Regelung unter dem Aspekt der Organtreue dahingehend auszulegen, daß die Kommission die Anmerkungen des EP möglichst weitgehend befolgen muß, ohne daß dem EP ein Letztentscheidungsrecht über die Handlungen der Kommission zukommt.

2) Begleitende Haushaltskontrolle

Während die Entlastung in technischer Hinsicht den Abschluß des Haushaltsverfahrens bildet und ein politisches Endurteil enthält, kontrolliert das EP die Ausführung des Haushalts in der Praxis schon im Laufe des betreffenden Haushaltsjahres.

a) Funktionen begleitender Haushaltskontrolle

Die begleitende Haushaltskontrolle ist unter verschiedenen Aspekten von Bedeutung.

- Die Kontrolle des EP hinsichtlich der Ausführung des Haushalts ist um so effektiver, je früher es sich ein Bild vom tatsächlichen Stand der Ausführung machen kann. Wenn schon während des jeweiligen Haushaltsjahres Zwischenberichte erfolgen, kann das EP daraus Konsequenzen für den Haushaltsplan des kommenden Haushaltsjahres ziehen, indem es bestimmte Haushaltslinien mit mehr oder weniger Mitteln ausstattet, je nachdem, wie gut die Ausführung funktioniert. Die Ausführung hängt im wesentlichen vom Rat ab, der, abgesehen von punktuellen Aktionen, eine Rechtsgrundlage für die Verwendung der verplanten Mittel schaffen muß. Die begleitende Haushaltskontrolle wirkt sich also mittelbar auch auf das Verhältnis zwischen EP und Rat aus und kann zu einem reibungslosen Ablauf der ersten Lesung des Haushalts des Folgejahres im EP führen[434].

- Ein zweites Ziel der begleitenden Ausführungskontrolle ist es, diejenigen Mittel, welche bis zu dem Zwischenbericht nicht ausgeführt worden sind, auf andere Haushaltslinien zu übertragen, und so die Verwendung der verplanten Mittel noch im laufenden Haushaltsjahr zu ermöglichen[435]. Werden nämlich die verplanten Mittel nicht bis zum Ende des Haushaltsjahres, für das sie eingesetzt sind, in Anspruch genommen, so verfallen sie in der Regel (Art. 9 Abs. 1 S. 1 HO n. F.).
- Schließlich hat die begleitende Haushaltskontrolle seit 1988 zusätzlich an Bedeutung gewonnen. Seither findet nämlich für einen Zeitraum von jeweils mehreren Jahren die sogenannte Finanzielle Vorschau (FiVo) statt[436], d. h. im Rahmen eines interinstitutionellen Abkommens wird ein in große Kategorien eingeteilter Finanzrahmen festgelegt, mit dem Ziel, das Ausufern der Gemeinschaftsausgaben zu verhindern und gleichzeitig eine ausgewogene Entwicklung der Interventionen in den einzelnen Bereichen zu gewährleisten. Außerdem wird durch die FiVo das jährliche Haushaltsverfahren erleichtert, da sie sowohl für die einzelnen Ausgabenkategorien als auch für die Gesamtausgaben Obergrenzen festlegt, welche »ex ante« das Ausgabenvolumen auf die absehbaren Einnahmen abstimmen[437]. Durch die FiVo, die

---

[434] Vgl. *Rossi*, Europäisches Parlament und Haushaltsverfassungsrecht, S. 149.

[435] Vgl. *Theato/Graf*, Das Europäische Parlament und der Haushalt der Europäischen Gemeinschaft, S. 135.

[436] Vgl. erstes interinstitutionelles Abkommen vom 29.6.1988 (abgedruckt bei *Strasser*, Die Finanzen Europas, S. 355 f.), welches die Jahre 1988-1992 umfaßte; zweites interinstitutionelles Abkommen vom 29. 10.1993 für die Jahre 1993-1999; drittes Abkommen vom 6.5.1999 für die Jahre 2000-2006, vgl. dazu Gesamtbericht 1999, Kapitel VIII Abschnitt 2, S. 335 f.

[437] Europäische Kommission, Die Finanzverfassung der Europäischen Union, S. 48.

die Mittel nach weitgefaßten Ausgabenkategorien begrenzt, besteht die Gefahr, daß es einerseits zu Mittelbewilligungen ohne die dafür erforderliche Rechtsgrundlage kommt und andererseits zu Ausgabenbedarf ohne die entsprechende Mittelzuweisung[438]. Dies macht die Notwendigkeit deutlich, zuverlässige Verwendungsprognosen aufzustellen, was erheblich durch die strenge Kontrolle der Haushaltsausführung innerhalb des laufenden Haushaltsjahres unterstützt wird.

b) Mittel begleitender Haushaltskontrolle

Die drei genannten Ziele der begleitenden Haushaltskontrolle wurden bisher verfolgt, indem die Kommission dem EP vierteljährlich einen Bericht über den Stand der Ausführung des Haushalts unterbreitete (Art. 34 Abs. 2 HO a. F.). Zusätzlich legte die Kommission monatlich einen Bericht vor, welcher Zahlenangaben über die Einnahmen und Ausgaben sowie über die Mittelübertragungen enthielt (Art. 34 Abs. 1 HO a. F.).
Gemäß der neuen Haushaltsordnung[439] legt die Kommission dem EP dreimal jährlich einen Bericht über die Ausführung des Haushaltsplans in Einnahmen und Ausgaben vor, der nach Kapiteln, Artikel und Posten aufgeschlüsselt ist (Art. 131 Abs. 2 S. 1 HO n. F.). Zusätzlich übermittelt die Kommission einmal monatlich mindestens nach Kapiteln aufgeschlüsselte Daten über die Ausführung des Haushaltsplans (Art. 131 Abs. 1 S. 1 HO n. F.). Grundlage für die Vorlage dieser Berichte ist Art. 276 Abs. 2 EG, wonach die Kommission zu jeder Zeit alle notwendigen Informationen vorlegen muß.

In der Praxis wurde zudem seit 1976 ein besonderes Verfahren, das sogenannte Notenboom-Verfahren[440] angewandt. Ziel dieses Verfahrens war es zunächst,

---

[438] *Theato/Graf*, Das Europäische Parlament und der Haushalt der europäischen Gemeinschaft, S. 134.
[439] In Kraft seit 1.1.2003, vgl. oben Fn. 365.
[440] Benannt nach Harry Notenboom, dem früheren Berichterstatter des Haushaltskontrollausschusses, welchem die Einführung dieser Aussprache zugeschrieben wird. Allerdings ist es in Wirklichkeit von Aigner initiiert worden, Notenboom hat es fortentwickelt, und Bourlanges hat es perfektioniert. Vgl. *Theato* in: Rinsche/Friedrich (Hrsg.), Europa als Auftrag, S. 113 (118).

dem EP Informationen über den Haushaltsvollzug im Laufe des betreffenden Haushaltsjahrs zu verschaffen, um sicherzustellen, daß die Debatte über den Haushaltsplan des folgenden Jahres den Haushaltsvollzug im laufenden Jahr wiederspiegele[441]. Später, ab 1983, fanden zum Ende des Notenboom-Verfahrens außerdem globale Mittelübertragungen statt[442].
Dabei wurde das Verfahren mehrfach modifiziert. Bis 1994 mündete die Prüfung der Vierteljahresberichte und weiterer Berichte der Kommission über die Ausführung des Haushaltsplans in eine umfassende Aussprache im EP, welche formell betrachtet auf einer mündlichen Anfrage des EP an die Kommission basierte und in der die Kommission über die Ausführungsrate der in den Haushalt eingesetzten Mittel berichten sollte[443]. Diese Aussprache fand jeweils im Oktober statt. Im Anschluß daran bestand die Möglichkeit, Mittel, deren Abfluß in der verbleibenden Zeit des Haushaltsjahres nicht mehr gesichert erschien, auf Vorschlag der Kommission[444] auf andere Haushaltslinien zu übertragen[445].
Ab 1994 wurden die Zwischenberichte der Kommission über die Ausführung der Mittel neu strukturiert und in der Folge auf Basis der Ende Mai, August und Dezember verfügbaren Daten erstellt. Zwischen 1994 und 1997 wurde der Kommission seitens des Ausschusses für Haushaltskontrolle bis Ende Juni eine Liste von Fragen zur Ausführung des Haushaltsplans übermittelt, welche diese Anfang September schriftlich beantwortete. Im Anschluß daran arbeitete der Ausschuß für Haushaltskontrolle einen Berichtsentwurf aus und unterbreitete

---

[441] Vgl. Themenpapier Haushaltsangelegenheiten Nr. 8 der Generaldirektion Wissenschaft des EP, PE 167.744, S. 1. Eine dem heutigen Art. 276 Abs. 2 EG entsprechende Regelung gab es damals noch nicht, vgl. S. 137.
[442] Vgl. Themenpapier Haushaltsangelegenheiten Nr. 8 der Generaldirektion Wissenschaft des EP, PE 167.744, S. 1.
[443] Vgl. *Theato/Graf*, Das Europäische Parlament und der Haushalt der Europäischen Gemeinschaft, S. 134 f.; Themenpapier Haushaltsangelegenheiten Nr. 8 der Generaldirektion Wissenschaft des EP, PE 167.744, S. 2.
[444] Vgl. Themenpapier Haushaltsangelegenheiten Nr. 8 der Generaldirektion Wissenschaft des EP, PE 167.744, S. 1.
[445] Vgl. *Theato/Graf*, Das Europäische Parlament und der Haushalt der Europäischen Gemeinschaft, S. 135; *Rossi*, Europäisches Parlament und Haushaltsverfassungsrecht, S. 150.

diesen dem Plenum zur Annahme. Die globale Mittelübertragung wurde von diesem Verfahren getrennt und Mitte Oktober vorgelegt[446].
Nach 1997 wurde das Verfahren zur globalen Mittelübertragung wesentlich modifiziert, um zu verhindern, daß die Übertragungen auf eine Veränderung der Politik ohne Zustimmung des EP hinausliefen[447]. Die globale Mittelübertragung konzentriert sich seitdem auf eine einzige Übertragung bei den Zahlungsermächtigungen. Entschließungen zur Ausführung des Hauhaltsplans des laufenden Jahres, welche das EP bis dahin zum Abschluß der begleitenden Haushaltskontrolle angenommen hatte, sind seit 1998 entfallen.

c) Fazit

Während das Entlastungsverfahren hauptsächlich politische Wirkung entfaltet, ermöglicht die begleitende Haushaltskontrolle dem EP, effektiv Einfluß auf die Mittelverteilung und damit auf die Entwicklung der in seinem Interesse liegenden Politiken der Gemeinschaft zu nehmen. Dabei ist nicht ersichtlich, daß das EP bei der Ausgestaltung der begleitenden Kontrolle die primärrechtlichen Grenzen der Kontrollfunktion überschreitet[448]. Vielmehr kam es dem Gebot der optimalen Ausfüllung seiner Funktion insbesondere durch das Notenboom-Verfahren nach, bei dem es verschiedene Kontrollmittel – Fragerecht und Berichtspflichten gemäß Art. 276 Abs. 2 EG – in effektiver Weise einsetzte und miteinander verband.

---

[446] Vgl. Themenpapier Haushaltsangelegenheiten Nr. 8 der Generaldirektion Wissenschaft des EP, PE 167.744, S. 3.
[447] Vgl. Themenpapier Haushaltsangelegenheiten Nr. 8 der Generaldirektion Wissenschaft des EP, PE 167.744, S. 4 f.
[448] Bevor die Berichtspflicht des Art. 276 Abs. 2 EG (Art. 206 EGV) durch den Vertrag von Maastricht eingeführt wurde, konnte die Funktionsfähigkeit des EP als Grundlage für die Vorlage von Berichten über den Stand der Ausführung der Mittel herangezogen werden. Gemäß Art. 201 Abs. 1 EG (Art. 144 Abs. 1 EGV) kann ein Mißtrauensantrag wegen der Tätigkeit der Kommission eingebracht werden. Um das sanktionierende Kontrollmittel richtig ausüben zu können, mußte das EP schon damals die Möglichkeit haben, sich regelmäßig Informationen über die Ausführung des Haushalts durch die Kommission zu verschaffen.

3) Bewertung

Die Haushaltskontrolle des EP ist beispielhaft, da sich an ihr besonders deutlich die Charakteristika der Entwicklung der Kontrollfunktion im Laufe der Geschichte der Europäischen Gemeinschaften nachvollziehen lassen.
So ist auch bei der Haushaltskontrolle feststellbar, daß das EP immer um einen Ausbau seiner Rechte gekämpft und versucht hat, seine Kontrolle gegenüber der Kommission zu optimieren. Dabei hat es hier, ähnlich wie bei anderen Kontrollinstrumenten bereits festgestellt[449], den Weg über die GeschO gewählt und die Rechte, welche strittig waren, einfach in seine GeschO übernommen, bzw. durch die Aufnahme neuer Rechte erst den Streit entfacht. Die Normierung der Entlastungsverweigerung stellt dabei eine Ausgestaltung des Kontrollverhältnisses zwischen EP und Kommission dar, die sich im Rahmen der primärrechtlichen Vorgaben hält und Art. 276 Abs. 1 S. 1 EG in zulässiger Weise konkretisiert. Auch die maximale Ausschöpfung des Kontrollmittels im Rahmen des geltenden Primärrechts, die das EP durch die Trennung zwischen technischer und politischer Entlastung und durch die freie Entscheidungsmöglichkeit hinsichtlich beider Aspekte und deren gegenseitige Unabhängigkeit erreichte, ist nicht zu beanstanden.

Wie schon beim Gesamtbericht erwähnt, ist auch hinsichtlich der Haushaltskontrolle der Trend von der nachträglichen zur begleitenden Kontrolle feststellbar[450]. Dies zeigt sich an der Inanspruchnahme von Informationsrechten während des betreffenden Haushaltsjahrs ebenso wie an der Einführung und Weiterentwicklung des Notenboom-Verfahrens.

Bisweilen wird die Entlastung bzw. ihre Verweigerung als sanktionierendes Kontrollmittel[451] oder auch als verdecktes Mißtrauensvotum[452] bezeichnet. Allerdings haben die vorangegangenen Untersuchungen gezeigt, daß die Verweigerung der

---

[449] Vgl. insofern zum Untersuchungsrecht ab S. 101.

[450] So auch: Europäisches Parlament, Parlamentarische Kontrolle der gemeinschaftlichen Finanzen, S. 20.

[451] *Haag/Bieber* in: Groeben/Thiesing/Ehlermann, Art. 137 EGV Rn. 28.

[452] *Läufer* in: Grabitz/Hilf, Art. 144 EGV Rn. 16; *Waldhoff* in: Calliess/Ruffert, Art. 276 EG; *Ott*, ZEuS 1999, S. 231 (241).

Entlastung mit keinerlei Rechtsfolgen verbunden ist, so daß nach der einleitend zugrunde gelegten Terminologie nicht von einem sanktionierenden Kontrollrecht gesprochen werden kann[453]. Ebenfalls ist der Begriff des »verdeckten Mißtrauensvotums« abzulehnen, denn – wie gezeigt – ist das Mißtrauensvotum an zusätzliche Abstimmungsquoren gebunden. Daß die Entlastungsverweigerung letztendlich zum Sturz der Kommission führen könnte, ist einzig ein politischer Wunsch des EP[454].

Die Wirksamkeit der Entlastungsbefugnis basiert im wesentlichen auf der durch das politische Werturteil erzeugten Öffentlichkeitsfunktion. Das Entlastungsverfahren dient nicht nur der Information interessierter politischer Kräfte, sondern ermöglicht die öffentliche Auseinandersetzung mit der Haushaltspolitik der Kommission[455].

Das Entlastungsrecht ist ein sehr wirksames Kontrollmittel, da es dem EP durch die Bemerkungen und durch das Verfahren der begleitenden Kontrolle mittelbar die Möglichkeit der Einflußnahme auf die Politiken der Gemeinschaft verschafft. Das EP versucht hierdurch den Mangel an legislativer Gewalt, der auch im Verfahren der Aufstellung des Haushaltsplans besteht, teilweise wettzumachen[456]. Flankiert durch die weitgehenden Informationsrechte des Art. 276 Abs. 2 und 3 vermag es eine effektive und nachhaltige Kontrolle zu gewährlei-

---

[453] Allerdings geht es auch über die rein informative Kontrolle hinaus, da nach Prüfung der in Art. 276 Abs. 1 S. 2 EG genannten Unterlagen Beschlüsse und Entschließungen gefaßt werden. Die Haushaltskontrolle umfaßt ein politisches Werturteil des EP, vgl. oben ab S. 141. Daher scheint der Ausdruck der »demonstrierenden Kontrolle« angebracht. Vgl. für das deutsche Recht *Pietzner* in: Herzog u. a. (Hrsg.), Evangelisches Staatslexikon, Stichwort »Bundestag«, Sp. 336; Ebenfalls diese Terminologie greift auf: *Rossi*, Europäisches Parlament und Haushaltsverfassungsrecht, S. 166 (»politische Demonstration«). Zum Kontrollbegriff vgl. ab S. 9.

[454] Die Unterschiede zwischen Entlastungsverfahren und Mißtrauensvotum fassen zusammen: *Baziadoly*, RMC 1992, 58 (65); *Hecker* in: Lenz, Art. 276 EG Rn. 1, wobei hier anzumerken ist, daß die Verweigerung durch Auslegung auch aus dem EG-Vertrag zu entnehmen ist, weshalb eine vertragliche Grundlage entgegen Heckers Ansicht sehr wohl besteht.

[455] Vgl. *Rossi*, Europäisches Parlament und Haushaltsverfassungsrecht, S. 166.

[456] Vgl. *Chauchat*, Le contrôle politique du Parlement européen sur les exécutifs communautaires, S. 209.

sten. Es ist der einzige Bereich, in dem das EP die Alleinentscheidungskompetenz inne hat, und entsprechend akribisch nimmt es diese wahr.

III. Der Mißtrauensantrag – sanktionierende Kontrolle

Der Mißtrauensantrag ist das Kontrollrecht des EP, durch welches es die Mitglieder der Kommission zur Niederlegung ihres Amtes zwingen kann. Hierdurch wird eine Verantwortlichkeit der Kommission gegenüber dem EP begründet, die mit derjenigen staatlicher Regierungen vergleichbar ist, wobei allerdings die funktionalen Unterschiede zwischen der Kommission und den mitgliedstaatlichen Regierungen zu beachten sind[457].

1) Rechtsgrundlagen

Der Mißtrauensantrag ist in Art. 201 EG (Art. 144 EGV) normiert und durch Art. 34 GeschO EP[458] näher ausgestaltet.

2) Materielle Voraussetzungen

Art. 201 Abs. 1 EG normiert nur eine einzige, weit gefaßte materielle Voraussetzung. Danach wird der Mißtrauensantrag »wegen der Tätigkeit der Kommission« eingebracht. Nur ein so motivierter Antrag ist ein Mißtrauensantrag und löst das in Art. 201 EG und in der GeschO EP vorgesehene Procedere aus. Und nur ein so motivierter Antrag vermag die Rechtsfolgen, insbesondere die Amtsniederlegung, herbeizuführen. Die Reichweite des Mißtrauensantrags als Kontrollinstrument hängt von der Auslegung dieser Voraussetzung ab. Fraglich ist, ob sich die Kontrolle des EP auf das gesamte Verhalten der Kommission erstreckt, oder ob nur eine Kontrolle der verwaltenden Kommissionstätigkeit vorgesehen ist.

In der französischen Fassung des Art. 201 EG wird zur Umschreibung der materiellen Voraussetzung das Wort »gestion« (= Amtsführung, Verwaltung) verwandt. Anläßlich des ersten Mißtrauensantrags in der Geschichte der Europäi-

---

[457] Vgl. *Bieber* in: Groeben/Thiesing/Ehlermann, Art. 144 EGV Rn. 3.

[458] Art. 34 ist in der 13., 14. und 15. Auflage identisch.

schen Gemeinschaft zog die U.D.E. (Union Démocratique Européenne) diesen Wortlaut als Argument für eine restriktive Deutung des Rechtes des Mißtrauensantrages heran. Sie bezog sich zudem auf die systematische Auslegung des Art. 144 Abs. 1 EGV (Art. 201 Abs. 1 EG). Der Gesamtbericht, dessen Regelung dem Mißtrauensantrag unmittelbar vorangestellt sei, stelle die Bilanz der Verwaltung seitens der Kommission dar. Art. 155 EGV (Art. 211 EG), der die Aufgaben der Kommission aufliste, unterscheide deutlich zwischen verwaltender und politisch-lenkender Tätigkeit, und nur die erstere könne von dem Begriff »gestion« erfaßt und somit Gegenstand eines Mißtrauensantrags sein. Auch aus einem Vergleich mit den weiteren Formulierungen der materiellen Voraussetzungen des Mißtrauensantrags in den Mitgliedstaaten ergebe sich, daß es sich auf Gemeinschaftsebene nicht um eine generelle, sondern um eine reine Verwaltungskontrolle handeln könne. Das Initiativrecht hingegen unterliege nicht der Verantwortlichkeit gegenüber dem EP[459].

Gegen diese restriktive Interpretation sprechen aber gewichtige Argumente: Einerseits legt die dargestellte Auffassung nur die französische Version des EG-Vertrags zugrunde, beachtet aber nicht, daß auch die weiteren Formulierungen wie »Tätigkeit«, »activities« oder »operato« eine viel weitere Auslegung zulassen und ebenfalls verbindlich sind, und daß im übrigen auch das Wort »gestion« eine weitere Auslegung zuläßt. Die politisch-lenkende Tätigkeit ist zudem nicht immer eindeutig von der verwaltenden, ausführenden Tätigkeit zu trennen[460]. Der systematische Verweis auf die Regelung des Gesamtberichts vermag nicht zu überzeugen, da schon durch den Fusionsvertrag vom 8.4.1965 der ursprünglich nach dem EGKS-Vertrag bestehende Zusammenhang zwischen Gesamtbericht und Mißtrauensantrag aufgehoben wurde[461].

Unter der »Tätigkeit der Kommission« ist deshalb nach heute vertretener Ansicht jedes der Amtsausübung der Kommission zurechenbare Verhalten zu ver-

---

[459] Vgl. Redebeitrag des Abgeordneten *Ribiere*, Verhandlung EP vom 12.12.1972, ABl. Anhang Nr. 156 S. 55 f.; Auszugsweise abgedruckt bei *Chauchat*, Le contrôle politique du Parlement européen sur les exécutifs communautaires, S. 156 f.

[460] Sehr ausführlich hierzu *Chauchat*, Le contrôle politique du Parlement européen sur les exécutifs communautaires, S. 158 f.

[461] Vgl. die Ausführungen zur historischen Entwicklung des Rechts des Mißtrauensantrags ab S. 165.

stehen, wobei darunter vor allem die Tätigkeiten fallen, die im Zusammenhang mit den in Art. 211 EG genannten Aufgaben der Kommission stehen[462], aber auch die dienstlichen Handlungen, die außerhalb der Befugnisse der Kommission liegen[463]. Darüber hinaus kann ein Mißtrauensantrag auch wegen der Tätigkeit der Kommission im Zusammenhang mit dem EU-Vertrag eingebracht werden[464]. Dafür spricht Art. 3 EU, wonach ein einheitlicher institutioneller Rahmen postuliert wird. Das dienstliche Verhalten einzelner Kommissionsmitglieder ist wegen des Kollegialprinzips[465] als Tätigkeit der Kommission zu werten[466]. Die Amtsübernahme eines neuen Kommissionsmitglieds wird, gerade unter Beachtung des revidierten Einsetzungsrechts des EP gegenüber der Kommission, nicht als »Tätigkeit« verstanden, da erst durch diesen Akt die Zugehörigkeit eines neuen Mitglieds zur Institution begründet wird[467]. Ferner besteht nicht mehr die Notwendigkeit, die Amtsübernahme als »Tätigkeit« zu verstehen, denn seit Inkrafttreten des Vertrages von Maastricht kommen dem EP konstitutive Rechte bei der Ernennung der Kommission zu (Art. 214 Abs. 2 UA 3 S. 1 EG[468]; Art. 158 Abs. 2 UA 3 EGV). Damit besteht nicht mehr die – theoretische – Möglichkeit, eine durch ein Mißtrauensvotum abgesetzte Kommission in derselben Zusammensetzung wieder einzusetzen.

Gegen ein Mißtrauensvotum kann Klage beim EuGH gemäß Art. 230 EG erhoben werden. Da es keinen unanfechtbaren, justizfreien Akt gibt, ist eine Klage in jedem Falle zulässig. In der Sache können zumindest die Einhaltung der Verfahrensregelungen, einschließlich der GeschO EP, und die Frage überprüft wer-

---

[462] *Beckedorf*, Das Untersuchungsrecht des Europäischen Parlaments, S. 146; *Bieber*, Organe der erweiterten Europäischen Gemeinschaften: Das Parlament, S. 38; *ders.* in: Groeben/Thiesing/Ehlermann, Art. 144 EV Rn. 5; *Hölscheid* in: Grabitz/Hilf, Art. 201 EG Rn. 6.

[463] *Beckedorf*, Das Untersuchungsrecht des Europäischen Parlaments, S. 146; *Bieber*, Organe der erweiterten Europäischen Gemeinschaften: Das Parlament, S. 38.

[464] *Bieber* in: Groeben/Thiesing/Ehlermann, Art. 144 EGV Rn. 5.

[465] Vgl. oben S. 61.

[466] *Bieber* in: Groeben/Thiesing/Ehlermann Art. 144 EGV Rn. 6; *Hölscheidt* in: Grabitz/Hilf, Art. 201 EG Rn. 6.

[467] *Bieber* in: Groeben/Thiesing/Ehlermann, Art. 144 Rn. 6.

[468] Seit dem Vertrag von Amsterdam zusätzlich die Zustimmung zur Benennung des Kommissionspräsidenten, Art. 214 Abs. 2 S. 1, 2. Hs.

den, ob sich der Antrag gegen die Tätigkeit der Kommission gerichtet hat. Letzteres wird aufgrund der Weite des Begriffs regelmäßig zu bejahen sein. Im übrigen steht dem EP aber ein breites Ermessen zu, welches der EuGH – abgesehen von einem eventuellen Ermessensmißbrauch – nicht nachprüft. Dies gilt insbesondere für die Frage, ob die dem Antrag zugrunde liegende Tätigkeit das Mißtrauensvotum rechtfertigt[469].

Folglich ist dem EP in materieller Hinsicht keine erwähnenswerte Hürde gestellt, wenn es die Kommission zur Amtsniederlegung zwingen will, zumal die Kontrollmöglichkeit des EP breit gefächert ist.

3) Formelle Voraussetzungen

Aus dem EG-Vertrag ergeben sich nur die Eckpfeiler für das Procedere des Mißtrauensantrags. Einzelheiten sind in der GeschO EP geregelt.
Der Antrag kann nur von mindestens einem Zehntel der Mitglieder des EP beim Präsidenten eingebracht werden (Art. 34 Abs. 1 GeschO EP). Er muß die Bezeichnung »Mißtrauensantrag« tragen und ist zu begründen. Durch die Bezeichnungspflicht (Art. 34 Abs. 2 GeschO EP) drückt das EP aus, daß es schon dem Antrag selbst ein hohes Maß an politischer Bedeutung zumißt. Durch ihn wird die allgemeine institutionelle Stimmung innerhalb der Gemeinschaft signalisiert. Der Antrag wird sodann der Kommission übermittelt und vom Präsidenten den Parlamentsmitgliedern mitgeteilt (Art. 34 Abs. 2 S. 2 und Abs. 3 GeschO EP). Zu den Formvorschriften gehört zudem die Übersetzung des Antrags in alle Amtssprachen und die Verteilung an alle Abgeordneten. Diese nur in der GeschO EP geregelten Formvorschriften führen im Falle ihrer Nichtbeachtung nicht zur Nichtigkeit der Abstimmung, sondern berechtigen lediglich im Vorfeld dazu, die Vertagung der Abstimmung zu verlangen[470].

---

[469] Jegliche gerichtliche Überprüfungsmöglichkeit verneint: *Pescatore*, Revue trimestrielle de droit européen 1978, S. 581 (586); demgegenüber mit Verweis auf die Auswirkungen des Mißtrauensvotums auf Dritte: *Jaqué*, Revue trimestrielle de droit Européen, 1986, S. 500 (510); vgl. *Bieber* in: Groeben/Thiesing/Ehlermann, Art. 144 EGV Rn. 11; *Hölscheidt* in: Grabitz/Hilf, Art. 201 EG Rn. 12.

[470] *Bieber* in: Groeben/Thiesing/Ehlermann Art. 144 EGV Rn. 7; *ders.* Organe der erweiterten Europäischen Gemeinschafen: Das Parlament, S. 38.

In zeitlicher Hinsicht darf die Abstimmung über den Mißtrauensantrag schon laut Vertrag erst nach Ablauf von drei Tagen nach seiner Einbringung erfolgen (Art. 201 Abs. 1 EG). Konkreter regelt dies Art. 34 GeschO EP. Danach darf die namentliche Abstimmung frühestens 48 Stunden nach Beginn der Aussprache stattfinden, welche ihrerseits frühestens 24 Stunden nach der Mitteilung an die Mitglieder über den Eingang des Antrags beginnen darf. Da der Präsident auch schon vor der Sitzungsperiode den Eingang eines Mißtrauensantrags den Abgeordneten mitteilen muß, kann die Beratung über den Antrag unmittelbar mit Eröffnung der Sitzungsperiode beginnen, wodurch die Wahrscheinlichkeit der Abwicklung des gesamten Verfahrens innerhalb nur einer Sitzungsperiode erhöht wird[471].

Ordnet der EG-Vertrag an, daß die Abstimmung offen erfolgen muß (Art. 201 Abs. 2 EG), ergänzt die GeschO die Bestimmung dahingehend, daß die Abstimmung namentlich durchzuführen ist. Das EP drückt auch hierdurch aus, daß es sich der politischen Bedeutung des Mißtrauensvotums bewußt ist. Es legt sich daher äußerste Transparenzpflicht auf.

Der Antrag ist erfolgreich, wenn er mit zwei Dritteln der abgegebenen Stimmen und gleichzeitig mit der Mehrheit der Mitglieder des EP angenommen wird (Art. 201 Abs. 2 EG und Art. 34 Abs. 7 GeschO EP). Diese doppelte formelle Hürde ist, da sie im Vertrag fixiert ist, nicht auf die Einschätzung des EP zurückzuführen, sondern in ihr drückt sich aus, daß die Vertragsparteien die Kommission nicht einer politischen Laune von Teilen des EP preisgeben wollten, sondern daß die Mehrheit der Mitglieder des EP hinter diesem Schritt stehen müsse. Es deutet sich hierdurch auch an, daß das Mißtrauensvotum weniger als parteipolitische denn als institutionelle Grundsatzentscheidung gedacht ist. Dies entspricht auch der derzeitigen institutionellen Lage, in der die Exekutive nicht von der politischen Mehrheit des Parlaments gestellt und von dieser auch nicht abhängig ist. Die Ausgestaltung des Mißtrauensvotums ist somit zugleich Fundament der übrigen Kontrollrechte und markiert andererseits die Grenze der Kontrollmacht des EP.

---

[471] *Bieber* in: Groeben/Thiesing/Ehlermann Art. 144 EGV Rn. 8.

Fraglich ist, ob die Ausgestaltungen der GeschO EP, insbesondere Art. 34 Abs. 1 den primärrechtlichen Vorgaben entsprechen. Durch das Erfordernis, daß die Einbringung eines Mißtrauensantrags von einem Zehntel der Mitglieder des EP getragen sein muß, schafft das EP eine in Art. 201 nicht vorgesehene Hürde. Dies ist untypisch, denn wie die Untersuchungen zur Entlastung und zum Untersuchungsrecht gezeigt haben, ist das EP in der Regel geneigt seine Kontrollrechte im Wege der GeschO EP möglichst weitreichend auszugestalten. Deshalb stellt sich hier nicht die Frage, ob die primärrechtlichen Grenzen der Kontrollmacht im Verhältnis zur Kommission überschritten werden, sondern ob das EP seiner Pflicht zur möglichst effektiven Nutzung seiner Kompetenzen und zur Erfüllung der ihm durch das Primärrecht zugeteilten institutionellen Rolle nachkommt, welche aus dem Prinzip der Funktions- bzw. Integrationsfähigkeit und damit aus dem Vertrag folgt[472]. Im Rahmen der Auslegung des Art. 201 EG ist dieses Optimierungsgebot abzuwägen gegen andere, insbesondere teleologische, Argumente. Dabei ist zunächst zu beachten, daß das EP im Rahmen seines Selbstorganisationsrechts auch Selbstbeschränkungen vornehmen darf. Ein derartig schwerwiegendes Instrument wie der Mißtrauensantrag darf seinem Sinne nach nur angewandt werden, wenn die ihm zugrundeliegenden Bedenken von einer gewichtigen Zahl der Abgeordneten getragen werden. Anderenfalls könnte jeder Außenseiter einen Mißtrauensantrag einbringen. Art. 34 Abs. 1 GeschO EP ist folglich eine mit dem Primärrecht vereinbare und nach Sinn und Zweck des Mißtrauensantrags gebotene Konkretisierung des Art. 201 EG.

4) Rechtsfolgen

Unmittelbare Rechtsfolge eines erfolgreichen Mißtrauensantrags ist die Pflicht der Kommission, ihr Amt geschlossen niederzulegen (Art. 201 Abs. 2 S. 1 EG). Allerdings führen die Mitglieder der Kommission die laufenden Geschäfte bis zur Ernennung ihrer Nachfolger weiter (Art. 201 Abs. 2 S. 2 EG). Dabei geht es einzig um die Funktionsfähigkeit der Gemeinschaft, denn die Formulierung »laufende(n) Geschäfte« begrenzt die Befugnisse der abgesetzten Kommission auf administrative Entscheidungen und bereits eingeleitete Maßnahmen. Neue

---

[472] Vgl. oben ab S. 79.

politische oder richtungsweisende Entscheidungen sollen erst von der neuen Kommission getroffen werden, um die Effektivität des Mißtrauensvotums zu garantieren[473]. Die Ausübung des Initiativrechts dürfte folglich in aller Regel ausgeschlossen sein[474], es sei denn, daß im Einzelfall, etwa aus Verbraucherschutzgründen, die Handlungsfähigkeit der Gemeinschaft dies verlangt. Generell gesprochen ist es der Sinn des Mißtrauensvotums, daß die gestürzte Kommission nicht mehr eigenständig Aufgaben wahrnehmen darf. Es wird aber vertreten, daß die Kommission solche Aufgaben, die nicht zu den laufenden Geschäften gehören, im Zweifel mit Zustimmung des EP wahrnehmen dürfe[475]. Dieser Weg kann aber, wenn überhaupt, nur im Notfall beschritten werden, denn richtungsweisende Entscheidungen sind ebensowenig wie von der gestürzten Kommission vom EP zu treffen. Dies würde dem durch den EG-Vertrag ausgestalteten System institutioneller Zuständigkeiten zuwiderlaufen. Besteht also keine Gefahr im Verzug, so ist die Entscheidung bis zur Ernennung der neuen Kommission aufzuschieben.
Zur Wahrung der parallelen Amtsdauer von Kommission und Parlament (Art. 214 Abs. 1 EG; Art. 190 Abs. 3 EG) ordnet Art. 201 Abs. 2 S. 3 an, daß die Amtszeit der als Nachfolger ernannten Mitglieder der Kommission zu dem Zeitpunkt endet, zu dem die Amtszeit der geschlossen zur Amtsniederlegung verpflichteten Mitglieder der Kommission geendet hätte.

5) Historische Entwicklung

Das Mißtrauensvotum des EP gegenüber der Kommission findet seine Wurzeln bereits im Vertrag zur Gründung der Europäischen Gemeinschaft für Kohle und Stahl (Art. 24 Abs. 3). Es wurde 1957 in die Römischen Verträge (EAG-Vertrag und EWG-Vertrag) übernommen. Im EGKS-Vertrag war dabei ursprünglich vorgesehen, daß ein Mißtrauensantrag nur wegen des jährlichen Gesamtberichts der Hohen Behörde eingebracht werden könne. Die Regelung wurde aber aufgrund von Art. 27 Abs. 2 Fusionsvertrag an die im EWG-Vertrag und EAG-

---

[473] *Bieber* in: Groeben/Thiesing/Ehlermann Art. 144 EGV Rn. 9.
[474] Bieber, NJW 1973, S. 405 (406).
[475] Vgl. *Bieber* in: Groeben/Thiesing/Ehlermann Art. 144 EGV Rn. 9 m. N.

Vertrag enthaltene Regelung angeglichen[476]. Bevor die Regelung des Mißtrauensvotums 1993 in ein vollkommen neues Licht gestellt wurde, fanden schrittweise verschiedene Änderungen statt: So wurde 1973 die Regelung des Mißtrauensantrages in der GeschO EP dahingehend geändert, daß künftig nicht mehr ein einzelner Abgeordneter, sondern nur noch mindestens ein Zehntel der Mitglieder des EP einen solchen Antrag einbringen könne[477].

1981 wurde erneut eine Änderung der Geschäftsordnung vorgenommen und die derzeitig gültige Regelung der zeitlichen Behandlung eines Mißtrauensantrages eingeführt[478]. Bis dahin wurde die Vorgabe des EG-Vertrags, daß die Abstimmung nicht vor Ablauf von drei Tagen nach Einbringung des Antrages erfolgen darf (Art. 201 S. 1 EG), durch die GeschO EP dahingehend konkretisiert, daß zwischen der frühestmöglichen Bekanntgabe des Eingangs eines Antrages zu Beginn einer Plenarsitzung und der Abstimmung drei »Kalendertage« liegen müßten. Dies führte dazu, daß nur am Freitag der jeweiligen Sitzungsperiode über den Mißtrauensantrag abgestimmt werden konnte, wenn sich seine Behandlung nicht bis zur nächsten Plenarsitzung hinziehen sollte[479].

Schließlich wurde mit dem Maastricht-Vertrag eine Vorschrift in Kraft gesetzt, die das institutionelle Gefüge der EG grundlegend verändern sollte. Seitdem hat nämlich das EP ein konstitutives Zustimmungsrecht bei der Ernennung der Kommission (Art. 214 Abs. 2 UA 3 S. 1). Vor dieser Änderung war das Mißtrauensvotum ein »Tiger ohne Zähne«, denn es hätte den Regierungen der Mitgliedstaaten – theoretisch – freigestanden, die Mitglieder der gestürzten Kommission erneut zu benennen[480]. Daher rührte die mannigfache Geringschätzung dieses Kontrollinstruments[481], die sich inzwischen wohl erledigt hat. Allerdings

---

[476] Jacobs/Corbett/Shackleton, The European Parliament, S. 225.
[477] *Bieber* in: Groeben/Thiesing/Ehlermann Art. 144 EGV Rn. 7.
[478] Vgl. dazu ab S. 163.
[479] Vgl. *Chauchat*, Le contrôle politique du Parlement européen sur les exécutifs communautaires, S. 162.
[480] Dies war allerdings nicht unstreitig; zum Streitstand vgl. *Bieber*, NJW 1973, S. 405 (407, Fn. 22). Jedenfalls war die Wiederbenennung auch vor dem Vertrag von Maastricht wohl nur eine theoretische Möglichkeit.
[481] Zur früheren Problematik: *Beckedorf*, Das Untersuchungsrecht des Europäischen Parlaments, S. 147 benutzt den Ausdruck »negatives Recht«; *Grabitz/Läufer*, Das Europäische Par-

>

verbietet der EG-Vertrag auch heute nicht explizit die Wiederbenennung aller gestürzten Kommissionsmitglieder. Wegen des Zustimmungsrechts des EP ist die Frage aber praktisch nicht relevant[482].

6) Praxis

Vor der ersten Direktwahl des EP im Juni 1979 wurden insgesamt vier Mißtrauensanträge im EP eingebracht[483].

Der Antrag des Abgeordneten Spénale vom 16.11.1972, mit Initiativmangel der Kommission beim Ausbau der Haushaltsbefugnisse des EP begründet, wurde zurückgezogen[484]. Die Kommission hatte gegen den Antrag vor allem eingewandt, daß der Zeitpunkt für Initiativen zur Erweiterung der Haushaltsbefugnisse ungeeignet sei, da parallel die Erweiterung der Gemeinschaften um die Staaten Irland, Großbritannien und Dänemark vorbereitet werde und die Amtszeit der Kommission sich dem Ende zuneige. Spénale ließ sich davon letztlich überzeugen. Er nahm den Mißtrauensantrag zugunsten eines Entschließungsvorschlags zurück.

Der Antrag des Abgeordneten Aigner im Namen der EVP vom 13.12.1976 wegen unzureichender Unterrichtung des Unterausschusses »Kontrolle« des EP wurde ebenfalls zurückgezogen[485]. Angesichts einer verbleibenden Amtszeit der Kommission von nur noch zwei Wochen hätte der Antrag keine Aussicht auf Erfolg gehabt.

---

lament, S. 153 f. sprechen von einer »stumpfen Waffe«; *Oppermann*, Europarecht, Rn. 276; *Constantinesco*, Das Recht der Europäischen Gemeinschaften, S. 464 ff.; *Bieber*, NJW 1973, S. 405 (407); *Reister*, ZParl 1973, S. 208 (209).

[482] *Hölscheidt* in: Grabitz/Hilf Art. 201 EG Rn. 11.

[483] Kurze Fallstudien bei *Chauchat*, Le contrôle politique du Parlement européen sur les exécutifs communautaires, S. 163 ff.

[484] ABl. C 138 vom 31.12.1972, S. 7, 31; Eine genaue Fallstudie findet sich bei *Bieber*, NJW 1973, S. 405 ff.; *Reister*, ZParl 1973, S. 208 ff.

[485] Vgl. ABl. C 6 vom 10.1.1977, S. 17 und 73.

Zwei weitere Anträge, die in erster Linie Maßnahmen der Kommission im Agrarbereich betrafen[486], gelangten zur Abstimmung, erhielten aber nicht die erforderliche Mehrheit.

Im direktgewählten EP wurden seit 1979 weitere Mißtrauensanträge eingebracht, welche ihren Anlaß in unterschiedlichen Tätigkeiten der Kommission fanden, so z. B. in der GAP, im Verhalten der Kommission während der Jugoslawien-Krise, in den GATT-Verhandlungen und in der BSE-Krise[487]. Ferner wurden im Zusammenhang mit dem Entlastungsverfahren für das Haushaltsjahr 1996 zwei weitere Anträge eingebracht, auf die an späterer Stelle noch einzugehen sein wird[488].

Es ist dem EP kein einziges Mal gelungen, einen Mißtrauensantrag mit der erforderlichen Mehrheit der Stimmen anzunehmen[489].

Für die Praxis des Mißtrauensvotums ist zu beachten, daß allein die Existenz dieses Kontrollmittels und die Drohung mit demselben vom EP instrumentalisiert worden sind[490]. Es hängt sozusagen als Damoklesschwert[491] über den institutionellen Beziehungen zwischen EP und Kommission. So rief z. B. im Dezember

---

[486] Vgl. Antrag des Abgeordneten Kirk im Namen der Europäischen Konservativen Fraktion vom 13.5.1976, ABl. C 159 vom 12.7.1976, S. 11 f. und 22; Antrag im Namen der Europäischen Demokraten für den Fortschritt über den am 23.3.1977 abgestimmt wurde, ABl. C 93 vom 18.4.1977, S. 5 f.

[487] Vgl. jeweils
- ABl. C 68 vom 19.3.1990, S. 1, 131; Bulletin EG 1/2-1990, S. 111;
- ABl. C 240 vom 16.9.1991, S. 167; Bulletin EG 7/8-1991, S. 128;
- ABl. C 21 vom 25.1.1993, S. 29 f., 124; Bulletin EG 12-1992, S. 171;
- Bulletin EU 1/2-1997, S. 137.

[488] Siehe unten ab S. 226.

[489] *Bieber* in: Groeben/Thiesing/Ehlermann Art. 144 EGV Rn. 12 versucht, die Fähigkeit des EP zur Erreichung der doppelten Mehrheit durch die bereits zweimalige Ablehnung des des Haushaltsplanes gemäß Art. 272 Abs. 8 EG zu belegen. Allerdings handelt es sich hier nicht um eine mit dem Mißtrauensvotum vergleichbare Abstimmung, denn sie betrifft den Bereich der Legislativfunktion des EP. Es geht bei diesen Abstimmungen für die Kommission eben nicht um »Leben und Tod«.

Wie Bieber aber auch *Beckedorf*, Das Untersuchungsrecht des Europäischen Parlaments, S. 149.

[490] Vgl. *Jacobs/Corbett/Shackleton*, The European Parliament, S. 226 f.

[491] *Westlake*, The Commission and the Parliament, S. 25 verwendet sogar den Begriff »nuclear weapon«.

1989 schon der Vorschlag eines Mitgliedes der sozialistischen Fraktion, einen Mißtrauensantrag einzubringen, obwohl er mit eindeutiger Mehrheit verworfen wurde, eine Folge von Sondertreffen zwischen Vertretern der sozialistischen Fraktion und der Kommission hervor. In der Folge wurde im Arbeitsprogramm der Kommission für 1990 verstärkt das Augenmerk auf die »soziale Dimension« gerichtet. Dieselbe Bedeutung und Instrumentalisierung zeigt sich auch dort, wo ein bereits eingebrachter Mißtrauensantrag zurückgezogen wurde: Sobald die Kommission nachgab, indem der Kontrollausschuß 1976 Zugang zu den gewünschten Dokumenten erlangte, wurde der Mißtrauensantrag zurückgezogen[492]. Hier ging das EP bis an die Grenzen seiner Kontrollmacht gegenüber der Kommission, da es durch die Drohung mit dem Mißtrauensvotum einzelne, konkrete Handlungen von der Kommission erzwang[493].

7) Bewertung

Das Recht des Mißtrauensantrags ist in gewisser Weise ein janusköpfiges: Theoretisch betrachtet ist der Mißtrauensantrag von hoher Bedeutung für das institutionelle System der EG, denn es hat im Unterschied zu den bisher dargestellten Instrumenten nicht den Zweck der Informationsbeschaffung[494], sondern gibt dem EP die stärkste Waffe an die Hand, die gegenüber einem anderen Organ möglich ist, nämlich dessen Sturz. Zudem sind seine materiellen Voraussetzungen, wie gezeigt, minimal. Deshalb kann man den Mißtrauensantrag als Fundament der parlamentarischen Kontrolle gegenüber der Kommission bezeichnen. Dies schätzt auch das EP so ein, was sich an der durchaus restriktiven

---

[492] *Jacobs/Corbett/Shackleton*, The European Parliament, S. 226 führen zudem noch an, daß auch der Mißtrauensantrag des Abgeordneten Spénale von 1972 zurückgezogen wurde, weil die Kommission die Bereitschaft gezeigt habe, einen Entwurf für die Verbesserung der Haushaltsbefugnisse des EP zu unterbreiten. Differenzierter sieht diesen Fall: *Bieber*, Organe der erweiterten Europäischen Gemeinschaften: Das Parlament, S. 41, *ders.* NJW 1973, S. 405 (407) mit dem Hinweis, daß die deutsche Regierung und die Kommission keineswegs bereit gewesen seien, dem EP entgegenzukommen, sondern die Möglichkeit eines Mißtrauensvotums nicht besonders ernst genommen hätten.

[493] Mitunter erzwingt das EP damit Handlungen, zu denen die Kommission vertraglich nicht verpflichtet ist. Vgl. oben im Zusammenhang mit dem Untersuchungsrecht S. 111.

[494] *Beckedorf*, Das Untersuchungsrecht des Europäischen Parlaments, S. 145.

Ausgestaltung dieses Rechts durch die GeschO EP zeigt. Das Mißtrauensvotum kann dabei, wenn man es positiv betrachten will, als ein originär europäisches Recht in dem Sinne bezeichnet werden, daß es nicht etwa eine Kopie des in den Mitgliedstaaten bestehenden Institutes ist. Denn zum einen ist die Kommission weder von ihrer institutionellen Stellung noch von ihrer Funktion her mit den nationalen Regierungen vergleichbar, das EP aber ebensowenig mit einem nationalen Parlament. Zum anderen bestand das Recht des Mißtrauensantrages bereits bevor das EP einen konstitutiven Beitrag zur Ernennung der Kommission leistete, was belegt, daß es andere Motive für die Normierung gegeben haben muß als den Einfluß auf den Bestand der Kommission[495].

Die praktische Seite des Institutes Mißtrauensantrag erscheint zunächst weniger gewichtig, da noch nie in der Geschichte der Gemeinschaften ein Mißtrauensvotum erfolgreich war, und nur wenige Anträge überhaupt zur Abstimmung gelangten. Dafür gibt es mannigfache Erklärungen:
Zum einen ist die institutionelle »Schieflage« der Gemeinschaft, als Grund anzuführen, die dadurch verursacht wird, daß sich die sanktionierende Kontrollmacht des EP nicht auch auf den Rat erstreckt. Ein Mißtrauensvotum gegen die Kommission ist eben keines gegen das Hauptentscheidungsorgan und kann insofern als indirekte Attacke von zweifelhaftem Wert verstanden werden[496]. Entscheidend ist, daß die stärkste Waffe des EP gleichzeitig sein größtes Dilemma ist. Sie richtet sich nämlich gegen seinen traditionellen Alliierten gegenüber dem Rat. Die Schneidigkeit des Mißtrauensantrags bleibt aus, da die Kommission nicht von einer politischen Mehrheit des EP gewählt wird.
Ferner erklärt sich der ausbleibende Erfolg des Mißtrauensantrags immer noch dadurch, daß es im EP keine klaren politischen Mehrheiten und Koalitionen gibt[497]. Und schließlich findet die Praxis des Mißtrauensantrags ihren Grund darin, daß im Laufe der Jahre vielfältige Wege der Zusammenarbeit und auch der Streitbeilegung zwischen EP und Kommission gefunden und verfestigt wur-

---

[495] Vgl. näher *Reister*, ZParl 1973, S. 208 (209 f.); *Bieber*, NJW 1973, S. 405 (406).
[496] Vgl. *Constantinesco*, Das Recht der Europäischen Gemeinschaften, S. 465; *Westlake*, The Commission and the Parliament, S. 27.
[497] *Grabitz/Läufer*, Das Europäische Parlament, S. 154.

den[498]. Das EP will lieber zusammenarbeiten und gestalten als stürzen, was im Sinne der Integration durchaus begrüßenswert ist.
Ganz entscheidender Gesichtspunkt ist aber schließlich, daß die Stärke des Mißtrauensantrags nicht in seinem Erfolg, sondern seiner Existenz und in der Drohung mit seinem Einsatz liegt[499].

8) Einhaltung der Grenzen der Kontrollfunktion

An die Grenzen seiner Kontrollmacht stößt das EP in Ausübung des Mißtrauensvotums also insbesondere in faktischer Hinsicht, da es noch nie in der Lage war, die Hürde der doppelten Mehrheit zu nehmen. Dabei sind aber wohl auch die Abgeordneten des EP der Ansicht, daß diese Hürde sinnvoll sei[500], was die These belegt, daß die Drohung mit dem Mißtrauensantrag das eigentliche Druckmittel ist.

Die Frage nach der Einhaltung der primärrechtlichen Grenzen parlamentarischer Kontrolle gegenüber der Kommission stellt sich im Zusammenhang mit dem Mißtrauensvotum, wenn über die Möglichkeit eines Mißtrauensantrags gegen einzelne Kommissionsmitglieder diskutiert wird. Zwar ist unstreitig, daß die Rechtsfolge, also die Pflicht zur Amtsniederlegung, nur bei einem gegen die Kommission als Kollegium gerichteten Mißtrauensantrag eintreten kann[501].
Schon bevor der Vertrag von Nizza in Kraft trat, wurde vertreten, daß, wegen des allgemeinen Beratungsrechts des EP, ein Antrag, einem einzelnen Kommissionsmitglied das Vertrauen zu entziehen, an sich zulässig sei, ebenso wie eine allgemeine Entschließung die das Verhalten einzelner Kommissionsmitglieder kritisiert[502]. Zeitweise wurde seitens des Geschäftsordnungsausschusses des EP

---

498 *Jacobs/Corbett/Shackleton*, The European Parliament, S. 225.

499 *Jacobs/Corbett/Shackleton*, The European Parliament, S. 225; *Westlake*, The Commission and the Parliament, S. 27.

500 *Schönberger*, ZParl 1996, S. 410 (415).

501 *Bieber* in Groeben/Thiesing/Ehlermann, Art. 144 EGV Rn. 4; *Hölscheidt* in: Grabitz/Hilf, Art. 201 EG Rn. 7; *Ipsen*, Europäisches Gemeinschaftsrecht, S. 331; *Grabitz/Läufer*, Europäisches Parlament, S. 154.

502 Vgl. *Bieber* in: Groeben/Thiesing/Ehlermann, Art. 144 EGV Rn. 4; *Hölscheidt* in: Grabitz/Hilf Art. 201 EG Rn. 7; *Kaufmann/Bühler* in: Lenz, Art. 201 EG Rn. 2.

die Formalisierung solcher »Tadelsanträge« erwogen[503], was dem Anliegen des EP zusätzliches Gewicht hätte verleihen können. In der Praxis hat das EP aber bisher mit guten Gründen Abstand von einem gegen ein einzelnes Kommissionsmitglied gerichteten Antrag genommen[504].

Auf der Grundlage des EG-Vertrags vor Inkrafttreten des Vertrags von Nizza konnte nämlich wie folgt argumentiert werden: Wenn auch durch einen Mißtrauensantrag gegen eine einzelnes Kommissionsmitglied keine Rechtsfolgen ausgelöst werden, so wäre eine solche Praxis doch unter Umständen von erheblicher politischer Bedeutung. Sie kann suggerieren, daß das EP ein Mißtrauensvotum gegen die gesamte Kommission richten werde, wenn das betreffende Kommissionsmitglied sein Amt nicht freiwillig niederlege[505]. Dadurch könnte das EP faktisch Einfluß auf die innere Organisation der Kommission nehmen. Damit würde aber die Grenze der Autonomie der Kommission überschritten. Ferner liefe eine solche Praxis oder die entsprechende Regelung in der GeschO EP eindeutig dem Funktionsmerkmal der Kollegialität der Kommission entgegen. Daß das EP nur die gesamte Mannschaft bestätigen oder stürzen kann, kommt nicht zuletzt auch in Art. 214 Abs. 2 UA 3 S. 1 EG zum Ausdruck. Sinn des Mißtrauensantrags und der anderen vertraglichen Kontrollrechte gegenüber der Kommission ist die Ausübung politischer Kontrolle gegenüber der Kommission als Organ, nicht hingegen die Feststellung persönlicher Verantwortlichkeit einzelner Kommissionsmitglieder[506]. Auch dieses Merkmal der parlamentarischen Kontrolltätigkeit würde durch Mißtrauensanträge gegen einzelne Kommissionsmitglieder verwischt. Schließlich zeigt ein Blick auf Art. 216 EG, daß Rechtsfolgen wegen persönlicher Verfehlungen der Kommissionsmitglieder lediglich von der Kommission oder dem Rat unter Einschaltung des EuGH herbeigeführt werden können.

---

[503] Vgl. Vorschlag zur Einführung eines neuen Art. 30 a (Tadelsantrag) in die GeschO-EP, Dok. EP A2-134/89 (Ausschuß für Geschäftsordnung) vom 28.4.1989.

[504] Dazu *Westlake*, The Commission and the Parliament, S. 28.

[505] Vgl. *Jacobs/Corbett/Shackleton*, The European Parliament, S. 226.

[506] Für das Untersuchungsrecht wird die Trennung von persönlicher und kollektiv-politischer Verantwortung durch die Ausschlußklausel deutlich, vgl. ab S. 94, ab S. 110. Auch Entlastungsbeschluß und Fragerecht richten sich gegen das gesamte Organ. Vgl. insofern in Bezug auf das Fragerecht S. 61, 113.

Rechtlich betrachtet stellt ein Mißtrauensantrag gegen einzelne Kommissionsmitglieder einen Verstoß gegen die Prinzipien des EG-Vertrags dar. Eine Vorschrift der GeschO EP, welche ein solches Mittel formalisierte, wäre vertragswidrig.

Infolge der institutionellen Krise vom Herbst 1998/Frühjahr 1999 trafen EP und Kommission im Juli 2000 eine Interorganvereinbarung, welche die Äußerung des Mißtrauens gegen einzelne Kommissionsmitglieder seitens des EP vorsieht[507]. Der Vertrag von Nizza knüpfte an diese Regelung an und veränderte damit die primärrechtlichen Vorgaben. Die gesamte Problematik wird Thema eines eigenen Abschnitts sein[508].

IV. Die Klagemöglichkeiten des EP

1) Die Bedeutung der Klagemöglichkeiten für das Kontrollverhältnis zwischen EP und Kommission

Fraglich ist, inwiefern den Klagemöglichkeiten des EP vor dem EuGH eine Bedeutung für das Kontrollverhältnis zwischen EP und Kommission zukommt. Da ein spezielles Organstreitverfahren im EG-Vertrag nicht vorgesehen ist, können Streitigkeiten zwischen den Organen nur im Wege der Nichtigkeits- und Untätigkeitsklage (Art. 230, 232 EG) vor den Gerichtshof gebracht werden. Daneben hat das EP noch die Möglichkeit der Streitintervention[509]. Für das hier in Frage stehende Verhältnis zwischen EP und Kommission im Bereich der Kontrolle ist die Untätigkeitsklage (Art. 232 EG) als Mittel zur Durchsetzung von Kontrollrechten naheliegend[510]. So ist etwa denkbar, daß das EP eine Vertragsverletzung feststellen lassen möchte, die in der Unterlassung einer Mitwirkungshandlung der Kommission im Rahmen der parlamentarischen Kontrolle liegt. Solche Mitwirkungshandlungen bestehen z.B. in der Beantwortung einer schriftlichen Anfrage, der Vorlage des Gesamtberichts, der Berichterstattung

---

507 Die Interorganvereinbarung ist der 15. Auflage der GeschO EP als Anlage XIII beigefügt.

508 Vgl. unten ab S. 245.

509 Art. 40 Abs. 1 EuGH-Satzung, vgl. ABl. C 325 vom 24.12.2002, S. 167 ff.

510 *Läufer* in: Grabitz/Hilf, Art. 137 EGV Rn. 40; *Strauß*, Das Europäische Parlament und seine Untergliederungen als Parteien im Verfahren der Nichtigkeitsklage (Art. 173 EGV), S. 100.

über die getroffenen Maßnahmen im Sinne von Art. 276 Abs. 3 EG oder im Zurverfügungstellen von Akten für einen Untersuchungsausschuß.

Die Klagemöglichkeiten des EP vor dem EuGH können aber nicht ohne weiteres als Kontrollmittel des EP bezeichnet und in die Darstellung der Kontrollinstrumente eingereiht werden[511]:
Zwar kann das EP durch die Untätigkeitsklage gewisse Handlungen der Kommission im Rahmen der Ausübung seiner Kontrollrechte erstreiten, eine Untätigkeitsklage dient insofern aber nur der Ermöglichung der Durchführung einer effektiven Kontrolle, so daß es sich nicht um ein eigenständiges Kontrollmittel, sondern um ein Mittel zur Ermöglichung parlamentarischer Kontrolle handelt.
Sofern der EuGH eine Untätigkeit als vertragswidrig bzw. eine Handlung für nichtig erklärt, handelt es sich um eine Rechtmäßigkeitskontrolle durch den EuGH. Hier kontrolliert und sanktioniert eben nicht das EP. Diesem kommt nach dem Vertrag die politische, dem EuGH die rechtliche Kontrolle des Handelns der Kommission zu.
Folglich sind Klagen des EP gegenüber der Kommission als indirekte Kontrollinstrumente oder als Hilfsmittel zur Ermöglichung parlamentarischer Kontrolle zu bezeichnen. Immerhin kommt den Klagen damit aber eine gewisse Funktion im Rahmen des Kontrollverhältnisses zu. Sofern der EuGH im Wege der Untätigkeitsklage darüber entscheidet, ob die Kommission gemäß den vertraglichen Vorgaben zu einer bestimmten Mitwirkungshandlung verpflichtet ist, entscheidet er letztverbindlich über die Reichweite der Kontrollmacht des EP in dem von der Klage betroffenen Bereich. Deshalb folgt ein kurzer Überblick über die Möglichkeiten des EP zur Erhebung der Untätigkeitsklage. Zwar waren auch die Beteiligungsrechte des EP im Bereich der Nichtigkeitsklage lange Zeit sehr umstritten. Von einer näheren Darstellung kann aber abgesehen werden, da die Nichtigkeitsklage dem EP in erster Linie zur Wahrung seiner Rechte im Bereich des Haushaltsverfahrens und der sonstigen Rechtsetzung dient. Diese Funktion steht aber nur entfernt im Zusammenhang mit der Beschreibung des Kontroll-

---

[511] Sie werden seitens der Literatur allerdings regelmäßig bei der Darstellung der Kontrollrechte des EP behandelt. Vgl. *Schoo* in: Schwarze, Art. 189 EG Rn. 17; *Kluth* in: Calliess/Ruffert, Art. 189 EG Rn. 20 (»mittelbare sanktionierende Kontrollbefugnisse«); *Haag/Bieber* in: Groeben/Thiesing/Ehlermann, Art. 137 EGV Rn. 29.

verhältnisses zwischen EP und Kommission. Lediglich könnte das EP durch Erhebung einer Nichtigkeitsklage die rechtliche Überprüfung von Kommissionshandlungen durch den EuGH anstoßen.

2) Die Möglichkeit des EP zur Erhebung der Untätigkeitsklage

Im Wege der Untätigkeitsklage (Art. 232 EG) kann das EP die Verletzung einer vertraglichen Handlungspflicht der Kommission feststellen lassen. Durch den Vertrag von Maastricht wurde das EP ausdrücklich in den Kreis der Passivlegitimierten aufgenommen. Dies läßt darauf schließen, daß die Formulierung »und die anderen Organe« (Art. 232 Abs. 1 EG), die den Kreis der Aktivlegitimierten umschreibt, auch das EP erfaßt[512]. Klagegegenstand sind unterlassene Beschlüsse der in Art. 232 EG genannten Organe, wobei der EuGH hierunter alle Maßnahmen versteht, »deren Tragweite sich hinreichend bestimmen läßt, so daß sie konkretisiert und Gegenstand eines Vollzuges im Sinne von Art. 176 [EGV] sein können«[513]. Auch bei dieser Klageart war das Klagerecht des EP nicht unumstritten. So hatte der Rat dem EP das Klagerecht mit der Begründung bestritten, daß das EP auf seine in Art. 137, 143, 144 EG-Vertrag (Art. 189, 200, 201 EG) genannten Rechte beschränkt sei. Da ihm im Rahmen des Art. 173 EGV kein Klagerecht zukomme[514], könne für die Untätigkeitsklage, die das Gegenstück zur

---

[512] Vgl. *Nentwich*, EuZW 1992, S. 235 (240).

[513] EuGH, Urteil vom 22.5.1985, Rs. 13/83 (EP./.Rat), Slg 1985, 1513 (1593).

[514] Das Klagerecht des EP ergab sich seit dem Vertrag von Maastricht eindeutig aus Art. 230 Abs. 3 EG (Art. 173 Abs. 3 EGV). Die Formulierung ging auf die Rechtsprechung des EuGH zurück, EuGH, Urt. vom 22.5.1990 Rechtssache C 70/88 (EP./.Rat), Slg. 1990 I-2041, S. 2072 f. Dort räumte der EuGH ein, daß das Rechtsschutzsystem der Verträge eine Lücke enthalte. Diese sei im Interesse der Aufrechterhaltung des von den Verträgen festgelegten institutionellen Gleichgewichts zu schließen. Allerdings bleibe die Klagebefugnis des EP auf den Schutz seiner Rechte beschränkt. Zuvor hatte der EuGH im sog. »Komitologiestreit«, EuGH, Urt. vom 27.9.1988, Rs. 302/87 (EP./.Rat), Slg. 1988, S. 5615 (5640-5644), ein Klagerecht des EP rigoros abgelehnt. Es sei ausreichend, daß die Kommission aufgrund ihrer Hüterfunktion zum Schutze der Rechte des EP aufgerufen sei, Nichtigkeitsklagen zu erheben. Ferner könne das EP durch Klagen Dritter gemäß Art. 173 Abs. 2 EGV (Art. 230 Abs. 2 EG) geschützt werden. Durch den Vertrag von Nizza wird das EP hinsichtlich des Klagerechts den anderen Organen gleichgestellt (Art. 230 Abs. 2 EG).

Nichtigkeitsklage bildet, nichts Abweichendes gelten[515]. In seinem Urteil vom 22.5.1985 ging der EuGH auf diese Argumentation aber nicht ein, sondern leitete aus dem Wortlaut des Art. 175 EGV («...anderen Organen der Gemeinschaft«) das Klagerecht ab, da andernfalls die von Art. 4 Abs. 1 EG-Vertrag (Art. 7 Abs. 1 EG) gewollte Stellung eines Organs beeinträchtigt würde[516].
In der Praxis hat das EP aber die Untätigkeitsklage nur äußerst selten benutzt, und wenn dann gegen den Rat[517].

3) Bewertung

Obwohl das EP drei verschiedenen Möglichkeiten hat, vor dem EuGH als Kläger oder auf der Seite des Klägers aufzutreten, hat es in der Praxis relativ wenig Gebrauch von diesen Möglichkeiten gemacht[518]. Dies gilt insbesondere im Verhältnis zur Kommission, was daran liegen mag, daß EP und Kommission in der Regel partnerschaftlich zusammenarbeiten[519] und deshalb andere Wege zur Lösung ihrer Konflikte gefunden haben, oder daran, daß es aufgrund der Bereit-

---

[515] Vgl. EuGH, Urt. vom 22.5.1985, Rs. 13/83 (EP./.Rat), Slg. 1990, 1513 (1518, 1565); vgl. *Schoo*, EuGRZ 1990, S. 525 (530); Isaak, Annuaire Francais de Droit International, Band XXXII (1986), S. 794 (806). Vgl. zum Argument des Parallelismus beider Klagerechte nach Anerkennung des Rechts zur Erhebung von Untätigkeitsklagen durch den EuGH *Triantafyllou*, DÖV 1990, S. 1040 (1041).

[516] EuGH, Urteil vom 22.5.1985, Rs. 13/83 (EP./.Rat), Slg. 1985, 1513 (1588). Kritisch zur Zuerkennung eines solchen uneingeschränkten Klagerechts: *Bebr*, YEL (10) 1990, S. 171 (177). Die Möglichkeit die Kommission zur Unterbreitung von Vorschlägen zu zwingen, verstoße möglicherweise gegen das Initiativrecht der Kommission.

[517] EuGH Urt. vom 22.5.1985, Rs. 13/83 (EP./. Rat), Slg. 1985, 1513 ff., hierzu findet sich eine genaue Fallstudie bei *Chauchat*, Le contrôle politique du Parlement européen sur les exécutifs communautaires, S. 277 ff.; EuGH, Urt. vom 12.7.1988, Rs. 377/87 (EP./. Rat), Slg. 1988, 4017 ff., die sich aber in der Hauptsache erledigte.

[518] Mit der ersten Direktwahl hatte das EP zwar begonnen, sich verstärkt an Verfahren vor dem Gerichtshof zu beteiligen, vgl. *Isaak*, Annuaire Fanais de Droit International, Band XXXII (1986), S. 794. Von dieser durch die grundsätzliche Aufwertung des EP bedingten Konjunktur abgesehen, wurde schon Ende der achtziger Jahre aber das Zögern des EP bemängelt von Bradley, CMLR 1987, S. 41 ff. (64). Jedenfalls für den hier relevanten Kreis von Rechtssachen ist äußerste Zurückhaltung des EP festzustellen.

[519] Auch in Fällen der Streitintervention hat das EP auf der Seite der Kommission gestanden, vgl. z. B. Rs. 48/81 (Bundesrepublik Deutschland./.Kommission), ABl. C 54 vom 31.3.1981, S. 5 und ABl. C 71 vom 20.3.1982, S. 7.

schaft der Kommission zur Vornahme der Handlungen, die dem EP eine Kontrolle ermöglichen, zumeist nicht zu Konflikten gekommen ist.
Außerdem könnte das EP für den Fall, daß die Kommission sich nicht kooperativ zeigt, ein Mißtrauensvotum zur Abstimmung bringen. Die Wahrnehmung seiner politischen Kontrollrechte ist für das EP erfolgversprechender als Klagen vor dem EuGH, denn auf diesem Wege kann das EP direkt, ohne Umweg über den EuGH und schneller seine Interessen durchsetzen. Seine Machtposition gegenüber der Kommission ist eine politische und nicht etwa eine, die auf der formalen Rechtmäßigkeit einzelner Organhandlungen basiert.
Sind also die Klagemöglichkeiten des EP vor dem EuGH im hier zu untersuchenden Zusammenhang praktisch nicht relevant, so haben die verschiedenen Entscheidungen des EuGH aber große Bedeutung für die Definition der Stellung des EP innerhalb des institutionellen Gefüges der Gemeinschaft[520].

B. Kontrollinstrumente aufgrund der GeschO EP, aufgrund interinstitutioneller Vereinbarungen und aufgrund der Interorganpraxis

Es ist zu untersuchen, inwiefern Kontrollinstrumente oder einzelne Kontrollhandlungen in der GeschO EP oder in Interorganvereinbarungen enthalten sind und inwiefern darüber hinaus Kontrollinstrumente in der Praxis von den Organen angewandt werden. Dabei sind im folgenden insbesondere diejenigen Regelungen und Verfahren von Interesse, welche zwar das Kontrollverhältnis zwischen EP und Kommission ausgestalten, jedoch nicht der Konkretisierung eines ausdrücklich im Vertrag geregelten Kontrollinstruments dienen; die Ausgestaltungen des Kontrollverhältnisses, die sich auf die ausdrücklichen vertraglichen Kontrollinstitute beziehen, haben weitestgehend bereits im vorangegangenen Abschnitt (A.) Erwähnung gefunden.

Bei den folgenden Untersuchungen steht wiederum die Frage im Mittelpunkt, ob die Organe bei der Ausgestaltung des Kontrollverhältnisses im Wege der

---

[520] Die Stellung des EP vor dem Gerichtshof ist grundlegend für die Bewertung seiner institutionellen Rolle. Vgl. *Beutler*, EuR 1984, S. 143 (143; 144).

GeschO EP, im Wege von Interorganvereinbarungen und im Wege der Praxis die primärrechtlichen Grenzen der Kontrollfunktion einhalten[521].

Darüber hinaus ist fraglich, inwiefern durch diese Ausgestaltungen des Kontrollverhältnisses Rechte und Pflichten für die Organe begründet werden, ob also die Organe an die autonom erlassenen Regelungen bzw. an die Interorganpraxis gebunden sind.

Es sei vorausgeschickt, daß die Regelungen der GeschO EP und Interorganvereinbarungen unabhängig von ihrer Bindungswirkung in der Praxis zumindest als Zwischenziel auf dem Weg der Verankerung eines Kontrollrechtes im EG-Vertrag fungieren. Sie bewirken zumindest eine »gesteigerte Grenzausnutzung« der bestehenden Kompetenzen und Funktionen[522].

I. Geschriebene Ausgestaltungen des Kontrollverhältnisses durch die Organe

1) Die Geschäftsordnung als Quelle von Kontrollrechten

Bevor konkrete Beispiele für die Ausgestaltung des Kontrollverhältnisses durch die GeschO EP auf ihre Vereinbarkeit mit den primärrechtlichen Grenzen der Kontrollfunktion hin untersucht werden, soll die Problematik der rechtlichen Bindungswirkung von Normen der GeschO EP behandelt werden. Bezogen auf das Verhältnis zwischen EP und Kommission ist insbesondere fraglich, inwiefern die Kommission an die vom EP gesetzten Geschäftsordnungsregeln gebunden ist, ob also das EP konkrete eigene Rechte gegenüber der Kommission und verbindliche Pflichten der Kommission formulieren kann.

a) Rechtliche Bindungswirkung

Dabei sind zwei Aspekte zu unterscheiden:
Die grundsätzlichere Frage nach der Rechtsqualität von Regelungen der GeschO ist wegen der Existenz einer ausdrücklichen Rechtsetzungsermächtigung

---

[521] Vgl. S. 31, 85.

[522] *Grabitz/Läufer*, Das Europäische Parlament, S. 157 (in Bezug auf Interorganvereinbarungen).

(Art. 199 S. 1 EG) unproblematisch, denn schon hierin ist die Anordnung der Rechtsgeltung der auf dieser Grundlage erlassenen Normen enthalten[523].

Für die vom konkreten Normgehalt indizierte Rechtsbindung – also z. B. eine Verpflichtung der Kommission zur Duldung eines oder zur Mitwirkung bei der Ausübung eines Kontrollmittels des EP – gilt folgendes:
Wenn eine Norm Rechtswirkungen gegenüber anderen Organen erzeugt, so greift das normerlassende Organ in den Rechts- und Kompetenzkreis jener Organe ein. Dieser Eingriff in den Rechtskreis eines anderen Organs muß aber vom Primärrecht gedeckt sein, denn die dort von den Mitgliedstaaten als Vertragsparteien ausgestaltete Kompetenzordnung ist für die Organe verbindlich.
Insofern ist stets zu unterscheiden zwischen der Ermächtigung zur Rechtsetzung (bei der GeschO EP Art. 199 S. 1 EG) und der materiellen Grundlage zum Eingriff in den Rechtskreis eines anderen Organs. Solche materiellen Grundlagen stellen die primärrechtlichen Kontrollrechte dar. Sie können sich aber auch aus einer Gesamtschau des primären Funktionsrechts ergeben, zu dem auch normativ wirkende Strukturprinzipien[524] und allgemeine Rechtsgrundsätze zählen.

Anders als für Verordnungen und Richtlinien (Art. 249 EG) kann die konkrete Rechtswirkung von Regelungen der GeschO EP keiner primärrechtlichen Norm entnommen werden. Sie ergibt sich also nicht schon aus der Form der Regelung. Ausgehend von der Prämisse, daß Regelungen der GeschO EP immer Rechtsqualität besitzen[525], legt *Bieber* überzeugend dar, warum die Begriffe Innen- und Außenrecht zur Ermittlung der Bindungswirkung von Geschäftsordnungsregelungen untauglich seien[526]. Von der indirekten, faktischen Rechtswirkung einer

---

[523] *Bieber*, Das Verfahrensrecht von Verfassungsorganen, S. 193, Anm. 373 Hier vertritt *Bieber* die Auffassung, daß Normsetzungsermächtigung und Geltungsgrund für daraus abzuleitende Normen zwangsläufig identisch seien. Weiter vorne (S. 136) verweist *Bieber* auf die Rechtsprechung des EuGH, der schon aus der Erwähnung in einer Norm höheren Ranges die Rechtsqualität der GeschO ableite (EuGH, Urt. vom 23.2.1988, Rs. 68/86, (Vereinigtes Königreich./.Rat), Slg. 1988, 855 ff.).

[524] Vgl. zur Normativität von Strukturprinzipien oben ab S. 30.

[525] Vgl. S. 178.

[526] *Bieber*, Das Verfahrensrecht von Verfassungsorganen, S. 135 ff.; zur Qualifizierung und Wirkung von GeschO-Regelungen im deutschen Staatsrecht, *ebenda* S. 120 ff. Ablehnend ge-

>

Geschäftsordnungsregelung auf andere Organe abgesehen, hält er die Begründung von Rechten und Pflichten für andere Organe in der GeschO in gewissen Fällen für möglich. Bindungswirkung gegenüber anderen Organen könne eine solche Regelung insbesondere entfalten, wenn 1) das Primärrecht ausdrücklich Ermächtigungen zu Eingriffen enthalte, die der Ausgestaltung durch autonome Regelungen bedürfe, 2) wenn das verpflichtete Organ zugestimmt habe und 3) wenn sie auf unabweisbaren Funktionsbedürfnissen des erlassenden Organs beruhe. Dabei räumt *Bieber* ein, daß im Falle der Zustimmung des verpflichteten Organs die Bindung nicht aus der GeschO selbst resultiere, sondern aus anderen Gründen Rechtswirkungen entfalte.

Mit den Kriterien 1) und 3) allerdings macht *Bieber* die Bindungswirkung von Bestimmungen der GeschO davon abhängig, ob diese materiell mit dem primärrechtlichen Funktionenrecht vereinbar sind, d. h., ob sie sich im Rahmen des für das jeweilige Organ abgesteckten Kompetenzbereichs bewegen[527].

Insofern geht seine Auffassung einher – bzw. ist sie kombinierbar – mit den Ausführungen aus Teil 2: Wenn sich eine Regelung der GeschO EP im Rahmen einer ausdrücklichen primärrechtlichen Ermächtigung zum Eingriff in den Rechtskreis eines anderen Organs[528] hält (Kriterium 1), so vermag sie nach *Bieber* rechtliche Bindungswirkung zu erzeugen. Ob der Rahmen der Ermächtigung eingehalten wird, und ob somit die Grenzen des primärrechtlich begründeten Kontrollrechts eingehalten werden, ist durch Abwägung der flexiblen Grenzen der parlamentarischen Kontrollfunktion mit den funktionalen Interessen des EP

---

genüber den Begriffen »innen« und »außen« auch *Nettesheim* in Grabitz/Hilf, Art. 4 EGV Rn. 33.

527 Funktionsbedürfnisse können sich nämlich nur aus einer Gesamtschau der positiven primärrechtlichen Organisationsstruktur ermitteln lassen. Aus ihr erst ergibt sich die Funktion eines Organs. *Bieber*, Das Verfahrensrecht von Verfassungsorganen, S. 101 ff. (S. 104 ff.) führt näher aus, daß die Funktionsfähigkeit der Organe ein normatives Strukturprinzip der Organverfassung der Gemeinschaften sei. Gebietet also ein Funktionsbedürfnis des EP den Erlaß einer die Kommission verpflichtenden Regelung, so bedeutet dies nichts anderes, als daß das EP seinen primärrechtlichen Kompetenzbereich ausgestaltet.

528 Die expliziten vertraglichen Kontrollnormen, z. B. Art. 193 EG, stellen solche Ermächtigungen dar.

im Rahmen der systematisch-teleologischen Auslegung zu ermitteln[529] sofern die Regelung der GeschO nicht eine reine Wiederholung des Primärrechts, sondern eine Konkretisierung enthält.
Dient eine Norm der GeschO EP nicht der Ausgestaltung eines primärrechtlichen Kontrollrechts, so kann *Biebers* drittes Kriterium Anwendung finden: Ein drittes Organ ist nur dann rechtlich an eine vom EP normierte Pflicht gebunden, wenn unabweisbare Funktionsbedürfnisse des EP die Einhaltung der jeweiligen Pflicht verlangen. Wann ein solches unabweisbares Funktionsbedürfnis im Einzelfall vorliegt, läßt *Bieber* allerdings offen[530]. Es bietet sich an, zur Ermittlung und Abwägung dieser Funktionsinteressen ebenfalls auf die oben in Teil 2 hergeleiteten Prinzipien der primärrechtlichen Kompetenzordnung zurückzugreifen. Verlangt das Prinzip der Erhaltung der Identität des EP, eine bestimmte Verpflichtung der Kommission zu normieren, und steht dem kein überwiegendes Funktionsinteresse der Kommission entgegen – z. B. die Unabhängigkeit der Kommission –, so ist die GeschO Norm für die Kommission rechtsverbindlich[531]. Dasselbe gilt, wenn sich – korrespondierend zu einem Funktionsbedürfnis des EP – aus dem Prinzip der Organtreue eine bestimmte Verpflichtung der Kommission ergibt.

Verknüpft man also, wie gerade gezeigt, die Auffassung *Biebers* mit den oben entwickelten Kriterien, d. h. konkretisiert man *Biebers* Kriterien durch die oben (Teil 2) entwickelten flexiblen primärrechtlichen Prinzipien, so benutzt man für die Ermittlung der rechtlichen Bindungswirkung dieselben Maßstäbe wie für die Beurteilung der Konformität einer ein drittes Organ verpflichtenden Norm mit dem primärrechtlichen Kompetenzordnung. Die Konsequenz hieraus ist, daß der Kreis rechtsverbindlicher GeschO Normen im Bereich der Kontrolle der

---

529 Vgl. zur Überprüfung der Vereinbarkeit mit dem Primärrecht bei Ausgestaltungen expliziter vertraglicher Kontrollinstitute oben, S. 22, ab S. 85.

530 So sieht er die in der GeschO EP normierte Pflicht der Kommission zur Erstellung des Jahresgesetzgebungsprogramms von einem unabweisbaren Funktionsbedürfnis getragen, Das Verfahrensrecht von Verfassungsorganen, S. 164. Eine nähere Konkretisierung bleibt aber völlig aus. Allenfalls könnte man auf die Ausführungen der Seiten 101 ff. zurückgreifen und in den dort erläuterten Strukturprinzipien die Funktionsbedürfnisse des EP erblicken.

531 Vgl. oben, S. 31, 85. Zu den Argumenten zugunsten parlamentarischer Kontrollhandlungen oder zugunsten von Mitwirkungspflichten der Kommission vgl. ab S. 79.

Kommission identisch ist mit dem Kreis derjenigen Normen, welche sich im Rahmen der Grenzen der Kontrollfunktion des EP halten. Hiergegen ist aber nichts einzuwenden, denn in einem solchen Fall konkretisiert die GeschO EP das primärrechtliche Kompetenzgefüge, welches für alle Organe ohnehin verbindlich ist.

Hält sich eine in der GeschO normierte Pflicht aber nicht im Rahmen einer ausdrücklichen oder ungeschriebenen Eingriffsermächtigung, so sprengt sie die Grenzen der Kontrollfunktion des EP und somit die Grenzen der Rechts- und Kompetenzkreise der jeweiligen Organe, und es ist nur konsequent einer solchen Norm die rechtliche Bindungswirkung abzusprechen.

Folge dieser Überlegungen ist aber auch, daß das EP nicht vermag, in rechtlich verbindlicher Weise eigene Kontrollrechte und korrespondierende Pflichten der Kommission zu schaffen, sofern sich diese nicht in letzter Konsequenz als Konkretisierung der primärrechtlichen Organverfassung – sei es ihrer geschriebenen oder ungeschriebenen Teile – erweisen. Auch diese Konsequenz ist einleuchtend, da andernfalls das EP die Oberhoheit über die Kommission gewinnen könnte.

b) Beispiele für Kontrollinstrumente aus der Geschäftsordnung

Im folgenden wird dargestellt, welche Kontrollhandlungen oder Kontrollinstrumente sich aus der GeschO EP ergeben, die nicht der Ausgestaltung eines expliziten vertraglichen Kontrollinstituts dienen.

Die zu untersuchenden Beispiele bewegen sich also im Rahmen des von *Bieber* vorgeschlagenen dritten Kriteriums. Zu ermitteln ist, ob die jeweilige Regelung der Geschäftsordnung sich im Rahmen der primärrechtlichen Grenzen der Kontrollfunktion hält. Dabei ist das oben entwickelte Schema anzuwenden[532]. Es ist zu prüfen, ob sich die Regelung auf ein unabweisbares Funktionsbedürfnis des EP stützen kann, also seine materielle Grundlage in einem ungeschriebenen Strukturprinzip findet. Dieses Funktionsbedürfnis ist materielle Grundlage für den Eingriff in den Rechtskreis der Kommission und wie gezeigt auch Voraussetzung für die rechtliche Bindungswirkung gegenüber der Kommission.

---

[532] Vgl. S. 31, 85.

aa) Verpflichtung zur Ausarbeitung eines Jahresgesetzgebungsprogramms[533]

Ein Beispiel dafür, daß das EP in seiner Geschäftsordnung Verpflichtungen der Kommission normiert, die nicht im Zusammenhang zu einem expliziten vertraglichen Kontrollinstitut stehen, ist die Pflicht zur Vorlage des Jahresgesetzgebungsprogramms.

Bisher war in Art. 57 Abs. 1 GeschO EP_{14} [534] festgelegt, daß das EP mit der Kommission und dem Rat an der Festsetzung des Jahresgesetzgebungsprogramms der Europäischen Union teilnimmt. Im zweiten und dritten Absatz wurden Termin und Inhalt des von der Kommission vorzulegenden Programms detailliert festgelegt. Es wurden der Kommission also in erheblichem Maße Pflichten auferlegt. Zwar war diese Regelung unter dem Kapitel VIII über das Legislativverfahren eingeordnet, jedoch zeigte sich spätestens an Absatz 8, wonach das EP alle sechs Monate den Stand der Durchführung des Jahresgesetzgebungsprogramms überprüfte, daß es sich bei dem Programm um ein Mittel handelte, um die Arbeit der Kommission zu beeinflussen (auch Abs. 4 und 5) und zu kontrollieren. Hier spiegelte sich die Tendenz des EP wieder, schon im Legislativverfahren Einfluß zu nehmen, also begleitende Kontrolle auszuüben.

Fraglich ist, ob diese Ausgestaltung des Kontrollverhältnisses sich im Rahmen der Grenzen der Kontrollfunktion des EP gegenüber der Kommission bewegte und ob die konkrete Verpflichtung zur Vorlage des Jahresgesetzgebungsprogramms rechtliche Bindungswirkung erzeugte.

Als materielle Grundlage zum Eingriff in den Kompetenzbereich der Kommission[535] kommt die Funktionsfähigkeit des EP in Betracht, und aus ihr folgt ggf.

---

[533] Die Verpflichtung wurde schon vor der Zustimmung der Kommission in die GeschO EP aufgenommen. Deshalb ist es gerechtfertigt, Bindungswirkung und Konformität mit dem Primärrecht an dieser Stelle und nicht etwa im Abschnitt über interinstitutionelle Vereinbarungen zu prüfen. Vgl. *Bieber*, Das Verfahrensrecht von Verfassungsorganen, S. 164, Fn. 237.

[534] Art. 57 GeschO EP_{14} ist identisch mit Art. 49 GeschO EP_{13}.

[535] *Bieber*, Das Verfahrensrecht von Verfassungsorganen, S. 104 spricht Strukturprinzipien die Funktion als Handlungsermächtigung ab, da diese selbst aus der positiven Organstruktur gewonnen seien. Wenn hier von einer Grundlage für den Eingriff in den Kompetenz- oder Rechtsbereich eines Organs die Rede ist, so ist damit nicht die Handlungsermächtigung gemeint. Im Falle der GeschO ergibt sich diese bereits aus Art. 199 S. 1 EG. Freilich ermächtigt dieser aber nur zum Erlaß von Regelungen, welche inhaltlich im Einklang mit der primärrechtlichen Funktionenordnung stehen.

auch die Pflicht zur optimalen Wahrnehmung der Kontrollfunktion[536]. Dem EP wird durch das Jahresgesetzgebungsprogramm eine Art Check-Liste anhand gegeben, welche es einfacher macht, die Tätigkeit der Kommission im Bereich der Rechtsetzung nachzuvollziehen und unter Einsatz der ausdrücklichen vertraglichen Mittel die Kontrolle gegenüber der Kommission auszuüben. Angesichts der zahlreichen Gesetzgebungsvorhaben und Vorhaben zum Abschluß von Abkommen mit Drittländern kann wohl kaum bestritten werden, daß ohne ein solches Programm die Gefahr bestünde, daß das EP nicht mehr die gesamte Fülle von Handlungen der Kommission überblickt, und somit auch Mißstände schlechter aufdecken könnte. Deshalb erleichtert das Jahresgesetzgebungsprogramm dem EP die Erfüllung seiner vertraglichen Kontrollfunktion.
Die Funktionsfähigkeit des EP wurzelt im Prinzip der Integration. Vor diesem Hintergrund verfolgt die Kontrolle des EP gegenüber der Kommission auch das Ziel der Beeinflussung und Verbesserung der Gemeinschaftspolitiken im Interesse der Europäischen Bürger[537]. Die optimale Wahrnehmung der Kontrollfunktion verlangt also die Einführung begleitender Kontrollelemente. Durch die Beeinflussung des Gesetzgebungsprogramms und durch die Überprüfung seiner Durchführung noch während des betreffenden Jahres führt das EP ein Element begleitender Kontrolle ein und optimiert somit die Wahrnehmung seiner Kontrollaufgabe.
Einen Überblick über die Gesetzgebungsvorhaben kann sich das EP als Gesamtorgan auch nicht auf dem Weg des Fragerechts verschaffen, denn die schriftliche Anfrage ist als Individualrecht des Abgeordneten ausgestaltet, und die Anfragen zur mündlichen Beantwortung unterliegen einer zu kurzen Beantwortungszeit.
Die Funktionsfähigkeit des EP ist also Grundlage für die Vorlage eines Jahresgesetzgebungsprogramms. Korrespondierend zu diesem Funktionsbedürfnis des EP kann die Verpflichtung der Kommission zur Kooperation in Form der Vorlage des Jahresgesetzgebungsprogramms aus dem Prinzip der Organtreue hergeleitet werden.
Überwiegende Funktionsinteressen der Kommission stehen dem nicht entgegen. Die Kommission wird durch die Pflicht zur Vorlage des Programms in ihrer

[536] Vgl. oben S. 79.
[537] Vgl. oben S. 80.

Identität als initiativberechtigtes Organ der Gemeinschaft nicht verletzt. Das Programm ist zugleich Arbeitsprogramm für die Kommission. Auch ihre Arbeit kann nur effizienter werden, wenn zu Beginn des Jahres bereits eine Auflistung der in Angriff zu nehmenden Gesetzgebungsvorhaben vorliegt.
Die Pflicht zur Vorlage des Jahresgesetzgebungsprogramms stellt sich somit als zulässige Konkretisierung der primärrechtlichen Funktionenordnung dar. Sie beruht auf unabweisbaren Funktionsbedürfnissen des EP, während die Funktionsinteressen der Kommission nicht im Gegensatz dazu stehen. Die Grenzen der Kontrollmacht des EP wurden bei der Regelung des Art. 57 GeschO EP_{14} eingehalten. Art. 57 Abs. 2 GeschO EP_{14} entfaltete außerdem rechtliche Bindungswirkung gegenüber der Kommission.

Inzwischen haben EP und Kommission die Einzelheiten ihrer Zusammenarbeit bei der Ausarbeitung des Jahresgesetzgebungsprogramms neu geregelt (Art. 57 Abs. 1 S. 2 GeschO EP_{15})[538]. Diese Regelung ist der GeschO EP nun als Anlage XIV beigefügt, wobei die Verpflichtung zur Vorlage des Gesetzgebungsprogramms weiterhin nicht primärrechtlich normiert ist. Die Frage der Vereinbarkeit der Vorlagepflicht mit dem primären Funktionenrecht und damit die Frage nach der Einhaltung der Grenzen der Kontrollfunktion stellt sich also unverändert.

bb) Jahresbericht über die Anwendung des Gemeinschaftsrechts

Der Jahresbericht der Kommission über die Anwendung des Gemeinschaftsrechts erlaubt dem EP, die Kommission in ihrer Funktion als Hüterin des Gemeinschaftsrechts zu kontrollieren[539]. Er fand bisher in Art. 46 GeschO EP_{14} Erwähnung. Allerdings ging er zurück auf eine Forderung des EP aus dem Jahre

---

[538] Die Vorlagepflicht ergibt sich nun aus Abschnitt e) der Anlage XIV. Danach muß der Präsident der Kommission das Programm während der November-Tagung dem Plenum des EP vorlegen. Die Bewertung des aktuellen Gesetzgebungsprogramms findet nun im Juni und Juli durch die Konferenz der Ausschußvorsitzenden zusammen mit dem verantwortlichen Vizepräsidenten der Kommission statt (Anlage XIV Abs. c)).

[539] *Beckedorf*, Das Untersuchungsrecht des Europäischen Parlaments., S. 142.

1983[540], welcher die Kommission seit 1984 nachkommt. Insofern ist die Vorlage des Berichts nicht originär in der GeschO EP verwurzelt. Auch war Art. 46 GeschO EP so formuliert, daß er lediglich das Procedere innerhalb des EP nach Vorlage des Berichts regelte, nicht aber die Pflicht zur Vorlage selbst. Für die hier zu untersuchende Frage ist Art. 46 GeschO EP_{14} also nicht repräsentativ, zumal er mit der GeschO EP_{15} ohnehin gestrichen wurde.

cc) Untersuchungsausschüsse vor dem Vertrag von Maastricht

Bevor das parlamentarische Untersuchungsrecht durch den Vertrag über die Gründung der Europäischen Union primärrechtliche Normierung erfuhr, fand die Einsetzung von Untersuchungsausschüssen lediglich in der GeschO EP Erwähnung[541]. Konkrete Befugnisse dieser Ausschüsse und korrespondierende Pflichten eines etwa zu kontrollierenden Organs wurden aber weder in der Fassung der GeschO EP von 1981 noch in der Fassung von 1986 geregelt[542]. Solche wurden jedoch im Wege der teleologischen Auslegung des betreffenden Artikels der GeschO EP in den Grenzen der allgemein durch das Primärrecht definierten Kontrollbefugnisse des EP hergeleitet[543]. Insbesondere wurde dabei betont, daß betreffender Artikel die Sicherung der Funktion des EP bezwecke[544]. Wiederum könnte die Funktionsfähigkeit des EP als unabwendbares Funktionsbedürfnis, also als materielle Grundlage für die damalige Regelung und tatsächliche Wahrnehmung des Untersuchungsrechts herangezogen werden. Auf nähere Abwägungen kann an dieser Stelle verzichtet werden, da das Untersuchungsrecht inzwischen durch das Primärrecht normiert wurde (Art. 193 EG).
Das Beispiel kann aber als Beleg dafür betrachtet werden, daß eine sekundärrechtliche Kontrollvorschrift, welche nicht im Zusammenhang mit einem ausdrücklichen primärrechtlichen Kontrollrecht steht, eine gesteigerte Grenzaus-

---

[540] Entschließung zur »Verantwortung der Mitgliedstaaten für die Anwendung und Wahrung des Gemeinschaftsrechts«, ABl. C 68 vom 14.3.1983, S. 32 ff.
[541] Vgl. dazu ausführlich oben ab S. 101.
[542] Text und Ausführungen bei *Beckedorf*, Das Untersuchungsrecht des Europäischen Parlaments, S. 188 ff. und 213 ff.
[543] *Beckedorf*, Das Untersuchungsrecht des Europäischen Parlaments, S. 202 ff. (204, 206).
[544] *Ebenda* S. 201 f.

nutzung des Kompetenzbereichs des EP bewirkt und ein Zwischenschritt auf dem Weg der Fortentwicklung der vertraglichen Kontrollfunktion sein kann.

2) Interinstitutionelle Vereinbarungen als Quelle von Kontrollrechten des EP

Es bleibt zu untersuchen, inwiefern auch interinstitutionelle Vereinbarungen Ausgestaltungen des Kontrollverhältnisses zwischen EP und Kommission enthalten und ob sich diese im Rahmen der primärrechtlichen Grenzen der Kontrollfunktion halten. Daneben stellt sich wie bei der GeschO EP die Frage, ob die betreffenden Interorganvereinbarungen rechtsverbindlich sind.
Da aber das Wesen von Interorganvereinbarungen in verschiedener Hinsicht noch immer kontrovers diskutiert wird, ist es erforderlich, auf einige Aspekte vorab einzugehen.

a) Begriff und allgemeine Bedeutung

Der Begriff »interinstitutionelle Vereinbarungen« umschreibt zunächst unabhängig von weiterer Differenzierung die Gesamtheit des Dialogs zwischen den Institutionen der Gemeinschaft[545], welcher insbesondere die »Emanzipationsfelder« der Gemeinschaftsverträge zum Gegenstand hat[546]. Als solche sind sie der Motor des inneren Verfassungswandels, dem im Rahmen einer integrierenden Organisation wie der EU besondere Bedeutung zukommt[547]. Andererseits stoßen Interorganvereinbarungen deshalb leicht an die Grenzen des bestehenden Gemeinschaftssystems. Interinstitutionelle Vereinbarungen beschreiben einen Aus-

---

[545] Vgl. *Bobbert*, Interinstitutionelle Vereinbarungen im Europäischen Gemeinschaftsrecht, S. 6 f. Im folgenden soll einerseits der Begriff »interinstitutionelle Vereinbarung« verwandt werden. Da hier aber die Vereinbarungen zwischen EP und Kommission im Mittelpunkt der Untersuchungen stehen, ist andererseits die Bezeichnung der »Interorganvereinbarung«, als Vereinbarung zwischen den in Art. 7 Abs. 1 EG abschließend aufgezählten Organen im engeren Sinne, angebracht und wurde bisher bereits verwandt.

[546] Vgl. *Grabitz/Läufer*, Das Europäische Parlament, S. 158.

[547] Zum Zweck von Interorganvereinbarungen: *Monar*, CMLR 1994, S. 693 (694 f.).

schnitt dessen, was man auf nationaler Ebene mit »Verfassungswirklichkeit« bezeichnet[548].

b) Kategorisierung und Eingrenzung

Für die Kategorisierung des dichten Netzes verschiedenartiger interinstitutioneller Vereinbarungen kommen die Kriterien Inhalt, Form und Beteiligung in Betracht[549]. Der Inhalt der Vereinbarungen ist breit gefächert, so daß lediglich Schwerpunkte genannt werden können. Ein wesentlicher Teil der bisher getroffenen Vereinbarungen befaßt sich mit dem gemeinschaftlichen Haushaltsverfahren. Andere Schwerpunkte bilden die allgemeine Rechtsetzung, die Gestaltung der Außenbeziehungen der Gemeinschaft, das Bekenntnis zu allgemeinen Grundsätzen wie z. B. der Beachtung der Grundrechte, die Zusammenarbeit zwischen den Institutionen und schließlich, seit Gründung der Europäischen Union durch den Vertrag von Maastricht, Durchführungsbestimmungen zu bestimmten vertraglichen Einrichtungen, wobei es hierzu besondere vertragliche Ermächtigungen gibt[550]. Außer Betracht bleiben kann für den Untersuchungsgegenstand dieser Arbeit allerdings der gesamte Bereich der Rechtsetzung und des Haushaltsverfahrens, abgesehen von Vereinbarungen, welche die Entlastung der Kommission betreffen. Ferner können die Vereinbarungen über die Beachtung allgemeiner Grundsätze außer Acht bleiben.

Eine Beschränkung ergibt sich deshalb auch im Hinblick auf die Beteiligten, da hier ausschließlich die Beziehungen zwischen EP und Kommission in Frage stehen[551].

Will man nach der Form unterscheiden[552], so sind zunächst die zwischen mehreren Gemeinschaftsorganen ausgehandelten, von deren Präsidenten unterschriebenen und zumeist förmlich im Amtsblatt der Gemeinschaft veröffentlichten

---

[548] Vgl. *Grabitz*, Integration 1979, S. 47 (57); *Westlake*, The Commission and the Parliament, S. 63 spricht in diesem Zusammenhang von »constitutional glue«.

[549] Vgl. *Everling*, in: GS Constantinesco, S. 133 (141).

[550] Vgl. *Bobbert*, Interinstitutionelle Vereinbarungen im Europäischen Gemeinschaftsrecht, S. 8 f.

[551] Die Tradition von Vereinbarungen zwischen diesen beiden Organen geht zurück bis ins Jahr 1961, vgl. *Monar*, CMLR 1994, S. 693.

[552] Vgl. *Bieber*, Das Verfahrensrecht von Verfassungsorganen, S. 77.

Vereinbarungen zu erwähnen[553], ferner schriftliche Übereinkünfte, welche nicht im Amtsblatt der Gemeinschaft veröffentlicht werden[554]. Eine Fülle von Vereinbarungen beschränkt sich auf Briefwechsel zwischen den Vertretern der einzelnen Institutionen[555]. Schließlich gibt es einseitige mündliche Erklärungen oder förmliche Memoranden eines Organs, die aber genaugenommen nur insofern als interinstitutionelle Vereinbarungen bezeichnet werden können, als sie ein interinstitutionelles Element aufweisen[556].

c) Zulässigkeit

Die Frage nach der Zulässigkeit von Interorganvereinbarungen zielt ab auf die Ermächtigung zum Normerlaß und ist der Problematik der Rechtsverbindlichkeit[557] vorgelagert. Während die Ermächtigung, autonomes Funktionenrecht zu setzten, im Falle der GeschO EP in Art. 199 EG (Art. Art. 142 EGV) enthalten ist, enthält der Vertrag für den Bereich der Interorganvereinbarungen keine ausdrückliche generalklauselartige Ermächtigung zur Normsetzung. Lediglich einige wenige Interorganvereinbarungen stützen sich auf eine spezifische vertragliche Ermächtigung.

---

[553] Z. B.: Interinstitutionelle Vereinbarung über die Haushaltsdisziplin und die Verbesserung des Haushaltsverfahrens vom 29.6.1988, ABl. L 185 vom 15.7.1988, S. 33 ff.; Interinstitutionelle Vereinbarung vom 25.5.1999 über die internen Untersuchungen des Europäischen Amtes für Betrugsbekämpfung, ABl. L 136 vom 31.5.1999, S. 15 f.

[554] Z. B.: Interinstitutionelle Vereinbarungen zwischen dem Europäischen Parlament, Rat und Kommission über die Finanzierung der gemeinsamen Außen- und Sicherheitspolitik vom 16.7.1997, Bulletin EU 7/8-1997, S. 165 f.

[555] Z. B.: Briefwechsel zwischen dem Europäischen Parlament, dem Rat und der Kommission zum Petitionsrecht, ABl. C 120 vom 16.5.1989, S. 90.

[556] Vgl. *Bobbert*, Interinstitutionelle Vereinbarungen im Europäischen Gemeinschaftsrecht, S. 11.
Nicht unter den Begriff der interinstitutionellen Vereinbarung fallen die förmlichen Rechtsakte des Art. 249 EG, vgl. auch *Monar*, CMLR 1994, S. 693 (696). Insbesondere die gemäß Art. 279 Lit. a) EG erlassene HO wird als Verordnung eingestuft: *Schoo* in: Schwarze, Art. 279 EG Rn. 3; *Waldhoff* in: Calliess/Ruffert, Art. 279 EG Rn. 1; *Bieber* in Groeben/Thiesing/Ehlermann, Art. 209 EGV Rn. 4; *Magiera* in: Grabitz/Hilf, Art. 209 EGV Rn. 2.

[557] Zur Rechtsverbindlichkeit von Interorganvereinbarungen sogleich ab S. 194.

Dabei gehen sowohl der EuGH als auch das EP stillschweigend von der Zulässigkeit interinstitutioneller Vereinbarungen aus[558]. Es stellt sich jedoch die Frage, ob diese einer Ermächtigungsgrundlage nach dem Prinzip der begrenzten Einzelermächtigung[559] bedürfen. Dieses begrenzt die Handlungen der Gemeinschaftsorgane inhaltlich und der Form nach. Zweck ist insbesondere die Begrenzung des Zuständigkeitsbereiches der Gemeinschaft gegenüber den Mitgliedstaaten, sowie der Schutz der individuellen Rechtsphäre des Gemeinschaftsbürgers[560]. Dabei besteht zunächst Einigkeit darüber und ergibt sich aus der Schutzfunktion des Prinzips, daß es nur auf solche Handlungen Anwendung findet, welche überhaupt in der Lage sind, rechtserhebliche Folgen auszulösen[561]. Für solche besagt das Prinzip, daß sie nur aufgrund einer vertraglichen Ermächtigungsgrundlage zulässig sind. Allerdings ist für den Großteil der interinstitutionellen Vereinbarungen der Gedanke nicht fernliegend, daß der Schutzbereich des Prinzips durch diese nicht oder nur mittelbar berührt werde, da sie jedenfalls keine direkten Rechtswirkungen gegenüber den Mitgliedstaaten oder den Gemeinschaftsbürgern, sondern ggf. nur zwischen den Organen entfalten[562]. Hiergegen wird jedoch angeführt, daß inzwischen interinstitutionelle Vereinbarungen existieren, welche auch die Rechtskreise der Mitgliedstaaten und der Gemeinschaftsbürger berühren[563]. Ferner ist anerkannt, daß das Prinzip

---

[558] EuGH, Urt. vom 3.7.1986, Rs. 34/86 (Rat./.EP), Slg. 1986, 2155 (2212 Rn. 50); Art. 54 GeschO EP.

[559] Der EuGH leitet das Prinzip aus Art. 5 Abs. 1 EG her. Gutachten 2/94 vom 28.3.1996, Slg. 1996, I-1759 (I-1787 Rn. 23).

[560] *Ipsen*, Europäisches Gemeinschaftsrecht, S. 431 f. Weitere Funktionen nennt: *Kraußer*, Das Prinzip der begrenzten Ermächtigung im Gemeinschaftsrecht als Strukturprinzip des EWG-Vertrags, S. 26 ff., 86 f.

[561] *Bobbert*, Interinstitutionelle Vereinbarungen im Europäischen Gemeinschaftsrecht, S. 49; *Schwarze* EuR 1995, Beiheft 2, S. 49 (50).

[562] Deshalb das Erfordernis einer ausdrücklichen Zuständigkeitszuweisung verneinend: *Gauweiler*, Die rechtliche Qualifikation interorganschaftlicher Absprachen im Europarecht, S. 56 ff. (59); *Beutler* in: GS Sasse, S. 311 (319 f.).

[563] Unter Verweis auf den »Beschluß des EP, des Rates und der Kommission über Einzelheiten der Ausübung des Untersuchungsrechts des EP« *Bobbert*, Interinstitutionelle Vereinbarungen im Europäischen Gemeinschaftsrecht, S. 46 f. Dieses Argument allein vermag jedoch nicht zu überzeugen, da dieser Beschluß auf einer ausdrücklichen vertraglichen Grundlage ergangen ist.

der begrenzten Einzelermächtigung Bedeutung für das Verhältnis unter den Organen hat[564]: Durch die Ermächtigungsnorm wird eine Funktionenordnung zwischen den Organen hergestellt, was der Verwirklichung des Rechtsstaatsprinzips dient und somit indirekt auch dem Schutze des Bürgers[565]. Folglich ist festzuhalten, daß interinstitutionelle Vereinbarungen nach dem Prinzip der begrenzten Einzelermächtigung einer Ermächtigungsgrundlage bedürfen[566], sofern sie sich eignen, Rechtswirkungen – wenngleich nur zwischen den Organen – zu entfalten[567].

Einzelne ausdrückliche Ermächtigungen sind im EG-Vertrag enthalten[568], wodurch die Geltung des Prinzips der begrenzten Einzelermächtigung für interinstitutionelle Vereinbarungen bestätigt wird.
Für die vielgestaltigen interinstitutionellen Vereinbarungen, die nicht auf der Grundlage dieser wenigen Ermächtigungen geschlossen werden, wird daher zum einen vorgeschlagen, die Ermächtigungsgrundlage nach dem Prinzip der »implied powers« aus dem Vertrag abzuleiten, wobei diese Möglichkeit nur für einen inhaltlich stark begrenzten Teil von Vereinbarungen Anwendung finden könnte und daher eher theoretisch ist[569]. Zum anderen wird die Organisationsgewalt der internationalen Organisationen herangezogen. Diese gebe nicht nur die Ermächtigung zur autonomen Gestaltung organinterner Abläufe, sondern ermächtige ebenfalls zur Regelung der Beziehungen zwischen den einzelnen

---

Hier steht aber die Zulässigkeit von Vereinbarungen in Frage, zu denen der Vertrag nicht ausdrücklich ermächtigt.

564 *Beutler* in: GS Sasse, S. 311 (320) ; *Ipsen*, Europäisches Gemeinschaftsrecht, S. 431; *Kraußer*, Das Prinzip der begrenzten Ermächtigung im Gemeinschaftsrecht als Strukturprinzip des EWG-Vertrags, S. 28, 87 ff. (90 ff., 92); *Schwarze*, EuR 1995, Beiheft 2, S. 49 (50); *Gauweiler*, Die rechtliche Qualifikation interorganschaftlicher Absprachen im Europarecht, S. 59 deutet dieses Problem an, ohne es jedoch zu vertiefen.

565 *Bobbert*, Interinstitutionelle Vereinbarungen im Europäischen Gemeinschaftsrecht, S. 48.

566 Aus Art. 7 Abs. 1 S. 2 EG folgt zudem, daß das gesamte Handeln der Organe an eine vertragliche Befugnis geknüpft ist. Vgl. S. 19 ff.

567 Vgl. Fn. 557.

568 Art. 218 Abs. 1, 193 Abs. 3, 195 Abs. 4, 202, 248 Abs. 3 UA 3 S. 1, 272 Abs. 9 UA 5, 190 Abs. 5 EG.

569 *Bobbert*, Interinstitutionelle Vereinbarungen im Europäischen Gemeinschaftsrecht, S. 60 ff. (69).

Organen[570]. Dieser Ansatz vermag die vielfältigen Erscheinungsformen interinstitutioneller Vereinbarungen auf eine Ermächtigungsgrundlage zurückzuführen. Abzulehnen ist die Ansicht, welche eine Ausweitung der Organisationsgewalt auf das Verhältnis zwischen den Organen und die Ableitung von rechtlichen Bindungen zwischen den Organen hieraus grundsätzlich ablehnt[571]. Sie verkennt, daß der Zweck der Organisationsgewalt die Verwirklichung der allgemeinen Zielsetzung und Aufgaben der Verträge ist (vgl. Art. 2 EG), und sie deshalb erst recht im Verhältnis zwischen den Organen Geltung erlangen muß[572].

Es ist aber umstritten, ob im Rahmen des Prinzips der begrenzten Einzelermächtigung auch eine stillschweigende Ermächtigung ausreichend sein kann. Jedoch hat der EuGH die Existenz stillschweigender Ermächtigungen grundsätzlich anerkannt[573]. Zwar muß eingeräumt werden, daß er bisher soweit ersichtlich nur auf die implied powers als ungeschriebene Ermächtigungsgrundlage eingegangen ist[574], und der gerade beschriebene Ansatz einen erheblichen qualitativen Schritt vollzieht, indem er auf eine geschriebene Vertragsnorm, welche die Funktion einer Anknüpfungsnorm für Durchführungsbefugnisse übernehmen könnte, gänzlich verzichtet. Jedoch ist die Herleitung der Befugnis zum Abschluß interinstitutioneller Vereinbarungen aus dem ungeschriebenen Grundsatz der Organisationsgewalt ein Ansatz, der einerseits der Bedeutung des Prinzips der begrenzten Einzelermächtigung auch für das Interorganverhältnis, andererseits aber der Tatsache Rechnung trägt, daß sich hieraus nur ein über das Rechtsstaatsprinzip vermittelter Schutz für den Bürger ergibt und die in Frage stehenden Vereinbarungen nur mittelbare Wirkung auf Mitgliedstaaten und Gemeinschaftsbürger haben können. Akte mit unmittelbarer Drittwirkung be-

---

[570] Ähnlich *Bieber*, Das Verfahrensrecht von Verfassungsorganen, S. 70 ff. (71); *Bobbert*, Interinstitutionelle Vereinbarungen im Europäischen Gemeinschaftsrecht, S. 70 ff. (72 ff., 75); *Schwarze*, EuR 1995, Beiheft 2, S. 49 (53); für eine weite Auslegung des Selbstorganisationsrechts: *Beutler* in GS Sasse, S. 311 (322).

[571] *Hilf*, EuR 1984, S. 9 (21).

[572] Vgl. *Bieber*, Das Verfahrensrecht von Verfassungsorganen, S. 71.

[573] Vgl. *Bobbert*, Interinstitutionelle Vereinbarungen im Europäischen Gemeinschaftsrecht, S. 60.

[574] EuGH, Urt. vom 16.7.1956, Rs. 8/55 (Féderation Carabonniere de Belgique./.Hohe Behörde), Slg. 1955-1956, 197 (312); EuGH Gutachten 2/94 28.3.1996, Slg. 1996, I-1759 (I-1787).

dürfen ohnehin einer ausdrücklichen Ermächtigung. Für Vereinbarungen, die aber nur mittelbare Drittwirkung entfalten, kann zugunsten der Praktikabilität und der Funktionsfähigkeit der Gemeinschaft auf eine geschriebene vertragliche Ermächtigung verzichtet werden[575].

Die Ermächtigung zum Abschluß bzw. Erlaß interinstitutioneller Abkommen kann zudem im Strukturprinzip der Integration[576] erblickt werden. Die Integration verschiedener durch die Organe repräsentierter Interessen kann nicht allein durch die Ausgestaltung des organinternen Bereichs erfolgen, sondern setzt denknotwendig die Kooperation der Organe und die Konkretisierung des Interorganverfahrens voraus[577].

d) Inhaltliche Grenzen

Getrennt von der grundsätzlichen Zulässigkeit des Abschlusses interinstitutioneller Vereinbarungen sind die inhaltlichen Grenzen derselben zu betrachten. Wie schon erwähnt bewegen sich die Vereinbarungen in den Emanzipationsfeldern des institutionellen Gefüges, also dort, wo die alltägliche Praxis einerseits und der Wille zur weiteren politischen Integration oder auch Parlamentarisierung andererseits eine schrittweise Fortentwicklung des bestehenden Gemeinschaftssystems verlangen. Zu beachten ist dabei, daß die Gemeinschaften noch immer keine Kompetenz-Kompetenz haben, sondern die Mitgliedstaaten die »Herren der Verträge« sind. Solche Vereinbarungen, die inhaltlich über den Grad der erreichten Integration hinaus gehen, also ganz neue Kompetenzen für die Organe formulieren, entsprechen dieser Lage nicht. Die Interorganvereinbarungen finden ihre (äußeren) Grenzen also an der von den Mitgliedstaaten festzulegenden Kompetenzordnung, da von ihr der Grad der Integration der Gemeinschaften abhängt. Im Rahmen dieser absoluten äußeren Grenze müssen Interor-

---

575 *Anders: Kraußer*, Das Prinzip der begrenzten Ermächtigung im Gemeinschaftsrecht als Strukturprinzip des EWG-Vertrags, S. 92 f. Der Abschluß unmittelbar verbindlicher Interorganverträge sei mangels vertraglicher Ermächtigung nicht möglich.

576 Vgl. zum Gedanken der Integration ab S. 56.

577 Die Sichtweise der Mitgliedstaaten, die in der Erklärung der Konferenz von Nizza zu Art. 10 EG zum Ausdruck kommt, geht in eine ähnliche Richtung. Die Erklärung zu Art. 10 EG wird in einem gesonderten Abschnitt behandelt werden. S. ab S. 201.

ganvereinbarungen inhaltlich der übergeordneten Kompetenzordnung entsprechen. Dabei sind neben den vertraglichen Kompetenznormen und den allgemeinen Rechtsgrundsätzen insbesondere auch ungeschriebene Prinzipien des Vertrags, Grenzpfeiler interinstitutioneller Vereinbarungen.

Bezogen auf das Kontrollverhältnis zwischen EP und Kommission bedeutet dies, daß sich Interorganvereinbarungen als Ausgestaltungen des Kontrollverhältnisses im Rahmen der inneren Grenzen der parlamentarischen Kontrollfunktion bewegen müssen[578].

Zu demselben Ergebnis führt auch ein anderer gedanklicher Ansatz[579]: Gemäß Art. 230 EG unterliegen alle Handlungen der EG hinsichtlich ihrer Vereinbarkeit mit höherrangigem Recht der Kontrolle durch den EuGH. Da interinstitutionelle Vereinbarungen dem Sekundärrecht zuzuordnen sind[580], finden sie ihre materielle Grenze an den Gemeinschaftsverträgen, insbesondere an Art. 7 EG und an der Summe der in den Verträgen enthaltenen Kompetenznormen.

e) Rechtliche Bindungswirkung

Wie im Bereich der GeschO EP ist hinsichtlich der Rechtsverbindlichkeit von Interorganvereinbarungen zu differenzieren zwischen der Rechtsqualität und der Bindungswirkung des konkreten Norminhaltes.

Der konkrete, von der Vereinbarung selbst indizierte Regelungsinhalt kann nur Verbindlichkeit entfalten, sofern dieser im Einklang mit dem übergeordneten Funktionenrecht steht[581]. Die allgemeinere Frage nach der Rechtsqualität ist in Bezug auf Interorganvereinbarungen allerdings problematisch. Ob und warum Vereinbarungen als Recht gelten, ist sehr umstritten.

---

[578] Dies gilt unabhängig von ihrer Rechtsqualität, da sich keine (politische) Praxis zwischen den Organen einspielen darf, die den primärrechtlichen Vorgaben zuwider läuft. Vgl. S. 17.

[579] Vgl. *Bobbert*, Interinstitutionelle Vereinbarungen im Europäischen Gemeinschaftsrecht, S. 76-83, ähnlich: *Beutler* in: GS Sasse, S. 311 (318 f.; 322 f.).

[580] Auch *Beutler* in: GS Sasse, S. 311 (319). Diese Zuordnung kann freilich nur erfolgen, wenn Interorganvereinbarungen überhaupt rechtlicher Charakter zugesprochen wird. Dies ist im folgenden Abschnitt e) noch genauer zu klären.

[581] Vgl. den vorangegangenen Abschnitt und *Bieber*, Das Verfahrensrecht von Verfassungsorganen, S. 194.

Diese Frage ist für die Kontrollfunktion des EP gegenüber der Kommission nicht zuletzt deswegen von Bedeutung, da vom Rechtscharakter einer Vereinbarung die Einklagbarkeit des Kontrollmittels im Wege der Art. 230, 232 EG abhängt. Denn Prüfungsmaßstab ist bei diesen Klagen die Gesamtheit aller *rechtlichen* Regeln, an welche die Organe bei der Ausübung ihrer Tätigkeit gebunden sind[582].

Wurzel des Streits ist das Fehlen einer ausdrücklichen vertraglichen Ermächtigung zum Erlaß von Interorganvereinbarungen, welche auch die objektive Anordnung der Rechtsgeltung der auf ihrer Grundlage geschlossenen Vereinbarungen enthalten könnte. Sofern der Vertrag ausnahmsweise eine spezielle, geschriebene Ermächtigung enthält, kann aus ihr in der Regel auch die Anordnung der Rechtsgeltung gefolgert werden[583]. Denn diese ordnet aufgrund ihrer eigenen Rechtswirkung die Rechtsgeltung der auf ihrer Grundlage erlassenen Vereinbarung regelmäßig an. Durch die rechtsverbindliche Ermächtigungsgrundlage kann nämlich ähnlich wie in Art. 249 EG die Rechtsverbindlichkeit einer noch zu erlassenden Norm geregelt werden. Für die hier zu untersuchenden Beziehungen zwischen EP und Kommission sind z. B. Art. 193 Abs. 3, 195 Abs. 4 EG zu nennen. Beide ermächtigen zur Schaffung von Durchführungsbestimmungen zu bestimmten vertraglichen Verfahren und Kontrollrechten. Die zu schaffenden Normen sind also notwendig, um den Regelungen des EG-Vertrags praktische Geltung zu verleihen. Hätten die Durchführungsbestimmungen dann keinen rechtsverbindlichen Charakter, so könnten die vertraglichen Rechte des EP aus dem EG-Vertrag nicht mit Sicherheit praktisch durchgesetzt werden.
Solche Vereinbarungen, die aufgrund einer ausdrücklichen Ermächtigungsgrundlage in den Gemeinschaftsverträgen ergangen sind, können von dem Streit um die Rechtsverbindlichkeit ausgeklammert werden[584].

---

[582] *Vgl. Schwarze* in: Schwarze, Art. 232 EG Rn. 29; *Cremer* in: Calliesss/Ruffert, Art. 232 EG Rn. 15; *Wohlfart* in: Grabitz/Hilf, Art. 175 EWGV Rn. 45.

[583] Im einzelnen *Bobbert,* Interinstitutionelle Vereinbarungen im Europäischen Gemeinschaftsrecht, S. 87 ff. (88 f.). Ein objektiver Rechtsgeltungsgrund kann in Einzelfällen auch in Normen des sekundären Gemeinschaftsrechts gesehen werden, welche auf eine bestimmte interinstitutionelle Vereinbarungen Bezug nehmen, *ebenda* S. 90 ff.; *Bieber,* Das Verfahrensrecht von Verfassungsorganen, S. 189.

[584] Ebenso *Monar,* CMLR 1994, S. 693 (697).

Angesichts der Fülle von Meinungen in der europarechtlichen Literatur zu dieser Problematik kann nicht jede Meinung detailliert dargestellt werden, so daß eine starke Kategorisierung unvermeidbar ist.

Eine Kategorie von Meinungen verneint eine rechtliche Verbindlichkeit interinstitutioneller Absprachen und klassifiziert sie in unterschiedlicher Terminologie als rein politische Verpflichtungen[585]. Danach wäre auch die Einklagbarkeit etwaiger Verpflichtungen der Kommission zu verneinen. Die grundsätzliche Verneinung rechtlicher Bindung vermag das Spannungsverhältnis zwischen politisch notwendiger Flexibilität und rechtlicher Stabilität der Gemeinschaftsverfassung nicht auszugleichen. Auch der EuGH hat die Möglichkeit rechtlicher Verbindlichkeit der Vereinbarungen und Erklärungen bereits anerkannt[586].

Teilweise geht die Literatur aber von einer grundsätzlichen rechtlichen Verbindlichkeit interinstitutioneller Vereinbarungen aus. Ausgehend von der Prämisse, daß zwischen den Gemeinschaftsorganen kein rechtsfreier Raum entstehe[587], wird der objektive Geltungsgrund von Interorganvereinbarungen in der Befugnis eines jeden Organs gesehen, seine Funktionsweise sowohl autonom als auch im Zusammenwirken mit anderen Organen zu regeln[588]. Diese Befugnis sei stillschweigend miterteilt, sofern die vertraglich begründeten Beziehungen zwischen den Organen für ihr tatsächliches Funktionieren eine normative Konkretisierung erfordern[589].

---

[585] *Glaesner*, EuR 1981, S. 9 (15, für Luns/Westerterp-Verfahren); *ders.*, Integration 1981, S. 22 (26 f., für das Konzertierungsverfahren); *Beutler* in: GS Sasse, S. 311 (324 bezüglich des Konzertierungsverfahrens: »gentleman's agreement«); *Feger*, JA 1985, S. 437 (439). Vier wesentliche Argumente gegen diese Klassifizierung führt auf: *Monar*, CMLR 1994, S. 693 (698). Ebenfalls die Rechtsverbindlichkeit verneinend: *Läufer*, Die Organe der EG, S. 285. Er hält die von ihm untersuchten Vereinbarungen für eine Konkretisierung der Kooperationspflicht der Organe. Diese sei aber selbst zu undifferenziert, als daß sich aus ihr konkrete rechtsverbindliche Regeln ableiten ließen.

[586] Unter Hinweis auf den Vertrauensschutz EuGH, Urt. vom 5.6.1973, Rs. 81/72 (Kommission./.Rat), Slg. 1973, 575 (583 f.); EuGH, Urt. vom 19.3.1996, Rs. C-25/94 (Kommission./.Rat), Slg. 1996, I-1469 (1510 f.).

[587] *Bieber* in: GS Sasse, S. 327 (329, 330).

[588] *Bieber*, Das Verfahrensrecht von Verfassungsorganen, S. 189 ff. (192 f.); ähnlich *ders.* in: GS Sasse, S. 327 (340).

[589] Vgl. *Bieber*, Das Verfahrensrecht von Verfassungsorganen, S. 71.

Dabei geht diese Ansicht jedoch durch ihre Grundsätzlichkeit zu weit. Den Organen muß es grundsätzlich frei stehen, ihre Beziehungen auch auf außerrechtlicher Basis – freilich dennoch innerhalb der Grenzen der übergeordneten Kompetenzordnung – zu regeln[590]. Dies kann insbesondere dann entscheidend sein, wenn eines der Organe zwar zu einem politischen Entgegenkommen, nicht aber zu einem rechtlich bindenden Versprechen bereit ist. In einer politischen Vereinbarung kann ein Weg liegen, den internen Verfassungswandel voranzutreiben, gleichzeitig aber eine verbindliche rechtliche Äußerung den Mitgliedstaaten als Vertragsparteien selbst zu überlassen. Es ist im Sinne aller Beteiligten und im Sinne der Funktionsfähigkeit der Gemeinschaft, wenigstens im politischen Alltag zur Zufriedenheit aller zu agieren.
Die dargestellte Auffassung begegnet darüber hinaus aber auch dogmatischen Bedenken. Die Ansicht, daß im Bereich des Funktionenrechts eine zwangsläufige Einheit zwischen der Ermächtigung zum Erlaß einer Regelung und der Geltungsanordnung bestehe[591], ist keineswegs zwingend[592]. Dies gilt insbesondere, da anders als bei der GeschO EP für den Großteil der Interorganvereinbarungen keine ausdrückliche Ermächtigung zur Normsetzung besteht, aus der die Geltungsanordnung ableitbar wäre. Die Rechtgeltungsanordnung aus einer ungeschriebenen Ermächtigung zur Normsetzung abzuleiten, liegt nicht in gleichem Maße nahe.

In den Bereich der Grauzone zwischen Recht und Politik wollen einige Stimmen in der Literatur die interinstitutionellen Vereinbarungen einordnen. So

---

Etwas anders wird von gleicher Seite argumentiert, daß, sofern man von einer rechtlichen Kooperationspflicht der Organe ausgehe, die Resultate dieser Kooperationspflicht notwendigerweise Rechtswirkung haben müßten, *Bieber*, CMLR 1984, S. 505 (521).

[590] Mit weiteren Argumenten *Bobbert*, Interinstitutionelle Vereinbarungen im Europäischen Gemeinschaftsrecht, S. 93 ff. (95); gegen die Auffassung Biebers auch *Hilf*, EuR 1984, S. 9 (21 f.).

[591] *Bieber*, Das Verfahrensrecht von Verfassungsorganen, S. 193, Anm. 373.

[592] So auch *Bobbert*, Interinstitutionelle Vereinbarungen im Europäischen Gemeinschaftsrecht, S. 94.

wird z.T. eine Qualifizierung als »soft law«[593] vorgenommen, oder die Vereinbarungen werden als »Verfassungskonventionalregeln«[594] bezeichnet. Diesen Ansätzen ist zugute zu halten, daß sie ein flexibles System des interinstitutionellen Alltags und eine Fortentwicklung der Gemeinschaftsverfassung zulassen. Allerdings ist der letzen Ansicht vorzuwerfen, daß sie der Frage nach der Rechtsverbindlichkeit ausweicht und die Diskussion durch die Einführung systemfremder Begrifflichkeiten nur verkompliziert[595]. Der Übertragbarkeit der »soft law«-Idee auf den innergemeinschaftlichen Dialog steht insbesondere die Existenz einer obligatorischen Gerichtsbarkeit entgegen[596]. Nur das Fehlen einer solchen konnte zur Entwicklung von »soft law« im Völkerrecht führen. Sobald die betreffende Norm eine »gewisse Verbindlichkeit« besitzt, unterliegt sie der Gerichtsbarkeit des EuGH, wodurch ihr eine Bedeutung zukommt, die der »soft law«-Ansatz eben nicht bezweckte.

Schließlich bleiben einige Konzepte übrig, welche letztlich auf die Entscheidung über die Rechtsverbindlichkeit anhand des Einzelfalles hinauslaufen. Aufgrund seiner Spezifität ist zunächst der Ansatz herauszugreifen, der danach fragt, ob sich die interinstitutionelle Vereinbarung gewohnheitsrechtlich verfestigt habe. Bei ständiger Übung zwischen den Organen und Rechtsüberzeugung aller Beteiligten komme der interinstitutionellen Vereinbarung Rechtsverbindlichkeit zu[597]. Abgesehen von der Schwierigkeit, die Rechtsüberzeugung der Beteiligten

---

593 *Bothe* in: FS Schlochauer, S. 761 (768 ff.); *Läufer*, Integration 1979, S. 19 (28); *Oppermann/Kilian*, EuR 1981, S. 366 (381); *Monar*, CMLR 1994, S. 693 (699); *Wellens/Borchardt*, ELR 1989, S. 267 (300).

594 *Beutler* in: GS Sasse, S. 311 (324 »constitutional convention«); *Ehlermann*, Integration 1971, S. 162 (171); nicht abgeneigt: *Rengeling* in: FS Schlochauer, S. 877 (895); Bedenken gegen die Übertragung in das Gemeinschaftsrecht: *Gauweiler*, Die rechtliche Qualifikation interorganschaftlicher Absprachen im Europarecht, S. 70 ff. (71 ff.).

595 *Gauweiler*, Die rechtliche Qualifikation interorganschaftlicher Absprachen im Europarecht, S. 72; *Hilf*, EuR 1984, S. 9 (19, 20) m. w. N.; *Läufer*, Integration 1979, S. 19 (28), der aber selbst der »soft-law-Idee« anhängt.

596 *Everling*, FS Constantinesco, S. 133 (150); ihm folgend: *Gauweiler*, Die rechtliche Qualifikation interorganschaftlicher Absprachen im Europarecht, S. 83.

597 *Grabitz/Läufer*, Das Europäische Parlament, S. 171 ff.; *Grabitz*, Integration 1979, S. 47 (57) spricht von »law in the making«; *Läufer*, EuR 1979, S. 261 (271 f.); *Feger*, JA 1985, S. 437 (439).

nachzuweisen[598], die um so mehr besteht, als der EuGH das Gewohnheitsrecht bisher nur andeutungsweise in seine Rechtsprechung aufgenommen hat[599], geht dieser Ansatz an der Ausgangsfrage nach der rechtlichen Verbindlichkeit der interinstitutionellen Absprache selbst vorbei und setzt erst an, nachdem deren originäre Rechtsverbindlichkeit verneint worden ist.

Herausstechend aus der Gruppe von Einzelfallbeurteilungen ist außerdem der Ansatz, der interinstitutionellen Vereinbarungen Rechtsverbindlichkeit über den »Hebel« der Organtreue[600] zukommen lassen will[601]. Anhand von Kriterien wie Dauer der Befolgung, Bedeutung im Entscheidungsverfahren und der Nähe zu einem grundlegenden Verfassungsprinzip, soll ermittelt werden, ob ein Verstoß gegen die Absprachen die Rechtspflicht zur bzw. die Rechtsnorm der Organtreue verletze. In diesem Fall soll der Interorganvereinbarung vermittelt über den Grundsatz der Organtreue Rechtsqualität zukommen.
Demnach beruht die Pflicht der Organe zur Einhaltung der Interorganvereinbarung aber allein auf der aus der Organtreue folgenden Rechtspflicht zur gegenseitigen Rücksichtnahme, die auch umfaßt, daß sich ein Organ nicht ohne Konsultation der an der Vereinbarung beteiligten Organe über die Vereinbarung hinwegsetzt. Diese Pflicht zur Rücksichtnahme ist aber unabhängig von der Rechtsqualität der Interorganvereinbarung. Auch der Verstoß gegen eine politische Absprache stellt eine Rücksichtslosigkeit gegenüber den anderen beteiligten Organen dar[602]. Folglich kann von der Verletzung des Organtreuegrundsatzes

---

598 *Gauweiler*, Die rechtliche Qualifikation interorganschaftlicher Absprachen im Europarecht, S. 84 ff. (94).

599 Vgl. *Schweitzer/Hummer*, Europarecht, Rn. 17.

600 Über die Herleitung des Grundsatzes besteht Uneinigkeit. Teils wird eine Herleitung aus Art. 10, teils aus Art. 7 oder Art. 218 EG vertreten oder ein ungeschriebenes Prinzip angenommen. Vergleiche i.E. *Gauweiler*, Die rechtliche Qualifikation interorganschaftlicher Absprachen im Europarecht, S. 107 ff. und oben ab S. 65.

601 *Hilf*, EuR 1984, S. 9 (24); *Gauweiler*, Die rechtliche Qualifikation interorganschaftlicher Absprachen im Europarecht, S. 104 ff. (122 ff.); ähnlich: *Klein*, EuR 1987, S. 97 (106 f.). *Hatje* in: Schwarze, Art. 7 EG Rn. 23 meint, aus der Organtreue ergebe sich, daß die Organe sich an gemeinsame Absprachen halten müssen.

602 Ablehnend zu der dargestellten Ansicht auch *Bobbert*, Interinstitutionelle Vereinbarungen im Europäischen Gemeinschaftsrecht, S. 120.

durch Mißachtung einer Interorganvereinbarung nicht auf die Rechtsqualität der Interorganvereinbarung geschlossen werden[603].

Soll also einerseits die Frage nach der Rechtsverbindlichkeit von Interorganvereinbarungen im Ansatz beantwortet und darüber hinaus ein Ausgleich zwischen Flexibilität und Stabilität des interinstitutionellen Systems geschaffen werden, so sind schließlich diejenigen Ansätze nützlich, die anhand bestimmter Kriterien über die Rechtsverbindlichkeit der jeweiligen Vereinbarung selbst entscheiden. Teilweise wird insoweit darauf abgestellt, ob die betreffende Vereinbarung aus Sicht »eines objektiven Betrachters dazu bestimmt ist«, rechtliche Wirkungen zu erzeugen[604]. Dabei soll also eine Auslegung anhand objektiver Kriterien erfolgen. Etwas inkonsequent zieht diese Ansicht neben den Kriterien des Wortlauts, der Systematik und des Bedürfnisses nach Rechtssicherheit auch die subjektive Einschätzung der Organe in Betracht. Nach einer geringfügig anderen Ansicht[605] wird mehrseitigen interinstitutionellen Vereinbarungen Rechtsverbindlichkeit zugesprochen, wenn sie als Verträge klassifiziert werden können. Die Vertragsfähigkeit der Institutionen[606] wird dabei bejaht, so daß es schließlich auf den Nachweis eines Rechtsbindungswillens ankommt. Wenn sich dieser durch Auslegung ermitteln läßt, handelt es sich nicht um eine politische Vereinbarung, sondern um eine rechtsverbindliche, einklagbare Vereinbarung. Auf dieser Grundlage werden ebenso wie bei dem zuvor beschriebenen Ansatz zur Ermittlung des Rechtsbindungswillens die Kriterien Wortlaut, Systematik, Entstehungsgeschichte sowie Sinn und Zweck herangezogen. Auch die Form der Erklärung und die subjektive Einschätzung der beteiligten Organe sollen eine gewisse Beachtung finden. Bei dieser Ansicht wird eine generelle Klassifizierung vermieden, was der Vielgestaltigkeit der Vereinbarungen Rechnung trägt. Den Organen verbleibt ein begrenzter Spielraum zur Gestaltung ihrer Beziehungen,

---

603 Ferner ist dem ungeschriebenen Grundsatz der Organtreue wohl keine Rechtsgeltungsanordnung zu entnehmen. Vgl. dazu *Bieber*, Interinstitutionelle Vereinbarungen im Europäischen Gemeinschaftsrecht, S. 94 f.

604 *Nettesheim* in: Grabitz/Hilf, Art. 4 EGV Rn. 35; *Schwarze*, EuR 1995, Beiheft 2, S. 49 (55 ff.).

605 *Bobbert*, Interinstitutionelle Vereinbarungen im Europäischen Gemeinschaftsrecht, S. 96 ff. (99 f.; 106 ff.).

606 Ablehnend u. a. *Läufer*, EuR 1979, S. 261 (271).

wodurch eine gewisse Flexibilität des interinstitutionellen Verhältnisses ermöglicht wird. Zudem ist die Lösung praktikabel und vermag ohne die Heranziehung systemfremder Begrifflichkeiten auszukommen.
Zusammenfassend ist festzuhalten, daß vertraglich angeordnete interinstitutionelle Vereinbarungen ihren rechtlichen, objektiven Geltungsgrund schon aufgrund der Anordnung der primärrechtlichen Ermächtigungsgrundlage finden. Für die übrigen Vereinbarungen kommt ein subjektiver Geltungsgrund[607] in Betracht, nämlich der durch Auslegung zu ermittelnde Rechtsbindungswille[608].

f) Stellungnahme der Mitgliedstaaten zu Interorganvereinbarungen

Die Schlußakte der Regierungskonferenz von Nizza enthält eine Erklärung zu Art. 10 EG. Sie lautet[609]:

> **Erklärung zu Art. 10 des Vertrags zur Gründung der Europäischen Gemeinschaft**
> Die Konferenz erinnert daran, daß die Verpflichtung zur loyalen Zusammenarbeit, die sich aus Art. 10 des Vertrags zur Gründung der Europäischen Gemeinschaft ergibt und den Beziehungen zwischen den Mitgliedstaaten und den Gemeinschaftsorganen zugrunde liegt, auch für die Beziehungen zwischen den Gemeinschaftsorganen selbst gilt. Was die Beziehungen zwischen den Organen anbelangt, so können das Europäische Parlament, der Rat und die Kommission interinstitutionelle Vereinbarungen schließen, wenn es sich im Rahmen dieser Verpflichtung zur Zusammenarbeit als notwendig erweist, die Anwendung der Bestimmungen des Vertrags zur Gründung der Europäischen Gemeinschaft zu erleichtern. Diese Vereinbarungen dürfen die Vertragsbestimmungen weder ändern noch ergänzen und dürfen nur mit Zustimmung dieser drei Organe geschlossen werden.

Die Mitgliedstaaten geben hiermit eine Interpretation des Organtreuegrundsatzes[610], die zugleich eine Stellungnahme zu den Voraussetzungen für Interorganvereinbarungen darstellt.
Anliegen der Erklärung ist vor allem, bilaterale Vereinbarungen zwischen EP und Kommission in Zukunft zu verhindern, und so Veränderungen des institutionellen Gefüges der Gemeinschaft ohne Einbeziehung des Rates vorzubeugen. Die alleinige Kompetenz der Mitgliedstaaten zur Gestaltung der Grundzüge der

---

607 Einen subjektiven Geltungsgrund ablehnend: *Bieber*, Das Verfahrensrecht von Verfassungsorganen, S. 189 ff. (191), ähnlich *ders.* in: Groeben/Thiesing/Ehlermann, Art. 4 EGV Rn. 65.
608 Ähnlich auch *Nettesheim* in: Grabitz/Hilf, Art. 4 EGV Rn. 35.
609 Quelle: Läufer (Hrsg.), Der Vertrag von Nizza, Bonn 2002, S. 353 f.
610 Die Mitgliedstaaten bringen dabei den Grundsatz der Organtreue in Verbindung mit Art. 10 EG. Vgl. dazu S. 68.

institutionellen Ordnung soll nicht durch zweiseitige Interorganvereinbarungen zwischen EP und Kommission unterlaufen werden.

Es ist zu untersuchen, inwiefern die Erklärung zu Art. 10 EG die zuvor unter a) bis e) dargestellten Aspekte interinstitutioneller Vereinbarungen betrifft.

aa) Von der Erklärung erfaßte Vereinbarungen

Die Erklärung stellt klar, unter welchen Voraussetzungen und in welchem Rahmen die drei Hauptorgane, EP, Kommission und Rat, interinstitutionelle Vereinbarungen schließen können.

Fraglich ist, ob sich die Erklärung auch auf die im Vertrag ausdrücklich vorgesehenen interinstitutionellen Vereinbarungen zwischen den drei genannten Hauptorganen erstreckt. Allerdings ist nicht davon auszugehen, daß die Mitgliedstaaten dort, wo die Gestaltung des Interorganverhältnisses von ihnen selbst vertraglich geregelt wurde, nochmals nachbessern wollten. Konkret gesprochen wollten sie sicher nicht bezwecken, daß etwa im Rahmen einer Vereinbarung auf der Grundlage des Art. 272 Abs. 9 EG zwingend die Zustimmung der Kommission erfolgen sollte. Dieses würde das vertraglich festgelegte Kompetenzgefüge, aus dem sich ergibt, daß Haushaltsbehörden EP und Rat sind[611], aushebeln. Als Motiv für die Erklärung ist aber gerade die Festigung dieses Kompetenzgefüges zu vermuten. Die ausdrücklichen vertraglichen Ermächtigungen sind im Falle des Rechtscharakters der vorliegenden Erklärung als spezieller zu betrachten.

Es könnte sein, daß sich die Erklärung nur auf solche Vereinbarungen bezieht, denen Rechtsverbindlichkeit zukommt. Jedoch ist zu beachten, daß auch rein politische Vereinbarungen in erheblichem Umfang auf das Kompetenzgefüge der Gemeinschaft einzuwirken vermögen. Deshalb ist davon auszugehen, daß

---

[611] *Theato/Graf*, Das Europäische Parlament und der Haushalt der Europäischen Gemeinschaft, S. 25.

die Regierungskonferenz auch für rein politische Absprachen das Mitspracherecht aller drei Organe sichern wollte[612].

bb) Zulässigkeit von Interorganvereinbarungen gemäß der Erklärung

Fraglich ist, ob die Erklärung der Mitgliedstaaten zu Art. 10 EG selbst eine generelle Ermächtigungsgrundlage für den Abschluß interinstitutioneller Vereinbarungen ist. Dies setzt voraus, daß es sich um eine vertragliche Regelung handelt[613]. Die im gegenseitigen Einvernehmen der Mitgliedstaaten beigefügten Protokolle sind laut Art. 311 EG Bestandteil der Verträge. Im Umkehrschluß kann dem entnommen werden, daß die Erklärungen für die Schlußakte kein Vertragsrecht darstellen. Die Erklärung kann aber somit gar keiner Quelle des Gemeinschaftsrechts zugeordnet werden. Zudem ist davon auszugehen, daß die Mitgliedstaaten die Form der Vertragsänderung oder -ergänzung gewählt hätten, wenn die Schaffung einer Ermächtigungsgrundlage ihr Ziel gewesen wäre. Die Erklärung selbst liefert folglich keine Ermächtigungsgrundlage.

Der Wortlaut der Erklärung legt nahe, daß die Erklärenden die Ermächtigungsgrundlage für den Abschluß interinstitutioneller Vereinbarungen im Grundsatz der Organtreue sehen. Die Formulierung[614] ist aber insofern recht ungenau. Dies mag daran liegen, daß es den Mitgliedstaaten weniger darum gegangen sein dürfte, sich an dem dogmatischen Streit um die Normsetzungsermächtigung für interinstitutionelle Vereinbarungen zu beteiligen, als darum eine restriktive Stellungnahme zu den Möglichkeiten von Interorganvereinbarungen abzugeben.

Davon abgesehen scheint der Organtreuegrundsatz geeignet, die generelle Zulässigkeit des Abschlusses interinstitutioneller Vereinbarungen zu begründen. Die Verpflichtung zu loyaler Zusammenarbeit der Organe wurzelt im Prinzip

---

612 Aussagen über die grundsätzliche Problematik der Rechtsqualität von Interorganvereinbarungen enthält die Erklärung nicht. Vgl. auch Fn. 616.

613 Vgl. *Bobbert*, Interinstitutionelle Vereinbarungen im Europäischen Gemeinschaftsrecht, S. 58.

614 »...wenn es sich im Rahmen dieser Verpflichtung zur Zusammenarbeit...« und nicht etwa: »... wenn es sich auf der Grundlage dieser Verpflichtung...«.

der Funktions- bzw. Integrationsfähigkeit der Gemeinschaft[615]. Die Erhaltung der Funktionsfähigkeit der Gemeinschaft erfordert aber den interinstitutionellen Dialog[616].

cc) Inhaltliche Grenzen von Interorganvereinbarungen

Die Erklärung der Mitgliedstaaten zu Art. 10 EG betrifft auch den Aspekt der inhaltlichen Grenzen von Interorganvereinbarungen. Ihr zufolge können EP, Rat und Kommission »im Rahmen dieser Verpflichtung zur Zusammenarbeit« interinstitutionelle Vereinbarungen schließen. Dies scheint einerseits naheliegend, da in der Regel auch nur dort der Bedarf für eine Einigung zwischen den Organen besteht. Die Verpflichtung zur Zusammenarbeit besteht nur innerhalb des Anwendungsbereiches des Vertrags (Art. 3 EG) und nur dort, wo die Organe die der Gemeinschaft zugewiesenen Aufgaben nach Maßgabe der ihnen im Vertrag zugewiesenen Befugnisse erfüllen (Art. 7 Abs. 1 EG). Dies bedeutet, daß die Organe keine Vereinbarungen schließen dürfen, die nicht die Verwirklichung der Aufgaben der Gemeinschaft zum Gegenstand haben. Eigene, neue Aufgaben dürfen sich die Organe nicht schaffen. Dies entspricht der Tatsache, daß die Gemeinschaft keine Kompetenz-Kompetenz hat. Hierdurch wird der bereits beschriebene[617] äußere und absolute inhaltliche Rahmen von Interorganvereinbarungen bestätigt.

Satz 3 der Erklärung stellt nochmals ausdrücklich klar, daß die Bestimmungen des Vertrages weder ergänzt noch verändert werden dürfen[618]. Damit wird die

---

[615] Vgl. S. 65, 75.

[616] Aus der Annahme, daß der Grundsatz der Organtreue eine Ermächtigung zum Abschluß von Interorganvereinbarungen darstelle, folgt nicht, daß er auch eine Rechtsgeltungsanordnung für die auf seiner Grundlage ergangenen Interorganvereinbarungen enthält. Vgl. dazu die überzeugenden Ausführungen bei *Bobbert*, Interinstitutionelle Vereinbarungen im Europäische Gemeinschaftsrecht, S. 92 ff. (94 f.).

[617] Siehe S. 193.

[618] Dennoch kann auch diese Sichtweise der Erklärenden nicht verhindern, daß weiterhin eine Grauzone bestehen bleibt, in der nicht eindeutig zwischen Auslegung der Gemeinschaftsverträge durch interinstitutionelle Vereinbarungen und Ergänzung der einschlägigen Vertragsbestimmungen unterschieden werden kann. Mit einer extensiven Interpretation der Verträge und unter Heranziehung auch der ungeschriebenen Prinzipien der Kompetenzordnung verbliebe

>

alleinige Kompetenz der Mitgliedstaaten zur Gestaltung der Grundzüge des institutionellen Gefüges der Gemeinschaft unterstrichen[619].

Hinsichtlich der inhaltlichen Grenzen interinstitutioneller Vereinbarungen ergibt sich aufgrund der Erklärung zu Art. 10 EG nicht Neues im Vergleich zu den Ausführungen in Abschnitt d).

dd) Normative Bedeutung der Erklärung der zu Art. 10 EG

Fraglich ist, ob die Erklärung der Mitgliedstaaten zu Art. 10 EG rechtliche Wirkung entfalten kann. Nachdem die Mitgliedstaaten geäußert haben, daß nach ihrer Auffassung Interorganvereinbarungen nur mit Zustimmung von EP, Rat und Kommission geschlossen werden dürfen (vgl. Satz 3 der Erklärung), also unter Beteiligung aller drei Organe, ist insbesondere fraglich, wie die zwischen EP und Kommission bereits geschlossenen zweiseitigen Interorganvereinbarungen vor diesem Hintergrund zu beurteilen sind.

Wie bereits festgestellt, handelt es sich bei Erklärungen, welche den Verträgen als Anlage beigefügt sind, nicht um Gemeinschaftsrecht im eigentlichen Sinne[620], denn weder stellen sie Vertragsrecht dar, noch sind sie von den Organen der Gemeinschaft erlassenes Sekundärrecht. Die normative Bedeutung dieser Erklärungen ist also ausschließlich in der Auslegung des Gemeinschaftsrechts durch den EuGH zu suchen.Dabei ist es einerseits denkbar, das Gemeinschaftsrecht als eigenständige, aus eigener Quelle fließende, objektive Rechtsordnung zu ver-

---

den Organen weiterhin eine relativ große Autonomie bei der Ausgestaltung der vertraglichen Verfahren, zumal auch der EuGH nicht eindeutig zwischen Auslegung und Rechtsfortbildung unterscheidet. Der Versuch, den internen Verfassungswandel zugunsten der Mitgliedstaaten als Vertragsparteien weitgehend zu unterbinden, scheitert also im Zweifelsfall an der Begrenztheit sprachlicher Ausdrucksmöglichkeiten. Folglich kann erst durch die anschließend formulierte Zustimmungspflicht aller drei Organe der autonomen Fortbildung oder Veränderung des Vertrags durch EP und Kommission ein Riegel vorgeschoben werden.

[619] Vgl. oben S. 83.

[620] Vgl. *Everling* in: Bieber/Ress (Hrsg.), Die Dynamik des europäischen Gemeinschaftsrechts, S. 417 (421) erwägt die Bezeichnung als »Gemeinschaftsrecht im weiteren Sinne«.

stehen[621]. Diese Betrachtungsweise muß dazu führen, daß man den Konflikt zwischen den Mitgliedstaaten als Vertragsparteien und dem EuGH um die Befugnis zur Auslegung des Gemeinschaftsrechts zugunsten des EuGH entscheidet, d. h. der EuGH allein ist befugt, das einmal gesetzte Vertragsrecht auszulegen und ist dabei nicht zwingend an auslegende Erklärungen der Mitgliedstaaten gebunden. Diese geben das primäre Gemeinschaftsrecht, indem sie es erlassen, gleichzeitig aus der Hand.

Denkbar wäre aber auch eine eher völkerrechtliche Sichtweise[622], wonach die Gemeinschaftsverträge als völkerrechtliche Verträge der Wiener Vertragsrechtskonvention unterliegen (Art. 31, 32). Hiernach wären Erklärungen wie die vorliegende für die Auslegung des Vertragsrechts zwingend heranzuziehen.

Die Tatsache, daß sich das Gemeinschaftsrecht wesentlich vom herkömmlichen Völkerrecht unterscheidet – es besitzt z.T. unmittelbare Wirkung gegenüber Privaten, der EuGH ist als gerichtliche Instanz zur Auslegung und Anwendung des Vertrags berufen (Art. 220 EG) – spricht für die erstgenannte Sichtweise. Unter Beachtung der Tendenz zur integrationsfreundlichen Auslegung wäre es dem EuGH möglich, den Gemeinschaftsorganen eine gewisse Autonomie zur Fortentwicklung des Gemeinschaftsrechts im Rahmen interinstitutioneller Vereinbarungen zuzugestehen, ohne die beschränkenden Tendenzen der Mitgliedstaaten, die in der Erklärung zu Art.10 zum Ausdruck kommen, zwangsläufig zu befolgen.

In praktischer Hinsicht dürften die verschiedenen Sichtweisen sich aber kaum unterscheiden. Auch die erstgenannte Ansicht gesteht zu, daß Erklärungen der vorliegenden Art im Rahmen der sinnorientierten Auslegung zu berücksichtigen sind, da die Mitgliedstaaten hierin einen Hinweis auf das allgemeine Verständnis von der Integration, deren Ziel und deren Inhalt formulieren, von welchem der Gerichtshof sich leiten lassen müsse[623]. Andererseits ist auch nach einem mehr

---

[621] Vgl. *Everling* in: Bieber/Ress (Hrsg.), Die Dynamik des europäischen Gemeinschaftsrechts, S. 417 (426).

[622] Vgl. *Herdegen*, ZHR 155 (1991), S. 52 (58).

[623] Vgl. *Everling* in: Bieber/Ress (Hrsg.), Die Dynamik des Europäischen Gemeinschaftsrechts, S. 417 (428 f.).

völkerrechtlichen Verständnis klar, daß die Auslegung der Mitgliedstaaten nicht in jedem Falle bindend ist[624].

Konkret bedeutet dies, daß sich der EuGH bei der Auslegung des Organtreuegrundsatzes bzw. des Art. 10 EG[625] grundsätzlich nicht von der Ansicht der Mitgliedstaaten leiten lassen müßte[626]. Allerdings hat der EuGH den Schutz des von den Mitgliedstaaten im Vertrag festgelegten Kompetenzgefüges in Form des institutionellen Gleichgewichts in seine Rechtsprechung aufgenommen. Auch aus diesem Grunde ist anzunehmen, daß er sich an der Erklärung zu Art. 10 EG, die ebenfalls auf die Festigung des von den Mitgliedstaaten bestimmten Integrationsstandes abzielt, orientieren und sie als Gesichtspunkt für die Auslegung heranziehen würde.

Bei all diesen Überlegungen ist zu beachten, daß kaum ein Weg vorstellbar ist, wie ein Verstoß gegen die in der Erklärung niedergelegten Zulässigkeitsvoraussetzungen vor dem EuGH direkt geltend gemacht werden könnte. Dies würde eine sehr weite Interpretation der Zulässigkeitsvoraussetzungen des Art. 230 EG erfordern.

Unabhängig von der Einklagbarkeit der Beteiligung aller drei Organe am Abschluß von Interorganvereinbarungen trifft die Organe – EP und Kommission – in Zukunft die Pflicht, die Erklärung der Mitgliedstaaten zu beachten. Dies kann wiederum durch einen Rückgriff auf die Prinzipien der Organtreue bzw. der Gemeinschaftstreue begründet werden. Würden EP und Kommission in Zukunft unter Mißachtung des erklärten Willens der Mitgliedstaaten ohne Zustimmung des Rates Interorganvereinbarungen abschließen, so läge hierin ein rücksichtsloses Verhalten gegenüber dem Rat bzw. gegenüber den Mitgliedstaa-

---

[624] Vgl. *Herdegen*, ZHR 155 (1991), S. 52 (59).

[625] Sofern die Organtreue aus Art. 10 EG hergeleitet wird.

[626] Der Frage, ob Art. 10 EG der richtige Ansatzpunkt für die Erklärung des Willens der Mitgliedstaaten ist, soll hier zwar nicht nachgegangen werden. Die Herleitbarkeit der Verpflichtung zur loyalen Zusammenarbeit zwischen den Organen aus Art. 10 EG ist allerdings zweifelhaft (vgl. oben ab S. 65). Ferner geht es den Mitgliedstaaten nicht um die Förderung der Organtreue bzw. des interinstitutionellen Zusammenwirkens, sondern vielmehr um die Wahrung der eigenen alleinigen Zuständigkeit für die Bestimmung des institutionellen Grundgerüsts der Gemeinschaft. Insofern hätte sich Art. 48 EU als Ansatzpunkt für die Erklärung angeboten.

ten und damit ein vorsätzlicher Verstoß gegen die Rechtspflicht zu loyaler Zusammenarbeit.

Wie aber sind die in der Vergangenheit zwischen EP und Kommission getroffenen, zweiseitigen Vereinbarungen zu beurteilen?
Zumindest für die Vereinbarungen vor dem Konflikt um die Entlastung für das Haushaltsjahr 1996 ist kaum vorstellbar, daß die Mitgliedstaaten diese als Verstoß gegen die Organtreue bewerten wollten. Die Erklärung zu Artikel 10 EG stellt eine Reaktion der Mitgliedstaaten auf das Verhalten von EP und Kommission im Zusammenhang mit der institutionellen Krise des Jahres 1999 dar – insbesondere auf die Interorganvereinbarung zur Einsetzung des Ausschusses unabhängiger Sachverständiger und auf die Rahmenvereinbarung zwischen EP und Kommission vom Juli 2000[627]. Da der Rat aber bis dahin nicht die Verletzung der Organtreue beim Abschluß zweiseitiger Vereinbarungen zwischen EP und Kommission gerügt hat, könnte man von einer stillschweigenden Zustimmung des Rates bzw. von einer nachträglichen stillschweigenden Genehmigung der zurückliegenden Vereinbarungen ausgehen. Angesichts der Intention der Erklärung erscheint es jedenfalls nicht angemessen, die im folgenden darzustellenden Beispiele für Interorganvereinbarungen zwischen EP und Kommission mangels Beteiligung des Rates wegen Verstoßes gegen die Organtreue als rechtswidrig einzustufen.

g) Beispiele

Die in den Abschnitten a) bis f) gefundenen Ergebnisse sollen im folgenden anhand einiger Beispiele angewandt werden. Dabei werden nur Interorganvereinbarungen zwischen EP und Kommission herausgegriffen, welche Konkretisierungen des Kontrollverhältnisses zwischen beiden Organen darstellen könnten.

Sofern die ausgewählten Vereinbarungen sich auf eine ausdrückliche vertragliche Ermächtigung stützen, ist diese auch der objektive Grund für die Rechtsgeltung der betreffenden Vereinbarung. Sofern sich für eine der im folgenden zu

---

[627] Beide Vereinbarungen werden im Rahmen von Teil 4, also im Zusammenhang mit der Darstellung der institutionellen Krise des Jahres 1999, noch eingehend behandelt.

untersuchenden Vereinbarungen keine ausdrückliche vertragliche Normsetzungsermächtigung findet, ist diese in der organübergreifenden Organisationsgewalt – bzw. nach Ansicht der Mitgliedstaaten wohl im Grundsatz der Organtreue – zu sehen, und es ist neben der Vereinbarkeit mit der höherrangigen Funktionenordnung die Existenz eines subjektiven Rechtsgeltungsgrundes zu untersuchen.
In materieller Hinsicht ist in beiden Fällen auf die Frage nach der Einhaltung der Grenzen der Kontrollfunktion zurückzukommen, sofern konkrete Rechte des EP bzw. konkrete Verpflichtungen der Kommission formuliert werden. Dabei kann auf das oben erarbeitete Schema zurückgegriffen werden[628].

1. Zunächst ist hier der aufgrund von Art. 193 Abs. 3 EG ergangene »Beschluß des Europäischen Parlaments, des Rates und der Kommission vom 19.4.1995 über Einzelheiten der Ausübung des Untersuchungsrechts des Europäischen Parlaments« zu nennen[629]. Die sich für die Kommission gegenüber dem EP ergebenden Verpflichtungen wurden bereits ausführlich beschrieben[630]. Art. 193 Abs. 3 EG ist Normsetzungsermächtigung und objektiver Rechtsgeltungsgrund zugleich. Bei der Darstellung der Ausgestaltung des Untersuchungsrechts durch den interinstitutionellen Beschluß haben sich keine Indizien für eine Unvereinbarkeit des Beschlusses mit dem Primärrecht gezeigt. Es kann davon ausgegangen werden, daß sich die Ausgestaltung des Untersuchungsrechts innerhalb der Grenzen der materiellen Eingriffsermächtigung (ebenfalls Art. 193 Abs. 3 EG) und damit innerhalb der Grenzen der parlamentarischen Kontrollfunktion hält.

2. Ebenfalls auf eine ausdrückliche vertragliche Ermächtigung (Art. 195 Abs. 4 EG, Art. 107 d) Abs. 4 EA) kann sich der »Beschluß des Europäischen Parlaments vom 9.3.1994 über die Regelungen und allgemeinen Bedingungen für die Ausübung der Aufgaben des Bürgerbeauftragten«[631] stützen. Da diesem schon laut Vertrag die Durchführung eines interinstitutionellen Verfahrens vorauszugehen hat, handelt es sich hierbei trotz der Form eines EP-Beschlusses um

[628] Vgl. oben ab S. 84.
[629] ABl. L 113 vom 19.5.1995, S. 2.
[630] Siehe oben ab S. 98.
[631] Anlage X zur GeschO EP.

eine interinstitutionelle Vereinbarung[632]. Anhaltspunkte dafür, daß die Auskunftsrechte und Berichtspflichten des Bürgerbeauftragen aus Art. 3 Abs. 2 und 6 des Beschlusses keine zulässigen Konkretisierungen der übergeordneten Funktionenordnung seien, bestehen nicht. Schon in Art. 1 Abs. 1 und 2 kommt zum Ausdruck, daß der Beschluß nur in den Grenzen der vertraglichen Ermächtigungen und unter Beachtung der den Organen und Institutionen vertraglich zugewiesenen Befugnisse gelten soll. Damit formulieren die beteiligten Organe implizit die Regel, daß der Beschluß primärrechtskonform auszulegen ist.

3. Die »Interinstitutionelle Vereinbarung zwischen dem Europäischen Parlament, dem Rat und der Kommission über die Verfahren zur Anwendung des Subsidiaritätsprinzips« vom 25.10.1993[633] verpflichtet die Organe, insbesondere aber die Kommission, zur Berücksichtigung des Subsidiaritätsprinzips. Kap. III Ziffer 2 besagt, daß die Kommission einen jährlichen Bericht über die Einhaltung der in der Vereinbarung niedergelegten Regeln erstellen soll. Somit wird dem EP ein konkretes Instrument zur Kontrolle der Tätigkeit der Kommission gegeben. Ob diese Vereinbarung Rechtswirkung entfaltet, ist mangels ausdrücklicher vertraglicher Ermächtigungsnorm durch Auslegung anhand der oben genannten Kriterien zur Ermittlung des Rechtsbindungswillens der beteiligten Organe zu untersuchen:
Die Vereinbarung ist insofern sehr formell[634], als sich einerseits alle drei Organe an ihr beteiligen und sie zudem im Amtsblatt veröffentlicht ist. Schon hierin liegt ein Hinweis auf den Rechtsbindungswillen der Organe.
Betrachtet man den Wortlaut der Vereinbarung, so lassen sich sehr detaillierte Formulierungen finden. Präzise werden insbesondere die von der Kommission zu treffenden Maßnahmen beschrieben (Kap. II, 2. und 3.). Auch der Wortlaut der Vereinbarung indiziert also ihre Rechtsgeltung. Zwar wird teilweise die

---

[632] Ähnlich bei einseitigen Erklärungen eines Organs, die ein interinstitutionelles Element aufweisen, vgl. dazu oben S. 189.
[633] Entwurf veröffentlicht in ABl. C 329 vom 6.12.1993, S. 135 f. In Kraft seit 21.12.1993.
[634] Auch *Monar*, CMLR 1994, S. 693 (711).

Formulierung von Kap. III, 1.[635] als Beleg dafür herangezogen, daß durch die Vereinbarung keine neuen Rechtspflichten begründet werden sollen[636].
Indes trifft dies für die Berichtspflicht der Kommission (Kap. III, 2.) nicht zu, welche – ebenso wie die Pflicht zur Begründung von Gesetzesinitiativen (Kap. II, 2.) – in den Verträgen nicht erwähnt wird. Die Formulierung des Kap. III, 1. drückt mit Blick auf das EP nur aus, daß die allgemeinen Kontrollinstrumente, die in den Verträgen genannt werden, sich auf die Einhaltung des Subsidiaritätsprinzips erstrecken sollen, was nicht die Begründung einer Rechtspflicht zur Vorlage des Berichtes ausschließt.
Wollte man die Formulierung des Kap. III, 1. als Indiz für den mangelnden Rechtsbindungswillen der Organe verstehen, so kann Kap. III, 2., systematisch betrachtet, nur als Ausnahme zu diesem Prinzip gesehen werden.
Die Vereinbarung verfolgt den Zweck, die Einhaltung des Subsidiaritätsprinzips zu optimieren, welches die Zuständigkeitsbereiche der Gemeinschaft von denen der Mitgliedstaaten abgrenzt. Sie schützt insofern nur die Mitgliedstaaten und nicht primär die Stellung des EP als Kontrollorgan. Dennoch haben die Organe ein Interesse an der Rechtsverbindlichkeit dieser Vereinbarung, da sie zu einem reibungsloseren Ablauf der Gemeinschaftsrechtsetzung führt, indem Rechtsstreitigkeiten der Mitgliedstaaten gegen die Organe vermieden werden.
Demnach kommt der Vereinbarung über die Verfahren zur Anwendung des Subsidiaritätsprinzips Rechtscharakter zu. Das EP könnte den Bericht der Kommission einklagen, sofern diese Regelung mit der übergeordneten Funktionenordnung vereinbaren ließe.
Die Gesamtbetrachtung der vertraglichen Kontrollkompetenzen ergibt, daß das EP die Kommission bei der Anwendung des Gemeinschaftsrechts kontrollieren und sich dabei insbesondere durch die Vorlage von Berichten die notwendigen Informationen beschaffen soll (z. B. Art. 200 EG, Art. 143 Abschnitt 2). Die Einhaltung des Subsidiaritätsprinzips ist für die Organe der Gemeinschaft ver-

---

[635] »Die Überwachung der Beachtung des Subsidiaritätsprinzips erfolgt im Rahmen des normalen Gemeinschaftsprozesses gemäß den Bestimmungen der Verträge.«
[636] Die Rechtsverbindlichkeit deshalb verneinend: *Bobbert*, Interinstitutionelle Vereinbarungen im Europäischen Gemeinschaftsrecht, S. 146; *Monar*, CMLR 1994, S. 693 (711); weniger grundsätzlich *Schwarze*, EuR 1995 Beiheft 2, S. 49 (60 f.).

pflichtend, was in Art. 5 S. 2 EG zum Ausdruck kommt. Somit kann die Pflicht zur Vorlage des Berichtes über die Anwendung des Subsidiaritätsprinzips als Teil des Gesamtberichts über die Tätigkeit der Europäischen Union (Art. 200 EG) oder besser als Konkretisierung der ausdrücklichen vertraglichen Pflicht zu dessen Vorlage betrachtet werden. Entgegenstehende Strukturprinzipien zugunsten der Kommission sind nicht ersichtlich. Folglich entfaltet auch dieser konkrete Norminhalt Rechtsbindungswirkung und hält sich die Ausgestaltung in den primärrechtlichen Grenzen der Kontrollfunktion.

4. Der »Verhaltenskodex« zwischen EP und Kommission vom 15.3.1995[637] enthält die für diese Untersuchung wichtigen Passus:

> »... Zur Durchführung dieser Grundsätze
>
> – trägt die Kommission mit Ausnahme des Freitags dafür Sorge, daß das zuständige Mitglied der Kommission für jeden Teil der Tagesordnung anwesend ist, was auch die Fragestunde betrifft. Ein Mitglied der Kommission wird freitags anwesend sein.
>
> In Bezug auf die Debatten über aktuelle dringliche und wichtige Fragen sorgt die Kommission dafür, daß eines ihrer für Außenbeziehungen zuständigen Mitglieder anwesend ist; ...«

Mangels ausdrücklicher vertraglicher Ermächtigung für diese Vereinbarung muß ermittelt werden, ob sie ihren Rechtsgeltungsgrund im Rechtsbindungswillen der beteiligten Organe findet. Dazu sind die oben genannten Kriterien heranzuziehen:
Der zitierte Absatz ist, wie auch einige andere Absätze der Vereinbarung, recht unpräzise formuliert. Die Kommission übernimmt keine ausdrückliche Verpflichtung.
Sinn der Vereinbarung scheint vielmehr die Beteuerung der Bereitschaft zu partnerschaftlicher Zusammenarbeit zwischen beiden Organen zu sein, was auch in der Präambel (Abschnitt 5) zum Ausdruck kommt.
Deshalb ist – trotz der Veröffentlichung im Amtsblatt – der Rechtsbindungswille der Organe wohl zu verneinen.
Unabhängig vom Rechtscharakter der Vereinbarung ist zu untersuchen, ob die Beteuerung der Bemühung um Anwesenheit seitens der Kommission mit der primärrechtlichen Funktionenordnung in Einklang steht. Bereits aus Art. 197 Abs. 2 EG, welcher den Mitgliedern der Kommission ein Anwesenheits- und

---

[637] ABl. C 89 vom 10.4.1995, S. 69 ff.

Rederecht bei den Sitzungen des EP einräumt, kann geschlossen werden, daß die Anwesenheit auch von den Vertragsparteien für sinnvoll gehalten wird. In der Regel läßt sich aus der Formulierung eines Rechtes aber auch die korrespondierende Verpflichtung herleiten. Es kann also jedenfalls nicht gegen die Kompetenzordnung verstoßen, wenn sich die Kommission bereit erklärt, sich um die Anwesenheit eines Kommissionsmitglieds zu bemühen. Daß das für den jeweiligen Tagesordnungspunkt zuständige Kommissionsmitglied nach Möglichkeit anwesend sein soll, entspricht den Funktionsbedürfnissen des EP. Korrespondierend dazu ergibt sich aus dem Prinzip der loyalen Zusammenarbeit der Organe, daß die Kommission Stellungnahmen gegenüber dem EP grundsätzlich von der jeweils sachkundigen Person äußern läßt.
Was die Anwesenheit eines Kommissionsmitgliedes bei der Fragestunde angeht, so wurde bereits bei den Ausführungen zum Fragerecht[638] dargelegt, daß es sich hierbei um eine Konkretisierung der übergeordneten Funktionenordnung handelt. Es wurde festgestellt, daß die in der GeschO vorausgesetzte Anwesenheit während der Fragestunde nicht zu beanstanden ist. Dasselbe muß für die hier in Frage stehende Regelung gelten.
Die Vereinbarung ist als Niederschrift einer beabsichtigten Praxis der Organe mit der übergeordneten Kompetenzordnung vereinbar.

5. Schließlich sei der »Briefwechsel zwischen dem Europäischen Parlament, dem Rat und der Kommission der Europäischen Gemeinschaften« zum Petitionsrecht aus dem Jahre 1989 erwähnt[639]. In diesem Abkommen bringen die Präsidenten der beteiligten Organe u. a. zum Ausdruck, daß das EP auch weiterhin in der Lage sein müsse, Anträge auf Unterstützung an die Kommission zu richten. Die Formulierung ist aber offensichtlich so vage, daß aus ihr keinerlei rechtliche Bindung oder auch nur eine konkrete politische Verpflichtung abgeleitet werden kann. Sie ist als allgemeinpolitische Erklärung einzustufen.
Die Vereinbarkeit mit der Kompetenzordnung der Gemeinschaft läßt sich schon damit begründen, daß die formulierte Praxis lediglich Ausdruck der oh-

---

[638] Siehe S. 119.
[639] ABl. C 120 vom 16.5.1989, S. 90.

nehin bestehenden Verpflichtung der Zusammenarbeit der Organe ist[640]. Da keine konkrete Verpflichtung der Kommission formuliert wird, erübrigt sich auch die Suche nach einer materiellen Ermächtigung für den Eingriff in den Rechtskreis der Kommission.

h) Fazit

Wie die vorangegangene Untersuchung zeigt, sind interinstitutionelle Vereinbarungen bedeutsam für die Darstellung der tatsächlichen Beziehungen zwischen den Organen. Soweit es allerdings um die Frage geht, inwiefern einzelne Kontroll*rechte* des EP gegenüber der Kommission, etwa in Form von Auskunfts- oder Anwesenheitsrechten, durch interinstitutionelle Vereinbarungen begründet werden, ist ihre Bedeutung relativ gering. Die Vereinbarungen können sich nur innerhalb der o. g. materiellen Grenzen bewegen. In diesem Rahmen kommt den wenigsten von ihnen aber Rechtscharakter zu. Die Funktion der Interorganvereinbarungen für das hier zu untersuchende Verhältnis zwischen EP und Kommission besteht, wenn man von den vertraglich angeordneten Vereinbarungen (Art. 193 Abs. 3, 195 Abs. 4 EG) einmal absieht, hauptsächlich in der politischen Bekräftigung der vertrauensvollen Partnerschaft zwischen den beiden Organen. Für das EP ist die Bedeutung dieser, wenn auch nur politischen, Absprachen aber nicht zu unterschätzen, denn im institutionellen Alltag der Gemeinschaften werden sie in der Regel beachtet werden. Eine so erzeugte ständige Übung kann ebensogut wie eine rechtsverbindliche Vereinbarung Zwischenschritt auf dem Weg zu einer primärrechtlichen Erweiterung der Befugnisse des EP sein.

Die Vereinbarungen sind aber nicht nur zulässig, wie oben gezeigt[641], sondern dienen auch der Handlungsfähigkeit der Gemeinschaft[642]: Eine detaillierte Re-

---

[640] *Hilf*, EuR 1984, S. 9 (24) und *Gauweiler*, Die rechtliche Qualifikation interorganschaftlicher Absprachen im Europarecht, S. 115 gehen von einem ungeschriebenen Rechtsprinzip aus, welches in Art. 218 Abs. 1 EG niederschlage; *Bieber*, CMLR 1984, S. 505 (509) leitet aus Art. 7 EG die Pflicht der Organe zur Kooperation her; *ders.* in: Groeben/Thiesing/Ehlermann, Art. 4 EGV Rn. 57, 63.Vgl. zur Organtreue oben ab S. 64, zu der daraus folgenden Pflicht zur Kooperation außerdem S. 80.

[641] Siehe ab S. 189.

gelung der Interorganbeziehungen im Rahmen des EG-Vertrages würde die Gemeinschaftsverträge überfrachten und dem institutionellen System jede Flexibilität nehmen. Politische Krisen könnten in einem so starren System zum Zusammenbruch führen.

Eine Stärkung der Position des EP durch interinstitutionelle Vereinbarungen ist darüber hinaus insbesondere auf dem Gebiet der Gesetzgebung und der Außenbeziehungen zu suchen[643].

3) Zusammenfassung

Sowohl die GeschO EP als auch Interorganvereinbarungen können grundsätzlich Quelle konkreter Kontrollmittel sein. Das Gewicht dieser Kontrollmittel hängt von ihrer Rechtswirkung ab, welche grundsätzlich die Existenz eines Rechtsgeltungsgrundes voraussetzt. Für die Normen der GeschO EP und für einzelne Interorganvereinbarungen findet sich ein objektiver Geltungsgrund in der vertraglichen Ermächtigung zum Erlaß der jeweiligen Norm bzw. zum Abschluß der jeweiligen Vereinbarung. Mangels eines solchen objektiven Geltungsgrundes kann ein subjektiver Geltungsgrund im Rechtsbindungswillen der beteiligten Organe liegen. Dieser Wille ist aufgrund bestimmter Kriterien jeweils für den Einzelfall zu ermitteln.

Der konkrete Norminhalt entfaltet aber nur dann Bindungswirkung, wenn er sich in den Grenzen der übergeordneten Funktionenordnung bewegt und letztlich eine Konkretisierung derselben darstellt. Dabei umfaßt diese Funktionenordnung neben dem Vertragsrecht auch allgemeine Strukturprinzipien der Verträge und allgemeine Rechtsgrundsätze. Die konkrete Bindungswirkung einer Regelung entscheidet über die Frage der Verbindlichkeit für das kontrollierende, aber insbesondere auch für das kontrollierte Organ.

Auch Vereinbarungen ohne Rechtscharakter müssen sich inhaltlich im Rahmen der übergeordneten Kompetenzordnung halten.

---

[642] Zu Nutzen und Gefahren der interinstitutionellen Vereinbarungen: *Schwarze*, EuR 1995, Beiheft 2, S. 49 (65 ff.).

[643] Dazu *Läufer* in: Grabitz/Hilf, Art. 137 EGV Rn. 46; *ders.*, EuR 1979, S. 261; *Waelbroeck/Waelbroeck* in: Louis/Waelbroeck (Hrsg.), Le Parlement Européen dans l'évolution institutionnelle, S. 79 f.

II. Kontrollinstrumente aufgrund der Interorganpraxis

Als Beispiel für ein Kontrollinstrument, welches sich in der Interorganpraxis eingespielt hat, sei hier die Vorlage des Jahresberichts über die Anwendung des Gemeinschaftsrechts genannt.

Die Vorlage dieses Berichts geht zurück auf eine Forderung des EP aus dem Jahre 1983[644]. Dieser Forderung ist die Kommission seit 1984 tatsächlich nachgekommen. Der Bericht listet – entsprechend der Entschließung des EP vom 9.2.1983 – Verstöße gegen das primäre und sekundäre Gemeinschaftsrecht sowie die im Berichtszeitraum abgeschlossenen Vertragsverletzungsverfahren auf und gibt einen Überblick über die Anwendung der Richtlinien durch die Mitgliedstaaten.

Der Jahresbericht über die Anwendung des Gemeinschaftsrechts in den Mitgliedstaaten ermöglicht dem EP eine Kontrolle über die Tätigkeit der Kommission als Hüterin des Gemeinschaftsrechts (Art. 211 Spiegelstrich 1 EG)[645]. Das EP übernimmt damit die »Kontrolle der Kontrolleure«[646].

Fraglich ist, ob sich dieses Kontrollinstrument im Rahmen der primärrechtlichen Grenzen der parlamentarischen Kontrollfunktion bewegt. Der Bericht wird in den Verträgen nicht ausdrücklich erwähnt[647].

Die Rechtsgrundlage könnte sich aber aus dem Prinzip der Funktionsfähigkeit des EP ergeben[648]. Aus diesem folgt die Pflicht des EP zur optimalen Wahrnehmung der Kontrollfunktion.

---

[644] Vgl. »Entschließung zur Verantwortung der Mitgliedstaaten für die Anwendung und Wahrung des Gemeinschafsrechts« vom 9.2.1983, ABl. C 68 vom 14.3.1983, S. 32 (34, Punkt 17). Grundlage für die Entschließung des EP war der Bericht *Sieglerschmidt* im Namen des Rechtsausschusses, Dok. EP 1-1052/82. Die Mitgliedstaaten bekundeten ihr Interesse an der Ausarbeitung eines Berichts in der Erklärung zur Anwendung des Gemeinschaftsrechts für die Schlußakte des Vertrags über die Europäische Union. In Abs. 2 der Erklärung ersuchen sie die Kommission um die regelmäßige Veröffentlichung.

[645] Vgl. *Beckedorf*, Das Untersuchungsrecht des Europäischen Parlaments, S. 142.

[646] Vgl. *Schoo* in: Rengeling/von Borries (Hrsg.), Aktuelle Entwicklungen in der Europäischen Gemeinschaft, S. 1 (9).

[647] Art. 200 EG kann nicht als Rechtsgrundlage herangezogen werden. Der Gesamtbericht betrifft die Tätigkeit der Gemeinschaften (Art. 212 EG). Der in Frage stehende Bericht über die Anwendung des Gemeinschaftsrechts hat aber insbesondere die Tätigkeit der Mitgliedstaaten bei der Anwendung des Gemeinschaftsrechts zum Gegenstand.

Die Kontrollfunktion des EP erstreckt sich auf die gesamte Tätigkeit der Kommission, was sich in Art. 201 Abs. 1 EG ausdrückt[649]. Insbesondere die Wahrnehmung des Mißtrauensvotums als sanktionierendes Kontrollmittel verlangt, daß das EP Informationen über alle Tätigkeitsbereiche der Kommission erlangt. Dies ermöglicht der Jahresbericht über die Anwendung des Gemeinschaftsrechts für den Tätigkeitsbereich der Kommission, der in der Überwachung der Anwendung des Gemeinschaftsrechts besteht. Ein spezielles Kontrollinstrument sieht der Vertrag zu diesem Zweck nicht vor. Folglich bildet das Prinzip der Funktionsfähigkeit die Rechtsgrundlage für die Vorlage des Jahresberichts über die Anwendung des Gemeinschafsrechts; umgekehrt ist die Mitwirkungspflicht der Kommission auf das Prinzip der Organtreue zurückzuführen[650]. Der Vorlage des Berichts stehen auch keine Funktionsbedürfnisse der Kommission entgegen. Insbesondere vermag das EP durch die Prüfung des Berichts nicht die der Kommission zustehende Rolle als »Hüterin des Gemeinschaftsrechts« zu okkupieren[651]. Durch die Ausarbeitung und Vorlage des Jahresberichts zur Anwendung des Gemeinschaftsrechts haben die Organe eine mit dem Primärrecht vereinbare Ausgestaltung des Kontrollverhältnisses getroffen.

Eine Rechtspflicht der Kommission zur Vorlage des Berichts könnte lediglich aus dem Gewohnheitsrecht folgen. Die Erkenntnis von Gewohnheitsrecht ist allerdings mit erheblichen Schwierigkeiten verbunden und der EuGH hat es bisher nur andeutungsweise in seine Rechtsprechung aufgenommen[652]

C. Schlußfolgerungen

— Die parlamentarische Kontrolle gegenüber der Kommission ist durch den EG-Vertrag als politische Kontrolle ausgestaltet. Dies zeigt sich zum einen an der Wirkung der im Vertrag vorgesehenen Kontrollinstrumente des EP. So steht

---

[648] Zur Herleitung ungeschriebener Rechte und Pflichten aus Strukturprinzipien vgl. oben S. 33.

[649] Vgl. zur Bedeutung der Formulierung »...Tätigkeit der Kommission« oben ab S. 159.

[650] Vgl. oben ab S. 79.

[651] Vgl. auch *Schoo* in Rengeling/von Borries (Hrsg.), Aktuelle Entwicklungen in der Europäischen Gemeinschaft, S. 1 (9).

[652] Vgl. zur Problematik des Gewohnheitsrechts *Schweitzer/Hummer*, Europarecht, Rn. 17; *Bleckmann*, Europarecht, Rn. 560 ff.; *Oppermann*, Europarecht, Rn. 480 ff.

als sanktionierendes Kontrollmittel ausschließlich der Mißtrauensantrag (Art. 201 EG) zur Verfügung. Der Vertrag knüpft die Absetzung der Kommission aber an erhebliche formelle Voraussetzungen, die das EP bisher nie erfüllen konnte. Folglich liegt die eigentliche Stärke dieses Kontrollinstruments in dessen Androhung und in der öffentlichkeitswirksamen Äußerung von Unzufriedenheit über die Tätigkeit der Kommission. Ebenso ermöglicht die Haushaltskontrolle in keiner Weise die Herbeiführung von Rechtsfolgen und entfaltet folglich auch nur politische Wirkung. Dasselbe gilt für die Einsetzung von Untersuchungsausschüssen.

Der politische Charakter der parlamentarischen Kontrolle bezieht sich auch auf den Kontrollmaßstab. Dies zeigt sich daran, daß Grundlage für die Herbeiführung der Amtsniederlegung der Kommission durch ein Mißtrauensvotum nicht zwingend ein Rechtsverstoß der Kommission sein muß, sondern die Grundlage für das Mißtrauen des EP allein den politischen Kategorien des EP unterliegt. Die Klagemöglichkeiten des EP führen zwar eine rechtliche Kontrolle der Kommissionstätigkeit herbei, sind aber bei näherem Hinsehen nicht als Kontrollinstrumente des EP zu bezeichnen.

Politische Kontrolle des EP gegenüber der Kommission bedeutet indes keine parteipolitische Kontrolle, denn die Kommission ist nicht gewählt und abhängig von der politischen Mehrheit des Parlaments. Es gibt im Verhältnis zwischen EP und Kommission keine Rivalität, wie sie zwischen Regierung und Opposition im parlamentarischen Regierungssystem besteht. Insofern handelt es sich bei der Kontrolle des EP gegenüber der Kommission in der Praxis weniger um eine politische Richtungskontrolle als um eine politisch-moralische Kontrolle[653].

Durch die Ausübung einer so verstandenen politischen Kontrolle vermag das EP seiner Verantwortlichkeit gegenüber den europäischen Bürgern, die es repräsentiert, nachzukommen und die Transparenz des Kommissionshandelns gegenüber der Öffentlichkeit zu sicherzustellen[654].

---

[653] Vgl. dazu *Bourlanges*, Commentaire n° 90, eté 2000, S. 249 (252 f.).

[654] Zu diesen und weiteren Gründen für eine parlamentarische Kontrolle des EP gegenüber der Kommission vgl. *Lenaerts/Verhoeven* in: Alston/de Búrca (Hrsg.), Good Governance in Europe's Integrated Market, S. 35 (57 f.).

— Die parlamentarische Kontrolle gegenüber der Kommission bezieht sich auf das Kollegium als Ganzes[655].

Das Kollegialitätsprinzip stellt nicht nur die Grenze parlamentarischer Kontrolle dar, sondern verleiht dieser erst ihren spezifischen Charakter. Der Vertrag unterscheidet zwischen der persönlichen Kontrolle einzelner Kommissare, die allein durch den EuGH und nur auf Veranlassung durch die Kommission oder den Rat ausgeübt wird (Art. 216 EG) und der Kontrolle des EP gegenüber dem Kollegium der Kommission. Im Rahmen des Art. 201 EG, in dessen Dienst letztlich alle Kontrollinstrumente stehen und der diesen ihre Schlagkraft verleiht, wird dieses Prinzip noch unterstrichen durch den Ausdruck »geschlossen«.

— Konkrete Kontrollhandlungen des EP bzw. konkrete Mitwirkungshandlungen der Kommission können grundsätzlich in der GeschO EP oder in Interorganvereinbarungen enthalten sein. Hinsichtlich der Rechtsverbindlichkeit solcher Regelungen ist zwischen Rechtsqualität der Regelung und rechtlicher Bindungswirkung des konkreten Norminhalts zu unterscheiden.

Rechtliche Bindungswirkung entfalten konkrete Ausgestaltungen des Kontrollverhältnisses nur, wenn sie Rechtsqualität aufweisen und sich zudem im Rahmen des primären Funktionenrechts bewegen und dieses in zulässiger Weise konkretisieren.

Unabhängig von der Rechtsverbindlichkeit der autonom erlassenen Regelungen dürfen diese dem übergeordneten Funktionenrecht nicht entgegenlaufen, da sich in ihnen eine beabsichtigte Organpraxis niederschlägt. Zur Prüfung der Vereinbarkeit mit dem primären Funktionenrecht kann das in Teil 2 entwickelte Schema herangezogen werden.

— Darüber hinaus gestalten die Organe das Kontrollverhältnis im Wege der Interorganpraxis aus, die ebenfalls den primärrechtlichen Grenzen der Kontrollfunktion unterliegt.

— Das EP war seit Gründung der Europäischen Gemeinschaften stets um eine Erweiterung und Optimierung seiner Kontrollrechte insbesondere im Wege der

---

[655] Dies gilt jedenfalls in Bezug auf die Fassung des EG-Vertrags vor Inkrafttreten des Vertrags von Nizza. Zu den Auswirkungen der institutionellen Krise des Jahres 1999 und des Vertrages von Nizza auf das Kollegialitätsprinzip vgl. unten ab S. 241 (S. 251)

GeschO EP bemüht. So hat das EP das Kontrollmittel der Entlastung (Art. 276 Abs. 1 EG) im Wege der GeschO EP dahingehend ausgestaltet, daß es auch die Verweigerung der Entlastung sowie deren Aufschub und eine Trennung zwischen politischer und technischer Entlastung vorsieht. Ebenfalls im Rahmen des Fragerechts hat das EP durch die Einführung der Fragestunde und durch Anpassung der Ausgestaltung mündlicher und schriftlicher Anfragen an den jeweiligen Bedarf seine Rechte optimiert. Ferner hat es in der GeschO EP die Pflicht zur Vorlage des Jahresgesetzgebungsprogramms durch die Kommission normiert.

— Autonome Funktionsregeln können in der Praxis als Zwischenschritt auf dem Weg zu einer vertraglichen Normierung parlamentarischer Kontrollrechte dienen. So war etwa das Untersuchungsrecht vor dem Vertrag von Maastricht lediglich in der GeschO EP geregelt[656].

— Bei der praktischen Wahrnehmung parlamentarischer Kontrolle und bei der Ausgestaltung des Kontrollverhältnisses durch organautonome Regelungen ist der Trend hin zu einer begleitenden Kontrolle feststellbar, welche durch den Vertrag ansatzweise vorgezeichnet wird[657]. Dies zeigt sich insbesondere im Rahmen der Haushaltskontrolle durch die Prüfung von Berichten der Kommission über den Stand der Ausführungen für das laufende Haushaltsjahr und durch die Einführung und Fortentwicklung des Notenboom-Verfahrens. Ferner ist dieser Trend durch die Abkoppelung des Mißtrauensantrags von der Präsentation des Gesamtberichts der Kommission, welcher ausschließlich nachvollziehende Kontrolle ermöglicht, zu belegen. Während die Bedeutung des Gesamt-

---

[656] In der interinstitutionellen Vereinbarung vom Juli 2000 zwischen EP und Kommission vereinbarten EP und Kommission, daß der Kommissionspräsident für den Fall, daß das EP sein Mißtrauen gegenüber einem einzelnen Kommissionsmitglied ausdrücke, ernsthaft prüfen werde, ob er das betreffenden Kommissionsmitglied zum Rücktritt auffordert. Durch den Vertrag von Nizza (vgl. Art. 217 Abs. 4 EG) wird die Befolgung einer solchen Aufforderung zum Rücktritt sichergestellt. Damit wird eine vertragliche Regelung geschaffen, welche im Zusammenhang mit einer Interorganvereinbarung steht und deren praktische Durchführung ermöglicht. Vgl. dazu ausführlich unten ab S. 245.

[657] Dabei müssen nicht einmal die begleitenden Kontrollmittel im Bereich der Haushaltskontrolle angeführt werden (Art. 276 Abs. 2 EG). Alleine das inhaltlich unbeschränkte, permanente Fragerecht, Art. 197 Abs. 3 EG weist darauf hin, daß es sich nicht um eine rein nachträgliche Kontrolle handeln kann.

berichts immer geringer wurde, ist die Mitwirkung des EP bei der Ausarbeitung und Überprüfung des Arbeits- und Gesetzgebungsprogramms immer differenzierter geregelt worden.
Dieser Trend entspricht der Konzeption der Gemeinschaft, die auf dem Prinzip der Integration beruht und nicht nur auf die Zügelung hoheitlicher Macht gerichtet ist. Ziel der parlamentarischen Kontrolle gegenüber der Kommission ist zumindest auch die Verbesserung der Gemeinschaftspolitiken im Sinne der europäischen Bürger[658].

— Generell kann festgehalten werden, daß das EP bei der praktischen Wahrnehmung und bei der normativen Ausgestaltung des Kontrollverhältnisses seine Möglichkeiten ausschöpft und dabei mitunter auch die primärrechtlichen Grenzen der Kontrollmacht überschreitet. So gerät es vereinzelt sowohl in Konflikt mit Grenzen, die ausdrücklich in den Kontrollnormen des Vertrages zum Ausdruck kommen[659], als auch mit Grenzen, die sich aus den Strukturprinzipien des Vertrages ergeben[660].

---

[658] Der dem Vertrag zugrunde liegende Gedanke der Integration spricht für die Einführung begleitender Elemente in die parlamentarische Kontrolle, vgl. oben S. 80.

[659] Z. B. im Rahmen des Untersuchungsrechts, vgl. oben ab S. 110.

[660] Bei der normativen Ausgestaltung z. B. im Bereich des Fragerechts, vgl. oben S. 120. Bei der praktischen Wahrnehmung kommt das EP – etwa im Bereich des Untersuchungsrechts oder im Bereich der Entlastung – mitunter in Konflikt mit dem Grundsatz der Organtreue, indem es den konkreten Kontrollzweck unter Ausnutzung der Öffentlichkeitswirksamkeit des betreffenden Kontrollmittels überschreitet, siehe S. 111; Fn. 430. In den betreffenden Fällen werden die begrenzenden Kriterien, die gegen die Wahrnehmung oder Ausgestaltung sprechen, nicht durch befürwortende Kriterien aufgewogen, so daß das Verhalten als Verstoß gegen das primäre Funktionenrecht zu werten ist.

Teil 4: Die Ausübung parlamentarischer Kontrolle gegenüber der Kommission im Zusammenhang mit dem Entlastungsverfahren für das Haushaltsjahr 1996

Nach Darstellung von Inhalt und Umfang der parlamentarischen Kontrolle gegenüber der Kommission wird im folgenden untersucht, wie das EP seine Kontrollaufgabe während der institutionellen Krise im Jahre 1998/1999 wahrgenommen, ob es diese ausgefüllt oder sogar deren Grenzen überschritten hat[661]. Dabei wird zunächst die Ausübung vertraglicher Kontrollinstrumente untersucht (A.). In einem weiteren Abschnitt (B.) wird behandelt, inwiefern der Ausschuß unabhängiger Sachverständiger als ein Mittel parlamentarischer Kontrolle angesehen werden kann und ob seine Einsetzung primärrechtskonform war. Dies setzt eine Betrachtung von Einsetzung, Mandat und Status des Ausschusses voraus.

Schließlich ist zu untersuchen, inwiefern die institutionelle Krise Folgen insbesondere für das Verhältnis zwischen EP und Kommission nach sich gezogen hat (C.).

A. Ausübung vertraglicher Kontrollinstrumente

Der Präzedenzfall eines Rücktritts der Kommission fand seinen Ausgangspunkt im Entlastungsverfahren für das Haushaltsjahr 1996. Hier trat für kurze Zeit als Kehrseite der vertrauensvollen Partnerschaft zwischen beiden Organen ihre Rivalität zu Tage. Einen Anstoß hierzu lieferte der niederländische Kommissions-

---

[661] Während der institutionellen Krise, Herbst 1998 bis Frühjahr 1999, galt der EG-Vertrag in der Fassung, die er durch den Vertrag von Maastricht angenommen hatte. Hinsichtlich der parlamentarischen Kontrollfunktion gegenüber der Kommission brachte der Vertrag von Amsterdam (In Kraft getreten am 1. Mai 1999) keine inhaltlichen Änderungen mit sich. Die Folgen der institutionellen Krise für das Verhältnis zwischen EP und Kommission haben sich erst im Vertrag von Nizza niedergeschlagen. Die Ausübung parlamentarischer Kontrolle während der institutionellen Krise und die Vereinbarung der Organe vom 5.7.2000 sind an der Rechtslage vor dem Vertrag von Nizza zu messen. Gerade der durch den Vertrag von Nizza neu eingefügte Art. 217 Abs. 4 EG bleibt insoweit zunächst außer Betracht. Inwiefern er eine Abschwächung des Kollegialitätsprinzips – wie es dem EG-Vertrag bis zum Vertrag von Nizza zugrunde lag – mit sich bringt, ist in Abschnitt C. I. 2) zu untersuchen.

beamte Paul van Buiten, welcher der Grünen Fraktion einen Bericht über Betrugsaffären in der Brüsseler Behörde, insbesondere über Unregelmäßigkeiten beim Programm Leonardo, überreichte. Die Grünen leiteten diesen an den Ausschuß für Haushaltskontrolle weiter.
Für den Fall, daß das EP an der Integrität der Kommission und an der Rechtmäßigkeit der Ausführung des Haushaltes zweifelt, sieht der Vertrag neben der Haushaltskontrolle informative und sanktionierende Kontrollrechte vor. Fraglich ist, ob das EP dieses Instrumentarium zur Bewältigung von Krisensituationen richtig angewandt hat.

I. Ausübung der Haushaltskontrolle

Am 31.3.1998 beschloß das EP, die Entlastung der Kommission für das Haushaltsjahr 1998 aufzuschieben, bis die Kommission die Hindernisse für die Entlastung ausgeräumt habe[662]. Dabei begründete das EP den Aufschub mit mangelnden Erfolgen bei der Umsetzung der Empfehlung des Untersuchungsausschusses zum gemeinschaftlichen Versandverfahren, mit der mangelnden demokratischen Rechenschaftspflicht bei der Betrugsbekämpfung innerhalb der Europäischen Kommission, mit dem unvernünftigen Finanzgebaren bei der Ausführung außenpolitischer Programme, mit Verzögerungen bei der Einführung des integrierten Kontrollsystems im Agrarsektor und schließlich mit dem Fehlen von Informationen über die Schaffung von Arbeitsplätzen durch die Strukturfonds.
Das Recht des EP, den Entschluß über die Entlastung aufzuschieben, war damals in Art. 89 Abs. 4 HO normiert und unter dem Aspekt der Grenzen parlamentarischer Kontrolle nicht zu beanstanden.
Am 17.12.1998 lehnte das EP den Beschlußvorschlag[663] zur Erteilung der Entlastung ab[664]. Von 518 anwesenden Abgeordneten stimmten 270 gegen die Entla-

---

[662] Vgl. Entschließung zur Unterrichtung der Kommission über die Gründe für den Aufschub der Entlastung zur Ausführung des Gesamthaushaltplans der Europäischen Union für das Haushaltsjahr 1996, ABl. C 138 vom 4.5.1998, S. 43 ff.

[663] Bericht Elles, A4-0502/98.

[664] Vgl. zur Parlamentsdebatte EP, Ausführlicher Sitzungsbericht vom 17.12.1998, S. 8 bis 12 bzw. Verhandlung EP, ABl. Anhang Nr. 4-530, S. 279 ff. (283); EP 1998/99, Protokoll der Sitzung vom 17.12.1998, Teil 1 (vorl. Ausgabe), S. 12 f.; *Fugmann*, EuZW 1999, S. 65.

stung, 225 dafür, und 23 enthielten sich der Stimme. Dabei handelte es sich formal gesehen nur um einen parlamentsinternen Akt, dem die Zurückverweisung an den Ausschuß für Haushaltskontrolle folgte. In politischer Hinsicht kam die Ablehnung des Beschlußvorschlags aber der Verweigerung der Entlastung gleich. Die politische Aussage war, daß das EP nicht bereit sei, der Kommission die Entlastung für das Haushaltsjahr 1996 zu erteilen. An der Rechtmäßigkeit dieses Vorgehens bestehen keine Bedenken. Wie oben[665] erläutert ist die Verweigerung der Entlastung ein rechtmäßiges Mittel des europäischen Parlaments im Rahmen der Haushaltskontrolle, welches insbesondere nicht die Grenzen parlamentarischer Kontrolle überschreitet, sondern sich im Rahmen des Art. 276 EG (Art. 206 EGV) bewegt.
Im Mai 1999 folgte schließlich die formelle Verweigerung der Entlastung für das Haushaltsjahr 1996. Das Parlament nahm lediglich den Rechnungsabschluß für das Haushaltsjahr zur Kenntnis[666].

II. Ausübung des Fragerechts

Nach der Verweigerung der Entlastung versuchten die Abgeordneten auf dem Wege mündlich zu beantwortender Anfragen[667], Informationen über die der Verweigerung zugrundeliegenden Sachverhalte und über die sich ausbreitenden Vorwürfe gegen die Kommission und einzelne ihrer Mitglieder hinsichtlich Betrügereien und Mißwirtschaft zu erlangen[668]. Dabei wurden die Anfragen jeweils im Namen der Fraktionen gestellt. Das Verhalten des EP und seiner Abgeordneten weist in diesem Zusammenhang keine Besonderheiten auf, und es bestehen keine Zweifel an der Rechtmäßigkeit des Verhaltens des EP.

---

[665] Siehe oben ab S. 138.
[666] Gesamtbericht 1999, Kapitel VIII Abschnitt 1, S. 334.
[667] Art. 40 GeschO EP in der damals gültigen 13. Auflage, Art. 42 GeschO EP in der 14. und 15. Auflage.
[668] B4-0011 bis 0016/99.

III. Mißtrauensanträge

Im unmittelbaren Anschluß an die Ablehnung des Beschlußvorschlags zur Erteilung der Entlastung brachte die Fraktionsführerin der Sozialisten im EP, Pauline Green, einen Mißtrauensantrag ein[669], welcher von weiteren 69 Abgeordneten ihrer Fraktion unterzeichnet war. Allerdings wurde mit dem Verfahren des Art. 201 EG (Art. 144 EGV) erklärtermaßen nicht das Ziel verfolgt, die Kommission abzusetzen, sondern ihr indirekt, durch Ablehnung des Antrags, das Vertrauen des EP auszusprechen, dessen sich die Kommission nach der Abstimmung am 17.12.1998 nicht mehr sicher sein konnte[670].

Fraglich ist, ob ein solches Vorgehen rechtlich zulässig ist bzw. ob das EP hiermit rechtmäßigen Gebrauch von seinen Kontrollrechten machte.
Zweifelsfrei liefert der EG-Vertrag in Art. 201 (Art. 144 EGV) die Rechtsgrundlage für die Einbringung eines Mißtrauensantrags. Bezieht man aber neben dem formal zulässigen Verfahren die äußeren Umstände, also die wahren Motive, wie sie in der Begründung des Antrags zum Ausdruck kommen, mit in Betracht und mißt das Gesamtverhalten an Art. 201 EG, so müssen im Rahmen der teleologisch-systematischen Auslegung unter anderem die inneren, aus dem Verhältnis zwischen EP und Kommission stammenden Grenzen in die Auslegung einfließen. Allerdings lassen sich auch aus der Funktionsfähigkeit der Kommission und aus der Verpflichtung des EP und seiner Abgeordneten zu loyalem Verhalten aufgrund des Prinzips der Organtreue keine Argumente gegen die Umfunktionierung des Mißtrauens- in ein Vertrauensvotum herleiten. Ein solches Verhalten ist gerade die Perfektionierung loyalen Verhaltens gegenüber der Kommission. Lediglich könnte man erwägen, daß zur Identität der Kommission im Rahmen des Prinzips der Funktionsfähigkeit eben auch ihre Unabhängigkeit vom positiven Vertrauen des EP gehöre. Lediglich bei der Einsetzung der Kommission ist die Zustimmung des EP notwendig (Art. 214 Abs. 2 UA 3 EG; Art. 158 Abs. 2 UA 3 EGV). Daraus aber den Vorwurf zu konstruie-

---

669 B4-1165/98.

670 In dem nicht zur Abstimmung stehenden, begründenden Teil des Antrags heißt es unter anderem: »Wir fordern daher mit Nachdruck, daß diese Situation umgehend durch ein Vertrauensvotum für die Kommission bereinigt wird.«.

ren, das EP okkupiere damit gegenüber der Kommission mehr Macht als ihm nach den Verträgen zukomme, ist sehr wage. Ebensogut könnte man argumentieren, daß das EP aufgrund der notwendigen Zustimmung bei der Einsetzung der Kommission erst recht befugt sei, dieser während der Amtszeit das Vertrauen auszusprechen.

Argumente gegen die Rechtmäßigkeit des beschriebenen Vorgehens könnten sich jedoch unter einem anderen Aspekt ergeben. So bestimmt Art. 5 EU (Art. E EUV), welcher aufgrund des einheitlichen institutionellen Rahmens auch auf das Organhandeln im Rahmen des EG-Vertrags anwendbar ist:

> Das Europäische Parlament, der Rat, die Kommission, der Gerichtshof und der Rechnungshof üben ihre Befugnisse nach Maßgabe und im Sinne der Verträge zur Gründung der Europäischen Gemeinschaften [...] aus.

Bindet Art. 7 Abs. 1 S. 2 EG (Art. 4 Abs. 1 S. 2 EGV) das Organhandeln an die Befugnisse des EG-Vertrags, so geht Art. 5 EU (Art. E EUV) darüber hinaus, indem er die Organe nicht nur zur Einhaltung der formalen Kompetenzen und Verfahren, sondern auch zur Orientierung am Sinn der Verträge verpflichtet. Damit schafft er Parameter, um auch solche Verhaltensweisen rechtlicher Beurteilung zuzuführen, die formal gesehen den vertraglichen Verfahren entsprechen, und trifft somit den Kern der vorliegenden Fallgestaltung. Denn zwar haben sich Pauline Green und die unterzeichnenden Mitglieder ihrer Fraktion äußerlich an das Verfahren des Art. 201 EG (Art. 144 EGV) gehalten, jedoch läuft die Begründung des Mißtrauensantrages dem Sinn, mehr noch: dem Geist, der Verträge zuwider. Art. 201 EG ist als Mittel zur Bewältigung institutioneller Krisen zwischen EP und Kommission gedacht und nicht für politische Taktiererei. Die Umfunktionierung des Mißtrauensantrags konnte nur auf dem Hintergrund der Gewißheit stattfinden, daß die notwendige Mehrheit zur Annahme des Mißtrauensantrags nicht erreicht werden würde. Als sei die politische Zerrissenheit des EP in der Entlastungsfrage noch nicht schlimm genug, nutzen die Antragsteller sie auch noch aus. Auf diese Weise wird das EP niemals die ihm vertraglich zugestandene Machtposition gegenüber der Kommission ausüben und durchsetzen können. Zwar ist im politischen Alltag die Pflege der vertrauensvollen Partnerschaft zwischen beiden Organen nicht zu beanstanden, mehr noch ist sie im Sinne des integrierenden Charakters der EG wünschenswert. Jedoch ist das EP als direkt gewähltes Repräsentativorgan der europäischen Bürger verpflichtet, die geeigneten schneidigen Rechte gegen die Kommission auszuüben, wenn diese im Verdacht steht, die Gelder, welche letztlich von den Bürgern stammen, nicht effizient zu verwalten und auszugeben. Will das EP der Kommission das Vertrauen aussprechen, steht ihm dazu das Mittel einer Entschließung zur Verfügung. Die Umfunktionierung des Mißtrauensantrags tut also dem politischen Selbstverständnis des EP Abbruch und instrumentalisiert es für andere Zwecke. Dies ist nicht im Sinne der Verträge.

Das Vorgehen der Antragsteller war also rechtswidrig, da es gegen den Sinn des Art. 201 EG (Art. 144 EGV) und folglich gegen Art. 5 EU (Art. E EUV) verstieß.
Pauline Green zog in der Sitzung am 14.1.1999 den Mißtrauensantrag zurück, bevor er zur Abstimmung gebracht wurde[671].

Schließlich konnte am 14.1.1999 ein weiterer, fraktionsübergreifender Mißtrauensantrag[672] keine Mehrheit finden. Dieser Antrag wurde damit begründet, daß die Kommission nicht mehr die Glaubwürdigkeit und Autorität zur wirksamen Ausführung ihres Amtes besitze und daß der Rechnungshof bereits zum dritten Mal in Folge nicht die Gewähr für die Zuverlässigkeit der Zahlungsvorgänge für das jeweilige Haushaltsjahr übernehmen konnte. Ferner sei die Kommission den Forderungen des EP im Zusammenhang mit der Entlastung immer noch nicht nachgekommen, habe grundlegende Dokumente immer noch nicht übermittelt, keinen Einblick in die kommissionsinternen Untersuchungen verschafft und keine Auskunft über die Benachrichtigung der nationalen Justizbehörden gegeben.
Nachdem Kommissionspräsident Santer in der Debatte ein Acht-Punkte-Programm vorgestellt hatte, mit dem die Kommission in den nächsten Monaten auf die Kritik reagieren wolle, stimmten trotz der massiven Vorwürfe nur 232 Abgeordnete für den Mißtrauensantrag, 293 dagegen und 27 enthielten sich der Stimme.
Damit war der Versuch, die Kommission infolge ihres mangelhaften Haushaltsgebarens abzusetzen, gescheitert. Dennoch stellte dieser zweite Mißtrauensan-

---

[671] Vgl. Verhandlung EP vom 14.1.1999, ABl. Anhang Nr. 4-351, S. 280; *Hummer/Obwexer*, Integration 1999, S. 77 (80).
[672] B4-0053/99.

trag noch nicht den Endpunkt der Krise zwischen EP und Kommission dar. Das EP wandte sich nun einem weiteren Aspekt der Haushaltsführung zu, nämlich dem Umgang mit Betrug, Mißmanagement und Nepotismus in der Kommission.

B. Der Ausschuß unabhängiger Sachverständiger

I. Einsetzung

Ebenfalls in der Debatte vom 14.1.1999 nahm das Plenum des EP eine Entschließung zur Verbesserung der Haushaltsführung der Kommission an[673]. Darin forderte es unter anderem die »[...] Einsetzung eines Ausschusses unabhängiger Sachverständiger unter der Ägide des Parlaments und der Kommission«.
Am 27.1.1999 billigte daraufhin die Konferenz der Präsidenten[674] des EP eine »Aufzeichnung betreffendend den Ausschuß unabhängiger Sachverständiger« und legte zugleich die Zusammensetzung[675] und Aufgabenstellung des Ausschusses fest. In einem offiziellen Brief vom 28.1.1999[676] übermittelte der Präsident des EP die Vorschläge über Zusammensetzung, Mandat und Funktionsweise sowie über die Finanzierung und die Einrichtung des Arbeitsplatzes des geplanten Ausschusses an die Kommission. Daraufhin erklärte der Präsident der Kommission am 1.2.1999 die Zustimmung der Kommission[677]. Schließlich fand am 2.2.1999 die konstituierende Sitzung statt.
Der Ausschuß unabhängiger Sachverständiger war also kein vertraglich vorgesehenes Gremium, sondern wurde durch eine Absprache zwischen EP und Kommission, also im Wege einer Interorganvereinbarung eingesetzt. Bevor auf die Rechtmäßigkeit der Einsetzung eingegangen wird, ist es erforderlich, Aufgabe und Charakter des Ausschusses zu untersuchen.

---

[673] B4-0065, 0109 und 0110/99; abgedruckt in: ABl. C 104 vom 14.4.1999, S. 106 f.
[674] Gemäß Art. 23 Abs. 1 GeschO EP gehören der Konferenz der Präsidenten der Präsident des EP und die Vorsitzenden der Fraktionen an. Die Konferenz der Präsidenten ist unter anderem zuständig für Fragen im Zusammenhang mit den Beziehungen zu den anderen Organen (Art. 24 Abs. 3 S. 1 GeschO EP) und für die Zusammensetzung und die Kompetenzen aller Ausschüsse sowie der ständigen und Ad-hoc-Delegationen (Art. 24 Abs. 6 GeschO EP).
[675] Mitglieder des Ausschusses waren: Herr André Middelhoek (Vorsitzender), Frau Inga-Britt Ahlenius, Herr Juan Antonio Carrillo Salcedo, Herr Pierre Lelong, Herr Walter van Gerven.
[676] PE 276.567/BUR.
[677] PE 276.560/BUR.

II. Mandat

Der Ausschuß definierte sein Mandat in Anlehnung an die Entschließung des EP vom 14.1.1999 und an die »Aufzeichnung betreffend den Ausschuß unabhängiger Sachverständiger«. Im einzelnen sind dem ersten Bericht des Ausschusses folgende Ausführungen zum Mandat vorangestellt[678]:
Zunächst wird die Formulierung aufgegriffen, der Ausschuß solle

> untersuchen, auf welche Weise die Kommission Betrug, Mißmanagement und Günstlingswirtschaft aufdeckt und damit umgeht, wozu auch eine grundlegende Überprüfung der in der Kommission üblichen Praktiken bei der Vergabe aller Verträge mit finanziellen Auswirkungen gehört; [das Europäische Parlament] fordert, daß der Ausschuß bis zum 15. März seine Bewertungen vorlegt, in erster Linie in Bezug auf das Kollegium der Kommissionsmitglieder [...][679].

In dem Bericht heißt es, der Ausschuß sehe sich aufgrund dieser Formulierung zur Prüfung von Verfahren und Praktiken in spezifischen Fällen, nicht aber zur gründlichen Untersuchung der Tatbestandsmerkmale eines jeden einzelnen solcher Fälle berufen. Andernfalls liefe die Arbeit des Ausschusses auf eine Wiederholung der Prüfung der Tätigkeiten der Kommission durch die zuständigen Gremien, nämlich den Ausschuß für Haushaltskontrolle, die GD XX und die UCLAF[680] hinaus und würde zudem die Gefahr bergen, in laufende Untersuchungen im Zusammenhang mit Disziplinar- oder Strafverfahren einzugreifen.
Obwohl die »Aufzeichnung betreffend den Ausschuß unabhängiger Sachverständiger« die Aufmerksamkeit eher auf die Verantwortung der Kommission als Kollegium oder einzelner Kommissare lenke[681], müsse sich der Ausschuß freilich auch Klarheit über das Verhalten der Verwaltung verschaffen. Der Bericht beschränke sich aber gleichwohl, entsprechend dem Mandat, auf die Frage der spezifischen Verantwortung der Kommission als Kollegium und der einzelnen Kommissionsmitglieder in einer Reihe von spezifischen Fällen.

---

678 Vgl. Ausschuß unabhängiger Sachverständiger, Erster Bericht vom 15.3.1999, S. 6 f. (Punkt 1.1.).

679 Entschließung zur Verbesserung der Haushaltsführung der Kommission, ABl. C 104 vom 14.4.1999, S. 106 Punkt A.1.

680 Unité de Coordination de la Lutte Anti-Fraude.

681 Punkt 6 Abs. 1 und 2 der Aufzeichnung betreffend den Ausschuß unabhängiger Sachverständiger.

Der Ausschuß stellte in seinem ersten Bericht dementsprechend Untersuchungen betreffend die Praktiken der Kommission in den Bereichen Fremdenverkehr, MED-Programme, ECHO[682], Leonardo da Vinci, Sicherheitsbüro und nukleare Sicherheit an. Ferner untersuchte er Fälle von Günstlingswirtschaft in Bezug auf einzelne Kommissionsmitglieder. Damit war der Untersuchungsgegenstand nicht vollständig deckungsgleich mit den Gegenständen, welche zum Aufschub der Entlastung geführt hatten[683]. Die Affäre breitete sich also aus, verlagerte sich von der spezifischen Frage nach der Ausführung des Haushaltsplans für das Haushaltsjahr 1996 auf die allgemeinere Frage, ob die Kommission als Kollegium oder einzelne Kommissare für Betrug, Mißmanagement und Günstlingswirtschaft in spezifischen Fällen verantwortlich seien.

III. Status

Fraglich ist, welcher Status dem Ausschuß unabhängiger Sachverständiger zukam. Seine Errichtung durch die Organe der Gemeinschaft war in den Verträgen nicht vorgesehen. Insbesondere unterschied er sich grundsätzlich von einem Untersuchungsausschuß im Sinne des Art. 193 EG[684]. Dieser wurde durch Interorganvereinbarung errichtet, jener wird auf Antrag eines Viertels der Abgeordneten vom EP eingesetzt. Der Untersuchungsausschuß wird mit Abgeordneten des EP beschickt, während die Mitglieder des Ausschusses unabhängiger Sachverständiger keinem Gemeinschaftsorgan angehörten. Ferner stellte der Ausschuß unabhängiger Sachverständiger selbst fest, daß es sich bei der von ihm zu untersuchenden Verantwortung der Kommissionsmitglieder und des Kollegiums nicht um die politische Verantwortung der Kommission gegenüber dem EP handele, sondern um die ethische Verantwortung für ein nicht den Vorgaben für das öffentliche Leben entsprechendes Verhalten[685].

---

[682] European Community Humanitarian Office.

[683] Vgl. Entschließung zur Unterrichtung der Kommission über die Gründe für den Aufschub der Entlastung zur Ausführung des Gesamthaushaltsplans der Europäischen Union für das Haushaltsjahr 1996, A4-0097/98, ABl. C 138 vom 31.3.1998, S. 43 ff.

[684] Vgl. dazu ab S. 89.

[685] Vgl. Ausschuß unabhängiger Sachverständiger, Erster Bericht vom 15.3.1999, S. 11 (Punkt 1.6.2.).

Damit war auch klargestellt, daß das EP seine eigenen Schlußfolgerungen aus den Ergebnissen des Ausschusses ziehen, nicht aber ein negatives Ergebnis zum Amtsende der Kommission führen sollte[686].

Der Ausschuß unabhängiger Sachverständiger war also weder ein Organteil, noch handelte es sich um ein Unterorgan, welches der Kommission oder dem EP zuzuordnen gewesen wäre[687].

Der Ausschuß betonte, er sei keine Gemeinschaftsinstitution, keine Gemeinschaftseinrichtung und sicherlich kein Gemeinschaftsgericht. Er sah »sich selbst daher als nichtständigen beratenden Ausschuß, der seine Autorität aus der Entschließung des Europäischen Parlaments und der Verpflichtung von Parlament und Kommission bezieht, seine Arbeit zu unterstützen und seine Untersuchungsergebnisse anzuerkennen«[688].

Erwähnenswert hinsichtlich des Status des Ausschusses ist noch seine Unabhängigkeit. Aus der ihm laut der »Aufzeichnung betreffend den Ausschuß unabhängiger Sachverständiger« zustehenden Freiheit, »über die Organisation seiner Arbeit und die interne Aufgabenverteilung zu entscheiden«[689] folgerte der Ausschuß zugleich auch die Entscheidungsfreiheit bei der Festlegung der Vorgehensweise, der Fragestellung und der Art der zu ziehenden Schlußfolgerungen. Er sah sich also auch inhaltlich unabhängig von Weisungen des EP und der Kommission. Dies dürfte auch der Auffassung der einsetzenden Organe entsprochen haben, denn obwohl das EP in seiner Entschließung vom 14.1.1999 die Einsetzung eines Ausschusses »unter der Ägide« des EP und der Europäischen Kommission gefordert hatte, sprach es an derselben Stelle schon von ei-

[686] Vgl. auch PE-4/CP/PV/99-04, Conference of Presidents, Minutes, Punkt 2., Stellungnahme des Abgeordneten Cox, Vorsitzender der ELDR.

[687] Die Finanzierung erfolgte jeweils zur Hälfte aus den Mitteln von Parlament und Kommission, vgl. Brief des Präsidenten des EP vom 28.1.1999, PE 276.567/BUR und Brief des Präsidenten der Kommission vom 1.2.1999, EP 276.560/BUR.

[688] Vgl. Ausschuß unabhängiger Sachverständiger, Erster Bericht vom 15.3.1999, S. 7 (Punkt 1.2.3.).

[689] Punkt 6 Abschnitt 3 der Aufzeichnung betreffend den Ausschuß unabhängiger Sachverständiger.

nem Ausschuß »unabhängiger« Sachverständiger[690]. Auch bei der Diskussion über die Besetzung des Ausschusses war die Konferenz der Präsidenten bestrebt, keine Mitglieder auszuwählen, die in zu naher Verbindung zum EP standen[691].

IV. Rechtmäßigkeit der Einsetzung des Ausschusses unabhängiger Sachverständiger

Fraglich ist hier zunächst, ob es sich bei der Einsetzung des Ausschusses unabhängiger Sachverständiger im Wege der Interorganvereinbarung um ein Mittel parlamentarischer Kontrolle gegenüber der Kommission handelte, das anhand der in Teil 2 dieser Arbeit entwickelten Grundsätze auf seine Vereinbarkeit mit den primärrechtlichen Grenzen der Kontrollfunktion hin überprüft werden könnte. Dies liegt nicht ohne weiteres auf der Hand, denn die Ergebnisse des Ausschusses waren für das EP nicht verbindlich. Auch betonte der Ausschuß, daß er nicht die politische Kontrolle des EP, sondern eine Art ethische Kontrolle ausüben werde. Die Organe legten zudem, wie erwähnt[692], großen Wert auf die Unabhängigkeit der Ausschußmitglieder von den Organen. Gewichtig ist auch, daß die Vereinbarung zwischen EP und Kommission keine Handlungen des EP bzw. korrespondierende Mitwirkungshandlungen der Kommission gegenüber dem EP selbst normierte.

Stellt man diese formalen Betrachtungen aber zurück, so entsteht der Eindruck, daß es sich der Sache nach doch um die Einsetzung eines Kontrollinstruments des EP gegenüber der Kommission handelte. Ursprünglich hatte nämlich das EP die Einsetzung des Ausschusses gefordert. Die Kommission, politisch unter Druck geraten, beugte sich den Forderungen des EP. Wenn auch formal gesehen die Kontrolle durch den Ausschuß unabhängiger Sachverständiger von derjenigen des EP verschieden gewesen sein mag, so handelte es sich doch inhaltlich

---

[690] Vgl. Entschließung zur Verbesserung der Haushaltsführung der Kommission, B4-0065, 0109 und 110/99, ABl. C 104 vom 14.4.1999, S. 106, Punkt A.1.

[691] Vgl. PE-4/CP/PV/99-04, Conference of Presidents, Minutes, Punkt 2. Spiegelstrich 5 ff., wo die Fraktionsvorsitzende der Sozialisten Vorbehalte gegen die Berufung des Bruders eines Abgeordneten äußert, um die Unparteilichkeit des Ausschusses nicht zu gefährden. Tatsächlich wurde Herr Lenz nicht berufen.

[692] Vgl. S. 232.

um die Beschaffung von Informationen – inklusive der damit verbundenen politischen Wirkung – über die Tätigkeit der Kommission, was wesentlicher Bestandteil der parlamentarischen Kontrolle und Grundlage für die Einbringung eines Mißtrauensantrags ist. Schließlich war Anlaß der Einsetzung ein Konflikt zwischen EP und Kommission, also der klassische Auslöser für den Einsatz parlamentarischer Kontrolle. Bei näherem Hinsehen wird also deutlich, daß das EP durch die Einsetzung des Ausschusses unabhängiger Sachverständiger zu einem außervertraglichen *Kontroll*verfahren griff.

Ist somit die Einsetzung des Ausschusses als Kontrollinstrument des EP gegenüber der Kommission zu verstehen, so kann zur Überprüfung der Primärrechtskonformität auf die in Teil 2 behandelten Kriterien zurückgegriffen werden[693]. Dabei ist die Einsetzung des Ausschusses keine Ausgestaltung eines der in Teil 3 beschriebenen expliziten vertraglichen Kontrollinstrumente und insbesondere handelt es sich nicht um eine Ausgestaltung des Untersuchungsrechts des Art. 193 EG[694].

Zunächst ist zu untersuchen, ob eine Rechtsgrundlage für die Einsetzung des Ausschusses unabhängiger Sachverständiger bestand.

Die Einsetzung des Ausschusses unabhängiger Sachverständiger findet keine Rechtsgrundlage in der Geschäftsordnungsautonomie (Art. 199 EG für das EP, Art. 218 Abs. 2 EG für die Kommission; Art. 142, 162 EGV). Zwar sind EP und Kommission auf dieser Grundlage ermächtigt, sich in einer Weise zu organisieren, daß sie die ihnen übertragenen Aufgaben optimal erfüllen können, dazu gehört auch die Errichtung von Organteilen[695]. Aufgrund seiner Zusammensetzung aus organfremden Personen und seiner Unabhängigkeit von EP und Kommission kann der Ausschuß aber nicht als Organteil des EP oder der Kommission betrachtet werden. Auch konnten EP und Kommission die Einsetzung nicht auf die parallel ausgeübte Geschäftsordnungsgewalt stützen, da es sich bei

---

[693] Vgl. insbesondere ab S. 84.

[694] Vgl. S. 231.

[695] Vgl. *Hilf*, Die Organisationsstruktur der Europäischen Gemeinschaften, insbesondere S. 299 f., ferner S. 111 f., 132, 163.

dem Ausschuß um ein von beiden Organen personell und inhaltlich unabhängiges Gremium handelte.
Ferner könnte die Geschäftsordnungsautonomie bestenfalls die Grundlage für den Organisationsakt an sich darstellen. Für den Eingriff in den Rechtskreis der Kommission als kontrolliertem Organ, also als materielle Grundlage für ein Kontrollinstrument, ist die Geschäftsordnungsautonomie nicht ausreichend.

Des weiteren ist zu prüfen, ob das Prinzip der Funktionsfähigkeit der Gemeinschaft und ihrer Organe als ungeschriebene Rechtsgrundlage für die Einsetzung des Ausschusses herangezogen werden kann.

Wie oben[696] bereits erörtert, übernehmen die Strukturprinzipien aber nur in begrenztem Maße die Funktion als Quelle ungeschriebener Rechte und Pflichten. Aus der Gesamtbetrachtung von Struktur und Aufgaben des EP ergibt sich dessen ganz spezifische Identität, eine Gesamtrolle im institutionellen Gefüge. Das Prinzip der Funktionsfähigkeit verlangt die Wahrung und Ausfüllung dieser Identität und ermächtigt somit zu Handlungen, welche sich im Rahmen dieser Gesamtrolle bewegen und die Erfüllung der vertraglichen Kontrollfunktion insgesamt erleichtern oder ermöglichen. Jedoch kann das Prinzip der Funktionsfähigkeit nicht als Rechtsgrundlage für ein Kontrollmittel herangezogen werden, soweit die Vertragsparteien für die Verfolgung des entsprechenden Kontrollzwecks bereits eine ausdrückliche vertragliche Kontrollkompetenz geschaffen haben. In diesem Falle drückt sich in der betreffenden Kompetenznorm bereits eine Konkretisierung des Prinzips der Funktionsfähigkeit aus, welche einen Rückgriff auf das allgemeine Prinzip verbietet. Die Vertragsparteien haben in diesem Bereich bereits die Grenze zwischen EP und Kommission und damit die Grenze der Kontrollmacht des EP markiert.
Zur kollektiven Informationsbeschaffung über die Tätigkeit der Kommission und zur Aufdeckung von Mißständen bei der Anwendung des Gemeinschaftsrechts sieht der EG-Vertrag die Einsetzung eines Untersuchungsausschusses (Art. 193 EG, Art. 138 c) EGV) vor. Hierfür sind in Art. 193 EG und in dem das Untersuchungsrecht ausgestaltenden interinstitutionellen Beschluß (Anlage

---

[696] Siehe ab S. 32.

VIII GeschO EP) detaillierte Verfahrensregelungen enthalten, welche zumindest auch den Bestand und die Funktionsfähigkeit der Kommission schützen. Dort ist im einzelnen festgelegt wie weit die Kontrolle des EP gegenüber der Kommission geht.
Da der Ausschuß unabhängiger Sachverständiger den Umgang der Kommission mit Betrug, Mißmanagement und Nepotismus und insbesondere die üblichen Praktiken bei der Vergabe aller Verträge mit finanziellen Auswirkungen überprüfen sollte[697], sollte er genau den Zweck verfolgen, zu dem der EG-Vertrag das Untersuchungsrecht vorsieht. Denn die Tätigkeit der Kommission besteht – gerade bei der Vergabe von Verträgen mit finanziellen Auswirkungen – in der Anwendung des Gemeinschaftsrechts. Sofern es dabei zu Betrug, Mißmanagement und Nepotismus kommt, handelt es sich um Mißstände bei der Anwendung des Gemeinschaftsrechts.
Folglich enthält der EG-Vertrag mit dem Untersuchungsrecht (Art. 193 EG) ein spezielles, ausdrückliches Kontrollmittel für den mit dem Ausschuß unabhängiger Sachverständiger verfolgten Kontrollzweck. Ein Rückgriff auf das Strukturprinzip der Funktionsfähigkeit als Ermächtigungsgrundlage für die Einsetzung des Ausschusses verbietet sich deshalb. Die Einsetzung des Ausschusses unabhängiger Sachverständiger erfolgte also unter Umgehung der vorgegebenen Verfahren (Art. 193 EG und Anlage VIII zur GeschO EP)[698].

Damit ist festzuhalten, daß weder eine geschriebene noch eine ungeschriebene Rechtsgrundlage für die Einsetzung des Ausschusses unabhängiger Sachverständiger bestand.

Weitere Bedenken gegen die Rechtmäßigkeit der Einsetzung des Ausschusses unabhängiger Sachverständiger setzen bei dem Prinzip der Kollegialität innerhalb der Kommission an. Dieses ist ein wesentliches Funktionsmerkmal der

---

[697] Entschließung zur Verbesserung der Haushaltsführung der Kommission, ABl. C 104 vom 14.4.1999, S. 106 Punkt A.1; vgl. oben S. 230.
[698] Die Einsetzung des Ausschusses ist nicht deshalb primärrechtskonform, weil der Vertrag sie nicht verbietet oder die Informationsbeschaffung »nur« im Wege der Einsetzung eines Untersuchungsausschusses erlaubt. Insofern abzulehnen ist die Argumentation von *Bradley*, YEL (19) 1999-2000, S. 547 (584).

Kommission und als solches Grenze der Kontrollmacht des EP[699]. Die Kontrollrechte des EP betreffen daher regelmäßig die Verantwortlichkeit des Kollegiums, nicht aber die individuelle Verantwortlichkeit einzelner Kommissare[700]. Der Ausschuß unabhängiger Sachverständiger war aber durch die Interorganvereinbarung ermächtigt, die Verantwortlichkeit einzelner Kommissionsmitglieder zu ermitteln, und dies hat er auch getan[701].

Insofern gingen allerdings die Untersuchungen des Ausschusses unabhängiger Sachverständiger nicht weiter als auch die Untersuchungen eines rechtmäßig eingesetzten Untersuchungsausschusses (Art. 193 EG, Art. 138 c) EGV) hätten gehen können. Denn um Verstöße gegen das Gemeinschaftsrecht oder Mißstände bei dessen Anwendung zu untersuchen, welche der Kommission als Organ zur Last gelegt werden, hätte ein gemäß Art 193 eingesetzter Ausschuß ggf. auch auf die Verfehlungen einzelner Kommissionsmitglieder eingehen müssen[702]. Allein aus der Erstreckung der Untersuchungen auf die individuelle Verantwortlichkeit der Kommissionsmitglieder läßt sich der Vorwurf der Rechtswidrigkeit der Einsetzung des Ausschusses unabhängiger Sachverständiger also nicht herleiten.

Die Einsetzung des Ausschusses unabhängiger Sachverständiger führte ferner dazu, daß das EP die ihm vertraglich zustehenden Kontrollrechte – etwa das Untersuchungsrecht – nicht ausschöpfte, und so seine Funktion nicht ausfüllte. Damit verstieß das EP gegen das aus dem Prinzip der Funktionsfähigkeit herzuleitende Optimierungsgebot[703].

Weitere Aspekte für die Untersuchung der Rechtmäßigkeit der Einsetzung des Ausschusses unabhängiger Sachverständiger ergeben sich im Hinblick darauf, daß die Einsetzung im Wege der Interorganvereinbarung erfolgte[704]. Interorgan-

---

[699] Vgl. oben ab S. 61.
[700] Vgl. oben S. 219.
[701] Vgl. Ausschuß unabhängiger Sachverständiger, Erster Bericht, S. 113 ff. (Punkt 8.).
[702] Zur Verantwortung *ziehen* kann das EP allerdings nur das gesamte Kollegium (Art. 201 EG). An das Untersuchungsergebnis des Ausschusses unabhängiger Sachverständiger waren aber keinerlei Sanktionen für einzelne Kommissionsmitglieder geknüpft.
[703] Vgl. oben S. 79
[704] Vgl. oben ab S. 229.

vereinbarungen müssen sich im Rahmen der primärrechtlichen Vorgaben halten. In diesem Fall jedoch bewegten sich die Organe mit der Vereinbarung aus dem vertraglichen Rahmen hinaus und schufen faktisch eine vom Vertrag nicht vorgesehene Institution. An diese delegierte das EP Teile der ihm übertragenen Kontrollaufgabe gegenüber der Kommission. Damit verstießen die Organe gegen Art. 48 EU (Art. N EUV), der allein den Mitgliedstaaten die Befugnis zur Änderung des institutionellen Gefüges der Gemeinschaft zuspricht[705]. Die Organe dürfen diesen Rahmen nur ausfüllen[706].
Daß Interorganvereinbarungen die Vertragsbestimmungen weder ändern noch ergänzen dürfen, haben die Mitgliedstaaten in der Erklärung zu Art. 10 EG, die Teil der Schlußakte der Regierungskonferenz von Nizza ist, nochmals bekräftigt und so den Verstoß von EP und Kommission gegen die inhaltlichen Grenzen interinstitutioneller Vereinbarungen nachträglich deutlich gemacht.

Ein weiterer Aspekt der Rechtswidrigkeit der Einsetzung des Ausschusses unabhängiger Sachverständiger ergibt sich ebenfalls aus der Erklärung der Mitgliedstaaten zu Art. 10 EG. Ihr zufolge ist der Abschluß von Interorganvereinbarungen nur mit Zustimmung von EP, Rat und Kommission zulässig. Die Mitgliedstaaten geben damit eine Interpretation des Organtreuegrundsatzes. Zweiseitige Vereinbarungen zwischen EP und Kommission stellen hiernach einen Verstoß gegen die Organtreue dar. Tatsächlich liegt in der Einsetzung des Ausschusses unabhängiger Sachverständiger durch zweiseitige Vereinbarung zwischen EP und Kommission ein Verstoß gegen den Grundsatz der Organtreue, denn wie gezeigt schafft die Vereinbarung ein völlig neues, von den Verträgen nicht vorgesehenes Verfahren zur Bewältigung von Konflikten zwischen den Organen. Damit betrifft sie die Grundzüge des institutionellen Systems der Gemeinschaft. Abgesehen davon, daß die Organe hierzu keine Kompetenz haben, verlangt das Gebot loyaler Zusammenarbeit zumindest die Beteiligung aller drei Organe an derart gewichtigen Entscheidungen.

---

[705] Die Zustimmung der Kommission zur Einsetzung des vom EP geforderten Ausschusses ist deshalb unerheblich.
[706] Vgl. oben S. 83.

Die interinstitutionelle Vereinbarung zwischen EP und Kommission verstößt inhaltlich schließlich deshalb gegen das Primärrecht, weil beide Organe darüber einig waren, daß die besondere Verschwiegenheitspflicht der Mitglieder der Organe und der sonstigen Bediensteten (Art. 287 EG, Art. 214 EGV) aufgehoben werden solle[707]. Wie der zweite Halbsatz des Art. 287 zeigt, schützt die Vorschrift zwar nicht in erster Linie die Organe, sondern Dritte. Durch die Aufhebung der Verschwiegenheitspflicht wird also nicht die innere Grenze zwischen EP und Kommission tangiert, aber der Inhalt der Interorganvereinbarung verstößt eindeutig gegen das Primärrecht. Wie bereits oben erwähnt[708] verlangt eine Interorganvereinbarung, welche die Rechtskreise Dritter tangiert, auch eine ausdrückliche vertragliche Ermächtigung.

V. Fazit

Die Einsetzung des Ausschusses unabhängiger Sachverständiger war im Hinblick auf die erörterten Punkte primärrechtswidrig. Bei politischer Betrachtung drängt sich der Eindruck auf, daß das EP nicht einig und deshalb nicht in der Lage war, die Kommission durch ein Mißtrauensvotum zur Amtsniederlegung zu zwingen. Auch kam es seiner Kontrollaufgabe nicht nach, indem es nicht einmal den Versuch machte, einen Untersuchungsausschuß einzusetzen. Statt die Grenzen seiner Kontrollmacht auszuschöpfen und seiner Funktion gerecht zu werden, hat es sich an den vertraglichen Vorgaben und an seiner politischen Verantwortung vorbeigewunden.

Deshalb kann Schlußfolgerung aus der Krise nicht der Ruf nach weitergehenden Kontrollrechten des EP sein, sondern muß eingestanden werden, daß das EP in

---

[707] Vgl. PE-4/CP/PV/99-04, Conference of Presidents, Minutes, Punkt 2, Stellungnahme des Präsidenten (Spiegelstrich 2 nach der Unterbrechung); Aufzeichnung betreffend den Ausschuß unabhängiger Sachverständiger, Punkt 7. Abschnitt 1, allerdings wird – wohl aufgrund des Briefes des Präsidenten der Kommission vom 1.2.1999, PE 276.560/BUR – die Befreiung von der Geheimhaltungspflicht in Punkt 7 der revidierten Fassung der Aufzeichnung nicht mehr erwähnt.

[708] Vgl. S. 192.

seine Rolle hineinwachsen und die ihm zur Verfügung stehenden Mittel besser einsetzen muß[709].

Zwar könnte zugunsten des EP argumentiert werden, daß die dem EP übertragene Kontrollfunktion, die sich gegen das gesamte Kollegium der Kommissionsmitglieder richtet[710], in solchen Fällen nicht sachgerecht sei, in denen das Mißtrauen des EP ausschließlich im Verhalten einzelner Kommissionsmitglieder wurzelt, während der Gesamteindruck von der Arbeit der Kommission positiv ist. Jedoch war letzteres nicht der Fall[711], was auch die Einschätzung des Rechnungshofes bestätigt. Außerdem ist die parlamentarische Kontrolle gegenüber der Kommission für solche Fälle eben gar nicht gemacht, sondern hierfür existiert das Instrument des Art. 216 EG. Für die Kontrolle gegenüber einzelnen Kommissionsmitgliedern ist das EP nach dem Willen der Vertragsparteien gerade nicht zuständig.

Damit ist der Konflikt zwischen EP und Kommission nicht inhaltlich bewertet[712]. Es soll hier nicht darüber geurteilt werden, ob die Vorwürfe gegen die Kommission wegen der Ausführung des Haushalts bzw. wegen der Amtsführung einzelner Kommissionsmitglieder zutreffend waren. Die Krise des Jahres 1998/1999 wird als interinstitutioneller Konflikt begriffen, und die vorangegangenen Untersuchungen dienen lediglich der Analyse und rechtlichen Beurteilung der Bewältigung dieses Konflikts durch die Organe.

---

709 Nicht die durch den EG-Vertrag festgelegten Verfahren oder der Mangel primärrechtlicher Instrumente des EP gegenüber einzelnen Kommissionsmitgliedern ist dem EP zum Verhängnis geworden, sondern das Plenum und die Teile des EP haben sich nicht optimal an die vertraglichen Vorgaben angepaßt. Anders insofern *Lautz*, ZPol 1999, S. 439 (451).

710 Erst infolge der institutionellen Krise könnte das Kollegialitätsprinzip aufgeweicht worden sein. Auf die Folgen der institutionellen Krise, insbesondere auf den durch den Vertrag von Nizza neu eingefügten Art. 217 Abs. 4 EG, wird sogleich gesondert einzugehen sein. Die institutionelle Krise selbst ist anhand der damals geltenden Rechtslage zu beurteilen.

711 Vgl. zu den Gründen der Verweigerung der Entlastung oben S. 224.

712 Eine kritische Betrachtung der Verhaltensweise der Kommission, des Präsidenten Santer und des EP findet sich bei *Lautz*, Zpol 1999, S. 439 (452 ff.). Vgl. auch *Randzio-Plath*, Wirtschaftsdienst (HWWA) 79, 1999, S. 275.

C. Folgen der institutionellen Krise für das Verhältnis zwischen EP und Kommission

Der erste Bericht des Ausschusses unabhängiger Sachverständiger kam zu dem Ergebnis, daß die politischen Stellen in der Kommission »die Kontrolle über die Verwaltung, die sie eigentlich führen müßten, verloren haben. Dieser Verlust der Kontrolle impliziert [...] eine schwerwiegende Verantwortung sowohl für die einzelnen Kommissare als auch für die Kommission insgesamt«[713]. Die Kommission trat am 16.3.1999, also einen Tag nach der Veröffentlichung des Berichts, geschlossen zurück[714] und setzte damit dem interinstitutionellen Konflikt zunächst ein Ende. Allerdings lag es angesichts der Ereignisse der vorangegangenen Monate auf der Hand, daß das Verhältnis zwischen EP und Kommission neu überdacht werden müßte und daß interne Reformen innerhalb der Kommission durchgeführt werden müßten. Einige der Folgen, welche die Krise nach sich zog, sollen im folgenden untersucht werden. Dabei wird wiederum das Verhältnis zwischen EP und Kommission fokussiert und insbesondere hinterfragt werden, inwiefern sich in der Folge die Identität beider Organe innerhalb des vertraglichen Kompetenzgefüges verändert hat, und inwiefern sich Inhalt und Umfang der parlamentarischen Kontrolle gegenüber der Kommission verändert haben.

I. Zugeständnisse des designierten Kommissionspräsidenten an das EP und Rahmenvereinbarung über die Beziehungen zwischen dem Europäischen Parlament und der Europäischen Kommission[715]

Der designierte Präsident der Kommission, Romano Prodi, betonte bereits am 7.9.1999 vor der Konferenz der Präsidenten die Notwendigkeit einer Neugestaltung der Beziehungen zwischen EP und Kommission, und nannte als Kernstück

---

[713] Ausschuß unabhängiger Sachverständiger, Erster Bericht, S. 129 (Punkt 9.2.2.).

[714] Vgl. Bulletin Quotidien Europe Nr. 7426 vom 17.3.1999, S. 3. Rechtliche Aspekte des Rücktritts selbst und die Rechtsfolgen sollen im Rahmen dieser Arbeit nicht behandelt werden. Insofern wird verwiesen auf: *Hummer/Obwexer*, EWS 1999, S. 161 (164 ff.); *dies.*, Integration 1999, S. 77 (84 ff.); *Chavrier/Legal/de Bergues*, L'Actualité juridique – Droit administratif, Nr. 4 vom 20.4.1999, S. 304 f.; Zeitschrift für EuR 1999, S. 35 (Editorial).

[715] Der 15. Auflage der GeschO EP ist die Rahmenvereinbarung als Anlage XIII beigefügt.

dieser Neugestaltung fünf Punkte[716], die schließlich auch Eingang in die interinstitutionelle Vereinbarung vom 5.7.2000[717] fanden. Konkret versicherte Prodi, daß die zukünftige Kommission[718]

a) prinzipiell dafür sorgen wird, daß das zuständige Kommissionsmitglied auf Anforderung des Parlaments sowohl bei Plenartagungen als auch bei Ausschußsitzungen anwesend ist, wenn es um Tagesordnungspunkte geht, die sein Ressort betreffen, und daß das Kommissionsmitglied bereit ist, zu wichtigen Vorschlägen der Kommission sachkundig Auskunft zu erteilen,

b) den Aufforderungen des Parlaments an die Kommission gemäß Artikel 192 EG-Vertrag, legislative Vorschläge zu unterbreiten, nachhaltig Rechnung tragen wird und sich verpflichtet, auf solche Aufforderungen eine umgehende und ausreichend detaillierte Antwort in seinem zuständigen Ausschuß oder falls erforderlich im Plenum zu geben,

c) akzeptiert, daß der Präsident der Kommission ernsthaft prüfen wird, ob er ein Kommissionsmitglied zum Rücktritt auffordern soll, wenn das Parlament sein mangelndes Vertrauen in dieses Mitglied zum Ausdruck bringt (vorbehaltlich des Gewichts und der Repräsentativität der politischen Unterstützung für einen solchen Standpunkt),

d) einem konstruktiven Dialog mit dem Parlament bei der Verwirklichung des administrativen Reformprozesses der Kommission besondere Bedeutung beimißt und dafür sorgen wird, daß geeignete Mechanismen geschaffen werden, um das Parlament regelmäßig zu den Fortschritten in diesem Bereich zu konsultieren und es darüber zu informieren,

e) sich für eine umfassende Behandlung von Fragen der institutionellen Reform auf der nächsten Regierungskonferenz einsetzt, die über die bereits identifizierten drei Punkte hinausgehen müssen, was als eine unerläßliche Vorbedingung der Erweiterung betrachtet wird, und im Rahmen der Möglichkeiten der Kommission auch beabsichtigt, dafür zu sorgen, daß das Parlament über die Vorbereitung und den Ablauf der Regierungskonferenz auf dem laufenden gehalten und voll daran beteiligt wird.

Die fünf Punkte sollen hier nicht in allen Einzelheiten untersucht werden. Insbesondere die Punkte a), d) und e) bestätigen im wesentlichen nochmals das ohnehin praktizierte Verfahren zwischen den Organen oder betreffen Abläufe, die sich ohne weiteres als Konkretisierung der vertraglichen Verpflichtung zu

---

716 Die Rede des designierten Präsidenten ist unter http://europa.eu.int/comm/commissioners/prodi/speeches/designate/070999_de.htm abrufbar (Stand 25.2.2003); die 5 Punkte sind wiederholt in der Entschließung des EP vom 15.9.1999, ABl. C 54 vom 25.2.2000, S. 49.

717 C5-0349/2000 bzw. Anlage XIII zur GeschO EP_{15}.

718 Im folgenden wird die Formulierung wiedergegeben, welche das EP in seiner Entschließung vom 15.9.1999, ABl. C 54 vom 25.2.2000, S. 49 gewählt hat. Prodis eigene Formulierung in der erwähnten Rede ist nahezu identisch.

loyaler Zusammenarbeit darstellen, ohne die spezifische Funktion von EP und Kommission und ihre Stellung zueinander wesentlich zu verändern[719].

Im Rahmen der vorliegenden Arbeit zur parlamentarischen Kontrolle gegenüber der Kommission ist insbesondere Punkt c) bedeutsam. Er wird in Abschnitt 2) behandelt. Gewichtig erscheint außerdem Punkt b). Obwohl er nicht den Bereich parlamentarischer Kontrolle gegenüber der Kommission, sondern das Gesetzgebungsverfahren betrifft, soll er deshalb nicht ganz übergangen und vorab in Abschnitt 1) betrachtet werden. Bezüglich beider Punkte soll untersucht werden, inwiefern sie sich auf das vertraglich umrissene Verhältnis zwischen EP und Kommission auswirken und inwiefern diese Auswirkungen mit dem primären Funktionenrecht vereinbar sind bzw. waren. Dabei sei vorausgeschickt, daß die gesamte Vereinbarung nach der in der Erklärung zu Art. 10 EG[720] geäußerten Ansicht der Mitliedstaaten schon mangels Beteiligung des Rates und folglich wegen Verstoßes gegen die Organtreue rechtswidrig ist.

1) Exkurs: Die Zusicherung des designierten Kommissionspräsidenten betreffend Art. 192 EG

Die Zusicherung Prodis betreffend Art. 192 EG (oben Zusicherung b)) hat nahezu wortgleich Eingang in Punkt 4. der Rahmenvereinbarung zwischen EP und Kommission vom 5.7.2000 gefunden.

Wie bereits erwähnt, verfügt die Kommission gemäß dem EG-Vertrag über das Initiativmonopol für sekundäre Rechtsakte der Gemeinschaft (Art. 94, 251 Abs. 2, 252 a) EG). Das EP kann die Kommission lediglich gemäß Art. 192 Abs. 2 EG mit der Mehrheit seiner Mitglieder »auffordern, geeignete Vorschläge zu Fragen zu unterbreiten, die nach seiner Auffassung die Ausarbeitung eines Gemeinschaftsrechtsakts zur Durchführung dieses Vertrags erfordern«. Durch Art. 192 Abs. 2 trifft der EG-Vertrag eine Abgrenzung zwischen den Kompetenzkreisen von EP und Kommission. Nur in diesem Rahmen darf das EP Einfluß auf Initiativen zu Rechtsakten der Gemeinschaft nehmen.

---

719 Vgl. insofern bzgl. Punkt a) auch S. 212.
720 Abgedruckt bei Läufer (Hrsg.), Der Vertrag von Nizza, Bonn 2002, S. 353 f.

Mit Punkt 4. der Rahmenvereinbarung gestalten EP und Kommission das Interorganverhältnis für den Bereich des Initiativrechts aus. Ausgestaltungen des Interorganverhältnisses im Wege von Interorganvereinbarungen müssen sich aber in dem Rahmen halten, die der Vertrag vorgibt. Konkret muß sich Punkt 4. der Vereinbarung im Rahmen von Art. 192 Abs. 2 EG halten. Die durch das Primärrecht getroffene Verteilung der Kompetenzen im Bereich des Initiativrechts muß beachtet werden. Ob dies der Fall ist, soll durch Auslegung des Art. 192 Abs. 2 EG ermittelt werden.

Die Kommission verpflichtet sich in Punkt 4. dazu, den Aufforderungen des EP Rechnung zu tragen und Ausschüssen und Plenum des EP eine umgehende und detaillierte Antwort auf derartige Aufforderungen zu geben. Aus dem Wortlaut des Art. 192 Abs. 2 EG ergibt sich eine Pflicht der Kommission zur Reaktion auf die Aufforderungen des EP aber nicht.

Auch aus dem Sinn der Vorschrift ergibt sich eine Reaktionspflicht der Kommission nicht. Im Rahmen der teleologischen Auslegung ist vielmehr auch das Prinzip der Wahrung der Organidentität heranzuziehen. Wesentliches Identitätsmerkmal[721] der Kommission ist gerade das Initiativmonopol. Es ist von entscheidender Bedeutung für die Integration der Interessen der einzelnen Mitgliedstaaten bei der Gemeinschaftsrechtsetzung und dient in besonderem Maße der Funktionsfähigkeit der gesamten Gemeinschaft. Es besteht Einigkeit, daß das EP durch Art. 192 Abs. 2 EG keinerlei Druckmittel gegenüber der Kommission gewinnt, sondern ihm insofern nur die allgemeinen Kontrollrechte, insbesondere das Mißtrauensvotum zur Verfügung stehen. Einklagen kann das EP die Unterbreitung eines Vorschlags nur, sofern die Kommission durch den Vertrag ausdrücklich zu einer bestimmten Initiative verpflichtet ist[722]. Folglich sieht der Vertrag eine vollkommene Entscheidungsfreiheit der Kommission bezüglich des Umgangs mit den Aufforderungen des EP vor. Ganz gleich, ob die Formulierung von Punkt 4. der Vereinbarung »wird [...] Rechnung tragen« die Pflicht zur Ausarbeitung eines Vorschlags enthält oder lediglich die Pflicht zur sorgfältigen Erwägung der Aufforderung des EP, beeinträchtigt sie die Entscheidungsfreiheit der Kommission. Denn jedenfalls muß sich die Kommission gemäß Punkt 4. der

---

[721] Oben wurde der Begriff »Funktionsmerkmal« verwandt, vgl. S.59.

[722] Vgl. insofern *Schweitzer/Hummer*, Europarecht, S. 63 Rn 203.

Vereinbarung mit der Aufforderung eingehend inhaltlich befassen und ihr einen Teil ihrer Arbeitskapazität widmen, um in der Lage zu sein, eine detaillierte Antwort im zuständigen Ausschuß oder vor dem Plenum des EP zu geben. In der Praxis wird die Kommission zwar aufgrund der Verpflichtung zu loyaler Zusammenarbeit im Einzelfall gehalten sein, die Aufforderungen des EP nicht gänzlich zu übergehen. In seiner Grundsätzlichkeit geht Punkt 4. aber über die dem EP durch Art. 192 Abs. 2 EG gegebenen Einflußmöglichkeiten auf die Initiative zu Rechtsakten der EG deutlich hinaus.

Folglich überschreitet Punkt 4. der Vereinbarung den vertraglich vorgesehenen Rechtskreis des EP zulasten der Kommission bzw. erlegt der Kommission Pflichten auf, die über die vertraglichen Vorgaben hinausgehen. Damit steht die Vereinbarung in diesem Punkt nicht im Einklang mit der primären Funktionsordnung.

An diesem Ergebnis vermag auch die Tatsache nichts zu ändern, daß es sich bei Punkt 4. der Vereinbarung um eine Selbstverpflichtung der Kommission handelt. Zu einer praktischen Verschiebung der durch den Vertrag festgelegten Kompetenzbereiche sind die Organe wegen der alleinigen Kompetenz der Mitgliedstaaten gemäß Art. 48 EG nicht befugt.

2) Zugeständnis des designierten Kommissionspräsidenten betreffend ein Mißtrauensvotum des EP gegenüber einzelnen Kommissionsmitgliedern und die Neufassung des Art. 217 EG durch den Vertrag von Nizza

In Bezug auf die parlamentarische Kontrolle gegenüber der Kommission und ihre Grenzen ist insbesondere die 3. Zusicherung Prodis, oben mit c) bezeichnet, bedeutsam. Sie ist ebenfalls in der Rahmenvereinbarung zwischen EP und Kommission vom 5.7.2000 umgesetzt worden. Dort heißt es:

> **Politische Verantwortung**
>
> 9. Unbeschadet des kollegialen Charakters der Kommission übernimmt jedes Mitglied der Kommission die politische Verantwortung für die Aktion in dem Bereich, für den es zuständig ist.
>
> 10. Die Kommission erklärt sich damit einverstanden, daß der Kommissionspräsident ernsthaft prüfen wird, ob er ein Kommissionsmitglied zum Rücktritt auffordern soll, wenn das Europäische Parlament sein mangelndes Vertrauen in dieses Mitglied zum Ausdruck bringt (vorbehaltlich des Gewichts und der Repräsentativität der politischen Unterstützung für einen solchen Standpunkt).

11. Der Präsident der Europäischen Kommission teilt dem europäischen Parlament unverzüglich jede Entscheidung bezüglich der Aufteilung der Aufgaben auf die einzelnen Mitglieder der Kommission mit. Im Falle wesentlicher Änderungen, die ein einzelnes Mitglied der Kommission betreffen (z. B. Übertragung eines völlig neuen Ressorts oder eines bedeutenden Katalogs neuer Verantwortlichkeiten), erscheint das fragliche Mitglied der Kommission auf Antrag des verantwortlichen Ausschusses vor diesem.

Fraglich ist, ob dieser Teil der Vereinbarung mit dem primären Funktionenrecht vereinbar war. Maßstab ist der EG-Vertrag vor Inkrafttreten des Vertrages von Nizza.

Die im EG-Vertrag angelegte Kontrolle des EP gegenüber der Europäischen Kommission findet ihre Grenze insbesondere an der Identität der Kommission, welche ihrerseits besonders durch das Funktionsmerkmal der Kollegialität bestimmt wird[723]. Die Kontrolle des EP richtet sich hinsichtlich aller Kontrollinstitute gegen die Kommission als Kollegium, nicht hingegen gegen einzelne Kommissare[724]. Daraus folgt, daß es sich bei der durch den EG-Vertrag begründeten Verantwortlichkeit der Kommission gegenüber dem EP um die politische Verantwortlichkeit des Organs, nicht aber um die Verantwortlichkeit der einzelnen Mitglieder der Kommission für ihr Verhalten handelt. Interinstitutionelle Vereinbarungen der Organe, welche den Bereich parlamentarischer Kontrolle betreffen, müssen sich im Rahmen dieser vertraglichen Vorgaben halten und dürfen die parlamentarische Kontrolle nicht zu Lasten des Prinzips der Kollegialität der Kommission ausweiten.
Die zitierten Punkte 9 bis 11 der Interorganvereinbarung vom 5.7.2000 weichen aber das Prinzip der Kollegialität auf und greifen somit ein in die vertraglich umrissene Identität der Kommission. De facto wird insbesondere durch Punkt 10 dem EP die Möglichkeit gegeben, sich gegen einzelne Kommissionsmitglieder auszusprechen und diese indirekt aus dem Amt zu entfernen. Die dem Präsidenten verbleibende Entscheidungsmacht könnte nämlich in der Praxis durch den politischen Druck, welcher durch eine Abstimmung des Parlaments zu ungunsten eines Kommissionsmitgliedes entsteht, erheblich eingeschränkt sein.

---

[723] Vgl. zu den Funktionsmerkmalen der Kommission oben ab S. 59.
[724] Vgl. oben S. 219, in Bezug auf das Fragerecht S. 61, 113, in Bezug auf das Mißtrauensvotum ab S. 171.

Kommissionsintern hatte sich Romano Prodi ebenfalls abgesichert. Schon bei der Präsentation seiner Mannschaft vor dem EP erklärte er das beabsichtigte interne Vorgehen: »... ich werde sogar soweit gehen, [...] einzelne Kommissionsmitglieder aufzufordern, ihr Amt niederzulegen. Auch wenn dies nicht im Vertrag vorgesehen ist, so hat mir jedes Kommissionsmitglied persönlich versichert, daß es sein Amt niederlegen wird, wenn ich es darum ersuche...«[725].

Will man in dem beschriebenen Vorgehen eine faktische Steigerung der politischen Kontrolle des EP gegenüber der Kommission sehen, so gewinnt die Kontrolle des EP einen anderen Charakter als im Vertrag vorgesehen und wird die Grenze der Funktionsfähigkeit der Gemeinschafen, welche unter anderem auf der Erhaltung der Identität eines jeden Organs beruht, überschritten. Die Vereinbarung läuft der durch den EG-Vertrag umrissenen institutionellen Ordnung und den durch ihn aufgestellten Grenzen parlamentarischer Kontrolle zuwider. Dabei muß nochmals daran erinnert werden, daß das Prinzip der Kollegialität zu den entscheidenden Funktionsmerkmalen der Kommission gehört und hierdurch der integrierende Charakter der Kommission und der Gemeinschaft als ganzer, also der Vertragszweck, in besonderer Weise unterstrichen und gefördert wird. Wenn die Kontrolle des EP nicht mehr durch das Prinzip der Kollegialität begrenzt wird, führt dies zu einer wesentlichen Verschiebung des Gewichts der einzelnen Organe.

Will man aber die dem Kommissionspräsidenten verbleibende Entscheidungsbefugnis hinsichtlich der Aufforderung zur Amtsniederlegung in den Mittelpunkt der Betrachtungen rücken, so ist in dem geplanten Vorgehen insbesondere eine Stärkung des Kommissionspräsidenten gegenüber dem Amsterdamer Vertrag zu erblicken. Die Aufweichung des Kollegialitätsprinzips erfolgt aus diesem Blickwinkel von innen heraus, nämlich soweit der Kommissionspräsident durch die Aufforderung zur Amtsniederlegung einzelnen Kommissionsmitgliedern politische Verantwortung zuweist. Diesen Effekt hat auch schon die stärkere Betonung der Verantwortlichkeit einzelner Kommissionsmitglieder nach

---

[725] Rede des designierten Kommissionspräsidenten Romano Prodi vor dem EP vom 21.7.1999, im Internet abrufbar unter der Adresse: http://europa.eu.int/com/commissioners/prodi/speeches/designate/210799_de.htm (Stand: 2.11.2000).

innen und außen durch die Punkte 9 und 11[726]. Auch dies läuft der damaligen Fassung und dem Sinn des EG-Vertrags entgegen.

Dabei ist die Idee der Einschränkung des Prinzips der Kollegialität nicht neu: In diese Richtung gingen zum einen die – mehr oder weniger ausdrücklichen – Forderungen nach der Einführung eines gegen einzelne Kommissare gerichteten Mißtrauensantrags[727]. Der Ausschuß unabhängiger Sachverständiger schlug die Stärkung des Kommissionspräsidenten als Konzept vor, um die individuelle Verantwortlichkeit einzelner Kommissionsmitglieder durchzusetzen[728]. Schließlich wurde vorgeschlagen, einen unabhängigen Ad-hoc-Ausschuß zu kreieren, welcher die Integrität des Verwaltungshandelns überwachen sollte[729]. Konzepte zu Lasten des Kollegialitätsprinzips fanden ihre Berechtigung insbesondere darin, daß die Kommission auf diese Weise das Prinzip der Kollegialität nicht mehr

---

[726] An der Aufweichung des Kollegialitätsprinzips durch das in den Punkten 9-11 der interinstitutionellen Vereinbarung vom 5.7.2000 genannten Vorgehens, kann auch die Bekundung, an dem Prinzip festhalten zu wollen, nichts ändern; vgl. Rede vom 15.9.1999, abrufbar unter http://europa.eu.int/com/commissioners/prodi/speeches/designate/150999_en.htm (Stand vom 2.11.2000).

[727] Vgl. im Zusammenhang mit der institutionellen Krise im Frühjahr 1999 Entschließung des EP vom 23.3.1999, ABl. C 177 vom 22.6.1999, S. 19 (20 Ziffer 6), ferner *Lautz*, ZPol 1999, S. 439 (458); zu dahingehenden Forderungen des EP im Zusammenhang mit dem Vertrag von Maastricht *Nentwich*, EuZW 1992, S. 235 (238); zu den Überlegungen innerhalb des EP am Vorabend der ersten Direktwahlen vgl. *Chauchat*, Le contrôle politique du Parlement européen sur les exécutifs communautaires, S. 179 ff. Kritisch demgegenüber *Nicolaysen*, Wirtschaftsdienst (HWWA) 79, 1999, S. 283 (284 f.), der zu Recht darauf hinweist, daß die kollektive Ausrichtung der parlamentarischen Kontrolle nicht zuletzt den Aufgaben der Kommission, also der Funktionsfähigkeit der Gemeinschaft, zugute kommt. *Lenaerts/Verhoeven* in: Alston/de Búrca (Hrsg.), Good Governance in Europe's Integrated Market, S. 35 (63) weisen zu Recht auf die politische Brisanz eines individuellen Mißtrauensantrages hin. Ein solcher könnte immer als Angriff auf die Nationalität oder politische Richtung des betreffenden Kommissionsmitglieds verstanden werden. Vgl. zuletzt das Zitat von Dietmut Theato in: Frankfurter Allgemeine Zeitung vom 9.4.2003, Nr. 84, S. 15. Zur Debatte um die Einführung eines Mißtrauensantrags gegen einzelne Kommissionsmitglieder vgl. ferner oben ab S. 171.

[728] Ausschuß unabhängiger Sachverständiger, Zweiter Bericht, Band II, Punkte 7.14.21 und 7.14.22.

[729] Vgl. *Tomkins*, MLR Vol. 62, 1999, S. 744 (760, 762). Kritisch zu diesem Vorschlag *Lenaerz/Verhoeven* in: Alston/de Búrca (Hrsg.), Good Governance in Europe's Integrated Market, S. 35 (63, Fn. 119).

als Schutzschild benutzen könne[730], um hinter demselben Unregelmäßigkeiten bei der Ausführung ihrer Aufgaben durch einzelne Kommissare zu verbergen. Auch im Lichte der Transparenz, welche letztlich ein Recht der durch das EP repräsentierten Gemeinschaftsbürger ist, erscheinen die Punkte 9-11 der Interorganvereinbarung vom 5.7.2000 als sinnvoll. Trotz dieser Argumente können die Punkte 9-11 aber nicht als vertragskonform eingestuft werden. Eine solch grobe Veränderung der Verantwortlichkeit der Kommission gegenüber dem EP – bzw. ein solcher Machtzuwachs des Kommissionspräsidenten – obliegt der vertraglichen Regelung durch die Regierungen der Mitgliedstaaten als Vertragsparteien und nicht den durch den Vertrag konstituierten Organe.

Die vorangegangenen Ausführungen beziehen sich freilich auf die bisherigen Vertragsfassungen. Der Vertrag von Nizza hat in diesem Zusammenhang zu einer Neuregelung geführt:

> Artikel 217 EGV
>
> (1) Die Kommission übt ihre Tätigkeit unter der politischen Führung ihres Präsidenten aus; dieser entscheidet über ihre interne Organisation, um sicherzustellen, daß ihr Handeln kohärent und effizient ist und auf der Grundlage der Kollegialität beruht.
>
> (2) Die Zuständigkeiten der Kommission werden von ihrem Präsidenten gegliedert und zwischen ihren Mitgliedern aufgeteilt. Der Präsident kann diese Zuständigkeitsverteilung im Laufe der Amtszeit ändern. Die Mitglieder der Kommission üben die ihnen vom Präsidenten übertragenen Aufgaben unter dessen Leitung aus.
>
> (3) Nach Billigung durch das Kollegium ernennt der Präsident unter den Mitgliedern der Kommission den Vizepräsidenten.
>
> (4) Ein Mitglied der Kommission erklärt seinen Rücktritt, wenn der Präsident es nach Billigung durch das Kollegium dazu auffordert.

---

[730] *Lautz*, ZPol 1999, S. 439 (458), der in der vertraglichen Stärkung des Kommissionspräsidenten den Mittelweg zwischen einem individuellen Mißtrauensvotum und der Wahrung des Kollegialitätsprinzips sieht. Sogar der designierte Präsident Prodi greift diesen Vorwurf auf in seiner Stellungnahme vom 15.9.1999: »...our firm commitment to the principle of collegiality – which is cornerstone of the Commission's institutional role – will not become a shield for the individual accountability which all of us have to assume as politicians, befor this House and before the European public...«, im Internet abrufbar unter der Adresse: http://europa.eu.int /com/commissioners/prodi/speeches/designate/150999_en.htm (Stand: 2.11.2000).

Die Neuregelung führt in erster Linie eine Stärkung des Kommissionspräsidenten gegenüber der bisherigen Fassung des Vertrags herbei[731]. Dabei werden die von den Organen im Zusammenhang mit der institutionellen Krise und in der Folge der institutionellen Krise vereinbarten Vorgehensweisen indirekt vertraglich nahegelegt und gebilligt (insbesondere Abs. 4). Der Vertrag knüpft insofern an die Interorganvereinbarung an und umschreibt das kommissionsinterne Verfahren (auch) für den Fall, daß das EP sein Mißtrauen gegenüber einem einzelnen Kommissionsmitglied geäußert hat[732]. Damit wird die Frage der Vereinbarkeit der in der Vereinbarung vom Juli 2000 vorgesehenen institutionellen Praxis mit dem Primärrecht zwar hinfällig. Dennoch sind die vorangegangenen Ausführungen zu den Punkten 9–11 dieser Vereinbarung keineswegs entbehrlich. Sie sind vielmehr erforderlich für das Verständnis des neuen Art. 217 Abs. 4 EG und fließen in dessen historische Auslegung ein. Nur vor dem dargestellten historischen Hintergrund wird die Bedeutung der Neuregelung für das Interorganverhältnis zwischen EP und Kommission und für die Diskussion um die Möglichkeit eines Mißtrauensvotums gegen einzelne Kommissionsmitglieder deutlich.

Der Vertrag von Nizza schafft durch die Stärkung des Kommissionspräsidenten einen Ausgleich zwischen dem Anliegen der Durchsetzung individueller Verantwortlichkeit der einzelnen Kommissare gegenüber dem EP und dem Prinzip der Kollegialität der Kommission[733]. Dabei erweitert er formal nicht die Kontrollkompetenzen des EP und beseitigt auch nicht das Prinzip der Kollegialität, was sich an dem klaren Bekenntnis des Art. 217 Abs. 1 EG n. F. und an der Notwendigkeit der Billigung einer Rücktrittsaufforderung durch das Kollegium (Art. 217 Abs. 4 EG n. F.) zeigt.

---

[731] Vgl. *Fischer*, Der Vertrag von Nizza, S. 136 Anm. (10).

[732] Die Regelung des Art. 217 Abs. 4 EG wird als »Lex Prodi« bezeichnet. Prodi hatte seinen Kollegen in der Kommission das Versprechen abgenommen, daß sie ihren Rücktritt erklären würden, wenn er sie dazu aufforderte, vgl. *Fischer*, Der Vertrag von Nizza, S. 136 Anm. (8); oben S. 247.

[733] Vgl. *Fischer*, Der Vertrag von Nizza, S. 136 f. Anm. (10)

Damit haben die Mitgliedstaaten den Rat des Ausschusses unabhängiger Sachverständiger befolgt, und auf dem Wege der Stärkung des Kommissionspräsidenten auf die institutionelle Krise reagiert[734].
Das Instrument des Art. 217 Abs. 4 EG n. F. scheint tatsächlich geeignet zu verhindern, daß die Kommission wie im Frühjahr 1999 in eine Drucksituation gerät, aus der sie sich nur durch einen geschlossenen Rücktritt befreien kann. Damals hatte die unter schwerem Verdacht stehende Kommissarin Cresson sich geweigert zurückzutreten. Da das EP keine Handhabe gegen einzelne Kommissionsmitglieder hatte, hätte es nach der Vorlage des Berichts des Ausschusses unabhängiger Sachverständiger nur die Möglichkeit gehabt, ein Mißtrauensvotum gegen die gesamte Kommission abzugeben. Diesem Druck ist die Kommission durch den geschlossenen Rücktritt gewichen[735].

Obwohl die Neuregelung des Art. 217 Abs. 4 EG formal gesehen nur eine Stärkung des Kommissionspräsidenten bewirkt, hat sie doch Auswirkungen auf die parlamentarische Kontrolle gegenüber der Kommission. Zwar bleibt die Kontrolle des EP formal gesehen eine gegen das Kollegium gerichtete[736]. Inwiefern das EP aber auch Kontrolle über einzelne Kommissionsmitglieder ausüben kann, wird von seiner Überzeugungskraft gegenüber dem Präsidenten abhängen. Die Neuregelung bedeutet eine Abkehr von der strikten Trennung individueller Verantwortlichkeit gemäß Art. 216 EG und kollektiver Verantwortlichkeit gegenüber dem EP.

Art. 217 Abs. 4 EG belegt beispielhaft, daß die Fortentwicklung der primärrechtlichen Funktionenordnung mitunter durch organautonome Regelungen vorgezeichnet wird.

---

[734] Ausschuß unabhängiger Sachverständiger, Zweiter Bericht, Band II, Pkte. 7.14.21 und 7.14.22.
[735] Vgl. Fischer, Der Vertrag von Nizza, S. 136 Anm. (9).
[736] Durch den Vertrag von Nizza bleibt Art. 201 Abs. 2 EG unverändert. Aus dem Wort »geschlossen« ist – für sich gesehen und soweit man Art. 217 Abs. 4 EG außer Betracht läßt – weiterhin ableitbar, daß sich die Kontrolle des EP gegen die Kommission als Ganze richtet.

II. Erklärung der Regierungskonferenz von Nizza zu Art. 10 EG

Die Erklärung der Regierungskonferenz von Nizza zu Art. 10 EG hat im Rahmen der bisherigen Ausführungen bereits in mehrfacher Hinsicht Erwähnung gefunden[737]. Als Folge der institutionellen Krise soll sie an dieser Stelle erneut aufgegriffen werden.

Wie in den vorangegangenen Abschnitten gezeigt, haben EP und Kommission durch den Abschluß von zwei Interorganvereinbarungen – diejenige zur Einsetzung des Ausschusses unabhängiger Sachverständiger und die Rahmenvereinbarung zwischen EP und Kommission vom 5.7.2000 – im Alleingang versucht, den Konflikt um die Entlastung für das Haushaltsjahr 1996 zu lösen und im Anschluß an den Rücktritt der Kommission die Beziehungen zwischen EP und Kommission neu zu gestalten. In beiden Fällen betrafen die Vereinbarungen, wie gezeigt, die Grundstrukturen des institutionellen Gefüges und hielten sich nicht im Rahmen der vertraglich fixierten institutionellen Ordnung.

Da die Mitgliedstaaten durch die Erklärung zu Art. 10 EG nochmals auf die inhaltlichen Grenzen interinstitutioneller Vereinbarungen hinweisen und zudem aus dem Grundsatz der Organtreue herleiten, daß Interorganvereinbarungen nur unter Beteiligung aller drei Organe – EP, Rat und Kommission – geschlossen werden dürfen, muß gefolgert werden, daß die Erklärung eine Rüge des Alleingangs von EP und Kommission darstellt. Der Rat fühlte sich bei der Einsetzung des Ausschusses unabhängiger Sachverständiger übergangen und hatte ebenfalls Vorbehalte gegen die Vereinbarung vom Juli 2000. Die Mitgliedstaaten bezwecken mit der Erklärung die Wahrung ihrer Interessen; das institutionelle Gefüge der Gemeinschaft soll nicht über den Kopf des Rates hinweg faktisch verändert werden, der Wandel der Gemeinschaftsverfassung durch den Abschluß zweiseitiger Vereinbarungen zwischen EP und Kommission soll unterbunden werden. Damit betrifft die Erklärung die Funktion interinstitutioneller Vereinbarungen als Motor des Verfassungswandels.

---

[737] Vgl. zur Bedeutung der Erklärung im Zusammenhang mit Interinstitutionellen Vereinbarungen S. 201, im Zusammenhang mit der Einsetzung des Ausschusses unabhängiger Sachverständiger S. 238 und im Zusammenhang mit der Rahmenvereinbarung zwischen EP und Kommission vom Juli 2000 schließlich S. 243.

Zwar haben die Mitgliedstaaten zeitgleich mit der Erklärung zu Art. 10 EG durch die Neuregelung des Art. 217 Abs. 4 EG einen Einzelaspekt der Rahmenvereinbarung vom Juli 2000 quasi gebilligt. – Auch in der Vergangenheit waren institutionelle Veränderungen zunächst zwischen EP und Kommission praktiziert oder im Wege von Interorganvereinbarungen oder der GeschO EP eingeführt worden, bevor die Mitgliedstaaten diese Praxis in die Verträge übernahmen –. Nun aber haben die Mitgliedstaaten erklärt, daß sie künftig nicht mehr nur vollendete Tatsachen vertraglich umsetzen, sondern an der Weiterentwicklung der Gemeinschaftsverfassung auf der Ebene der Interorganpraxis beteiligt sein wollen.

III. Weitere Folgen

Die institutionelle Krise des Frühjahrs 1999 hat außerdem vielfältige Folgen im Bereich der Organe nach sich gezogen, welche hier nicht in allen Einzelheiten behandelt werden sollen[738] – nicht zuletzt weil sie nicht schwerpunktmäßig das Kontrollverhältnis zwischen EP und Kommission, sondern den kommissionsinternen Bereich bzw. übergeordneten institutionelle Fragen betreffen:
Bereits die Entschließung des EP vom 14.1.1999[739] enthielt die Forderung, daß die Kommission bis zum 15.3. konkrete Vorschläge zur Verbesserung ihrer Verwaltungspraxis vorlegen solle. Diese Forderung zielte insbesondere ab auf die Vorlage und Ausarbeitung dreier Verhaltenskodizes[740], ferner aber auf die

---

[738] Vgl. zu den von Romano Prodi inszenierten Reformen der Kommission: *Craig*, ELJ 6 (2000), S. 98 (109 ff.).

[739] Entschließung zur Verbesserung der Haushaltsführung der Kommission, B4-0065, 0109 und 0110/99, ABl. C 104 vom 14.4.1999, S. 106 f.

[740] Der erste Verhaltenskodex sollte sich beziehen auf die Arbeit der Kommissionsmitglieder, ein weiterer auf die Beziehungen zwischen den Kommissionsmitgliedern, ihren Kabinetten und den Dienststellen und ein dritter schließlich auf die für die Beamten geltenden Grundsätze unter Berücksichtigung der Frage der Mitwirkung von Angehörigen und persönlichen Bekannten im beruflichen Tätigkeitsbereich. Die beiden ersten Kodizes sind abgedruckt in: Bulletin Quotidien Europe – Europe Dokumente, Nr. 2129 vom 24.3.1999. Die Verhaltenskodizes fallen demnach in den Zusammenhang einer schon 1995 angelaufenen Verwaltungsreform, so daß die institutionelle Krise des Jahres 1999 nicht allein ursächlich für ihre Ausarbeitung war. Vgl. ferner: Ausschuß unabhängiger Sachverständiger, Zweiter Bericht, Band II, Pkte. 7.4.-7.13, S. 273 ff. mit differenzierten Anmerkungen.

Schaffung eines neuen Amts für Betrugsbekämpfung, welches nicht der politischen Kontrolle der Kommission unterstehen solle.
Im Juni 1999 hat die Betrugsbekämpfungseinheit OLAF[741] die bisherige Einheit UCLAF – zunächst zwar nur auf dem Papier – abgelöst[742]. Das EP hat damit das lange verfolgte Ziel der Unabhängigkeit der Dienststelle für Betrugsbekämpfung gegenüber der Kommission erreicht. Organisatorisch gehört das Amt aber weiterhin zur Kommission[743]. Es ist wie zuvor UCLAF zuständig für die externe Betrugsbekämpfung. In diesem Zusammenhang ist aber neu, daß die Untersuchungen nun unter der Verantwortung eines unabhängigen Direktors und nicht mehr der Kommission stehen[744]. Ferner wurde die Verpflichtung zum Informationsaustausch zwischen Organen und Mitgliedstaaten einerseits und OLAF andererseits konkretisiert[745] und Art. 280 EG wurde in konkrete Aufgabenbeschreibungen für OLAF umgesetzt[746].
Da OLAF nicht zuletzt vor dem Hintergrund der Geschehnisse bis zum Rücktritt der Kommission im Frühjahr 1999 vorrangig zur Verbesserung der internen Betrugsbekämpfung eingesetzt wurde, finden sich gerade in diesem Bereich maßgebende Veränderungen im Vergleich zu UCLAF. Ohne Voranmeldungen kann OLAF künftig innerhalb aller Institutionen und Einrichtungen der EU administrative Untersuchungen durchführen[747], alle Institutionen und Einrichtungen sind zur uneingeschränkten Zusammenarbeit verpflichtet[748]. OLAF muß ein

---

[741] Office pour la Lutte Anti-Fraude; zur Einsetzung vgl. Beschluß der Kommission vom 28.4.1999, ABl. L 136 vom 31.5.1999, S. 20 ff; Verordnung (EG) Nr. 1073/99 vom 25.5.1999, ABl. L 136 vom 31.5.1999, S. 1 ff.

[742] Vgl. im einzelnen zu den Rahmenbedingungen des neuen Amtes *Gleß*, EuZW 1999, S. 618 ff. m. w. N. Ferner sehr aspektreich zu UCLAF und OLAF: Ausschuß unabhängiger Sachverständiger, Zweiter Bericht, Band II, Pkte. 5.4.-5.14., S. 160 ff. Zur Betrugsbekämpfung in der EU *Chavaki*, ZEuS 1999, S. 431 ff.

[743] Vgl. zu dem Aspekt der Einsetzung von OLAF als Zwischenstufe zu einer europäischen Staatsanwaltschaft *Theato* in : Drexl u. a. (Hrsg.), Europäische Demokratie, S. 111 (120 ff.); Interview mit Dietmut Theato in : Versicherungswirtschaft 4/1999, (Report).

[744] Verordnung (EG) Nr. 1073/99, Art. 6 Abs. 1, Art. 12. Die Verordnung ist abgedruckt in: ABl. L 136 vom 31.5.1999, S. 1 ff.

[745] Verordnung (EG) Nr. 1073/99, Art. 7.

[746] Verordnung (EG) Nr. 1073/99, Art. 1 Abs. 2.

[747] Verordnung (EG) Nr. 1073/99, Art. 4.

[748] Verordnung (EG) Nr. 1073/99, Art. 4 und 7.

Ermittlungsverfahren unter bestimmten Voraussetzungen an die nationalen Justizbehörden übergeben[749].

Allerdings wird die Tätigkeit des OLAF von einem Überwachungsausschuß kontrolliert[750], welcher sich aus fünf unabhängigen, sachverständigen Personen zusammensetzt.

D. Fazit

— Im Vorfeld des Rücktritts der Kommission im Frühjahr 1999 hat das EP vertragliche Kontrollrechte gegenüber der Kommission ausgeübt. In Ausübung der Haushaltskontrolle durch das Entlastungsverfahren (Art. 276 EG; Art. 206 EGV) und in Bezug auf das Interpellationsrecht (Art. 197 Abs. 3 EG; Art. 140 Abs. 3 EGV) ist es seiner durch den EG-Vertrag umrissenen Kontrollaufgabe gerecht geworden. Der Gebrauch des Mißtrauensantrags (Art. 201 EG; Art. 144 EGV) als Vertrauensantrag widersprach hingegen dem Geist der Verträge (Art. 5 EU; Art. E EUV). Hierin drückte sich ein mangelndes Verständnis des EP von seiner Rolle als Kontrollinstanz der Kommission aus.

— Mit der Einsetzung des Ausschusses unabhängiger Sachverständiger schufen EP und Kommission ein vertraglich nicht vorgesehenes Instrument zur Bewältigung des interinstitutionellen Konflikts. Die Kompetenz zu einer derart weitgreifenden institutionellen Regelung haben die Organe nicht, sondern sie kommt nur den Mitgliedstaaten als Vertragsparteien zu (Art. 48 EU, Art. N EUV). Faktisch gesehen handelte es sich um ein Kontrollinstrument gegenüber der Kommission, welches aber nicht mit den primärrechtlichen Vorgaben vereinbar war.

— Insgesamt ist der interinstitutionelle Konflikt nicht mit den dafür vorgesehenen vertraglichen Mitteln bewältigt worden. Stattdessen hat das EP einen außervertraglichen Weg der Konfliktbewältigung gesucht und auf diesem Wege unter dem Druck der Öffentlichkeit erreicht, was es aufgrund eines zu uncoura-

---

[749] Verordnung (EG) Nr. 1073/99, Art. 10 Abs. 2.

[750] Verordnung (EG) Nr. 1073/99, Art. 11 Abs. 1.

gierten Gebrauchs der ihm gegebenen Kontrollmittel nicht zu erreichen vermochte.

— Das Prinzip der Kollegialität der Kommission, welches als Funktionsmerkmal der Kommission eine Grenze parlamentarischer Kontrolle gegenüber der Kommission darstellt, ist infolge der institutionellen Krise zumindest leicht gelockert worden. Faktisch ist dies durch die Vereinbarung zwischen EP und Kommission vom Juli 2000 geschehen, indem die Kommission sich damit einverstanden erklärte, daß der Präsident der Kommission ernsthaft prüfen werde, ob er ein Kommissionsmitglied, dem das EP das Mißtrauen ausgesprochen hat, zum Rücktritt auffordere. Mit dem EG-Vertrag in der Fassung von Amsterdam, welche damals galt, war diese Interorganabsprache nicht vereinbar. Art. 217 Abs. 4 EG, welcher durch den Vertrag von Nizza eingeführt worden ist, knüpft aber an die Interorganabsprache an und ermöglicht ihre Umsetzung, indem er die Mitglieder der Kommission dazu verpflichtet zurückzutreten, falls der Präsident sie dazu auffordert. Formal gesehen werden die Kontrollrechte des EP damit zwar nicht erweitert und die parlamentarische Kontrolle richtet sich weiterhin gegen die gesamte Kommission. Sofern das EP aber künftig sein Mißtrauen gegenüber einem einzelnen Kommissionsmitglied ausdrückt, kann der Präsident der Kommission dem betreffenden Kommissionsmitglied durch die Aufforderung zum Rücktritt politische Verantwortung zuweisen. Auf diese Weise wird ein Weg erschlossen, wie sich die Organe untereinander über die Besetzung der Kommission verständigen können. Dadurch wird ein Verfahren geschaffen, welches dem Prinzip der Integration und der notwendigen Verständigung zwischen den Organen Rechnung trägt. Die Kontrolle des EP gegenüber der Kommission gewinnt aber damit eine individuelle Komponente. Die strikte Trennung zwischen kollektiver Verantwortlichkeit der Kommission gegenüber dem EP und der individuellen Verantwortlichkeit einzelner Kommissare (Art. 216 EG) wird dadurch relativiert.

— Durch die Erklärung für die Schlußakte der Konferenz von Nizza zu Art. 10 EG haben die Mitgliedstaaten als Vertragsparteien ihrem Willen Ausdruck verliehen, daß Interorganvereinbarungen zwischen EP, Kommission und Rat künftig nur noch mit Zustimmung aller drei Organe getroffen werden sollen. Auf diese Weise soll einer autonomen Weiterentwicklung des institutionellen Gefüges durch die integrationsfreundlichen Organe, EP und Kommission, vorgebeugt und das Mitspracherecht des Rates gesichert werden. Der Schluß liegt nahe, daß es sich bei der Erklärung insbesondere um eine Reaktion auf die Einsetzung des Ausschusses unabhängiger Sachverständiger im Wege der Interorganvereinbarung zwischen EP und Kommission und auf die Rahmenvereinbarung vom Juli 2000 handelt. Normative Wirkung entfaltet die Erklärung zwar allenfalls im Rahmen der Auslegung des Gemeinschaftsrechts. Aufgrund der Pflicht zu loyaler Zusammenarbeit mit den Mitgliedstaaten bzw. dem Rat, sind EP und Kommission aber in Zukunft gehalten, die Erklärung zu beachten.

Ausblick: Der Entwurf einer Verfassung für Europa

Am 20. Juni 2003 hat der Europäische Konvent zur Zukunft Europas unter der Leitung von Valéry Giscard d'Estaing dem Europäischen Rat den »Entwurf eines Vertrags über eine Verfassung für Europa« vorgelegt. Die Vorschläge des Konvents sollen hier nicht in allen Einzelheiten dargelegt werden, zumal die Annahme des Entwurfs durch den Europäischen Rat noch aussteht. Im Zusammenhang mit den vorangegangenen Untersuchungen sei nur folgendes herausgegriffen:
Der Entwurf sieht eine Zusammenfassung der Gemeinschaftsverträge und des EU-Vertrags vor. Regelungen betreffend die Kontrolle des EP gegenüber der Kommission finden sich in Teil I Titel IV und in Teil III Titel VI Kapitel I.[751] Dabei sind die expliziten Kontrollinstrumente des EG-Vertrags übernommen worden[752]. Im Hinblick auf die vorangegangenen Ausführungen zu den Folgen der institutionellen Krise vom Herbst 1998/Frühjahr 1999 sind insbesondere die folgenden zwei Punkte erwähnenswert.

Art. I-25 Abs. 5 S. 1 des Entwurfs stellt klar, daß »die Kommission als Kollegium dem EP verantwortlich« ist. Auch weiterhin ist nur ein Mißtrauensantrag gegen die gesamte Kommission mit der Folge der Verpflichtung aller Kommissionsmitglieder zur Amtsniederlegung vorgesehen (Art. I-25 Abs. 5 S. 3, 4). Die Tendenz der Einschränkung des Kollegialitätsprinzips, die sich in der Interorganvereinbarung vom Juli 2000 und in der Einführung des Art. 217 Abs. 4 EG durch den Vertrag von Nizza zeigte, wird also nicht weitergeführt.[753] Vielmehr wird das Kollegialitätsprinzip in Art. I-26 Abs. 3 S. 1 des Entwurfs explizit genannt.

---

[751] Einen generellen Überblick über die im Verfassungsentwurf vorgesehenen institutionellen Reformen geben *Hölscheidt/Putz*, JA 2004, S. 262 (263).

[752] Sie sind in den folgenden Vorschriften geregelt: Untersuchungsrecht: Art. III-235; Fragerecht: Art. III-239 Abs. 1 S. 2; Mißtrauensantrag: Art. III-243; Gesamtbericht: Art. III-242, III-257; Bürgerbeauftragter: Art. III-237; Petitionsrecht: Art. III-236; Entlastung: Art. III-315.

[753] Allerdings ist in Art. I-26 Abs. 3 des Entwurfs anders als in Art. 217 Abs. 4 EG nicht mehr die Billigung durch das Kollegium vorgesehen.

Im Rahmen der vorliegenden Arbeit wurde im Zusammenhang mit der Rechtmäßigkeit der Interorganvereinbarung vom Juli 2000 auch die Absprache bezüglich der Behandlung von Aufforderungen des EP an die Kommission zur Vorlage legislativer Vorschläge (Art. 192 Abs. 2 EG) betrachtet. Diese Absprache enthält weitergehende Pflichten zur Behandlung der Aufforderungen als Art. 192 Abs. 2 EG dies derzeit vorsieht. Die Regelung des Art. 192 Abs. 2 EG findet sich in Art. III-234 S. 1 des Entwurfs wieder. Dort ist aber ein weiterer Satz angefügt:

> Legt die Kommission keinen Vorschlag vor, so teilt sie dem Europäischen Parlament die Gründe dafür mit.

Damit knüpft der Entwurf an die Interorganabsprache vom Juli 2000 an und bestätigt zumindest deren Tendenz. Hieran zeigt sich einmal mehr, wie Interorganabsprachen einer förmlichen Vertragsänderung vorausgehen und so den Wandel der institutionellen Ordnung vorantreiben können.

Ein weiterer Wandel der institutionellen Ordnung ist insbesondere im Hinblick auf die anstehende Erweiterung der EU erforderlich. Ob sich die Mitgliedstaaten dabei auf den Vorschlag des Konvents einigen können, muß die Zukunft zeigen.

Schriftenverzeichnis

Achterberg, Norbert: Soziokonformität, Kompetenzbereich und Leistungseffizienz des Parlaments, DVBl. 1972, S. 841

ders., EuR 1968, S. 240 (Rezension zu Petzold, Herbert, Die Gewaltenteilung in den Europäischen Gemeinschaften)

Anweiler, Jochen: Die Auslegungsmethoden des Gerichtshofs der Europäischen Gemeinschaften, Frankfurt a. M. u. a. 1997, zugl. Diss. 1996

Bagehot, Walter: Die Englische Verfassung, Neuwied 1971

Baziadoly, Sophie: Le réfus de la décharge par le Parlement Européen, RMC 1992, S. 58

Bebr, Gerhard: The standing of the European Parliament in the Community System of legal remedies: A thorny jurisprudential development, YEL (10) 1990, S. 171

Beckedorf, Ingo: Das Untersuchungsrecht des Europäischen Parlaments, Berlin 1995, zugl. Diss. Hannover 1995

ders.: Das Untersuchungsrecht des Europäischen Parlaments, EuR 1997, S. 237

Bernhardt, Wilfried: Verfassungsprinzipien – Verfassungsgerichtsfunktionen – Verfassungsprozeßrecht im EWG-Vertrag, Berlin 1987, zugl. Diss. Bayreuth 1985 / 86

Beutler, Bengt: Mehr Macht durch Recht? – Das Europäische Parlament vor dem Europäischen Gerichtshof, EuR 1984, S. 143

ders.: Rechtsfragen des Konzertierungsverfahrens, in: Bieber, Roland / Bleckmann, Albert u. a. (Hrsg.), Das Europa der zweiten Generation: Gedächtnisschrift für Christoph Sasse, Baden-Baden 1981, S. 311

Bieber, Roland: Das Verfahrensrecht von Verfassungsorganen, Baden-Baden 1992, zugl. Habilschrift Saarbrücken 1991

ders.: Organe der erweiterten Europäischen Gemeinschaften: Das Parlament, Baden-Baden 1974

ders.: The Settlement of Institutional Conflicts on the Basis of Article 4 of the EEC Treaty, CMLR 1984, S. 505

ders.: Das Parlamentarische Mißtrauensvotum in den Europäischen Gemeinschaften, NJW 1973, S. 405

ders.: Rechtswirkung und gerichtliche Kontrolle des EG-Haushalts, DVBl. 1986, S. 961

ders.: Kooperation und Konflikt – Elemente einer Theorie des internen Organisationsrechts der EG, in: Bieber, Roland / Bleckmann, Albert u. a. (Hrsg.), Das Europa der zweiten Generation: Gedächtnisschrift für Christoph Sasse, Baden-Baden 1981, S. 327

Bleckmann, Albert: Europarecht, 6. Auflage, Köln u. a. 1997

ders.: Zu den Auslegungsmethoden des Europäischen Gerichtshofs, NJW 1982, S. 1177

ders.: Probleme bei der Auslegung von EWG-Richtlinien, RIW 1987, S. 929

ders.: Politische Aspekte der Europäischen Integratiion unter dem Vorzeichen des Binnenmarktes 1992, ZRP 1990, S. 265

ders.: Das Europäische Demokratieprinzip, JZ 2001, S. 53

Bobbert, Christian: Interinstitutionelle Vereinbarungen im Europäischen Gemeinschaftsrecht, Frankfurt a. M. 2001, zugl. Diss. Bonn 2000

Borchardt, Klaus-Dieter: Richterrecht durch den Gerichtshof der Europäischen Gemeinschaften, in: Randelzhofer, Albrecht / Scholz, Rupert / Wilke, Dieter (Hrsg.), Gedächtnisschrift für Eberhard Grabitz, München 1995, S. 29

Bothe, Michael: »Soft law« in den Europäischen Gemeinschaften, in: v. Münch, Ingo (Hrsg.), Völkerrecht, Europarecht, Festschrift für Hans-Jürgen Schlochauer, Berlin 1981, S. 761

Bourlanges, Jean Louis: L'Europe en péril: Entretien avec Cédric Argenton, Commentaire n°90, eté 2000, S. 249

Bradley, Kieran St. Clair: »Better Rusty Than Missing?«: Institutional reforms of the Maastricht Treaty and the European Parliament, in: O'Keeffe, Twomey / Spence, David (editors), Legal Issues of the Maastricht Treaty, London 1994, S. 193

ders.: The Institutional Law of the European Union in 1999, YEL (19) 1999-2000, S. 547

Brandt, Edmund: Vertrauenserfordernis, Mißtrauensvotum und Parlamentarisches Regierungssystem, Diss. Berlin 1979

Buck, Carsten: Über die Auslegungsmethoden des Gerichtshofs der Europäischen Gemeinschaft, Frankfurt a. M. u. a. 1998

Calliess, Christian / *Ruffert*, Matthias: Kommentar zu EG-Vertrag und EU-Vertrag, 2. Auflage, Neuwied 2002 (zit.: Bearbeiter in: Calliess/Ruffert)

Carstens, Karl: Von der Europäischen Wirtschaftsgemeinschaft zur europäischen Rechtsgemeinschaft, NJW 1978, S. 1723

Chauchat, Mathias: Le contrôle politique du Parlement européen sur les exécutifs communautaires, Paris 1998

Chavaki, Paraskevi: Betrugsbekämpfung in der Europäischen Union, ZEuS 1999, S. 431

Cohen, Lionel H.: The development of question time in the European Parliament,CMLR 1979, S. 41

Constantinesco, Léontin Jean: Das Recht der Europäischen Gemeinschaften, Band I: Das institutionelle Recht, Baden-Baden 1977

Constantinesco, Vlad / *Kovar*, Robert / *Simon*, Denys: Traité sur l'union européenne: Commentaire article par article, Paris 1995 (zit.: Bearbeiter in: Constantinesco/Kovar/Simon)

Craig, Paul: The Fall and Renewal of the Commission: Accountability, Contract and Administrative Organisation, ELJ 6 (2000), S. 98

Dauses, Manfred A. Nochmals zum Europäischen Parlament: Von der »beratenden« zur »bestätigenden« Versammlung, EuZW 1999, S. 97

Döhring, Karl: Demokratiedefizit in der Europäischen Union?, DVBl. 1997, S. 1133

Druker, Isaak: Financing the European Communities, Leiden 1975

Edwards, Geoffrey / *Spence*, David: The Commission in Perspective, in: Edwards, Geoffrey / Spence, David (Hrsg.), The European Commission, 2. Auflage, London 1997, S. 1

Ehlermann, Claus Dieter: Sachkompetenzen und Organverfassung der Gemeinschaft, Integration 1971, S. 162

Ehmke, Horst: Beiträge zur Verfassungstheorie und Verfassungspolitik, Königstein 1981

Esser, Josef: Vorverständnis und Methodenwahl in der Rechtsfindung, Frankfurt a. M. 1970

ders.: Grundsatz und Norm in der richterlichen Fortbildung des Privatrechts, 4. Auflage, Tübingen 1990

Europäische Kommission: Die Finanzverfassung der Europäischen Union, Luxemburg 1995

Europäisches Parlament: Parlamentarische Kontrolle der gemeinschaftlichen Finanzen, 3. Auflage 1988

Everling, Ulrich: Rechtsvereinheitlichung durch Richterrecht in der Europäischen Gemeinschaft, RabelsZ 50 (1986), S. 193

ders.: Rechtsanwendungs- und Auslegungsgrundsätze des Gerichtshofs der Europäischen Gemeinschaften, in: Kruse, Heinrich Wilhelm (Hrsg.), Zölle, Verbrauchersteuern, europäisches Marktordnungsrecht, Veröffentlichungen der Deutschen Steuerjuristischen Gesellschaft e.V., Band 11 Köln 1988, S. 51

ders.: Probleme atypischer Rechts- und Handlungsformen bei der Auslegung des Europäischen Gemeinschaftsrechts, in: Bieber, Roland / Ress, Georg (Hrsg.), Die Dynamik des Europäischen Gemeinschaftsrechts, Baden-Baden 1987, S. 417

ders.: Sind die Mitgliedstaaten der Gemeinschaften noch Herren der Verträge?, in: Bernhardt, Rudolf / Geck, W. K. (Hrsg.), Völkerrecht als Rechtsordnung, Festschrift für Hermann Mosler, Berlin u. a. 1983, S. 173

ders.: Vom Zweckverband zur europäischen Union – Überlegungen zur Struktur der Europäischen Gemeinschaft, in: Stödter, Rolf / Thieme, Werner (Hrsg.), Hamburg, Deutschland, Europa, Festschrift für Peter Ipsen zum 70. Geburtstag, Tübingen 1977, S. 595

ders.: Das europäische Gemeinschaftsrecht im Spannungsfeld von Politik und Wirtschaft, in: Europäische Gerichtsbarkeit und nationale Verfassungsgerichtsbarkeit, Festschrift zum 70. Geburtstag von Hans Kutscher, Baden-Baden 1981, S. 155

ders.: Zur rechtlichen Wirkung von Beschlüssen, Entschließungen, Erklärungen und Vereinbarungen des Rates oder der Mitgliedstaaten der Europäischen Gemeinschaft, in: Lüke, Gerhardt / Ress, Georg / Will, Michael (Hrsg.), Rechtsvergleichung, Europarecht und Staatenintegration, Gedächtnisschrift für Léontin-Jean Constantinesco, Köln u. a. 1983, S. 133

Feger, Dieter: Die Rechtsetzung in den Europäischen Gemeinschaften – Interorganvereinbarungen als weitere Rechtsquelle, JA 1985, S. 437

Fischer, Klemens H.: Der Vertrag von Nizza, Baden-Baden 2001

Fischer, Peter / *Köck*, Heribert Franz: Europarecht, 3. Auflage, Wien 1997

Friesenhahn, Ernst : Parlament und Regierung im modernen Staat, VVDStRL 16 (1958), S. 9

Fugmann, Friedrich: Haushaltsentlastung 1996, oder: Wer hat den Schwarzen Peter?, EuZW 1999, S. 65

Gauweiler, Marijke: Die rechtliche Qualifikation interorganschaftlicher Absprachen im Europarecht, Diss. Mainz 1988

Geiger, Rudolf: EG-Vertrag, Kommentar zu dem Vertrag zur Gründung der Europäischen Gemeinschaft, 3. Auflage, München 2000

Glaesner, Hans-Joachim: Haushaltsbefugnisse des Parlaments und Rechtsschutz, in: Börner, Bodo / Jahrreiß, H. (Hrsg.), Einigkeit und Recht und Freiheit, Festschrift für Karl Carstens, Band I, Köln u. a. 1984, S. 115

ders.: Mögliche Konfliktzonen zwischen den Gemeinschaftsorganen, EuR 1981, S. 9

ders.: Das Konzertierungsverfahren zwischen Rat und Europäischem Parlament, Integration 1981, S. 22

Gleß, Sabine: Das Europäische Amt für Betrugsbekämpfung (OLAF), EuZW 1999, S. 618

Götz, Walter: Mitwirkungsrechte des Europäischen Parlaments bei der Rechtsetzung, JA 1997, S. 990

Grabitz, Eberhardt: Das Europäische Parlament vor der Direktwahl, Integration 1979, S. 47

Grabitz, Eberhard / *Läufer*, Thomas: Das Europäische Parlament, Bonn 1980

Grabitz, Eberhard / *Hilf*, Meinhard: Das Recht der Europäischen Union, Loseblatt-Kommentar (zit.: Bearbeiter in: Grabitz/Hilf)
- Band I, II EUV / EGV (Amsterdamer Fassung) Stand: 21. Ergänzungslieferung, April 2003
- Archivband I, II EUV / EGV / EWGV (Maastrichter bzw. Römische Fassung)

von der Groeben, Hans / *Thiesing*, Jochen / *Ehlermann*, Claus-Dieter: Kommentar zum EU- / EG-Vertrag, Band I-V, 5. Auflage, Baden-Baden 1997, (zit.: Bearbeiter in: Groeben/Thiesing/Ehlermann)

dies.: Kommentar zum EWG-Vertrag,Band I, 3. Auflage, Baden-Baden 1983, (zit.: Bearbeiter in: Groeben/Boeckh/Thiesing/Ehlermann, 3. Auflage)

Häberle, Peter : Europa in Kulturverfassungsrechtlicher Perspektive, in: Schwarze, Jürgen / Vitzthum, Graf Wolfgang (Hrsg.), Grundrechtsschutz im nationalen und internationalen Recht, Werner v. Simson zum 75. Geburtstag, Baden-Baden 1983

ders.: Europa als werdende Verfassungsgemeinschaft, in: DVBl. 2000, S. 840

Hahn, Hugo J.: Funktionenteilung im Verfassungsrecht europäischer Organisationen, Baden-Baden 1977

Hatje, Armin: Loyalität als Rechtsprinzip in der Europäischen Union, Baden-Baden 2001

Heising, Klaus: Die Gewaltenteilung nach dem Bonner Grundgesetz und nach dem Vertrag zur Gründung der Europäischen Wirtschaftsgemeinschaft, Diss. Münster 1969

Herdegen, Matthias: Europarecht, 5. Auflage, München 2003

ders.: Auslegende Erklärungen von Gemeinschaftsorganen und Mitgliedstaaten zu EG-Rechtsakten, ZHR 155 (1991), S. 52

Herzog, Roman / *Kunst*, Hermann / *Schlaich*, Klaus / *Schneemelcher*, Wilhelm (Hrsg.) Evangelisches Staatslexikon, Band I, 3. Auflage, Stuttgart 1987

Hilf, Meinhard: Die Organisationsstruktur der Europäischen Gemeinschaften, Berlin u. a. 1982 *ders.*: Die rechtliche Bedeutung des Verfassungsprinzips der parlamentarischen Demokratie für den europäischen Integrationsprozeß, EuR 1984, S. 9

Hippel, Götz von: La séparation des pouvoirs dans les Communautés Européennes, Nancy 1965

Hoffmann, Wolfgang: Zusammensetzung und Befugnisse des Parlaments der europäischen Gemeinschaften, Diss. Bonn 1961

Hoffmann-Becking, Gerhard: Normaufbau und Methode, Eine Untersuchung zur Rechtsprechung des Gerichtshofs der Europäischen Gemeinschaften, Tübingen 1973

Hohrmann, Friedrich: Entwicklungen im Versandverfahren, ZfZ 1997, S. 399

Hölscheidt, Sven: Das Haushaltsrecht der Europäischen Gemeinschaften, DÖV 1989, S. 537

Hölscheidt, Sven / *Putz*, Iris: Die Konventsverfassung, JA 2004, S. 262

Hummer, Waldemar: Das »Institutionelle Gleichgewicht« als Strukturdeterminante der Europäischen Gemeinschaften, in: Miehlsler, Herbert u. a. (Hrsg.), Ius Humanitas, Festschrift zum 90. Geburtstag von Alfred Verdross, Berlin 1980, S. 459

Hummer, Waldemar / *Obwexer*, Walter: Der »kollektive« Rücktritt der Europäischen Kommission – Ein Rechtsirrtum?, EWS 1999, S. 161

dies.: Der »geschlossene« Rücktritt der Europäischen Kommission – Von der Nichtentlastung für die Haushaltsführung zur Neuernennung der Kommission, Integration 1999, S. 77

Ipsen, Hans-Peter : Europäisches Gemeinschaftsrecht, Tübingen 1972

ders.: Die Verfassungsrolle des europäischen Gerichtshofs für die Integration, in: Schwarze, Jürgen (Hrsg.), Der Europäische Gerichtshof als Verfassungsgericht und Rechtsschutzinstanz, S. 29

Isaac, Guy: L'Insertation du Parlement Européen dans le système juridictionnel des Communautés Européennes. Annuaire français de droit international, Band XXXII (1986), S. 794

Jacobs, Francis / *Corbett*, Richard / *Shackleton*, Michael: The European Parliament, 2. Auflage, Harlow 1992

Jaqué, Jean-Paul: La Constitution de la Communauté Européenne, Revue universelle des droits de l'homme 1995, S. 397

ders.: Note à l'arrêt du 23 avril 1986, Revue trimestrielle de droit Européen, S. 500

Jaqué, Jean Paul / *Bieber*, Roland / *Constantinesco*, Vlad / *Nickel*, Dietmar: Le parlement européen, Paris 1984

Jellinek, Georg: Allgemeine Staatslehre, unveränderter Nachdruck des 5. Neudrucks der 3. Auflage (1928), Bad Homburg 1966

Kannengießer, Christoph: Die Entlastung im Haushaltsrecht des europäischen Gemeinschaft, DÖV 1995, S. 55

Kelsen, Hans: Wesen und Entwicklung der Staatsgerichtsbarkeit, Mitbericht, in: VVDStRL 5 (1929), S. 30

Key, B. M.: The Exercise by the European Parliament of its Power of Discharge, in: Hrbek / Jamar / Wessels (Hrsg.), Le Parlement Européen à la veille de la deuxième élection universel direct: Bilan et perspectives, Bruges 1984, S. 786

Kipke, Rüdiger: Die Untersuchungsausschüsse des Europäischen Parlaments – Rechtsgrundlagen und Verfahrenspraxis, ZParl 1989, S. 488

Klein, Eckart: Entwicklungsperspektiven für das europäische Parlament, EuR 1987, S. 97

Klein, Hans Hugo: Aufgaben des Bundestages, in: Isensee, Josef; Kirchhof, Paul (Hrsg.), Handbuch des Staatsrechts der Bundesrepublik Deutschland, Band II, Heidelberg 1987, S. 341

Kraußer, Hans-Peter: Das Prinzip der begrenzten Ermächtigung im Gemeinschaftsrecht als Strukturprinzip des EWG-Vertrages, Berlin 1991

Krebs, Walter: Kontrolle in staatlichen Entscheidungsprozessen, Heidelberg 1984

Lang, John Temple: Institutional Changes in the European Union to Prepare for Enlargement: Which Role for the Commission?, ERA-Forum 2000, n° 2, S. 2

Lautz, Andreas: Das Erste Mißtrauensvotum des Europäischen Parlaments gegen die Europäische Kommission, ZPol 1999, S. 439

Läufer, Thomas: Die Organe der EG – Rechtsetzung und Haushaltsverfahren zwischen Kooperation und Konflikt, Bonn 1990

ders.: Das Europäische Parlament als Partner im interinstitutionellen Dialog – Law in the Making?, Integration 1979, S. 19

ders.: Das Europäische Parlament nach der Direktwahl: Positionsstärkung durch intrakonstitutionellen Wandel?, EuR 1979, S. 261

Lecheler, Helmut: Der Europäische Gerichtshof und die allgemeinen Rechtsgrundsätze, Berlin 1971

Lenaerts, Cohen / *Verhoeven*, Amaryllis: Institutional Balance as a Guarantee for Democracy in EU Governance, in: Alston, Philip / de Búrca, Gráinne (Hrsg.), Good Governance in Europe's Integrated Market, Oxford 2002, S. 35

Lenz, Carl Otto: EG-Vertrag Kommentar, 2. Auflage, Köln 1999 (zit.: Bearbeiter in: Lenz)

ders.: EG-Handbuch Recht im Binnenmarkt, 2. Auflage, Herne, Berlin 1991

Lorz, Ralph Alexander: Interorganrespekt im Verfassungsrecht, Tübingen 2001

Lück, Michael: Die Gemeinschaftstreue als allgemeines Rechtsprinzip im Recht der Europäischen Gemeinschaft – Ein Vergleich zur Bundestreue im Verfassungsrecht der Bundesrepublik Deutschland, Baden-Baden 1992

Marias, Epaminondas: The right to petition the European Parliament after Maastricht, ELR (19) 1994, S. 169

Meessen, Karl Matthias: Zur Theorie der allgemeinen Rechtsgrundsätze des internationalen Rechts: Der Nachweis allgemeiner Rechtsgrundsätze des Europäischen Gemeinschaftsrechts, JIR 1974, S. 283

Merkl, Adolf J.: Die ständisch-autoritäre Verfassung Österreichs, Wien 1935

Monar, Jörg: Interinstitutional agreements: The phenomenon and its new dynamics after Maastricht, CMLR 1994, S. 693

Nentwich, Michael: Institutionelle und verfahrensrechtliche Neuerungen im Vertrag über die Europäische Union, EuZW 1992, S. 235

Nicolaysen, Gert: Die Kommission in der Krise, Wirtschaftsdienst (HWWA) 79 (1999), S. 283

Ophüls, Carl-Friedrich: Deutsches Zustimmungsgesetz zum EWG-Vertrag teilweise verfassungswidrig?, AWD BB 1964, S. 65

Oppermann, Thomas: Europarecht, 2. Auflage, München 1999

Oppermann, Thomas / *Kilian*, Michael: Vergangenheit und Zukunft des Europäischen Parlaments, EuR 1981, S. 366

Ott, Andrea: Die Kontrollfunktion des Europäischen Parlaments gegenüber der Europäischen Kommission, ZEuS 1999, S. 231

Pescatore, Pierre: L'exécutif communautaire: Justification du quadripartisme institué par les traités de Paris et de Rome, Cahiers de droit européen 1978, S. 387

ders.: Reconnaissance et contrôle judiciaire des actes du Parlement européen, Revue trimestrielle de droit européen 1978, S. 581

Petzold, Herbert: Die Gewaltenteilung in den Europäischen Gemeinschaften, Göttingen 1966

Pöhle, Klaus: Das Demokratiedefizit der Europäischen Union und die nationalen Parlamente – Bietet COSAC einen Ausweg?, ZParl 1998, S. 77

Prechal, Sacha: Institutional Balance: A Fragile Principle With Uncertain Contents, in: Heukels, Ton / Blokker, Niels / Brus, Marcel (Hrsg.), The European Union after Amsterdam, The Hague 1998, S. 273

Rack, Reinhard / *Gasser*, Christoph: Mehr Transparenz und mehr Verantwortlichkeit im Gemeinschaftsrecht, EuZW 1998, S. 421

Randzio-Plath, Christa: Die Krise der Europäischen Union, Wirtschaftsdienst (HWWA) 79, 1999, S. 275

Reifferscheid, Albert: Die Ausschüsse des Europäischen Parlaments, Diss. Köln 1965

Reimer, Franz: Verfassungsprinzipien: Ein Normtyp im Grundgesetz, Berlin 2001

Reister, Erwin: Bemerkungen zum ersten parlamentarischen Mißtrauensvotum in den Europäischen Gemeinschaften, ZParl 1973, S. 208

Rengeling, Hans-Werner: Zu den Befugnissen des Europäischen Parlaments beim Abschluß völkerrechtlicher Verträge im Rahmen der Gemeinschaftsverfassung, in: v. Münch, Ingo (Hrsg.), Staatsrecht, Völkerrecht, Europarecht, Festschrift für Hans-Jürgen Schlochauer, Berlin, New York 1981, S. 877

Rossi, Matthias: Europäisches Parlament und Haushaltsverfassungsrecht, Berlin 1997

Rüping, Uta: Die parlamentarische Haushaltskontrolle in den Europäischen Gemeinschaften und deren Mitgliedstaaten, EuR 1982, S. 213

Sachsse, Christoph: Die Kompetenzen des Europäischen Parlaments und die Gewaltenteilung in den Europäischen Gemeinschaften, Diss. Frankfurt a. M. 1971

Sander, Gerald G.: Der Europäische Gerichtshof als Förderer und Hüter der Integration, Berlin 1998

Schäfer, Günther: Die institutionelle Weiterentwicklung der Europäischen Gemeinschaft – Überlegungen zu neuen Strukturen der EG-Institutionen, DÖV 1991, S. 261

Schenke, Wolf-Rüdiger: Die Verfassungsorgantreue, Berlin 1977

Schieren, Stefan: Nationale Parlamente als Legitimationsgrund europäischer Politik? – Zum Beispiel das Westminster-Parliament, ZParl 2001, S. 339

Schneider, Heinrich: Leitbilder der Europapolitik – Der Weg zur Integration, Bonn 1977

Schneider, Peter / *Zeh*, Wolfgang (Hrsg.): Parlamentsrecht und Parlamentspraxis in der Bundesrepublik Deutschland, Berlin, New York 1989

Schoo, Johann: Die Kontrollfunktionen des Europäischen Parlaments, in: Rengeling, Hans-Werner / Borries, Reimer von (Hrsg.): Aktuelle Entwicklungen in der Europäischen Gemeinschaft, S. 1

ders.: Kontrollen bei der Durchführung von Gemeinschaftsrecht aus der Sicht des Europäischen Parlaments, in: Schwarze, Jürgen (Hrsg.): Gesetzgebung in der Europäischen Gemeinschaft, Baden-Baden 1985, S. 97

ders.: Das Europäische Parlament und sein Verfassungsgericht, EuGRZ 1990, S. 525

Schönberger, Peter: Einstellungen und Arbeitsbedingungen von Europa-Abgeordneten aus Deutschland. Ergebnisse einer Umfrage, ZParl 1996, S. 410

Schwarze, Jürgen: EU-Kommentar, Baden-Baden 2000 (zit.: Bearbeiter in: Schwarze)

ders.: Die Befugnis zur Abstraktion im Europäischen Gemeinschaftsrecht, Baden-Baden 1976

ders.: Möglichkeiten und Grenzen interinstitutioneller Vereinbarungen nach Maastricht, EuR 1995, Beiheft 2, S. 49

Schwed, J. J.: Les Questions écrites du Parlement Européen à la Commission, RMC 13 (1970), S. 365

Schweitzer, Michael / *Hummer*, Waldemar: Europarecht, 5. Auflage, Berlin u. a. 1996

Seeler, Hans-Joachim: Die Europäische Einigung und das Problem der Gewaltenteilung, Hamburg 1957

Shackleton, Michael: The European Parliament's New Committees of Inquiry: Tiger or Paper Tiger?, Journal of Common Market Studies Vol. 36 (1998), S. 115

Smend, Rudolf: Die politische Gewalt im Verfassungsstaat und das Problem der Staatsform (1923), abgedruckt in: ders., Staatsrechtliche Abhandlungen und andere Aufsätze, 2. Auflage 1968, S. 68

ders.: Verfassung und Verfassungsrecht, (1928), abgedruckt in: ders., Staatsrechtliche Abhandlungen und andere Aufsätze, 2. Auflage 1968, S. 119

Smismans, Stijn: Institutional Balance as Interest Representation. Some Reflections on Lenaerts and Verhoeven, in: Alston, Philip / de Búrca, Gráinne (Hrsg.), Good Governance in Europe's Integrated Market, Oxford 2002, S. 89

Söllner, Renate: Art. 5 EWG-Vertrag in der Rechtsprechung des Europäischen Gerichtshofs, München 1985

Strasser, Daniel: Die Finanzen Europas, 7. Auflage (3. Auflage in deutscher Sprache), Luxemburg 1991

ders.: Le décharge donnée par le Parlement Européen pour les exercices 1979 et 1980, RMC 26 (1983), S. 124

ders.: L'exercice par le Parlement Européen de son pouvoir de décharge pour les exercices budgétaires 1981, 1982 et 1983 des Communautés Européennes, RMC 28 (1985), S. 611

Strauß, Michael: Das Europäische Parlament und seine Untergliederungen als Parteien im Verfahren der Nichtigkeitsklage (Art. 173 EGV), Baden-Baden 1996, zugleich Diss. Konstanz 1995

Streinz, Rudolf: Der »effet utile« in der Rechtsprechung des Gerichtshofs der Europäischen Gemeinschaften, in: Due, Ole u. a. (Hrsg.), Festschrift für Ulrich Everling, Band II, Baden-Baden 1995, S. 1491

Suski, Birgit: Das Europäische Parlament: Volksvertretung ohne Volk und Macht?, Berlin 1996, zugl. Diss. Tübingen 1994 / 95

Sutherland, Peter: La Commission et le Parlement Européen, partenaires ou protagonistes?, in: Louis, Jean-Victor / Waelbroeck, Denis (Hrsg.), Le Parlement Européen dans l'évolution institutionnelle, Brüssel 1988, S. 131

Theato, Dietmuth: Auf dem Weg zu einer europäischen Staatsanwaltschaft?, Die Versicherungswirtschaft 4 / 1999, Report (Interview)

dies.: Haushaltskontrolle und Betrugsbekämpfung aus der Sicht der EVP-Fraktion des Europäischen Parlaments, in: Rinsche, Günter / Friedrich, Ingo (Hrsg.), Europa als Auftrag, Köln u. a. 1997, S. 113

dies.: Die Haushaltskontrolle durch das Europäische Parlament und sein Beitrag zur Entwicklung eines Europäischen Sanktionenrechts, in : Drexl, Josef u. a. (Hrsg.), Europäische Demokratie, Baden-Baden 1999, S. 111

Theato, Dietmuth / *Graf*, Rainer: Das Europäische Parlament und der Haushalt der Europäischen Gemeinschaft, Baden-Baden 1994

Tomkins, Adam: Responsibility and Resignation in the European Commission, MLR Vol. 62 (1999), S. 744

Triantafyllou, Dimitris: Ist die Nichtigkeitsklage des Europäischen Parlaments eine Klage sui generis?, DÖV 1990, S. 1040

Waelbroeck, Michel / *Waelbroeck*, Denis: Les »Déclarations Communes« en tant qu'instruments d'un accoissement des compétences du Parlament Européen, in: Louis, Jean-Victor / Waelbroeck, Denis (Hrsg.), Le Parlement Européen dans l'évolution institutionnelle, Brüssel 1988, S. 79

Weatherill, Stephen / *Beaumont*, Paul: EU LAW, 3. Auflage, London u. a. 1999

Wellens, K. C. / *Borchardt*, G. M.: Soft Law in European Community Law, ELR 1989, S. 267

von Werthern, Carl Hans: Zur Demokratisierung der Europäischen Union, RuP 2002, S. 204

Westlake, Martin: The Commission and The Parliament – Partners and Rivals in the European Policy-making Process, London u. a. 1994

ders.: The Commission and the Parliament, in: Edwards, Geoffrey / Spence, David (Hrsg.), The European Commission, 2. Auflage London 1997, S. 239

Wimmer, Norbert: Materiales Verfassungsverständnis, Wien, New York 1971

Wuermeling, Joachim: Kooperatives Gemeinschaftsrecht, Kehl 1988

Zuleeg, Manfred: Die Anwendbarkeit des Parlamentarischen Systems auf die Europäischen Gemeinschaften, EuR 1972, S. 1

ders.: Die Auslegung des Europäischen Gemeinschaftsrechts, EuR 1969, S. 97

FSC
www.fsc.org
MIX
Papier | Fördert gute Waldnutzung
FSC® C083411

Kolibri 360 GmbH
Ferdinand-Jühlke-Straße 7
99095 Erfurt, Deutschland
produktsicherheit@kolibri360.de

Druck:
CPI Druckdienstleistungen GmbH
im Auftrag der
Kolibri 360 GmbH
Ferdinand-Jühlke-Str. 7
99095 Erfurt